四川“高品质学校建设的探索与实践”课题研究系列
（课题批准号：川教函〔2018〕495号）

走向高品质学校

STEM教育卷

主　编　刘 涛
本册主编　郭 斌　崔 勇

四川教育出版社

图书在版编目（CIP）数据

向高品质学校. STEM教育卷 / 刘涛，郭斌，崔勇主编. —成都：四川教育出版社，2021.12

ISBN 978-7-5408-7909-9

Ⅰ. ①走… Ⅱ. ①刘… ②郭… ③崔… Ⅲ. ①学校管理—研究 Ⅳ. ①G47—05

中国版本图书馆CIP数据核字（2021）第270663号

走向高品质学校·STEM教育卷

ZOUXIANG GAOPINZHI XUEXIAO · STEM JIAOYUJUAN

主　　编　刘　涛

本册主编　郭　斌　崔　勇

出 品 人　雷　华
策划组稿　余　兰　李健敏　卢亚兵
责任编辑　燕啸波
助理编辑　李萌芽
责任校对　高　玲
封面设计　周阳惠
版式设计　武　韵
责任印制　田东洋
出版发行　四川教育出版社
　　　　　地　　址　四川省成都市黄荆路13号
　　　　　邮政编码　610225
　　　　　网　　址　www.chuanjiaoshe.com
制　　作　四川胜翔数码印务设计有限公司
印　　刷　成都市锦慧彩印有限公司
版　　次　2021年12月第1版
印　　次　2021年12月第1次印刷
成品规格　185mm×260mm
印　　张　26.75
字　　数　495千
书　　号　ISBN 978-7-5408-7909-9
定　　价　92.00元

《走向高品质学校·STEM 教育卷》学术指导委员会

《走向高品质学校·STEM 教育卷》
编委会

| 序 |

当今世界，科技的飞速发展正在重塑人类社会。知识和技能越来越成为各国参与国际竞争、促进经济发展的核心因素，各国均把培养技能人才提升到国家战略的高度，其中又以科学、技术、工程、数学（STEM）人才的培养最为关键。

STEM 教育有助于培养学生适应未来的关键能力，并使其在未来的生活和工作中持续发挥作用，因此成为世界各国教育改革的战略选择。

中国教育科学研究院于 2018 年启动了“中国 STEM 教育 2029 创新行动计划”，以服务国家创新驱动发展战略为宗旨，整合社会资源，建立中国 STEM 教育生态系统，打造覆盖全国的 STEM 教育示范基地，培养国家发展急需的创新人才和高水平技能人才。地处我国西南部的四川省也积极行动起来，四川省教育科学研究院成为中国教育科学院 STEM 教育研究中心在全国首批 11 个 STEM 教育协同创新中心之一。在中心的带领下，全省成立了 STEM 教育发展研究共同体，吸引了 30 多所中小学加入，共同开展 STEM 教育的研究与实践。经过 3 年多的实践，从最初的困顿与迷茫，到深入的思考与学习，再到实践与探索，STEM 教育的四川经验逐步形成。共同体打造了一批领航学校，孕育了一批种子学校，建立了一支具有 STEM 教育理念和实践能力的高水平师资队伍，也取得了宝贵的经验，形成了诸多独具特色的 STEM 校本课程。

因此，四川省 STEM 教育协同创新中心在总结经验的基础上，将 STEM 教育研究与实践过程中的经验及思考筛选凝结为 28 个案例，作为《走向高品质学校 · STEM 教育卷》结集出版。本专著是四川省推动 STEM 教育的最新成果，生动具体地介绍了四川省部分中小学校推动 STEM 教育的历程，并做了深入系统的思考。从这些案例中能看到 STEM 教育的“四川表达”，能感受多样的 STEM 教育发展态势，能倾听到学校为谋求发展而努力的心声。专著对这些学校的成果甚至是经验教训进行提炼总结，对国内其他学校推进 STEM 教育具有重要的借鉴意义和参考价值。

首先，专著凸显了 STEM 教育的特征，反映了四川省部分中小学校对 STEM 教育的最新认识。大部分学校将 STEM 教育与办学特色紧密结合，把 STEM 教育融入学校课程体系，注重探究、协作、体验和创生，把 STEM 教育与学习方式变革融为一体，以项目式学习为切入点，在丰富多元的学习体验中培养学生的必备品格和关键能力，充分体现了 STEM 教育的实质。大部分案例围绕跨学科、项目式学习等 STEM 教育的特征重新阐释了能力素养、跨学科学习与成长发展等概念，深化和拓展了 STEM 教育的内涵与外延。一系列立足实践的观察与反思，厘清了 STEM 教育的认知困惑，明确了 STEM 教育改革与创新的出发点。

其次，专著形成了 STEM 教育的四川样本，突出了四川特征。专著中呈现的实践案例，虽然不能完整地呈现四川省在 STEM 教育推进过程中的方方面面，但也基本能反映出四川省的 STEM 教育的整体状况和特点。案例提供单位涵盖了小学、初中、高中学段，既有中心城市，又有农村地区以及民族地区。案例介绍了四川中小学开展 STEM 教育校本课程的基本情况，汇集了众多的四川元素，涵盖了四川的传统文化、科技、生活、自然等诸多方面。

最后，专著体现了 STEM 教育的学校特色。案例中的学校大多开展 STEM 教育已有数年的时间，有着丰富的 STEM 教学与研究经验，前期多数都走过弯路，在不断地总结和反思中提升，逐步形成各校 STEM 教育特色课程。例如，有利用都江堰水利工程独特的资源优势打造的 STEM 特色课程，有立足学生视野从丰富的自然资源、季节特征及独特的地区文化、传统节日活动、科技与创客活动等角度开发的 STEM 课程，还有吸纳科研人员、高校教授、计算机领军人才、工程制造专家、教育专家等组建的“博士工作站”及课程，以及依凭“两弹元勋”“院士聚集”“中物院遗址”“科学技术馆”等学校特色发展所需的丰富科学资源打造的课程。

当然，我们也注意到，尽管四川省的 STEM 教育推进已经初具规模，从参与“中国 STEM 教育 2029 创新行动计划”的四川学校数量和推进效果来看已处于全国前列，但从区域的 STEM 推进的顶层设计，跨学科、跨学段连贯的课程群，区域教师培养计划，STEM 教育及课程评价机制等方面来看还需要进一步的研究和实践。

总体来看，专著既有深厚的理论功底，也具有丰富的实践案例，更不乏对教育智慧的领悟。愿读者从中能够各取所需，也期待四川 STEM 教育在不远的将来取得更大成就，做出区域 STEM 教育的亮点与特色，在全国范围内起到引领和示范作用。

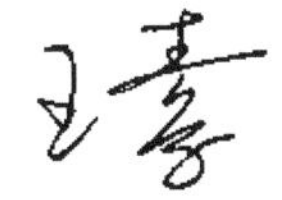

（王素，研究员，中国教育科学研究院国际与比较教育研究所所长，中国教育科学研究院未来学校实验室主任，中国教育科学研究院 STEM 教育研究中心主任）

前　言

STEM 教育，或 STEAM 教育，可以说是时下教育改革普及程度最高，受到关注最多，实践探索范围最广的前沿教育理念。STEM 教育提倡通过项目制学习对科学（Science）、技术（Technology）、工程（Engineering）、数学（Mathematics）学科的整合，全面提升学生理解知识、解决问题、实践操作的能力。STEAM 教育进而增加了艺术（Art）这一角度，在人文素养方面进一步形成补充。

在国际竞争日益激烈、科学技术快速迭代的今天，无论是国家还是社会，对于综合型、创新型人才都有着前所未有的强烈需求。STEM 教育正是为了解决学生综合素质的培养这一世界性难题而提出的方案，它既是对传统教育理念的颠覆，又是对传统教育模式的关键补充。推进 STEM 教育的改革与创新，已成为世界各国的国家战略和教育改革的必要选择。

从微观来看，STEM 教育对于学校创新人才的培养以及学校自身的发展和育人的本质追求都将起着积极的作用，能有效地助推学校激发内在动力，加强教师队伍建设，挖掘发展潜力，突破发展壁垒，满足自身学科发展的需求，打造学校的教育品牌。

国家计划引领 STEM 教育的发展方向

2016 年 6 月，教育部印发《教育信息化“十三五”规划》，指出要“积极探索 STEM 教育”，从国家层面吹响了 STEM 教育改革创新的号角。2017 年，中国教育科学研究院成立了 STEM 教育研究中心。时任中国教育科学研究院院长田慧生指出：“STEM 教育提供给我们的不仅仅是方法和策略，它还在整个人才培养的政策上给我们新的启发。”2017 年 6 月，第一届中国 STEM 教育发展大会在电子科技大学举行，会上发布了《2017 中国 STEM 教育白皮书》，并决定启动“中国 STEM 教育 2029 创新行动计划”。

2018 年，STEM 教育研究中心积聚力量开展“中国 STEM 教育 2029 创新行动计划”，重点开展 STEM 创新人才战略研究、现状调查研究、国际比较研究；同时推出“标杆计划”引领学校开展 STEM 教育课程、教学和评价等方面的研究，探索有效的 STEM 教育实践模式，形成一批 STEM 领航学校，培育一批 STEM 种子学校，开展 STEM 教师万人培训计划，培育一批 STEM 种子教师。自此，在教育部的带领下，全国各个层面积极响应和探索，展开了如火如荼的研究与实践。

四川行动展开 STEM 教育的实践探索

四川省主动跟进，积极作为。2018 年，四川省教科院在 STEM 教育研究中心的指导下建立 STEM 教育协同创新中心，成为全国首批 11 个协同中心之一。四川省 STEM 教育协同创新中心围绕中国教科院 STEM 教育研究中心的工作部署，积极开展了 STEM 教育领航学校、种子学校和种子教师的遴选、建设、培养，组织申报了 STEM 教育科研课题，并建立了四川省 STEM 教育专家库，召开了四川省首届 STEM 教育研讨会。

此外，四川省 STEM 教育协同创新中心还通过建设学术平台和推进区域联动的策略，探索 STEM 教育发展路径，带动学校共同发展。

学术平台建设方面，为积极发挥四川省教育科学研究院的智库作用，发挥四川省 STEM 领航学校的带头示范作用，调动全省 STEM 教育种子教师的积极性并发挥骨干示范作用，建立互动合作、相互促进的联动机制，汇集省内外 STEM 教育、创新思维教育等优质资源，四川省 STEM 教育协同创新中心与《教育科学论坛》编辑部共同筹建了四川省 STEM 教育发展研究共同体。

2018 年 11 月 2 日，四川省 STEM 教育发展研究共同体在成都高新实验小学启动并召开首届会议，会议以“STEM 教育与学生创造力的培养”为主题，组织了专家讲座、学校交流和现场公开课。四川省教科院教育科研信息中心郭斌主任和《教育科学论坛》崔勇主编分别就 STEM 教育的内涵、价值及“共同体”建设的意义、思路进行了介绍，让大家对 STEM 教育的理念和意义有了更深的认识和理解。

2019 年 12 月 13 日，第二届会议在乐山市外国语小学召开，时任四川省教育科学研究院刘涛院长指出，STEM 教育理念较新，我们的探索还面临课程形态、教学方式、师资力量等方面的问题，希望学校不做“看客”，不凑“热闹”，不打“招牌”，真抓实干，深研规律，科学推进 STEM 教育。会议还请到中国教育科学研究院 STEM 教育研究中心王素主任做了高屋建瓴的全面指导。

2020 年 12 月 4 日，第三届会议由四川大学附属实验小学教育集团承办召开，会议与四川省第 27 届小学教育教学改革研究共同体共同讨论“落实立德树人根本任务，拓展学科育人价值”的问题，来自大中小学、全省内外的专家共话“五育”并举、融合育人的实践策略。四川师范大学汪明义校长、四川大学梁斌副校长从不同的视角带来精彩纷呈的主旨报告，为学校站在高位开展 STEM 教育改革提供了新的视角和新的思考。

高品质学校建设与 STEM 教育改革的同生共长

自 2020 年至 2021 年，STEM 教育被纳入四川省重大课题“高品质学校建设的探索与实践”的研究范畴，依托四川省 STEM 教育发展研究共同体、四川省教科院《教育科学论坛》编辑部联合信息研究中心，多次组织召开会议，聚焦 STEM 教育的本土化理解和校本化实践，加强相关研究，增进经验交流，推进理论研究与实践探索，围绕“为什么做 STEM 教育”“STEM 教育做什么”“STEM 教育怎么做”“STEM 教育做得怎么样，未来还要怎么做”四大问题，梳理四川中小学校 STEM 教育改革的生动案例和有效经验，并逐步推动了本专著的撰写工作。

“高品质学校建设”的研究认为，高品质学校是兼具高品位、高质量的学校，是能够坚持党的教育方针，遵循教育规律，通过独特的资源和文化营造最适合师生工作、学习、生活的教育情境，实现学校自身及其师生全面而有个性发展的学校。高品质学校提倡“全人、全纳、共生、共赢”的价值取向，追求校长“五修三力”、教师“五育三课”、校园“五建三好”、学生“五优三强”、家长“五会三美”的全面发展的理想样态。STEM 教育将工作、生活的情境与教学、学习的情境相融贯，以项目串联教与学，以合作沟通师与生，在高品质学校理念的指导下呈现出更清晰的改革路径，也成为推进高品质学校建设的有力抓手。STEM 教育的开展将促进校长等学校管理者以最先进发展理念和开阔的视野重新思考学校的发展方向；将促进学校教师重新审视自己的课堂，以真实问题的解决来重构课堂，让课堂生动起来；将促进学生在真实的情景中主动学习和解决问题，成为学习的主人；将促进学校呈现丰富而有活力的课程，成为孩子们成长的乐园，将促进家长以发展的眼光看待学生的成长，让学生拥有快乐而幸福的人生。二者一脉相承，互为表里，形成了相得益彰的研究与实践态势。

四川学校 STEM 教育改革的生动呈现

根据高品质学校建设的理念和 STEM 教育改革的实践经验，专著将从多个角度展开讨论，介绍学校通过 STEM 教育走向高品质的思考和做法。第一章是文化引领的 STEM 教育品质提升，主要介绍的是以学校文化精神融入 STEM 教育实践，以 STEM 教育理念丰富学校文化系统的顶层设计和全面推进；第二章是素养聚焦的 STEM 教育内容选择，主要介绍的是围绕培育核心素养，学校在建构 STEM 课程的过程中筛选关键问题、打造重点项目的思路和方法；第三章是学科融合的 STEM 教育体系建设，主要介绍的是 STEM 教育理念下学校打破学科边界，重构课程体系，改造教学实施的总体思考和综合实践；第四章是连通生活的 STEM 教育资源开发，主要介绍的是学校在推进 STEM 教育改革进程中，立足本土的地理、历史、文化资源，挖掘内涵并赋予其教育价值的模式和案例；第五章是学习中心的 STEM 教育方法创新，主要介绍的是应用 STEM 教育理念推进育人方式变革，基于学生的学习过程调整教学思路和方法的典型策略。

专著中的论述和案例均来自学校的探索，每一篇都试图呈现各校 STEM 教育改革的全景，提供一个完整的样本，体现了四川近年来遵循国家政策导向，践行最新教育理念，推进 STEM 教育改革的阶段成果。在这一阶段呈现此书，期待读者能够从中发现亮点，收获启发，也期待能够得到大家进一步的讨论和批评指正。

目 录

第四章 ▶ 连通生活的 STEM 教育资源开发

第一章

文化引领的 STEM 教育品质提升

高山起于深海，STEM 教育品质的提升离不开文化的引领。文化是高品质学校的灵魂，无时无处不在发挥作用。学校文化固化于校园的人文建筑与自然景观之间，体现于人文与自然之美的有机相连，显现于师生的语默动静和共同学习之中。

本章节共呈现五篇案例：成都市龙泉中学用“和合”引领 STEM 校本课程体系建设，努力构建德智体美劳全面发展的“五育”并举育人体系，以培养出全面发展的人。成都市第八中学基于学校“六自”育人体系，开发和实施基于项目式的 STEAM 课程“点亮未来之光”，不断提升学校品质。成都市高新区实验小学在“让每一个生命自由生长”的办学理念引领下，将 STEAM 教育融入“生长力”课程体系，形成了 STEAM 创新课程的校本实践方案。德阳市东电外国语小学基于学校“合和”文化开发小学 STEAM 校本课程“玩的故事”，打造“玩”的课堂，拓展“玩”的路径，建构“玩”的生态，让 STEAM 教育成为学校发展的生长点。成都市棕北中学遵循“面向未来，以人为本”的教育思想，探索出了“一体两翼”的现代办学模式，即以培养有创新精神和实践能力为核心的素质教育为主体，以计算机、英语特色教学为两翼，用 STEM 力量助推棕北中学高品质学校建设。

五所学校均遵循教育规律，基于“高品质学校建设理论”，依据本校实际，引发我们对学校文化引领 STEM 教育品质提升的深度思考。

“和合”文化下STEM校本课程建设的融合与创新

四川省成都市龙泉中学校

STEM教育重在提升学生的STEM素养，STEM教育以融合、创新的特点突出学生的主动性、探究性，鼓励学生通过运用批判思考、问题解决技能和内容知识，去解决真实世界的问题，这在教育的发展中实质是培养全面发展的人。基于STEM教育具备的融合、创新、实证等特征，学校在高品质学校建设中以校本课程建设为抓手，结合校史溯源和现实需求，围绕教育和谐、全面发展的目标，努力构建德智体美劳全面发展的“五育”并举育人体系，在STEM视域下对课程进行再造，开发出涵盖STEM教育、创客教育的龙泉中学“和合”校本课程体系。

一、当“和合”文化遇见STEM

（一）顺应学校高品质发展

新时代，在推进学校高品质建设过程中必须全面贯彻党的教育方针，牢记立德树人这个根本任务，全面实施素质教育，做到德智体美劳“五育”并举，全面育人。这种全面既是学生全员“量”的覆盖，更是学生知识、技能、情操、身心等各方面的“质”的提升，这一过程表现为学生的全面发展与个性特长的发挥。要满足学生这样的发展需求，学校课程设置就必须发挥其独特功能。学校课程设置类似于学生全面发展和个性发展的营养配方，应该尽最大努力满足学生个性化发展需求。教育心理学的研究证明，人的大脑中有多个不同的智力中心，因而人类思维和认识方式是多元的，即存在“多元智能”。基于此，学校在 2018 年通过 STEM 课程的开发、设置、实践，充分发挥 STEM 教育的融合、创新的特点，突出学生的主动性、探究性，鼓励通过运用批判思维、问题解决技能和内容知识，去解决真实世界的问题，这在教育的发展中实质是培养全面发展的人的问题。

STEM 教育所培养的是由科学素养、技术素养、工程素养、数学素养等组成的 STEM 素养，而 STEM 素养本身不只是上述几种素养的简单组合，而是把学习到的各学科知识转变成一个探究世界相互联系的不同侧面的过程，在探索教学过程中培养学生批判性思维能力、沟通能力、合作能力以及问题解决能力方面具有开拓性与前瞻性，能够改变学校以知识传授为中心的教学思想，真正提升教育教学质量，开拓创新人才培养模式，真正促进学生全面而个性地发展，达到高品质学校建设育人目的。

（二）催生课程的 STEM 萌芽

基于 STEM 教育具备融合的特征，龙泉中学在校本课程建设过程中结合校史溯源和现实需求，提出全面育人和谐发展的“和合”校本课程建设要求。“和合”校本课程的“和合”理念，语出《国语·郑语》：“夫和实生物，同则不继。……若以同裨同，尽乃弃矣。”其认为阴阳和而万物生，可见和合中包含了不同事物的差异，矛盾多样性的统一，才能生物，才能发展。在承认“不同”事物之间矛盾、差异的前提下，把不同的事物有机地合为一体，吸取各个事物的优长而克其短，使之达到最佳组合，由此促进新事物的产生，推动事物的发展。“和”是中国传统文化的基本精神，也是中华民族不懈追求的理想境界。从传统文化中汲取应对人生挑战和把握时代契机的人生智慧，是校本建设的亮点所在。

在 STEM 教育视域下，在原有学校课程基础上，秉持文化传承，挖掘学校资源，找准校本课程建设与 STEM 教育的有效契合点，让学校特色文化引领学校特色课程的发展，重新审视学校课程建设的方向，梳理架构，丰富内涵，提升品质。

（三）引领发展的 STEM 主张

STEM 教育理念下，为达到内在的统一，学校挖掘历史底蕴，弘扬时代精神，强基固本，顺势而为。我们从关注人的全面和谐发展角度，关心师生共同发展，帮助师生共同成功，丰富和发展“和合”的基本内涵。和顺管理：管理主要是理，理顺关系和流程，理得顺方能和，顺以致和，和以致顺，良性循环，是管理大境界。和乐课堂：课堂是师生快乐成长的地方，和谐、快乐才有切实的成长，有切实的成长才有和乐。和雅师生：身心和谐，各雅其雅，和以待人，雅以修身，百花齐放，各显神韵。和美文化：和是美之始，美乃和之成。内外兼和，内外致美，和美是我们追求的校园文化特质。和畅家校：开放办学，学校和家庭和谐一体，沟通顺畅，教育效益才能实现最大化。和谐校园：人际和谐，氛围祥和，才能带给人安泰之感，校园才能成为师生共同成长的乐园。

二、让“和合”文化融进 STEM

校本的开发，理论源于实践，实践校验认知。STEM 具有情境创设和实证体验的特点，这一特点与“知行合一，和谐发展”的“和合”课程理念具有一致性，为学校校本开发指明了工作路径。

（一）STEM 的实证体验激发了学习兴趣

STEM 教育理念要求促进文理科教育改革，通过整合 STEM 领域学科内容，提高人们对科学、技术、工程、数学和人文教育的重视，给学生提供更为完整的知识背景，使其在系统化的知识体系中加深对每个学科内容的理解。通过问题、设计和项目的学习与操作过程，突出技术、工程的实践性，推动学生对 STEM 领域的学习兴趣，促进学校教育对于学生解决实际问题所需的实践能力的培养和提高，提高学生在 STEM 领域的学习成就，为国家科技发展和经济繁荣提供可靠的人才保障。

（二）“知行合一”的校本认知回归了育人初衷

基于 STEM 的实证体验要求，“和合”课程提出了“知行合一”的开发指向。中国古代哲学家认为，不仅要认识（知），更应当实践（行）。知是指科学知识，行是指人的实践，知行合一，从课程开发的角度讲是指客体顺应主体，贯彻了理论与实践的统一，达到了 STEM 教育要求学生动手动脑的目的。系列化的 STEM 课程能够让学生结合日常生活问题，设计、制订具有创意的解决方案，从而增强他们跨学科解决问题的综合能力。

（三）社会资源的基础开发形成探究动力

学校所在地龙泉驿区是成都（国家）经济技术开发区，被列入“一带两翼、一城六区”空间布局中的高端制造产业功能带和高端制造产业功能区。发挥周边教育资源的育人功能，能使学生在自觉参与、自主体验中陶冶思想感情，充实精神生活，升华道德境界。

STEM 教育要求学生动手动脑，注重实践、注重动手、注重过程，强调把知识还原于丰富的生活，让学生获得将知识进行情境化，创造机会让孩子去发展有趣的创意思维，引导同伴之间的合作和强调解决问题的能力，激发好奇的天性和主动探索的能力。学校借助区位优势结合自身校情，开发面向学生的创新、实践、体验课程，让他们有所感受、有所体会、有所体验，培养学生主动去研究的意识，使其形成主动探索、研究的习惯，掌握应用所学的知识应对现实世界问题的能力。

工业企业实践活动。带领学生参观一汽大众、吉利沃尔沃、光明光电等先进制造业。工厂里的生产过程让学生大开眼界，为现代科技深深折服，也让他们树立起了认真学习科学文化知识，建设强大祖国的信念。

国防教育实践活动。学校在四川航天技术研究院开展实践课堂，普及航天知识，弘扬中国航空精神，加强国防教育。

现代农业实践活动。学校与四川现代农业品牌"好稌人"合作建立农业实践基地，开展农业实践活动，使学生充分了解现代农业发展趋势。

生态环境考察活动。学校与龙泉驿区水务局、环保局合作开展龙泉地方水生态及资源环境状况调查。

合作共建创客学院活动。学校与四川振中企业合作共建创客学院，充分借助企业资源，积极引导学生开展动手动脑活动，培养工科能力。

与社区学院共建创想空间"尚学·龙泉"，开展新思维创新设计实践活动。

与成都理工大学、成都航空职业技术学院开展实践活动，共同开展考察地质、机器人比赛等活动。

一系列 STEM 教育课程突破了学校的空间限制，打破了传统的教学模式，探索了新的教学资源，提高了学生的提问能力、探究能力、交流能力、实践能力以及创新意识和应用意识等。在这些走进生活、走进社会、走进高科技机构和企业的实践活动中，孩子们不仅获得了巨大的学习乐趣，也拓展了自己的视野，提高了对生活的热情，激发了探索的欲望，他们既是学习的实践者，又是学习目标、学习内容、学习研究计划的制订者，也是学习研究结果的总结者、创造者。在这些开发的学习中养成的良好品质将成为孩子们将来建设祖国的力量来源。

三、用"和合"文化推进 STEM

龙泉中学结合自身实际情况及办学特色，整合学科间及校内外资源，打造一体化 STEM 教育创新生态系统，提出了以 STEM 教育为基础手段，通过指导学生项目研究过程，促进学生在科学、技术、工程、数学、人文五个领域的知识获取和技能习得，培养学生进行科学研究的素养，从而激活学生的创新意识，使其在各类科技活动中提升创新能力，最终实现学生核心素养提升。

学校对“和合”课程进行了不断的升级改造再加工。一方面通过引入 STEM 教育、创客教育等先进的教育理念，健全学校的科技人才培养体系，逐步壮大学校的 STEM 教育师资力量，配合科学规划的创新教学环境，全面提升学生的 STEM 素养。另一方面借此对如何在基础教育领域开展 STEM 教育进行实践研究，形成科学、合理、易于借鉴推广的 STEM 教育开展模式。

（一）1.0 版本阶段——紧扣基础目标阶段

在坚持国家、地方、学校三级课程管理体制不变，国家课程设置不变，学生发展基础目标不变的前提下，依据学校育人理念、学生需要、校内外教育资源，对现行国家、地方课程内容进行重构，以龙泉中学办学目标为根本，从养成学生的“仁、智、勇”三种品质的角度出发，与国家课程相融合，与校本课程相贯通，与大学先修课程相衔接，与国际课程相融通，与区域特色课程等相结合，逐步形成适应个人终身发展和社会发展需要的必备品格与关键能力的龙泉中学“和合”课程体系。

（二）2.0 版本阶段——突出个性发展阶段

学校“和合”课程从 1.0 版本升级到 2.0 版本，以课程开发与建设促学校领航发展，在把握国家教育目标的基础上，在课程重构的过程中实现学科课程层级化，突出校本课程特色化。以学生的内在需要为起点进行校本课程开发，对学科进行整体谋划，科学规划，实现学科内深度融合。依据学生的水平和考试选择，实现目标、内容的分层分级，实现学科课程层级化。学校开设课程超市，构建适合学生个性发展的课程体系，建设校本化课程；学生选课走班，实现课程建设的特色化。

（三）2.0+版本阶段——STEM 融合发展全面育人阶段

紧紧围绕教育和谐、全面发展的目标，突出品德高尚、求知明理、身心健康、知行合一（即和德、和智、和美、合行）的“和合”理念，坚持“五育”并举，构建了基础型课程、拓展型课程、研究型课程、资源型课程的体系，并深化了课程的设计，在课程结构、课程实施、课程评价与课程保障方面有了完整的内容。这一阶段的课程再造，从思维方法，到项目学习，再到工具运用指导，深度培养学生独立思考的能力，进一步提升学生 STEM 素养，突出多学科知识融合与关联，让学生在运用知识的过程中能够融会贯通。课程设计与课标匹配，注重知识迁移和创新，培养学生自主创新能力，增加了科学评价和选拔 STEM 人才的内容。

四、使“和合”文化发展 STEM

STEM 课程强调协作与创新，这是它的生命力。《教育信息化“十三五”规划》要求：“要积极探索信息技术在‘众创空间’、跨学科学习、创客教育等新的教育模式中的应用，着力提升学生的信息素养、创新意识和创新能力，养成数字化学习习惯，促进学生的全面发展。”2019 年，《关于新时代推进普通高中育人方式改革的指导意见》出台，指明了普通高中的发展方向。龙泉中学在学校发展中围绕教育和谐、全面发展的目标，努力构建德智体美劳全面发展的“五育”并举育人体系。用科学的教育观和人才观来统领课程建设，对国家课程和校本课程进行整合重构，涵盖 STEM 教育、创客教育的“和合”校本课程有了新的发展。

（一）STEM 校本课程的新架构

学校加大 STEM 教育的再设计，联合社会各界资源，为打造完善的 STEM 教育环境，对现有的功能区域进行整体规划，实现了 STEM 创新实验室、云教室、STEM 校园文化建设全新布局。新建“龙泉中学校 STEM 教育”科创中心，包括三大板块组织架构、配套的队伍建设和资源建设。丰富多彩的 STEM 特色教育活动、信息化支持工具以及各相关领域的专家资源库等，使学校能够轻松地实施 STEM 教育项目。

（二）STEM 校本课程的新发展

在 STEM 教育理念下寻“五育”活力源，建“和合”强基链，是龙泉中学校本发展动力源。“和合”校本课程将育人目标指向学生全面发展，突出养德、启智、健体、尚美、崇劳，促进和谐发展、知行合一。体系中课程结构坚持“五育”融合促进学生整体成长，课程设计满足学生阶段发展个性需求，课程实施强化学科融合与创新意识，课程评价关注核心素养和整体提升。

“和”以树德：德育课程添魅力。学校德育课程以“成人成才”为主线，对学校原有的德育体系进一步聚集、提炼与梳理，形成了“1223”（一体、两段、双目标、三层面）德育育人体系，提炼出德育主题活动基本模式（活动—内化—外显）。经过多年的探索和创新完善，从外化于形的“看得见的德育”，到内化于心的“有效德育工程”，再到如今自觉践行自育的“魅力有效德育工程”，先后经历了三个阶段，逐步形成“三构建、两支撑、一加强”的德育课程体系。培养社会渴望的德才兼备，有道德情操、健全人格、健康身心、良好习惯的人才，促进学生健康、充分、全面、可持续发展，为学生的终身发展和幸福生活奠基。

“和”以增智：智育课程夯基础。学校强化基础学科的育人作用，坚持以教学为中心，突出质量意识，深入推进学科教学改革、课堂教学改革，构建智慧课堂、生本课堂、3D 课堂，充分发挥现代教育技术在基础学科的育人作用，巩固学科基础，增强学科素养。

“和”以强体：体育课程强体魄。在学生的发展过程中，学校将体育作为学生发展的基础工程来抓，坚持健康第一的思想，结合体育与健康课程标准，改变了过去按运动项目划分课程内容和安排教学课时数的框架，重新构建了体育课程的内容体系。将运动竞技与健康普及分别构建成健康参与、运动参与、体育竞技三个课程模块，拓宽了课程学习的范围，真正体现了体育与健康课程的性质，充分发挥了体育课程育人的功能。

“和”以育美：美育课程修身心。“和合”课程以美育为要，培养学生的尚美精神，激发学生发现美、欣赏美、追求美、创造美的能力，使学生学会按照美的法则建设生活，把美体现在生活、劳动和其他行动中，成为德美、体美、心美、言美、行美的尚美青少年。

“和”以尚劳：劳动课程炼意志。“和合”课程突出育人的目的，通过具体劳动课程的实施，教育引导学生崇尚劳动、尊重劳动，弘扬劳动精神，树立劳动最光荣、劳动最崇高、劳动最伟大、劳动最美丽的劳动观念。在劳动教育中，强调知行合一，重实践、重创造。学校将劳动与创造创新发明融合，建立 STEM 创客课程，优化实施，提升学生多学科多方面知识的综合运用。加大研究性学习课程建设，让学生参与到问题情境中，完成实践、探索、分析、总结的过程，形成过程性和成果性并存的研究性课题成果。对接“菁才计划”，实践强基计划，实现创新育人。

“合”以践行：和合课程育新人。龙泉中学的课程建设，坚持德育为魂、能力为重、基础为先、创新为上的课程设置要求，树立“立德树人、全面发展”“因材施教、绿色发展”理念，形成“德育为先、智育为重、体育为基、美育为要、劳动为本”系统育人的课程结构。以“三育并重，文武合一”校训为指引形成的“和合”课程理念，最终的目的是要让师生达到知行合一与和谐发展。“三育并重”即是多育并举，即当前德、智、体、美、劳全面发展，“文武合一”则是体脑结合、知行统一，具体为知识的获取与适用并重，更强调科学精神、科学态度与实践能力的有机统一。

（三）STEM 校本课程的新评价

STEM 课程的开发、设置、实践过程都以评价为导向，学校建立以多元主体评价机制为抓手、多措并举、推进“五结合一反馈”的新评价体系构建，即过程评价与结果评价、定性评价与定量评价、奖惩性评价与发展性评价、隐性评价与显性评价、他评与自评相结合，科学合理评价。

具体执行过程中，充分利用大数据平台，对照学校“四精”管理要求，加强对 STEM 教育过程中师生的全员、全程、全方位行为数据进行采集，通过“行为习惯良好、学习方法灵活、基础知识扎实、学科素养全面、兴趣爱好广泛、综合素质优秀、个性特长突出、发展潜力强大、上级学校认可、健康快乐成长”等要素建构分析模型，利用大数据平台对教师教学行为和学生学习行为进行精准分析，为学校科学决策、科学管理奠定基础，从而对教师教学行为和学生学习行为进行精准分析和精准指导。将大数据呈现结果反馈给教师用于指导教学质量的提高，为教师专业化发展提供个性化服务。以上 STEM 校本课程的新评价策略实质上包含了体系构建和执行手段，现实运用中基本涵盖了 STEM 发展的课程需求。

基于 STEM 教育的“和合”校本课程建设为学校提供了可持续发展的动力。通过 STEM 教育项目的开展，学校现有课程内容更丰富，教学形式更多样，评价方式更多元。学生的批判性思维能力、创新能力、沟通能力、合作能力以及问题解决的能力不断提高；学校教师的教育教学理念与方式方法不断改进，学校教育教学质量整体提升，学校正逐步形成教育内涵丰富、个性鲜明，在成都市乃至全国具有一定影响力的创新型特色学校。

（供稿：杨明、周力结、卢琼、谢娟娟）

专家点评

四川省成都市龙泉中学校以“和合”校本课程建设为例探讨校本课程建设的 STEM 融合与创新。“和合”中“合而不同”“知行合一”是学校进行 STEM 课程的两种思维。一种培养学生求异思维，求异思维是指大脑在思维时呈现的一种扩散状态的思维模式，让学生能跨学科、跨事物地发散研究。另一种培养学生聚合思维，聚合思维法是把广阔的思路聚集成一个焦点的方法，从不同来源、不同材料、不同层次探求，让学生联结不同事物进行跨学科、跨领域、跨材料的整合研究。学校还研究了“五结合一反馈”的新评价体系，促进课题实施中精准分析和精准指导。基于学校的 STEM 教育的“和合”校本课程建设取得了一定实践成效，具有一定的推广价值。

——林家锐，四川省 STEM 教育协同创新中心兼职研究员

学校“六自”育人体系引领下的STEAM课程构建

——“点亮未来之光”课程的开发与实践

成都市第八中学

成都市第八中学在“六自”育人体系整体引领下的办学实践中，为彰显学校育人特色和优化学生素养结构，进行了高品质课程体系重要组成部分的校本课程的建设，开发和实施了基于项目式的STEAM课程“点亮未来之光”，并经历从1.0到2.0再到3.0的迭代升级，取得明显成效。

一、课程背景

（一）学校背景

成都市第八中学是一所四川省一级示范性普通高中，学校秉承“发展自我，报国为民”的办学理念，以培养“身心健康、家国情怀、勤勉睿智、自立自强”的新时代建设者和接班人为目标。学校在长期的办学过程中，形成了以自强的发展型德育、自助的发展型课程、自主的发展型课堂、自律的发展型管理、自新的发展型队伍、自省的发展型评价为主要内容的“六自”育人体系，推动学校向着“更富特色、更有品位、更高质量”的方向发展。学校以学生发展为本，为学生成长提供多元化、可选择的丰富课程，构建起基于“发展自我，报国为民”的发展型课程体系，包括四个课程群：指向“身心健康”的砺身课程，指向“家国情怀”的笃志课程，指向“勤勉睿智”的博艺课程，指向“自立自强”的明德课程。STEAM 课程就是指向“勤勉睿智”的博艺课程群的重要组成之一。

作为中国科协青少年科技创新人才培养项目首批实验学校、成都市科技教育示范学校、全国青少年电子信息科普创新教育基地学校，学校鼓励创新创造，注重培养学生的创新意识和创新思维，成就创新性人才。随着 STEAM 教育在国内越来越被重视，成都八中在原有信息技术教育和科技教育的基础上，将项目式学习与 STEAM 教育进行有机整合，不断尝试、反思、总结、提炼，不断开发和完善 STEAM 课程，努力形成面向未来的、满足未来社会发展需要的课程体系。引导学生运用科学、技术、工程、数学、艺术等多学科知识解决真实情景中的问题，提高学生实践操作水平，培养学生团队协作能力和创新能力。

（二）项目背景

什么才是真正能够培养学生创新思维又符合我国对学生核心素养要求的 STEAM 课程？这是我们首先思考的问题。国家督学、教育部基础教育课程教材专家工作委员会副主任尹后庆曾说，今天的课程已经不再是学科知识的综合，而是学生在学校的全部生活，它是学科、学生、学习、社会的有机整合。学生的生活经历、个人知识、直接经验，正在成为课程开发的基础和依据。所以，我们认为，STEAM 课程的核心在于改变当前存在的“学科本位”和“知识本位”的现象。而融合的 STEAM 课程应该具备跨学科性、趣味性、体验性、情境性、协作性、设计性、艺术性、实证性和技术增强性等核心特征。课程模式应该重视学生的探究与体验，让学生在探究与体验中建立各种联系，把所学到的和未知的建立联系，把现实的和虚拟的建立联系，把科学知识和实际生活建立联系，创造出个人所理解的意义，从而帮助学生发展认知能力和创新能力。

基于此，我们深入研究了有 30 多年历史的美国全国工程师周基金会发起的青少年赛事活动“未来之城”。这个赛事要求学生以团队为单位设计一座 100 年之后的未来城市，并通过论文、模型、演讲、答辩等不同方式展示出来。组委会每年会发布不同的城市挑战主题，如人口老龄化、交通不便、垃圾困境等与现代城市和社会息息相关的问题，要求学生在城市设计过程中要重点考虑针对主题的解决方案。经过讨论，我们发现，一个城市由若干个社区构成，每个社区所处的地域环境不同，功能不同，每个社区中人口数量、占地面积、能量供给、水资源利用途径、垃圾问题、建筑群问题、医疗卫生问题等都是有待解决的真实问题。每一个不同功能的社区连接起来，就能构建一座未来城市。在具体问题的驱动下，学生通过自主学习地理、生物、化学、物理、数学、建筑设计等相关知识，以模型的形式呈现社区样态，说明设计理由，完成社区建设论文，展示、交流、分享自己的设计。

二、课程开发

（一）组建 STEAM 师资团队

课程开发初期，学校 5 位信息技术教师成为第一批 STEAM 教师。他们认真研究国内外 STEAM 教育理念和《中小学综合实践活动课程指导纲要》，转变教学观念，开拓教学思路。他们研究市面上在售的 STEAM 课程，梳理总结 STEAM 课程究竟需要哪些要素。随着前期研究学习的不断深入，老师们发现 STEAM 课程不是某个单一学科教师能解决的，还需要多个学科教师的支撑。为了更好地研发符合学科融合特征的 STEAM 课程，在原有 5 位信息技术教师的基础上，来自数学、物理、化学、生物、美术、地理、英语共 7 个学科的 10 位老师加入了团队。自此，学校组建了一个 15 人的 STEAM 师资团队。

学校为团队教师提供了形式多样的培训。购买专业书籍，让老师们掌握 STEAM 教育的发展背景以及教育理念；组织参加省优促会提供的“未来之城”教师培训，让老师们掌握项目式学习的组织方法、城市平面图设计、桥梁及未来交通发展等 STEAM 课程中的重要内容；组织参加四川大学建筑与环境学院的专题讲座，了解城市设计的基本原理和未来建筑设计；组织参加四川省 STEM 共同体的研讨活动，聆听中国教科院、国际比较教育研究所所长王素关于 STEAM 教育的专题报告，观摩 STEAM 示范课；组织部分教师赴深圳、北京、上海等地进行参观学习等。为了能与国际接轨，学校与一些美国、以色列的友好交流学校积极开展交流。在与美国蓝山高中的交流中，老师们重点交流了在美国开展的 STEAM 教育的课程结构。通过交流，大家统一了一个认识，就是 STEAM 教育不只在乎学生学会了什么，而更加关注学生如何运用他们所学的知识和技能解决现实世界存在的问题。

与此同时，信息技术教研组的 5 位老师还同步进行了“基于创新思维培养的特色课程开发与研究”的课题研究，为 STEAM 课程的构建提供了基于创新思维培养的有力支持。

通过近 3 年的积累，现在学校 STEAM 教师团队已逐步走向成熟，成为学校 STEAM 课程体系构建的重要支撑。

（二）建设 STEAM 学习空间

STEAM 学习空间是开展 STEAM 教育的重要场所。我们希望为学生提供一个可以自由交流、协作学习、有一定的操作空间和提供必要的操作设备的半开放式学习空间。在区教育局的支持下，学校精心规划，将两间大教室一间改造为设计制作区，一间改造为学习交流区。设计制作区为学生提供了可摆放模型制作材料的大桌子，每张桌子便于 8 人左右的学习小组进行活动，让学生有充足的空间进行操作，主要用于学生进行方案制订、图纸绘制及模型制作。设计制作区还配备了小型激光切割机便于学生制作模型所需的材料。学习交流区则以六边形桌子摆放电脑，供同学们查阅资料。六边形桌子便于同学之间、师生之间进行交流分享。学习交流区还提供了 3D 打印机和各类传感器配件等辅助设备，便于学生在电脑上制作 3D 作品和编程调试。学校还将进一步改造原有的机械加工教室，作为 STEAM 教育的机械加工区，将原有的铣床、精密木工立铣级等大型仪器进行升级，增添一些手持工具，如锯子、木工凿子等。

图 1 学校 STEAM 教室

（三）探索“点亮未来之光”1.0 模式

STEAM 课程最适宜采用 PBL（Problem-based learning）教学法，即基于问题的学习。那么问题从哪儿来？问题应该来源于真实世界，然后再作用于真实世界。所以，经过充分讨论，我们决定开展“点亮未来之光”STEAM 课程，旨在引导学生探究构造未来社区，最终通过光彩工程点亮整个城市，项目由此而立。在这个项目中，学生可以对个人、当地、国家乃至全球性问题、文化和思想进行探究。学生成立项目组，去逐个突破科学、技术、工程、艺术等方面的问题，如结构、力学知识、建构材料、电学知识、传感器、美学设计等。在具体问题中运用科学知识（S），分析使用新技术

（T），思考如何把科学与数学原理系统地、创造性地运用于实践的结果（E），理解数学问题在生活中的应用（M），通过美学、音乐和文字表达交流思想与情感（A）等。

我们选择了高中一年级的一个班开展“点亮未来之光”项目。我们将全班同学分为 4 个小组，每个小组 8～10 人，设置组长 1 名。在说明了“点亮未来之光”这个项目的目的、意义以及实施办法后，我们为每个小组发放了项目任务卡，指导各小组完成了社区调研，通过头脑风暴，讨论分析，确定方案，完成了社区规划和任务分工。在确定方案的初步阶段，我们的课程主要特点就是多层次、多类型，以培养探究能力为核心，旨在用跨学科的方法，最大限度地发挥每个学生的智力、技术和情感潜力。于是，商业核心社区、休闲娱乐区、人文怀旧区、绿色养生区应运而生，它们各具特色，功能明确。在了解了模型搭建的原理、材料选择的标准以及采购材料的途径后，同学们开始了模型制作。然而理想很美好，现实很残酷。当同学们要将材料变为模型的时候，才发现问题重重。于是一个不断发现问题、解决问题的过程产生了，这正是 STEAM 课程的核心所在。

在最后的点亮环节，我们尝试用导线先连接各建筑内部的 LED 灯泡，然后用导电笔进行最后的连通。然而，灯泡太多，电阻过大，如何解决？铜丝连通，但灯泡不亮，如何解决？导电笔连接出现短路，如何解决？当学科知识应用于实际问题解决时，同学和老师们似乎体会到了项目式学习的意义。每当突破一个问题，他们快乐无比，自主学习也在项目式学习中成为可能。

当问题被逐一击破，同学们开始进行最后的展示、交流、评价。虽然我们还有很多不足，但是当四个社区被同时点亮时，在场的每一个人都欢呼雀跃，激动无比。

图 2 师生讨论如何使建筑稳固

图 3 学生陈述电路设计方案

图 4 “点亮未来之光” 1.0 版本模型

（四）升级“点亮未来之光”2.0 模式

学生利用现有材料进行了基础环境设计与构造，也完成了第一期点亮工程。然而，这只是一个开始。我们经过反思总结认为：一是我们的课程内容显得较为零散，不利于培养学生的系统思维；二是学生在完成项目时会不断地产生问题，有些问题具有普遍性，可以借此对课程内容进行整合；三是需要进一步思考如何将数学、科学、历史、社会等学科内容渗透进课程，融合到整个 STEAM 课程体系中；四是我们需要进一步归纳总结项目式学习等方法和步骤，同时思考评价方式。

为此，我们尝试以主题开展社区建设，让学生能更有针对性地去完成项目。例如，我们以解决老龄化社会问题为主题，让学生完成未来社区构建。在项目式学习中，政治老师讲解了老龄化社会的问题产生及现状，分析了政府、社区及家庭在解决该问题中所承担的责任，信息技术教师就解决老龄化问题中部分同学提出的传感器问题提供了技术支持。于是，我们看到了一个智能化与人性化兼具的安居社区。我们以解决水资源问题为主题，邀请西北农林科技大学的魏教授就我国水资源的基本特征、水资源与社会经济的可持续发展、水资源开发利用现状及存在的问题等方面给同学们进行讲解，信息技术教师就解决水资源问题构建的环导提供了 3D 打印技术。于是，我们看到了一个视觉效果和实用功能性相统一的“水世界”社区。

图 5　安居社区模型

图 6　“水世界”社区模型

在课程的推进中，我们渐渐领悟到了开展 STEAM 课程其实是一个不断发现、思考、探究、实践的过程。我们不断升级着“点亮未来之光”的版本。课程的目标愈发清晰，课程资源也不断整合、优化。

在第二阶段，我们按照调查研究（信息搜集）、讨论分析（信息处理）、确定方案、设计建模（信息加工）、测试优化和交流分享几个环节实施教学，将课程目标确定为：①能够通过自主学习，系统性、创造性地解决问题，培养跨学科思考并解决问题的能力；②能够通过获取信息、批判性评价信息、调查研究，对未知的和不确定的内容做出判断，培养批判性探究能力；③能够通过小组合作完成项目，培养沟通及团队合作能力；④能够创新实践，运用现代信息技术及人工智能技术，完成模型制作，培养综合实践能力。

明确了目标，在具体实施中，我们有了更明确的方向。为了更好地实施课程，我们加入了四川省 STEM 教育共同体和四川省优质教育促进会，积极参与共同体和优促会的各类 STEM 教育学术交流活动，整合地方资源。我们多方沟通，与电子科技大学、西北农林科技大学、西南交通大学等高校对接，整合高校资源。我们还与学校所在的荷花池街道城隍庙社区内中国地质调查局成都地质调查中心的博士们开展了“博士进校园”活动，整合社区资源。各类资源的整合，为我们开展 STEAM 教育搭建了更广阔的平台。

图 7 “点亮未来之光”2.0 版本展示活动

（五）畅想“点亮未来之光”3.0 模式

2020 年是不平凡的一年，也是前所未有的大变革的一年。在新冠肺炎疫情背景下，信息技术、人工智能技术的飞速发展，让我们对未来有了更多的思考。我们所在的社区、城市、国家、星球，在未来会怎样？嫦娥五号探月工程给了我们在月球居住的遐想。美国得州因灾难性天气使近 360 万用户断电，交通接近瘫痪，超市暂停营业，学校停课引发了我们对气候变化给人类生活带来的影响的思考。

“点亮未来之光”让我们看到了其更深层次的意义所在。所以，下一步我们还需要进一步完善课程内容，逐步构建全新的课程体系，进一步将项目的主题贴近生活实际，贴近我们即将到来的未来。

三、课程框架

在进入 3.0 模式之前，学校在初中七年级和高中一年级开设了 STEAM 基础课程。利用每学年第一学期每周 2 节信息技术课完成课程内容。对于特别项目组，每周三下午增设 2 节特色课程时间，完成 STEAM 拓展课程。同时，结合资源平台，不定期增设发展性课程。详细内容见表 1—2—1。

表 1—2—1　STEAM 基础课程内容

时间	项目主题	内容
第一周	确定研究项目 提出相关问题	基于学生真实社会生活情景，介绍“点亮未来之光”项目的目的、意义、实施方式，介绍 STEAM 课程的目标、内容和评价方式； 学生头脑风暴拆解城市中社区可能会遇到的各种问题和挑战。 思考如何解决问题，并设计和建设城市社区模型
第二周	明确项目方向 开展调查研究	运用信息技术手段，查阅资料，总结城市社区的基本结构和设计原理等理论知识； 小组探究和交流合作，确定城市社区建设的方向和功能定位
第三、四周	制订项目计划 草拟建设方案	运用项目管理方法，分小组制订城市社区建设计划，对不同功能社区划分职能； 小组分工，认领工业区、居民区、行政区、商业区、旅游区、应急区职能社区等分区
第五、六周	设计建设方案 撰写项目计划书	城市建设方案在分区设计时迭代和更新； 绘制城市社区设计各区域和单体建筑图； 汇总城市社区设计的方案，提交社区的规划图； 撰写项目计划书，制订详细的项目日程表和进度跟进表，组员相互监督，适时调整
第七周	撰写建设论文	撰写未来城市社区建设的理论论文，对社区位置、资源、生活、人员活动、管理、经济、文化等进行描述； 准备物理模型制作的工具和材料
第八至十二周	制作物理模型	小组分工制作社区模型； 教师指导激光切割、3D 打印、智能编程和木工金工技术使用； 组长统筹，进度监督和推进，保证城市社区的完整和统一； 寻求帮助，解决问题。模型制作和呈现中的细节问题向老师、父母及工程师请教，完成制作
第十三周	撰写项目报告	完成社区设计到制作的项目管理流程，各成员做书面总结并提交； 梳理课程内容和项目设计各细节，复盘论文写作、模型制作等的优化和更新； 教师指导和评价
第十四、十五周	准备展示答辩	汇总城市社区建设问题、特色、亮点，为展示模型和评委提问做准备； 中文写作报告，英文简短介绍报告训练； 小组团队才艺表演与项目设计结合排练，提升展示观赏性

续表

时间	项目主题	内容
第十六周	提交项目作品	提交论文、模型作品； 现场展示、分享，组间交流学习； 评委提问，答辩打分，颁发奖状； 课程总结和评价

四、课程实施

“点亮未来之光”STEAM 课程是以人们真实生活的社区为蓝本，畅想未来人类生活的环境构建。课程以项目的方式，通过提出问题，解决问题，最终呈现未来社区的设计方案、设计模型和说明论文，学生在展示交流中，通过自评、互评、专业评审，获得最终的评价。

下面以在未来月球建设人类居住的城市为例，说明我们具体实施步骤。

（一）介绍项目内容，激发学生学习兴趣

展示嫦娥五号探月工程的背景、任务内容及意义，引入未来人类征服月球，移居月球的遐想。讨论在月球生活的实际困难，如呼吸、能源、饮用水、重力等实际问题。为解决这些问题，建设未来城市，我们需要启动不同的团队来建设不同功能的社区，以此激发学生学习兴趣，引导学生积极参与。

（二）确定项目目标，开展跨学科教学

各小组选择社区建设目标，学生在头脑风暴后将项目中的问题进行详细拆解，然后根据提出的问题进行深入的探究式学习。自主学习相关学科知识，如月球土壤构成、水资源构成、月球大气问题等。教师引导学生利用计算机、查找文献等方法解决在设计和制作模型过程中可能会遇到的问题。通过小组讨论，制订解决方案。针对月球这一主题，地理、生物、化学等学科教师给予相关资料和教学指导。物理教师在城市建筑方面为学生们答疑，信息教师为学生们提供社区智能化的编程方法，美术老师为社区设计和美化提供帮助。同学们在小组交流后充分掌握了社区建设基本原则和空间结构等的理论知识，确定社区建设的方向，明确了我们的社区并不完美，计划在解决人员居住、交通堵塞、能源缺乏、环境污染和居民娱乐等问题的方向上做到更加宜居。

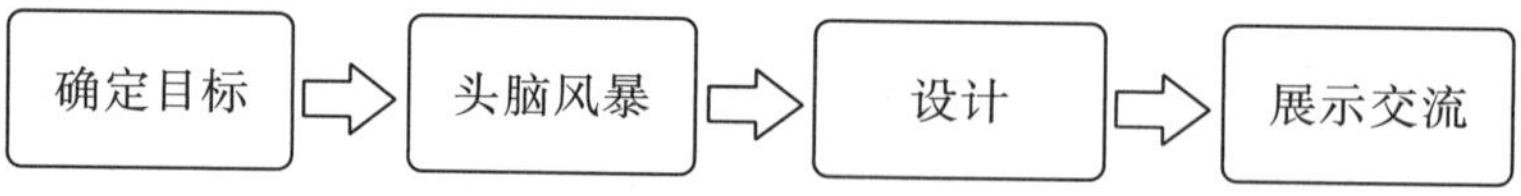

图 8　工程设计流程

（三）整合资源，制订项目实施计划

有了理论基础，项目的建设就有了方向。为更好推进和实施项目，项目计划管理是很重要的方法。因此，要求学生们有详细的项目计划书，清晰地掌握项目进行的每一个阶段，从而完成项目设计。项目管理帮助学生对整个项目进行时间管理、资源分配、人员分工等。

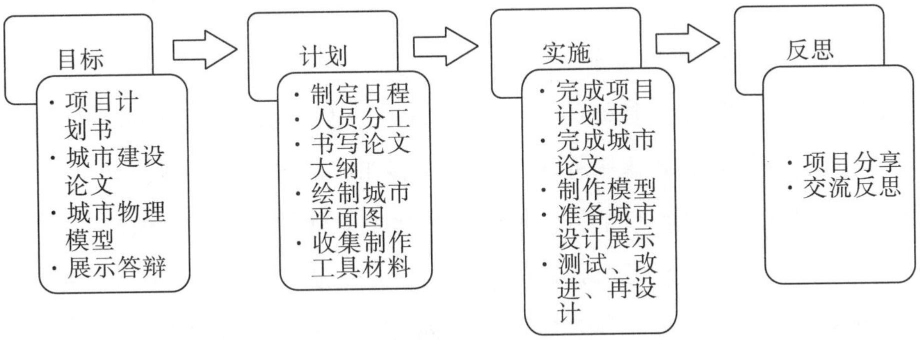

图 9　项目管理流程

学生们制作好详细的项目管理流程表以后，小组组长和组员会在明确人员分工基础上安排开始实施项目，力争较好地完成社区建设的目标。在课程进行中，面对学生们遇到的各种新的问题，各学科教师会根据一些简单的 KWL 小工具表格帮助同学们梳理，然后一一解决。表 1—2—2 所列内容是同学们在项目中遇到的部分问题。

表 1—2—2　社区建设 KWL 表格

已知的	想知道的	学到的
人类生存需要条件	生存环境、生活环境	人类生活理想的空间、方位、气候等
城市社区需要资源	水、电、气、食物、能源	城市稳定的能源来源
社区有一定的人口	人口分布	稳定的社区年龄结构
人群需要活动	居住、工作、休闲、出行、交易、机构	工业区、居民区、农业区、休闲区、旅游区配备
社区需要正常运转	管理、经济、文化、历史	管理系统和机构配备，经济支柱产业设置，文化积淀和社区情感关注

（四）小组合作，制作物理模型

STEAM 教室里有大量的工具和设备，包括激光雕刻机和 3D 打印机等，能够为学生提供一些制作工具和建筑材料。同时，同学们为了让自己的物理模型更加美观，在项目计划书和人员分工表的安排下也各自准备了大量的建筑材料。同学们根据城市规

划图在各自分区制作单体模型，分工明确，制作仔细，力求每一个板块都尽善尽美。在模型制作过程中，每一个同学都全情投入，和小组其他同学交流合作，大大锻炼了学生团队协作、问题解决和动手操作的能力。

同学们分工进行，组长统筹协调，要求大家在制作时也要思考社区在城市运行中的统一和融合。负责智能化可动装置的同学需要不断和其他成员沟通，明确将智能化的装置配备在社区的哪些区域以方便居民生活，同时为达到使用目而不断进行编程。

（五）展示答辩，分享交流

学生制作完成城市社区建设的模型后，在小组内交流各自区域的制作和创新，保证未来城市能够正常运转，未来社区的居民能够在城市中安居乐业。学生在不断交流中总结提升，然后汇总成详细的城市报告，为评委老师的提问考验做准备。在项目式教学推进的过程中，学生们始终怀着信心和期待去迎接挑战，面对项目中的任何问题，首先想到的是解决问题，而不是畏惧问题，他们的这种积极和认真也感染着 STEAM 教学的老师。

学生准备答辩依然是分工准备，负责写作的同学撰写答辩报告，负责英语答辩的同学练习口语，各区域同学和老师协作模拟答辩，老师此时充当评委提出未来城市社区建设的各种问题让同学们现场作答，同学们认真准备，并进一步完善和优化模型。

图 10　学生展示物理模型

经历模型和报告的各方面迭代和优化，学生能清晰地梳理项目实施的全过程，也能反思和体验自己的成长和收获。学生在“以项目为主线、教师为引导、学生为主体”的 STEAM 教学中，通过独立完成项目，把理论与实践有机地结合起来，不仅提高了理论水平和实操技能，而且又在教师有目的的引导下，培养了合作、解决问题等综合能力。展示的最后一个环节，则是将所有社区模型放在一起，共同点亮。这一幕让每一位参与其中的学生和老师都收获了一份不一样的成就感与快乐。

（六）学生成果

“点亮未来之光”项目的STEAM课程的课堂教学，运用STEAM教学理念，学生经历提出问题、设计实施方案、评估方案、动手制作并解决问题的全过程，期间充分利用资源，整合资源学习跨学科知识，提升了各方面的能力。

课堂上老师对相关理论知识的讲解很少，主要是指导学生学会学习，寻找解决问题的方法，充分发挥了学生的自主性和创造性。学生们在项目学习的过程中不仅掌握了知识，也能用文字、图画、模型、多种语言、表演等形式表达和展示自己的学习成果。

图11　未来城市主规划图

学生在设计项目时，统筹管理城市的统一性、社区的完整性，主要采用总分总的设计思路。首先为统筹管理的未来社区进行总体规划，然后分区域进行内部设计，力求在团队的力量下完善社区功能，使居民生活更舒适。

学生思维的创造性和深入性在STEAM课程的项目式教学中完全被激发了，他们不仅发现了现有城市生活中的资源问题、环境问题和社区居民交流较少的情感问题等现代化城市生活的弊病，也非常有前瞻性地为地球和城市居民的未来而规划和考虑。

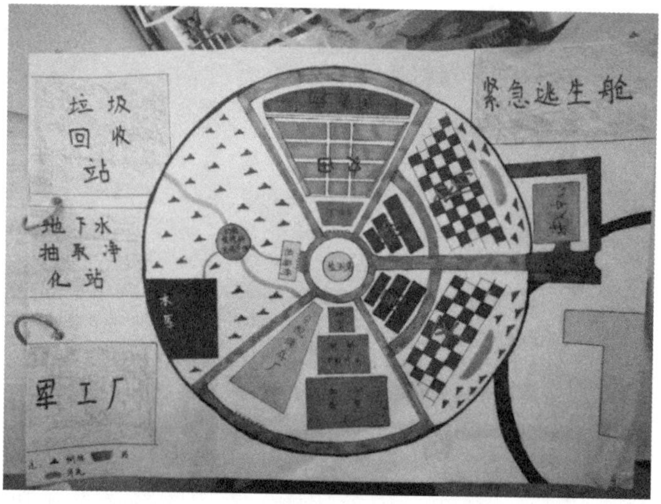

图 12　未来城市社区区域规划图

小组学生坚持为未来社区的居民提供更加清洁的空气和水资源，他们设计未来的氧气和水资源的清洁和生产线路，可以保证所有居民完全正常地呼吸和生活。他们大胆和详细的设计不仅让同学们佩服，也让老师们叹为观止。

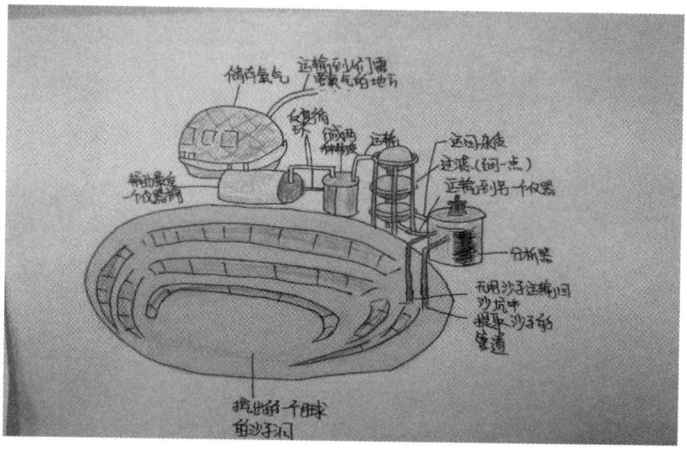

图 13　未来氧气和水生产循环系统

面对当前我国华为公司被美国卡住了芯片制作和使用的“脖子”的问题，学生们立志在不久的将来，在我们自己设计的社区里一定有全世界最先进的科技，同时拥有全球最尖端最高效的芯片流水线，下图为学生的设计。

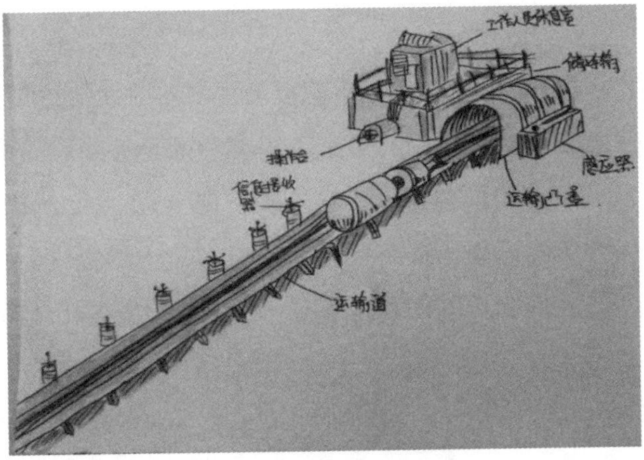

图 14　未来芯片生产线

经过一学期的 STEAM 课程，没有一个学生喊累和无聊，没有一个学生缺席，他们不仅充分利用特色课程时间完成项目，也利用大量的休息时间制作模型，和同学交流。他们收获了课程学习的知识，更是在团队中收获了互帮互助、共同进步的难忘友情！

五、课程评价

对于对学生的综合思维能力要求极高的 STEAM 课程来说，设定恰当的评价方式，是促进学生积极参与、培养学生主体意识、有效推进课程的必要机制。

（一）评价主体

在以往传统的教学课程中，评价量规都是教师根据自己的生活阅历和教学经验，对学生在教学活动中各方面能力发展的要求来制订。但是在 STEAM 课堂中，我们着重的是学生参与的一系列活动，培养的是学生自我发展的能力和认识自我并改进自我、完善自我的可持续的能力，所以我们将学生也作为评价的主体，让学生参与制订评价量规，并在不断的分享和讨论中完善量规，从而让学生从被动参与者转变成为一个能纵观全局、认清自我价值的主动参与者。除了教师、学生，家长和社会上的专家学者也可以作为我们评价的主体，他们有着不同领域的知识和经验积累，这正是我们在完成“未来城市”这个综合性项目中所需要的。

比如，城市的建设需要考虑建筑结构的实现可能性。又比如，对于城市的园林规划来说，一位具有深厚美术功底、深谙不同材质对建筑的表现力的家长从专业角度制订的评价量规将会大大提升最终实现效果，乃至于起到画龙点睛的作用。

（二）评价内容

“点亮未来之光”项目要解决有关城市建设的很多问题，学生要在不断的修改中去完善自己的设想，最终要呈现出来的有论文、模型和展示答辩，这一系列的过程环环相扣，上一步的完成效果直接影响到下一阶段的呈现方式。因此，在评价过程中我们不仅要关注学生知识技能的习得，还要关注学生学习能力的提高，关注团队合作及价值观方面的发展。所以我们制订的评价内容是一个系统化的评价体系。包括以下几个方面的评价：①评价学生在收集资料，发现问题并运用美术、数学、物理、地理、生物、语文、编程知识同时联系水利、核物理、天文等新知识创新性地解决问题的能力；②评价学生在团队建设中的互助合作能力，交流以及矛盾的处理能力，是否积极准时投入活动，在小组遇到问题时是否主动承担责任；③评价学生对解决问题的想法具体实现的能力，方案及图纸的设计是否合理，能否做成具体的模型，模型是否有创新性；④评价学生在制作模型过程中的实际操作能力，包括废旧物品的组合、搭建、改造、美化，以及在动手过程中的学习能力和创新能力；⑤评价学生在展示环节的中英文表达能力、临场反应能力以及和同学的配合解决障碍的能力。同时，也真正体现了学校指向“勤勉睿智”的博艺课程的价值所在。

（三）评价方式

结合评价的内容，在项目的各个阶段，我们采取了不同的评价方式。

在方案讨论的初期阶段，我们采用了展示评价和互评的方式；在图纸的设计和模型的制作阶段，我们采用了制订量规表的方式，对整个制作过程作评价，这里也包括学生自评和互评、家长和专家评价；在最后的展示答辩环节，我们采用的是成果评价，对每个同学负责的部分做互评，学生也可以为自己负责的部分作自我阐述和答疑，取长补短，共同进步。

（四）评价样例

在“点亮未来之光”STEAM 课程中，我们的项目式课程对项目的设计、制作和实施都进行了完整的工程学拆解和标注，对学生各方面的综合能力和素养培养目标都进行了详细的说明和要求，对团队中的成员活动也进行了详细的记录，所有教学和活动的痕迹都充分呈现了学生们的成长和收获，这些都是学习复盘最重要的评价资料。在多轮课程实施中，通过纵向横向对比项目成果，也可以分析得到课程发展的有效经验。

学生（小组）项目情况详细记录表如表 1—2—3 所示。

表 1—2—3 学生项目跟踪表

你们团队最近完成了哪项工作?	
你们团队目前开展的工作是什么?	
目前开展的工作预计什么时候完成?	
为了后续工作的良好运作,你们还需要做哪些工作?	

项目进行中和进行后的反思都非常重要,这是学生和课程的复盘和总结部分,也是课程未来建设的宝贵经验。表 1—2—4 是项目反思问题表。学生要时刻关注其中的问题,关注成长和对自己的评价。

表 1—2—4 项目反思问题表

项目反思问题	学生活动方向
回顾你们初期制订的项目目标	你们团队充分达到目标了吗?哪些目标比其他目标完成得更好
回顾城市设计初期的想法	这些想法在后来实施的阶段改变了吗?描述一个最终建造实施和最初设计创想不一样的内容,并陈述原因
仔细想一下你们的团队	你们的团队是如何一起合作的?你现在知道如何能够更好地进行团队合作了吗?哪些是你以前所没有想到的
回顾项目过程中的收获	你从未来之城城市社区项目中获得的最有价值的经验是什么

学生在项目中的解决问题能力至关重要,这也是他们在城市社区建设中能够寻求各方帮助、整合资源、找到解决办法的有力保证。表 1—2—5 是学生在论文和模型制作中的解决方案评价表,方便学生自我佐证和对标。

表 1—2—5 解决方案评价表

分值 项目	评价分值			
	10 分	8 分	5 分	1 分
功能性	对问题认识准确,能充分利用各学科知识解决问题并阐述解决原理	对问题认识准确,能解决问题,但是缺乏学科知识依据	对问题认识准确但不能解决问题,功能不清晰	问题设置错误
外观	外观极具美感,适应主题的环境	外观较具美感,较适合主题环境	外观一般,在主题环境中容易出问题	外观较差,不适应主题要求环境
创新性	创新多于 3 点,给城市建设提供了别具一格的样板	有多于 2 点的创新	创新点很少,但有自我发挥的意识	没有创新
团队合作	最快完成自己的任务,能帮助其他成员解决问题,有很好的团队合作和协调能力	能参与团队间的合作互助,完成任务较为积极	能完成自己的任务但不能很好地实现团队间的合作交流	不能在规定时间完成自己任务,也不能和团队合作

在 STEAM 课程中，学生才是学习的主体。本课程从学生的实际获得角度来评价课程实施的效果，评价的各个维度也都关注着学生的成长，评价的多项内容存在于项目的实施过程中，学生自行决定自我评价的具体感受。来自老师单一方面的评价较少，也不再是课程成绩的权威结果。学生在 STEAM 课程的学习中既有充实的收获，也能有良好的学习体验，这是 STEAM 课程和传统课程单一成绩评价导向的重要区别。STEAM 课程从评价机制上真正做到让学生成为学习的主人，让学生成为自我学习的决定者。

在学校“六自”育人体系的统领下，我们尊重学生发展规律，尊重科学精神，一直在不断探索 STEAM 课程。在整个 STEAM 课程体系的构建中，我们没有直接挪用任何校外机构的课程，只是从别人的经验和案例中去找寻属于自己的路。我们力求通过项目式的学习方式，实现学科融合和学生思维的提升，我们努力开发让学生解决真实情景下的现实问题的课程内容，努力去突破在课程实施中所遇到的各种困难，进一步提升师资团队的战斗力，丰富和改造学生的学习空间，整合更多的校内校外资源，构建更加多元的、适宜学生终身发展的课程体系。

（供稿：王宇、杨晶、税柯）

专家点评

成都市第八中学列举了学校的“六自”案例，用“点亮未来之光”演绎了整个 STEAM 课程构建的过程。整个课题研究从细处着手，能让学生在具体载体中实践探索，充分展示了 STEAM 教育的跨学科特性。整个项目实施也不是一蹴而就的，学生在更新迭代中不断丰富知识，不断提升能力，不断进行改进，实现了项目研究不断深入，取得了更好的实践效果。建议学校进一步解读“六自”育人体系，以便厘清“六自”中哪些因素对 STEAM 实践研究有实质性影响。

——林家锐，四川省 STEM 教育协同创新中心兼职研究员

以 STEAM 创新课程撬动生命自由生长

——“生长力”课程体系下的 STEAM 课程建设

四川省成都高新区实验小学

在“让每一个生命自由生长”的办学理念引领下，四川省成都高新区实验小学在传承办学特色“大科创”教育的基础上，以培养学生的学习力、适应力、创新力为目标，建构了包括品格成长、学科学习、个性发展三大领域的儿童“生长力”课程体系，特别注重把 STEAM 教育理念融入儿童“生长力”课程改革之中，以 STEAM 教育为新的生长点和突破口，推进课程、课堂、课题“三课”联动，整合创新教育资源，营造创新教育环境，培养创新教师队伍，开发创新教育课程，开展校创新教育实践，探索并形成了学校 STEAM 创新课程的校本实践方案，把学校教育引入以创新为魂的高品质发展时代。

一、全面构建 STEAM 生长型创新课程体系

（一）STEAM 生长型创新课程的育人目标

我校将 STEAM 创新课程分解到各年级各学科，让学生在不同年级都有 STEAM 学习体验，不断提升创新力和实践水平，在毕业时能打上创新的底色。我们设立“动手体验—开放思维—创意研究”低、中、高 3 个阶段，以培养学生使用多学科知识、技能解决问题的创新思维能力和迁移能力，如图 1 所示。

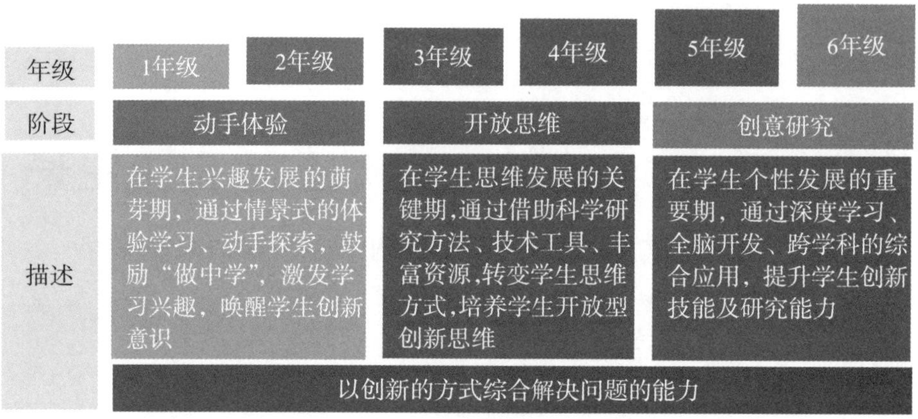

图 1　STEAM 创新课程的育人目标

为了实现学生成长目标，我们配套构建了教师发展目标和课程建设目标：让教师人人争做创新之师，储备跨学科教学能力，全员参与 STEAM 研究实践；让学校建构起丰富多元的 STEAM 课程体系，不断形成 STEAM 教育特色。

（二）学生成长指标

围绕学生发展核心素养，我们认为学生成长指标包括团队合作、问题解决、反思提升 3 大维度，细化为 12 个方面，如图 2 所示。

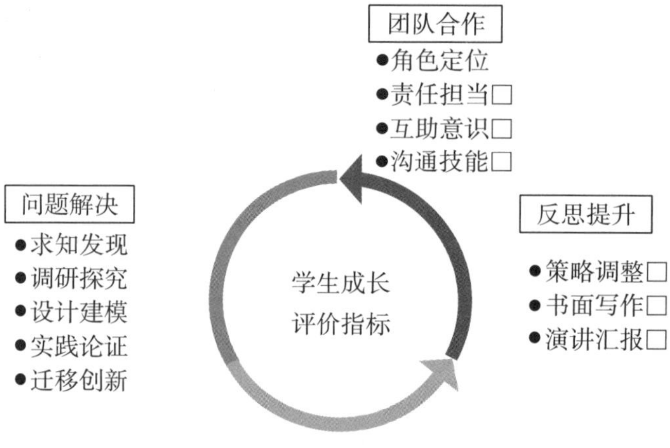

图 2　学生成长评价指标

在各年段目标的基础上，学生的具体成长目标如表 1—3—1 所示。

表 1－3－1 各年段学生成长目标

指标		1～2 年级	3～4 年级	5～6 年级
团队合作	角色定位	在教师帮助下，明白自己在小组中的角色	在教师引导下，找准自己在小组中的角色	能自主组成学习小组并划分角色
	责任担当	在教师帮助下，明白自己需要完成的关键任务	在教师引导下，发现自己需要完成的主要任务	能自主拟定需要完成的任务
	互助意识	在教师引导下，理解小组成员的不同任务及作用	在教师引导下，发现小组成员的努力，能提出建议或提供帮助	认可小组成员的努力，并在需要时主动提供帮助
	沟通技能	在教师引导下，能简单表达自己的想法，并倾听他人的意见	能表达自己的想法，并对他人的意见进行思考和反馈	能采用多种方式进行表达，并就他人表达的不同意见进行讨论
问题解决	求知发现	在教师帮助下，发现情境中的问题	在教师引导下，发现情境中有研究价值的问题	能自主发现情境中有研究价值的问题
	调研探究	在教师帮助下，能运用一定方法和技术工具获取信息	在教师引导下，能选择合适的研究方法和技术工具获取信息	能自主选择合适的研究方法和技术工具获取有用信息
	设计建模	在教师帮助下，能通过口头语言或画图表达设计思路或设计方案	在教师引导下，能书写简单的设计方案并绘制设计简图	能完成规范的设计方案和设计图
	实践论证	在教师帮助下，能运用材料完成观察、实验或制作，并解决关键问题	在教师引导下，能选择合适的材料完成观察、实验或制作，并解决主要问题	能自主选择合适的材料完成观察、实验或制作，并解决问题
	迁移创新	在教师帮助下，能对情况或问题进行迁移，提出新问题	在教师引导下，能对情境或问题进行迁移，提出新问提，并提出解决思路	能对情境或问题进行迁移，提出新的有研究价值的问题，甚至解决新问题
反思提升	策略调整	在教师帮助下，有调整方法、工具的意识	在教师引导下，能调整研究方法、技术工具等	能自主根据实际情况调整研究方法、技术工具、时间进度等
	书面写作	在教师引导下，能用简单的画图或文字总结学习成果	能熟练运用画图、文字等总结学习成果	能熟练运用画图、文字、思维导图、报告等多种形式总结学习成果
	演讲汇报	在教师引导下，能用语言简单汇报学习过程、学习成果等	能采用一种或多种方式，完整汇报学习过程、学习成果、感悟体会等	能结合多种方式就问题解决思路、学习过程、学习成果、反思体会等进行汇报展示

（三）STEAM 生长型创新课程的结构框架

STEAM 教育的推进方式落在课程化实施上。我校构建并实施了丰富多元的 STEAM 生长型创新课程，即“学科渗透＋年级分层＋项目融合＋活动探究”的 4 层课程体系，如表 1－3－2 所示。

表 1-3-2 STEAM 生长型创新课程结构框架

层次	课程描述	课程特点
学科渗透课程	各学科按照 STEAM 思想和方法开展的学科教学活动	普适性
年级分层课程	1~2 年级的“创新思维”课程	基础性
	3~6 年级的“创意编程”课程	
	分年级的 STEAM 主题式课程	
项目融合课程	依托拓展课、社团课开展的“空中农场”“未来之城”“小课题研究”“人工智能”等系列项目课程	常态性
活动探究课程	科技节、梦想课堂、各级科技创新大赛、各级机器人创新实践活动、科创实践基地、国内外研学游学等	动态性

4 个层次的 STEAM 课程，在设计和实施上都体现出生活性、可行性、趣味性，根据学生生活和教学条件，考虑学生完成的可能性。“学科渗透”和“年级分层”课程是立足年级特点和学科本位的主题式整合课程，是在 STEAM 理念下，探寻不同学科之间的连接点，通过学科融合实现内容、方法的创生；“项目融合”和“活动探究”课程是立足多元时空的广域课程整合，是对某一项目进行的持续系统的研究与实践。

二、积极优化 STEAM 学习活动设计模式

（一）基于项目式学习的学习活动设计模式

STEAM 学习主要以项目的形式进行组织和开展，更体现出工程的属性，教师在进行学习活动设计时，可根据项目式学习理念进行学习活动的开发与组织，如图 3 所示。

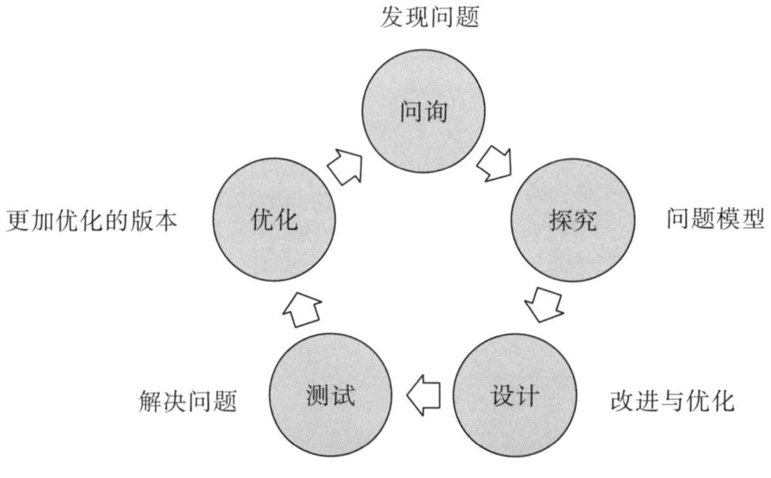

图 3 基于项目式学习的学习活动设计模式

问询：学生在真实复杂的环境中，通过调查研究、观察等方式发现问题。例如，通过对社区居民进行调查，发现资源回收、垃圾分类、绿色出行、水质污染、交通规

划等方面的问题，或者通过对校园绿化区域的观察，发现灌溉装置、规划分区、病虫害、落叶杂草等方面的问题。

探究：学生通过查阅资料，或利用科学的分析方法、科学实验等手段，将发现的问题进行分解，即针对某一真实问题进行要素分析，将情境中的具体问题抽象为理论问题，构建问题模型。例如，学生通过生活观察发现越来越多的人选择通过快递鲜花来表达祝福，但是鲜花在快递的时候容易产生损伤，因此，学生需要了解植物的构造及生长条件，观察植物最容易折损的部分，考虑运输过程中植物需要的环境等，并将影响因素提炼出来。

设计：学生对问题的解决方法进行比较权衡后，进行方案的构思与设计，即建立针对问题的解决模型。例如，在技术机械主题中关于灌溉装置的改进中，学生针对现有灌溉装置灌溉时间、灌溉范围、喷灌头等方面出现的不足和问题，进行新的灌溉装置的设计。

测试：学生利用工具、材料等实现设计方案，测试实施效果，并对效果进行评价。例如，在建筑结构领域关于抗震的研究中，学生将设计的抗震高塔进行稳固性测试，以测试设计的抗震高塔是否抗震，抗震程度能达到几级等，为后续改进提供依据。

优化：学生经历测试后，对现有设计进行进一步优化改进，从中发现新的问题或新的研究方向。

（二）基于 5E 教学模式的学习活动设计模式

在 STEAM 学习中，某些项目主题更偏重于科学探究，教师在进行学习活动设计时，可根据 5E 教学模式进行学习活动的开发与组织。

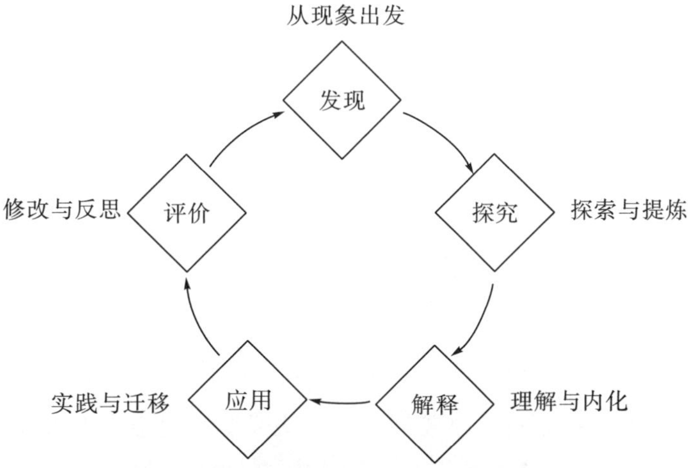

图 4　基于 5E 教学模式的学习活动设计模式

发现：以与学生生活中真实问题相联系的现象为切入点，引起学生的好奇心和主动思考的欲望，目的是提升学生的参与感和激发学生的学习兴趣。例如，在资源环境领域关于水循环的学习活动设计，可以从引导学生发现“云的变化—下雨—路面积水—积水不见了”开始，或从抛出“几十亿年前的恐龙喝的水和我们现在喝的水一样吗”的问题，激发学生的学习兴趣。

探究：在探究环节中，学生借助科学的观察方法、分析方法、科学实验等方法手段，从现象中归纳出科学概念与科学原理。例如，在资源环境领域关于太阳能发电的学习活动设计中，学生可以利用太阳能源板、LED 灯、导线、泥沙、电筒、水、纸等材料，探究太阳直射角度、装置安装方向、灰尘、雨水、遮挡物等因素对太阳能发电的影响，在探究的过程中，归纳影响太阳能发电的因素。

解释：学生对探究中所获得信息进行科学的表述和说明，可以通过撰写报告、分享交流等方式，促进自身对科学问题和科学原理的理解和内化，实现新旧概念的转换。例如，生命科学领域关于研究种子生长的学习活动设计，在前期对种子生长条件的探究基础上，学生以小组为单位完成“设计种子的家”的绘图活动，为种子的生长布置适宜的环境，并且在组间进行分享，促进学生对种子生长环境条件的理解和内化。

应用：在新的情境中，将学习到的科学原理进行实践、验证、应用和迁移，从而解决问题。例如，电磁学领域关于电路的学习活动设计，学生内化了电路的工作原理及串并联电路的连接方法后，可以利用 LED 灯、卡纸、纽扣电池、铜胶带、彩笔、剪刀、燕尾夹等工具设计制作电子贺卡，让简单的贺卡承载满满的创意和新意。

评价：评价的目的是为学生进行学习方法和学习策略的调整提供依据，以及帮助教师调整学习活动的设计以及教学方法。评价以过程性评价为主，结果性评价为辅。过程性评价包括评价学生的参与度、为小组所做的贡献、内化的观念的转变、学习技能是否提升等方面，结果性评价包括对学生作品、报告、测验等方面的评价。

三、整体推进 STEAM 生长型创新课程的分层实践

（一）学科渗透课程，凸显 STEAM 方法的普适性

学科渗透课程立足学科本位，体现为将 STEAM 的方法渗透进各个学科之中。各学科教师依据 STEAM 理念和方式对自身学科教学进行设计和实施，基于学科、综合性课程进行融创，如在内容相通处融创、在方法借鉴处融创、在过程需要处融创等。学科渗透课程具有普适性，是教师学习 STEAM 学科融合观念与方法后，对自身教学

方式的转变。

1. 基于学科的渗透

基于学科的渗透是在分科课程的基础上探寻可渗透的融创点，使学科教学更综合，教学过程更优化，符合学生认知事物的特点和规律，并贴近学生生活经验和思想实际。

【案例 1】内容相通处融创

自古文学与美学就多有相关，古代就有诗配画的形式。我校教师将语文与美术进行了深度融创，设计了精彩的 STEAM 学科渗透课程“王冕笔下的墨梅”。课程从讲台上的一株腊梅开始，清香的蜡梅将孩子们的思绪拉回元代：一位叫王冕的画家正在挥毫泼墨，创作出了流芳百世的《墨梅图》，同时留下了千古佳作——《墨梅题画诗》。课中，美术老师利用中国画的技法来讲解诗句中“淡墨”的涵义，带着孩子们画梅题字、制作书签。孩子们在作品中题字：耐、雅、淡、坚……课程构思精巧，孩子们通过学诗体会王冕高远的人生境界，通过作画、题字又将所学进行有效反馈和提炼，文学与美学得以融合升华。

图 5　语文学科渗透课程“王冕笔下的墨梅”

【案例 2】方法借鉴处融创

数学的学习不只发生在课堂上，更发生在生活中。我校数学老师建立了“小学数学小讲师”微信公众号，课程内容不局限于教材，更面向生活，支持孩子们随时随地进行学习与分享。“小学数学小讲师”微信公众号中分高中低三个学段，设置有“数学阅读”“数学游戏”“数学思维”“数学在身边”等板块，向孩子们征集生活中的数学问题，例如，“原创绘本”“数学故事”“数学与生活”“数学与自然”等内容。在这个公众号中，每个孩子都能进行有趣的、自主的、联系生活的、有创造性的数学学习，在生活中发现数学问题、思考问题、解决问题，通过拍摄微视频分享解决方案或收获。孩子们发现生活中处处有数学，处处能用数学。

【案例3】过程需要处融创

我校英语组教师将STEAM学科融合的理念运用于英语学科教学之中，在学习过程需要处进行丰富多彩的课堂融创。与艺术表演的融合：孩子们阅读各种英语绘本，理解、揣摩绘本中的人物角色，惟妙惟肖地演绎故事中的角色；与艺术审美的融合：孩子们学习了有关服装的主题后，自己进行服装设计和搭配；与自然科学的融合：孩子们在校园中发现四季的变化，春暖、夏绿、秋静、冬寒，将自己所看、所想、所得用彩笔绘制在纸上，与同学们进行分享；与生活的融合：孩子们自制唇膏送给妈妈，动手制作三明治享受美食，制作超轻黏土盆栽装饰班级，制作美丽的花朵感谢老师……学科是孤立的，但生活是完整的，英语组教师通过学科融合体现出以人为本的教育初心，孩子们更是在有趣的课堂上自由生长。

【案例4】在创作手法上融创

当天马行空的创意遇上充满童趣的美术创作，会碰撞出怎样的火花？我校美术组教师将科技、创意、艺术等元素充分融合，利用美术课堂开展“科幻画绘本”创作活动。孩子们运用手中的画笔，大胆地将自己创新的想法用画面的形式表达出来，围绕环境交通、生态资源、人工智能、航空航天、智慧生活等主题，绘制出充满创意和童趣的科幻画，在班级中将自己创新的想法和有趣的故事分享给同学们。

图6　学生科幻画作品：《机械时代》《智能垃圾分类站》《海底石油污染处理机》

2. 基于综合性课程的渗透

基于综合性课程的渗透是在多学科的综合性课程、“全人”的体验课程中探寻可渗透的融创点，使学生生活更多彩自由。

【案例5】创意无限的校园艺术节

STEAM理念下的校园艺术节期间，学校每年设定不同的校园文化主题，比如“庆祝祖国七十华诞”“致敬逆行，爱我中华”“中外博物馆”等，孩子们分班进行项目规划，讨论创作形式和实践进度，利用废旧材料或随手可得的材料充分发挥创意，自主地设计班级文化、布置班级环境、撰写解说词、演绎表达等。艺术节期间的校园仿佛被施了魔法，呈现出百花齐放又和谐统一的艺术氛围。

图7 项目式校园艺术节

（二）年级分层课程，凸显STEAM理念的基础性

年级分层课程立足年级特点，遵循学生身心发展的规律，以年级为序列递进实施，所有学生都能参与STEAM课程体验和学习。年级分层课程表现出基础性：一是在1～2年级开设“创新思维”课程，注重学生体验学习和动手探索，唤醒创新意识；二是在3～6年级开设“创意编程”课程，培养学生创新思维和利用技术工具解决问题的能力；三是开设分年级的STEAM主题式课程，以主题学习的形式促进学生进行研究并发展解决综合性复杂问题的能力。

1. 低年级“创新思维”课程

1～2年级是学生兴趣发展的萌芽期，“创新思维”课程通过情景式的体验学习，鼓励孩子们在“做中学”，从分析问题入手，找到问题的关键点，利用或者改变材料的形状、性能、结构、环境等方法，对物品进行创造或改造，以探寻问题的可能解、可行解和最优解。

2. 中高年级“创意编程”课程

编程教育是STEAM教育理念的实践形式之一，更与STEAM创新教育培养的核心素养高度契合。3～6年级是学生思维发展和个性发展的关键期，“创意编程”课程采用问题解决情境下趣味闯关的形式，分为基础入门、自由进阶和自由创作3个阶段，孩子们在给定情境中找出需要解决的问题，分析解决问题的方法，设计、测试、优化程序指令以解决问题。在学习过程中，孩子们通过撰写编程日志对问题解决过程进行反思和思考，查看闯关排名激发自信心和学习动力，分析程序指令以评价解决方案的创意水平。

（三）项目融合课程，凸显 STEAM 教育的常态性

项目融合课程立足校园空间，是对某一项目进行持续系统的学习，主要依托拓展课、社团课开展，也包括其他课程。项目融合课程表现为常态性，学校每周五下午开设 2 节拓展课，每周二、周五开设社团课，学生自愿进行选课报名。依托我校传统和优势，现已逐渐形成“空中农场”“未来之城”“小课题研究”“人工智能”等系列项目融合课程。每个大项目又可以划分为多个子项目。

1. “空中农场”项目融合课程

学校紫荆校区五楼平台打造了一个生态的田园环境——“空中农场”创新体验中心，学生可以在自然环境中认知、学习、成长，回归自然，回归田园，回归劳动。依据 STEAM 教学理念和学习活动设计方法，我校教师开发设计了“空中农场”系列项目融合课程，包括农事类课程、特色类课程和活动类课程，如表 1—3—3 所示。“空中农场”项目课程有利于学生将课堂知识与实际经验相联系，有利于学生对真实问题的关注和解决，有利于学生健全人格和价值观念的养成。

表 1—3—3 “空中农场”系列项目融合课程

类别	适用年级	子项目名称
农事类	3 年级	“常用的农事工具”“农场的日常管理” “蔬果的分类”“作物的营养价值”
	4 年级	“播种与育苗”“蔬果常见病虫害防治” “植物生长的观察与记录”“作物收获”
	5 年级	“我的农场我设计”“无土栽培” “有机肥的制作”“蘑菇种植”
	6 年级	“编制农事月历”“植物生长的环境条件” “蔬果品种鉴别与移栽”“保护色与仿生应用”
特色类	3～4 年级	“绘本：种子长啊长”“太阳能源站”
	5～6 年级	“鱼菜共生”“自动浇水装置”
活动类	3～6 年级	“欢乐采摘节”“班级责任田”“农场管理员”

【案例 6】我的农场我设计

五年级的农事案例课程“我的农场我设计”，是我校开发的一门校本课程，整个案例课程开发经历了以下四个阶段，如下图所示。

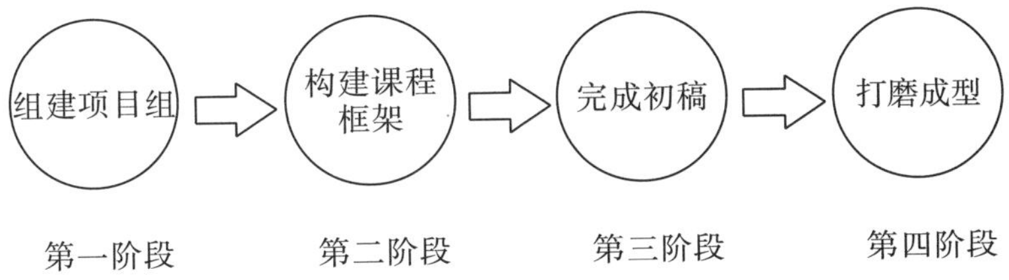

图 8　“我的农场我设计”案例课程开发过程

本课的学习活动设计如表 1—3—4 所示。

表 1—3—4　案例课程“我的农场我设计”的学习活动设计

活动流程	学习活动设计
问询	• 在班级中组建项目小组 • 小组调查（问卷、访谈、实地走访）确定农场的设计需求 • 统计分析数据，形成需求调查报告
探索	• 分析设计农场需要解决的问题要素 • 完成方案撰写和进度安排
设计	• 完成农场设计图纸，进行汇报交流； • 完善设计，制作农场设计模型
测试	• 制作汇报 PPT，由需求方进行评价、打分
优化	• 根据需求方的建议和满意程度，进行迭代改进

在整个学习活动之中，学生从被动学习转为主动学习，学生自主确定学习目标、制订研究计划、收集整理材料、完成设计创作等，联系已有知识经验，通过头脑风暴提出多种可能性，培养创造性思维；学生从被动劳作转为主动改造，找出问题的关键点，将问题可视化，如有的小组研究通过编程来调节蘑菇房的湿度，有的小组提出用立体种植来增加农场种植用地，有的小组设计阳光书屋来满足更多使用需求，有的小组研究鱼水共生系统优化生态环境，学生根据设计进行建模并验证方案的可行性，培养分析问题和动手实践的能力；学生从知识测试转为主题汇报交流，分享问题解决的过程、收获、体会等，培养表达和反思能力。学生提出的解决方案也为我校空中农场的进一步升级改造提供了多种可行性，具有很好的现实意义。

2. “小课题研究”系列项目融合课程

“小课题研究”系列项目课程主要引导学生从学习和社区生活中发现问题，通过课题研究的方式寻找问题解决方案，又划分为创造发明、科技小论文、科学调查、科技制作等子项目。

【案例 7】爱上小发明的“中国最美孝心少年”

石林是一位善于在生活中发现问题的同学，更可贵的是，他总是会想办法来解决这些问题。从小对科创的热爱，就如同一颗种子埋在他的心中。在老师和家长的指导下，石林将发现的问题记录下来，在课后花大量的时间和精力学习更加广阔的知识和技能，努力思考和探寻解决问题的方案，最终形成了很多小课题研究和发明成果。例如，家中爸爸睡觉时打鼾厉害，石林因担心打鼾影响爸爸的身体健康，想设计一种声控的止鼾装置，当鼾声超过一定音量时，就通过振动的方式提醒打鼾者改变睡姿，从而达到止鼾的效果。有了这个想法，每天做完作业的他就钻进书房查资料、画图、焊接、调试，花了整整 2 个月时间，经过 3 个版本的迭代，一款腕带式电子止鼾器设计成功，这个小发明也成功申请了国家专利。除了善于思考和动手，石林的爱心和社会责任感让他的发明更具价值。石林在路上看见盲人过红绿灯时束手无策，经过近一个月的资料查阅和实验研究，做出了一种装置模型，可以通过蓝牙功能让红绿灯信号与手机连接，从而提醒盲人。由于这个小发明需要改变市政设施系统，所以石林还在继续改进和完善。

我校还有很多像石林这样的同学，他们善于发现、勤于动手、勇于实践。截至目前，我校学生小课题相关成果已累积上千个，已出版学生“小课题”研究成果集，部分学生研究成果如表 1—3—5 和表 1—3—6 所示。

表 1—3—5　部分学生小课题研究成果

序号	学生姓名	研究题目
1	冀美珊、李亦芸	自制可食用水球的实践研究
2	杨若珂、廖梦媛	一小瓶花露水制成一大瓶驱蚊液的实践探究
3	赵宣铭	自制桌面吸尘器的实践研究
4	胡书菡	具有提示与安全警示作用的书包
5	程天任	碳酸饮料危害的小实验
6	卢嘉逸	光是一种波的科学小实验
7	万希辰	关于神仙树片区垃圾分类现状的调查与研究
8	郑如轻、李如轩	基于五一单片机的车载超声波测距系统
9	江奕霄	智能垃圾桶
10	徐子正	可拆卸太阳伞吹风装置设计
11	银禾	坐姿矫正器
12	冷月	关于成都市雾霾观察与分析

表1—3—6　部分学生进行小课题研究后的创造发明

序号	学生姓名	发明作品名称	创新点
1	李逸川	超声波防盗器	利用超声波传感器，当物品超过一定距离，便会报警，可用于贵重物品的防盗
2	刘雨泽	校园墙角防撞装置	利用红外线传感器、蜂鸣器，安装方便，低功耗，节约能源，维修方便，性价比高，易于大规模工业生产
3	刘宇轩	基于抽取式设计的防尘化妆棉	设置弹性层、外保护层及分割线，结合指套的设计，增加了舒适度，方便裁取，还可以防尘
4	陈美心	具有消毒功能的医用创口贴	创口贴和密封消毒片巾易分离，便于携带，不占过多空间，利于一体化生产
5	彭思齐	方便分类的家用环保垃圾袋	每个垃圾袋由采用热合点撕连接的不同颜色的小垃圾袋组成，不同颜色可标识不同类别的垃圾，方便拆卸的套袋形式可让家用垃圾分类“只跑一次”
6	胡书菡	装有分度装置的台钻	装有分度装置的台钻可提高生产效率，提高产品质量，降低生产成本
7	陈一夫	抱婴儿助力装置	加入助力装置，抱婴儿时能起到省力的作用，其卡口可以自由活动，方便实用
8	吴俊诚	实用花盆搬运车	将底座插入花盆底部，利用杠杆原理，可以把花盆轻松翘起并推走，具有可操作性，方便又灵活

3.“未来之城”系列项目融合课程

“未来之城”项目基于设计100年后的城市这个情境背景，链接现代城市和社会普遍关注的热点问题，通过撰写项目计划书、撰写城市描述论文、制作城市物理模型、开展演讲答辩等方式，最终将未来城市设计方案呈现出来。在课程实施过程中，指导学生了解并掌握工程设计流程和项目管理方法，引导学生关注和了解我们生活的城市，运用课内外知识，以团队方式一起来探讨当今世界的核心问题：如何通过我们共同的努力，让世界变得更美好？学生在“未来之城”项目学习中历经“分析目标—项目规划—调查研究—头脑风暴—设计实施—迭代优化—反思提升”等过程，更加注重文化融合、自主发展和社会参与等因素。“未来之城”项目课程可以划分为多个子项目，如表1—3—7所示，已成为培养学生核心素养的有效途径之一。

表 1—3—7 “未来之城”系列项目融合课程

序号	项目类别	子项目名称	子项目特色
1	垃圾处理	材料回收与利用	未来城市不仅是科技技术的应用，更体现人类智慧的参与，包括包容的氛围、可持续的发展、创新的解决策略以及丰富的文化等
2		城市垃圾处理	
3	危害应对	雾霾来了	
4		海绵城市	
5	资源利用	城市规划	
6		四川的地形与气候	
7	智慧城市	城区交通规划	
8		城市应急供电系统	
9	社会热点	老年养老规划与实施	
10		弱势群体需求研究	

图 9 “未来之城”课程学生作品

（四）活动探究课程，凸显 STEAM 实践的动态性

活动探究课程立足多元空间，将 STEAM 教育理念和方式渗透进活动探究之中，带领学生以工程思维发现问题、探究求知、解决问题、完善优化。活动探究课程表现为动态性，主要包括科技节、艺术节、梦想课堂、各级科技创新大赛、各级机器人创新实践活动、科创实践基地、国内外研学游学等动态性活动，供学生自愿参与。

【案例 8】梦想课堂，让梦想飞扬

我校于 2012 年 1 月成立了第一届少年科学院博士工作站和专家指导中心，至今已经成立了三届家长博士工作站，创造性地开设了“梦想课堂”。几年来，围绕科技创新教育，我校每学期开展 1～2 期梦想课堂活动，中科院院士高登义院士、中国工程院张锡祥院士、美国太空总署太空与火箭中心副总裁迈克尔、省市科技教育专家、十多位博士家长走进校园主讲“梦想课堂”，对学生进行励志教育、科普教育与科创指导。学生根据自身兴趣自主报名，围绕“为了心中的梦想”“如何进行小课题研究”“发明就在身边”“科技促进健康”“走近两极，其乐无穷”“翱翔蓝天，畅想中国梦”“创造改变生活”“桥梁中的学问”“小小机器人，蕴藏大智慧”“遨游太空，探索奥秘”等主题，我校已开展了 24 期“梦想课堂”活动。“梦想课堂”启迪智慧，开启梦想，激发动力，指引方向，点燃了学生生命智慧的火把！

四、深入探索 STEAM 生长型创新课程评价路径

STEAM 教学活动过程的复杂性决定了并非所有教学因素都能被量化。根据 STEAM 教育特点和课程目标，STEAM 生长型创新课程评价的重要对象是学生，评价方式以过程性评价为主，结果性评价为辅。

（一）借力“未来教室”技术支持

学生的成长会通过内化的思想与外显的行为来表现。我们采用线上评价与线下评价相结合的方式，利用“高新实小未来教室”平台采集、分析数据，自动生成学生成长报告，通过作品展示、反思撰写、分享演讲等多种形式进行学生成长评价。

为了促进 STEAM 课程的有效实施与评价，我校打造了“高新实小未来教室”平台。“高新实小未来教室”平台主要具有以下几个功能：

项目库功能：依托“高新实小未来教室”平台建立 STEAM 课程项目库。教师开发的 STEAM 课程均可上传保存至平台之中，并根据课例涉及领域进行分类存储和查找。此外，学生在学习活动中产生的过程性资料和作品也会自动保存在作品库中以供分享。

备课教研功能：平台支持教师在线创建或修改教学设计及交互式课件，平台管理员可将课程权限授予不同教师，具有课程权限的教师可共同创建、查看并修改课程，为教师教学研究多提供一种途径。

在线授课功能：平台分为教师端和学生端。教师端有课堂控制插件如照片墙、倒计时、实时圈点、排行榜、抢答、语音控制、学生管理等以辅助课堂教学；学生端可接收学习资源，并进行拍照上传、投票、连线、选择、问答等活动。

评价反思功能：平台提供各种评价工具，包括前后测试、问卷调查、日志撰写、投票、反思撰写等。此外，平台基于大数据可持续记录学生的发展轨迹，采集教师授课次数、授课时长、教学活动安排、技术操作等数据，实现对课程、教师、学生的评价，并形成评价报告。

（二）丰富学生成长评价方法

根据课程和评价内容的不同，常用的评价方法如表 1—3—8 所示。

表 1—3—8　常用的学生成长评价方法

序号	评价方法	评价模式	评价说明	评价维度
1	个人自评表	☑线上　□线下	调用平台调查工具插件，教师端录入自评题目，学生端进行选择回答，平台即时统计并显示评价结果	团队合作
2	小组自评表	☑线上　□线下		
3	课堂前后测	☑线上　□线下	调用平台调查、连线、问答、选择等工具插件，教师端设置前测、后测题目，学生端参加测试，平台自动统计、对比数据，形成评价结果	问题解决
4	学习过程评价	☑线上　□线下	平台自动采集、统计、分析学生端观看学习资料、搜索网页信息、课堂小活动（连线、归类、选择、问答等）、提交过程记录等数据信息，形成评价结果	
5	作品评价量规	☑线上　☑线下	教师和学生根据作品评价量规对解决方案、作品成果进行评价	
6	投票	☑线上　□线下	调用平台投票工具，学生端进行投票表决，平台即时统计并显示评价结果	
7	排行榜	☑线上　□线下	平台自动采集、统计学生试错次数、完成时间、正确率等数据信息，即时显示排名情况	
8	反思与心得	☑线上　☑线下	平台支持学生端撰写、提交反思心得，或根据实际情况进行书面或口头反思	反思提升
9	分享与展示	□线上　☑线下	表演、演讲、展示等形式	

根据评价的数据反馈，教师和学生及时对课程内容、教学策略、学习方法、材料工具等进行调整。通过评价，STEAM 教育形成闭环，并不断持续优化发展。

附录：学生成长评价表

表 1—3—9　“创意编程”课程小组自评表

表述	小组评价				
结对编程中，同伴对我尊重吗？	□非常尊重	□比较尊重	□一般	□不太尊重	□很不尊重
你的同伴保持思考并与你分享观点吗？	□非常符合	□比较符合	□一般	□不太符合	□很不符合
有哪些是你觉得同伴这次做得很棒的？	□主动和你交流 □了解指令的使用方法 □清楚表达他的想法 □无		□认真倾听你的建议 □正确理解问题要求 □专注完成编程任务		
你认为同伴下次可以在哪方面做得更好？	□已经很棒了 □多了解指令的使用方法 □更专注到当前的任务		□更全面地思考问题 □更多地和你交流 □其他		

表 1—3—10　“未来之城”项目课程学生项目目标制定表

我们的项目所用资源
学生资源： 学校资源： 家长资源：
我们的项目所受限制
知识储备： 学习时间： 组织形式：
我们的项目目标
研究目标： 制作目标： 展示目标：

表 1—3—11　“空中农场”项目课程学生评价表

评价内容	学生课堂参与态度	•是否认真参加每一次小组活动 •是否努力完成自己所承担的任务 •在班级和小组活动中积极贡献
	学生创新精神和实践能力的发展情况	•能否在活动中从发现问题、分析问题到解决问题的全过程显示出的探究精神和实际操作能力 •能否在学习的过程和结果中实际表现给予全面客观的评价 •比较活动前和活动后学生的发展状态
	学生对学习方法和研究方法的掌握情况	•能否根据学习内容查阅资料、实地观察记录、调查研究、整理资料、处理数据、运用工具、操作工具、交往与表达等
评价方式	建立学生课程学习个人档案	•给每位学生建立成长档案袋，包括工程笔记、作品照片以及课堂奖励，由学生自己管理
	作品展示	•学生将学习过程中认为最好的作品上交，进行评价展示
	3分钟个人演讲	•通过不同形式展示学习这门课程的收获
	评价表评价	•分阶段对学生进行评价

表 1—3—12　设计方案评价量规

评价维度	评价描述	等级		
		优秀	良好	一般
完整度	有图示、图注、比例尺、设计说明			
	内容清晰准确			
可行性	没有科学错误			
	是否切实可行			
创新性	设计方案为原创			
	方案中有创新点			
美观度	字迹工整，画线整齐			
	色彩、排版整洁协调			

科学技术的迅速发展对未来社会创新型人才的培养提出了更高的要求。高新实小在“让每一个生命自由生长”的办学理念引领下的“大科创”教育，以 STEAM 为生长点，探索“生长”教育带来的发展势头，已如雨后春笋，正充满蓬勃生机与无限活力地绽放于大地上。

（供稿：朱祥烈、胡文东、岳佳丽、陈龙明、蔡静禁）

专家点评

成都市高新区实验小学“生长力”课程体系下的 STEAM 课程建设，按低中高段分成“动手体验—开放思维—创意研究”三个阶段，以培养学生使用多学科知识、技能解决问题的创新思维能力和迁移能力等为目标，形成不同年段的 STEAM 课程体系。以具体项目作为 STEAM 研究的指导，给学生适度空间创造，这样循序渐进的方式值得推广。

——林家锐，四川省 STEM 教育协同创新中心兼职研究员

“和合”文化引领下的STEAM校本课程构建

——“玩的故事”STEAM课程实践

德阳市东电外国语小学

推进STEAM教育已成为世界性的教育发展趋势，STEAM教育的跨学科性、培养创新精神与实践能力、面向多数学生等基本理念得到了大部分教师和教育管理人员的认可，正在成为技术创新的重要驱动力。德阳市东电外国语小学开发了“玩的故事”——STEAM校本化、地域化系列小学校本课程，该课程基于学校“和合”文化，实现价值育人，打造“玩”的课堂，拓展“玩”的研学路径，建构“玩”的生态，让小学生想玩、期待玩、能玩、会玩、爱玩、持续玩，玩出水平、玩出境界，让STEAM教育成为学校发展的生长点，学校课程改革的着力点，学生学习方式变革的突破点，教师专业水平提升的支点，成为学校发展、学生和教师成长的崭新平台，让学校既有品位，又有质量，进一步推进学校可持续发展。

一、“玩的故事”课程思考

（一）STEAM教育催生学校“和合”文化，提升学校办学品位

当前，基础教育的改革正在进入深水区，中国特色社会主义新时代呼唤着育人模式向“价值育人、统整育人、实践育人、适性育人”变革。面对新时代的新机遇，学校“和合”文化、高品质课堂教育理论、STEAM教育理念相互碰撞，相互印证，相互支撑，融合共生高品质学校文化体系。

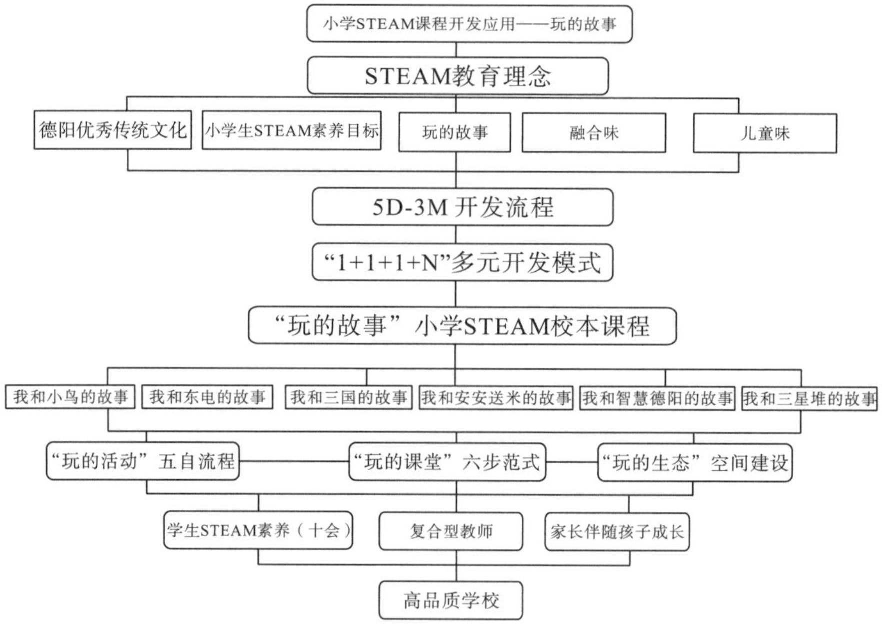

图 1 “玩的故事”课程研究路径

第一，以“和合”学校文化为引领，实现价值育人。我们基于对学校文化和教育教学变革方向的理性思辨，动态更新学校文化，传承和发扬“和合”文化的基本内涵，以社会发展需求与人的自身发展需求相和谐为宗旨，以习近平新时代中国特色社会主义思想、“和合”文化作为学校的文化理念内核，构建了“和合”校园文化，实现价值育人。

第二，以高品质课堂理论为基础，达成实践育人。高品质课堂，区别于传统的课堂形式，充分观照学生人人发展、全面发展、自主发展、个性发展和终身发展，是真正促进学生健康成长的课堂。它的根本要求是彰显育人价值，深掘课程文化，遵循教学规律，强化三维目标，活化教学方式，注重生成创新，更好体现教育的意义与价值，体现办学理念、育人目标，让学生和教师能得到更好的体验和感受，从而更积极主动地投入到课堂中，让课堂焕发生命的活力，实现每一个学生的发展。

第三，学习借鉴 STEAM 教育理念，实现统整育人。学习借鉴 STEAM“能力为本、整合为要、项目引领、继承创新、多方合力”等教育理念，确立跨学科教育、培养创新精神与实践能力，实现统整育人。STEAM 是一种有别于传统的单学科、重书本知识的教育方式，它主张多学科融会贯通，不分学科地进行综合性教育；主张从鲜活的学习情境出发，注重学生自身与学习内容的交互，关注学习者的学习体验；让学生通过项目学习、动手建构来习得知识，实现价值。

（二）开展 STEAM 教育，激发孩子的兴趣，让小学生在“玩”中学习、在“玩”中成长

孩子的天性就是爱玩，每个孩子都愿意玩，玩是孩子的天性，也是孩子的权利。好玩的东西才会使孩子们产生兴趣，而兴趣产生爱好，爱好产生动力。兴趣是最好的老师，因此，在学校教育中，让孩子们爱上学习就是要抓住学生的兴趣，让他们充满好奇心、探索心，让他们在“玩中学习、玩中成长”。

故事是人类最古老、最自然的意义感知形式，它具有情境性、娱乐性等特征，它是一种解决问题的脚手架和启发式策略。对于小学生来说，故事能让学习变得更生动、更有趣。以形象化的故事情节为问题情景，用一个个生动、有趣的故事让小学生身临其境，激起他们极大好奇心和兴趣，让他们“爱玩”。

在“我和东电的故事”课程中，东东是德阳市东电外国语小学四年级的学生，他的爸爸和爷爷都在东方电机厂上班，从小耳濡目染，了解到了一些关于东电厂的故事。有一天，老师让孩子们回家了解“大三线建设”的故事，了解老一辈人为我们国家的发电事业做出的重要贡献。东东一放学就飞奔回家，晚上让爷爷和爸爸给他讲他们的故事，通过这些故事，东东深深明白了爷爷和爸爸他们为了国家的发电事业奉献了自己的青春，一颗种子深深埋在了东东的内心。

我校 STEAM 校本课程抓住小学生的兴趣点，创设一个让孩子们愿意参与、愿意去玩的情境，学生能够在学习知识的过程中体会到玩的乐趣，学中应有玩，玩中必有学。“玩中学”具有以学生为主体、以兴趣为基础、以教师的指导为导向、以活动为载体、以促进学生全面和谐发展为目的等基本特征。

“玩中学”的学习方式，能激发孩子的学习兴趣，“可以玩”的学习活动为孩子提供直接感知、实际操作和亲身体验的机会，让孩子们产生极大的兴趣，有助于集中他们的注意力，激发好奇心、求知欲。这种轻松、有趣的学习氛围，有利于孩子们接收新知识，也有利于孩子们能力与情感的发展，在积极的状态下潜力得到充分发展，获得高质量的学习效果。

二、“玩的故事”STEAM 课程探索

（一）确立小学生 STEAM 素养目标体系

我们依据小学生的认知规律和年龄特征，将小学生 STEAM 素养与学校“和合”文化办学目标——培养“有温度、会学习、能创新”未来型人才有机融合，确立小学

生STEAM素养目标体系。即把培养具有会观察、会思考、会合作、会表达、会动手、会设计、会写作、会想象、会创作、会创造的“十会”STEAM素养的未来型人才作为“玩的故事”——小学STEAM校本课程开发与应用的基本依据。

表1—4—1 德阳市东电外国语小学学生STEAM“十会”素养

一级目标 “和合”文化培养目标	二级目标 小学STEAM素养	三级目标
有温度	会观察	孩子能够用心去发现自然现象和生活中的一些问题
	会思考	孩子能够将看到的一些自然现象和发现的问题进行信息加工
	会合作	孩子能够和搭档互相配合，完成一个项目
	会表达	孩子能够通过思考，将自己思考的结果用语言表述出来，被别人所理解
会学习	会动手	孩子通过绘画、搭建模型、制作作品等形式将自己的想法付诸行动
	会设计	孩子能够按照项目的目的和要求，预先定出工作方案和计划，绘出图样
	会写作	语言通顺；符合题意，内容充实，中心明确；条理清楚，结构合理；有创新
能创新	会想象	孩子在完成一个项目时，能够天马行空，具有丰富的想象力
	会创作	在写作过程中，能够完成一个体现较高文学素养的文学作品
	会创造	在完成项目时，能够把以前没有的事物给创造出来

（二）“玩的故事”STEAM校本课程开发

1. *构建“5D—3M”STEAM课程开发流程，开发“玩”的课程*

根据小学生思维水平和生活经验积累构建“5D—3M”STEAM课程开发流程，从学生生活的角度选择典型活动进行结构化设计，以活动设计与实施为载体，让学习者在体验和完成活动任务的过程中，将学术性学科知识转化为可解决实际问题的生活性知识，习得蕴含于任务中的多学科知识与技能，让小学STEAM校本课程有趣、好玩，在玩的过程中培养学生会观察、会思考、会合作、会表达、会动手、会设计、会写作、会想象、会创作、会创造的STEAM素养。

在对课题的研究过程中我们探索出了“5D—3M”模式的STEAM课程开发及实施流程：

（1）“Define确定主题”——确定“玩”的对象。确定主题，也就是寻找课程内容的切入点，开发具有地域特色的STEAM课程，就要寻找区域中有特色的事物，比如全国闻名的三星堆文化，其涉及考古学、历史学、民族学等学科，包含了文化、艺术等各方面的内容，既是很好的教育题材，又利于学生参观、学习、研究以及制作一些工艺品等。

（2）“Detect侦察探究”——实地“玩一玩”。侦察探究这一环节的内容更像是一次研学旅行，就是根据第一部分确定的内容进行实地观察、体验、探究。以“我和三国的故事”为例，选择金牛古道——两千多年前巴蜀地区通往中原的一条重要道路，观察古道上木牛流马经过留下的车辙、木牛流马雕像的特点等，为后续物化生成环节做铺垫。

（3）“Discuss讨论交流”——分享“玩”的感受。讨论交流环节，学生要谈前一环节的研学感受。以“我和东电的故事”为例：这个内容主要以多媒体的形式来做交流展示，展示在东电厂拍摄到的具有代表性的照片和视频，每个小组主题不同，学生谈每个小组观察的过程、感想和收获。

（4）“Discover发现价值”——提炼“玩”的意义。发现价值环节能锻炼学生文字和语言能力，让学生初步学会做报告、分享各组的调查报告、倾听报告做好记录、发现各个报告的亮点，为创意设计做好铺垫。以“我和三星堆的故事”为例，以青铜面具为主题对青铜面具进行分类归纳，撰写不同类型青铜面具的特点。

（5）“Design创意设计”——探究“玩”的成果。创意设计这一环节是课程的核心，课程内容丰富多样。主要分为两个形式的内容：一是编写故事，指经过前期确定主题、参观、讨论、研究发现、撰写报告后，围绕前面的所感所悟编写一个小故事或者编写小剧本；二是创意设计制造，以“我和东电的故事”为例，在创意设计方面可以设计风车、自制风力发电机等。

（6）“Make物化生成”——形成“玩”的成果。物化生成这一环节，主要是锻炼学生动手操作能力，将前面创意设计的方案付诸实施，将创意变成实物。这一环节将工程、制造等融入其中，学生要了解各种工具的使用方法，各种材料的用途，各种形状的搭建方法等。以“我和三星堆的故事”为例，设计采用3D打印、陶泥制作、不同材料雕刻等不同形式来模拟制作三星堆文物。

（7）“Modification改进改良”——“玩”的成果升华。改进改良这一环节是对上一个物化生成环节的再加工，一是对制作的作品进一步优化，二是对制作的作品进行升级改造。以“我和智慧德阳的故事”为例，思考智能节能交通灯如何改造才能更加智能和环保，怎样进行城市规划才更加科学合理。

（8）“Mutualize展示分享”——“玩”的成果展示。展示分享这一环节是一个成果交流活动，回忆这个课程的实施过程，回顾课程的重要活动，谈谈在活动中的收获，对制作的作品进行总体评价，开展评比活动，组织一些趣味性比赛等。以“我和三星堆的故事”为例，分享探究三星堆古蜀文化的奥秘过程，分享用不同材料制作三星堆文物的经验，分享制作的三星堆相关作品。还可以开展编制的情景剧展演活动等。

2. 以德阳市优秀传统文化作为切入点，开发小学STEAM校本化、地域化课程

我们以德阳市优秀传统文化作为切入点，依据课程方案和课程标准等相关政策及学生思维水平和生活经验积累，开发小学STEAM校本化、地域化课程，为小学生提供丰富的精神食粮，激发学生热爱家乡、热爱祖国的感情和社会责任感。

我校位于古蜀文化名城、重装之都、观鸟天堂——德阳。德阳文化底蕴深厚，三星堆遗址闻名于世，儒家文化、德孝文化、三国文化在这里交融发展、绵延不断，绵竹年画等非物质文化遗产享誉中外。丰富的地理环境和传统文化为我校开发STEAM课程提供了丰富的课程资源。为此，学校将本地文化与STEAM课程内容融合，开发STEAM小学校本课程系列：“我和小鸟的故事”，结合德阳作为最佳观鸟城市这一优势，帮助学生了解人与自然如何和谐相处，养成绿色生活方式，产生可持续发展理念及行动；“我和东电的故事”，结合当地“智造之都”工业特色，激发学生学习父辈精神、学习掌握技术的兴趣和意愿，培养学生的工程思维；“我和三国的故事”，结合三国历史文化，增强学生文化自信，尊重中华民族的优秀文明成果；“我和三星堆的故事”，结合三星堆神秘历史文化，激发学生的好奇心和想象力，使之能不畏困难，有坚持不懈的探索精神，能大胆尝试，积极寻求有效的问题解决方法；“我和安安送米的故事”，结合当地“德孝文化”，引导学生传播弘扬中华优秀传统文化和社会主义先进文化；“我和智慧德阳的故事”，结合当地旅游与智能交通的畅想，培养学生主动发现和提出问题的能力，解决问题的兴趣和热情，使他们能依据特定情境和具体条件，选择制订合理的解决方案，具有在复杂环境中行动的能力。

3. 小学STEAM校本课程融入“儿童味”“生活味”“融合味”

根据学生不同的年龄阶段的认知发展规律，创设生动的卡通人物形象“东东”，使之贯穿课程主线，参与孩子的学习活动，让孩子既感到亲切，又产生兴趣。课程体现“儿童味”，好玩、有趣；“生活味”，源自学生的生活实践，真实、感人；“融合味”，综合运用科学、技术、工程、艺术、语文和数学六门学科知识进行协作、探索和问题解决，培养会学习、能创新的未来型人才。

我校STEAM校本课程抓住小学生的兴趣点，开展了一系列小学生喜欢的小活动、小实验、小创新、小发明，让学生们想玩且“玩有所得”，让小学生在玩中学习、在玩中成长。

4. 多种呈现方式丰富STEAM校本课程内容

每课内容以“想一想”“议一议”“画一画”“做一做”“说一说”等活动为课程的基本呈现方式。学生通过“想一想”亲身参与到解决问题的事件中，激发他们学习的兴趣；“议一议”让学生像科学家一样地探究，像工程师一样地解决问题，获得STEAM素养；以“画一画”等教学方式，学生利用推理、创造性思维和模型进行设计，形成解决方案；学生“做一做”设计方案、制作产品、检测产品；“说一说”，把多个学生的智慧和创造力集合在一起，展现出一个动态的、活跃的知识生成和习得的过程。

5. 构建“1+1+1+n”STEAM课程多元开发模式

STEAM课程开发过程中，我们构建了多元合作开发模式，构建“1＋1＋1＋n”的开发团队，即：1个专家团队，1个教师团队，1个家长团队，n个学生，共同组成课程开发团队，多方合力，共同参与开发。

家长与教师紧密地联系在一起，成为课程开发的同路人。家长参与课程设计，教师收集家长资源，整合家长意见，从多个维度寻找适合学生发展的生长点，构建以参观体验、创意设计感受为主的课程教育。

家、校、社区合力课程建设，拓宽共育场地。在开发“我和三国的故事”时，秦宓社区主动联系我们，推荐参观路线，以秦宓祠墓为起点，到沿线罗江白马关、庞统祠、五丁谷。并帮助我们联系社区内的旅游公司，为学生们量身打造了适合的参观方案和三国相关活动计划。

（三）“玩的故事”STEAM校本课程实施

1. 构建“故事—任务—探究—设计—生成—展示”六步STEAM的课堂教学范式，打造可以玩的课堂

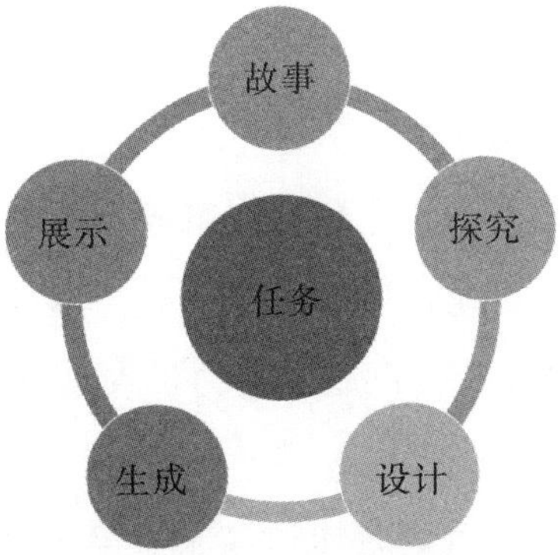

图2　六步课堂教学范式

通过故事——玩的情景构建、任务——玩的目标设定、探究——玩的密码研究、设计——玩的程序设定、生成——玩的闯关之路、展示——玩的成果分享与拓展，让小学生想玩、期待玩、能玩、会玩、爱玩、持续玩，在玩的过程中培养小学生 STEAM 素养。

第一环节：故事——玩的情景构建

故事是人类最古老、最自然的意义感知形式，它具有情境性、娱乐性等特征，它是一种支持问题解决的脚手架和启发式策略。把学习任务嵌入故事中，学习变得更自然、更易接受。以 2020 年德阳市科技创新教育学术交流活动示范课“千年文明遇上 STEAM”教学第一课时为例。

故事引入：《三星堆博物馆奇遇记——铜人复活》

老师以奇妙的故事《三星堆博物馆奇遇记——铜人复活》引入，激发了学生对历史探究的兴趣，同时嵌入学习任务“查一查”“说一说”“想一想”“议一议”，引导学生完成相应表格，制订研究计划。

第二环节：任务——玩的目标设定

任务指发现问题、研究问题和解决问题。在 STEAM 课堂教学中，任务引领整个课堂，整个课堂围绕着任务展开。任务引领教师的教学设计，也引领学生的学习活动。在“千年文明遇上 STEAM”教学中，学生根据兴趣点自己分组确定任务进行研究。有些小组对青铜器上独特的纹饰特别感兴趣。每一个纹饰都代表什么呢？如果用现在的制造方法，我们可以制造出美丽的纹饰吗？带着疑问，通过故事串联，学生开始了对三星堆文明的探索之旅。

第三环节：探究——玩的密码研究

探究，即学生研究问题的活动，是发现问题和解决问题之间的桥梁。小学 STEAM 课程把探究活动作为学生在玩中学习的重要方式。

第一，引导学生围绕任务利用现在的知识结构体系去查阅资料，去获得新知，获得这一个任务中的困惑解决方法。解决学生在有困惑的时候，用什么工具、怎样去查阅、怎样去获取新知的问题，引导学生学会按需学习的方法，让学生能玩。

第二，强调小组合作，大家一块儿玩。小组成员先独立思考，把想法写下来，再分别说出自己的想法，然后再讨论，形成集体意见。本环节强调玩中学和学中思，让学生能玩、会玩，逐步培养学生提出问题的能力，收集和处理信息的能力。

第四环节：设计——玩的程序设定

设计，就是学生在具备一定知识和技能的基础上，明确目标要求，选用器材，确定思路，安排步骤，并对结果进行预测、分析和讨论等一系列设计方案的活动。学会设计是小学STEAM课程给学生提出的挑战。设计是探究和生成的中间过渡环节，学生在前面探究的基础上进行设计，为接下来的生成环节制订计划，绘制图纸或提供方案。

第五环节：生成——玩的闯关之路

生成，主要是指学生解决问题的过程。小学生在玩的过程中，通过研学、讨论、设计等活动，融合各个学科，“玩”起来了，然后在玩的过程中，将数学、艺术、工程等各方面的知识能力都包含在内并找到完成任务的解决方案，通过一定的形式呈现出这个解决方案。

第六环节：展示——玩的成果分享

在STEAM课堂教学中，展示是非常重要的一个环节，向别人展示自己的想法是孩子的心理需要，展示也是小组合作学习的体现。展示，是玩的故事的延续；展示，是把多个学生的想玩、能玩、会玩、爱玩的感悟与成果与同学们分享，展现出一个动态的、活跃的知识生成和习得的过程。

2. 探索小学STEAM教育与科技创新活动有机结合的“五自”流程，拓展好玩的研学路径

课题组将科技创新活动与STEAM理念的融合开展总结为“五自”路径：自我发现—自我设计—自我生成—自我改进—自我分享。按照“五自”路径开展的“基于STEAM视野下的小学生科技创新活动纪实——‘我爱小鸟’主题科技创新活动”荣获四川省第35届青少年科技创新活动一等奖，并作为我市唯一代表参加全国青少年科技创新比赛。下面就以该科技创新活动为例展开阐述。

自我发现。引导学生用善于发现的眼睛去观察生活，密切联系生活，勤思考，善发现。我们的家乡是候鸟城市，每年有很多的鸟类聚集在我市，供人们观赏，但在观鸟过程中，孩子们发现有一些不文明现象的发生。为了让更多的人能够文明观鸟，加入到爱鸟、护鸟的活动中来，STEAM班的孩子发起了一场“我们在行动”的爱鸟活动。

自我设计。发现问题以后，对这个问题有兴趣的同学组成一个合作小组。为了解决这些问题，大家开展头脑风暴，先独立思考，然后小组讨论，形成集体意见。在这个过程中，孩子们将他们的设计及时记录在设计表上，也可以将设计图绘制在设计表上。每个孩子都发挥想象力，天马行空，有自己的创意。

自我生成。孩子们自我设计以后，小组分工合作，根据绘制的设计图，按照他们的创意设想转化为实物的过程，可以是在现有的知识技能基础上进行生成，也可以查

找相关资料，学习制作方法，利用生活中可以找到的一些材料，比如废旧的纸板、纸盒、饮料瓶等进行制作生成。

自我改进。小组作品自我生成以后，研究制作的成品是否还可以继续改进，本小组的每位同学都要测试作品，大家作为试玩体验官，指出可能存在的问题，比如机器人结构是否稳定，程序是否需要修改以完成指令，外观是否美观等，制订改进方案，并升级改造。

自我分享。作品改进升级以后，进行展示分享。各个小组摩拳擦掌，跃跃欲试，都想将小组做好的作品分享给同学。在分享展示的过程中，各个小组及时评价，指出展示作品的优点并提出还可以继续改进的建议，让作品做得更加完善。

3. 建构 STEAM 教育新生态，让小学生随时可玩、随地可玩，在玩中培养学生的问题解决能力、自主创新能力、深度学习能力和适应未来能力

课题组建构了 STEAM 教育生态，让 STEAM 教育从课内到课外，从校内到校外，从校园走向社会，实现了时间与空间的拓展。

校内空间建设。我们在学校美术活动室的基础上，为学生打造了 STEAM 项目课程实施的学习空间，布置有绘画作品、摄影作品、相关图书资料等，学生可休息、可阅读、可上网、可讨论、可涂鸦……学生随时可将创意灵感表达出来以供大家参考、讨论。同时，学校还打造了科学实验空间、信息技术空间、音乐欣赏空间等。

校外空间建设。课题组开发了很多本地特色的内容，比如周末我们利用课余时间，去旌湖观鸟，去白马关感受三国文化的魅力，去东电厂了解水利机电科学常识等。学习时间上从周一到周五拓展到了周末，空间上也从校内到校外，从校园走向社会。学生能够参加很多社会实践活动，也增长了见识。

家庭空间建设。在“我和小鸟的故事”课程中，孩子们周末在家长的陪同下组成小队，分工合作，一起外出观赏旌湖边种类繁多、形态各异的鸟类。回到家以后，孩子们还会与家长一起交流讨论观鸟的收获，一起写观鸟报告。这个过程有利于增进家长和孩子之间的情感交流。

三、“玩的故事”STEAM 课程效果突现

（一）课程开发实践促进了学生 STEAM 素养发展

学生 STEAM 素养的提高体现在学生变得会观察、会思考、会合作、会表达、会动手、会设计、会写作、会想象、会创作、会创造等各方面。

（二）课程开发促进了教师成长

教师 STEAM 素养的成长则体现在自身专业素养、交流与合作能力、自身教学技巧、参与校本课程开发的积极性的提升等方面。

（三）课程开发实践改变了家长意识

家长把自己作为教育的伙伴，在小学生玩的过程中会陪伴、会合作、会激励。在本校 STEAM 课程的实施过程中，很多家长从不曾耳闻，到接受老师的指导，最后甚至能够有意识、有目的性地把家庭教育和 STEAM 精神结合在一起。

（四）课程开发推进了学校教育特色发展

STEAM 课程打造了全新教育品牌，推动了学校课程建设，促进了学生全面发展，提高了学校办学水平。STEAM 教育已经成为学校发展的生长点，学校课程改革的着力点，学生学习方式变革的突破点，教师专业水平提升的支撑点，成为学校发展、学生和教师成长的崭新平台。

（供稿：李剑、戴发术、罗士儒、孙玲、李引）

专家点评

德阳市东电外国语小学“和合”文化下的品质课程建设，开发了小学 STEAM 校本课程——“玩的故事”，培养具有会观察、会思考、会合作、会表达、会动手、会设计、会写作、会想象、会创作、会创造的“十会”STEAM 素养的学生，立足地域文化进行 STEM 项目的研究，构建了“故事一任务一探究一设计一生成一展示”六步 STEAM 的课堂教学范式。该校总结的 STEM 教育实践和探索的方式方法具有一定的推广价值。

——林家锐，四川省 STEM 教育协同创新中心兼职研究员

STEM 力量助推棕北高品质学校建设

成都市棕北中学

在办学历程中，成都市棕北中学遵循“面向未来，以人为本”的教育思想，积淀了丰厚的经验，探索出了“一体两翼”的现代办学模式，以培养有创新精神和实践能力为核心的素质教育为主体，以计算机、英语特色教学为两翼，充分回应了教育部《关于全面深化课程改革落实立德树人根本任务的意见》的要求：“要在发挥各学科独特育人功能的基础上，充分发挥学科间综合育人功能，开展跨学科主题教育教学活动，将相关学科的教育内容有机整合，提高学生综合分析问题、解决问题的能力。”学校 STEM 教育不断推进，学生的科学、技术、工程、数学素养不断得到提升，助推了学校的高品质建设。

一、以 STEM 视野提升办学理念

高品质学校必然是高质量发展的学校，是落实立德树人，推进“五育”由并举走向融合，实现师生全面发展的学校。基于此，作为成都市首批“未来学校”试点校，也是成都市最早一批建成校园创客中心的学校，棕北中学自 2014 年起就推进 STEM 课程实践，并确立了“突破学科壁垒，实现跨界融通，师生共生共长”的 STEM 课程理念。依托云技术、大数据平台，通过构建创客空间、未来教室，开展翻转课堂微课等，诠释更具校本意义的核心素养内涵，促进基础课程（国家必修课）、拓展课程（知识拓展、职业体验及社会实践）和探究课程（兴趣特长、潜能开发）互通互融，把学生培养成为全面发展且富有个性的人才，育人模式由知识传授向培养学生核心素养转变。

二、以STEM课程丰富学校内涵

（一）棕北STEM课程理念

目前我国中小学的课程模式基本为分科教学模式，数学、物理、生物、化学等各学科老师只负责教授各自的科目，很少关注学科之间的联系。然而，学生要为未来的职业发展做准备，需要超越学科的界限进行思考。有研究表明，学习者接受STEM教育有助于获得对数学和科学等内容更加深入的理解，同时也有助于培养他们获得在社会场景中应用这些知识解决问题的能力。因此，STEM教育的课程设计应该使用“整合的（integrated）课程设计模式”，即将科学、技术、工程和数学等学科整合在一起，强调对知识应用和对学科关联的关注。学校认为STEM课程具有如下基本特征：以学科素养为基础；以核心素养为导向；以生活实践为根本途径；以关键能力为核心；以素质统整为支撑；以资源整合为保障。

（二）棕北STEM教育体系建设

1. 以课程融合为重点

一是融合构建“三三六”课程体系。课程是学校实现教育目的的重要载体，是学校办学思想和育人模式的直接表现，是学校高品质发展的必然要求。学校从培养“全人”的角度出发，以整体性和均衡性为原则，以学生经验、个体和社会需要为基础，将国家、地方和校本课程进行整体性建构和校本化融合，形成以培养学生核心素养为中心的“三三六”课程体系，满足学生的差异性，促进学生个性化成长。随着STEM课程的不断深入开展，我们不断思考如何全面落实学科课程“整体育人”的价值取向，尤其是基于生命成长的导向性价值、知识性价值、方法性价值、情感性价值、道德性价值、审美性价值等，例如让学科课程实施从单一的知识能力价值取向转变为基于核心素养培养的多元育人价值取向。棕北中学跨学科课程体系包括整合课程、拓展课程和探究课程三类校本课程，涵盖了人文底蕴、科学精神、学会学习、健康生活、责任担当和实践创新等六大核心素养，包含了学生成长的价值取向、必备品格和关键能力，相互交融、互补共生，共同实现培育功能。

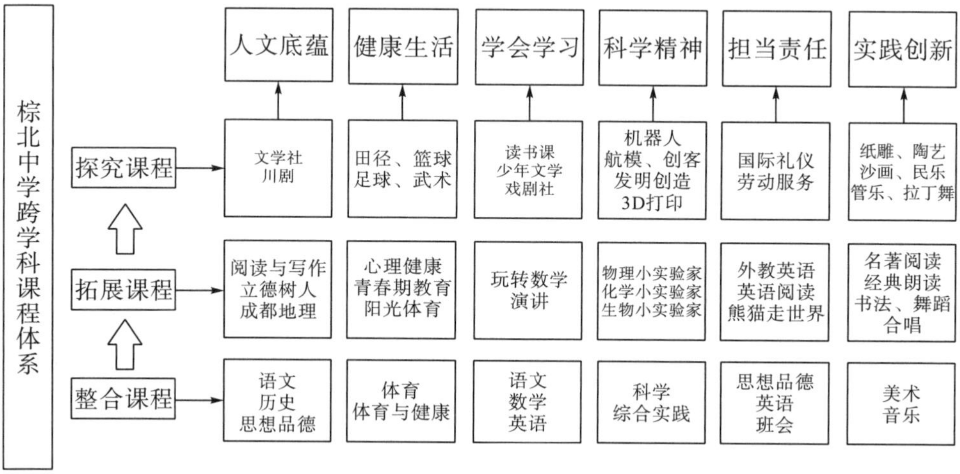

图 1　棕北中学跨学科体系结构图

二是建立多元校本培训平台。坚持“请进来”和“走出去”相结合，采用专题讲座、课例研讨、学术沙龙、师徒结队、经验交流等灵活多样的培训方式，激发教师发展的内驱力。其中，课例研讨已经成为棕北培养 STEM 课程教师的重要路径。

三是搭建多种展示交流平台。扩充校级信息资源库，上传校园网站共享，强化“棕北论坛”的展示、交流与评比功能；定期举行 STEM 课程学术交流，搭建教育教学研讨平台，推广 STEM 培养研究成果。2017 年和 2018 年，我们与四川省教科院相关部门合作，连续两年在棕北集团教育研讨会上推出 STEM 课程的多节研究课，并邀请各级专家学者听课、评课，多途径培养 STEM 课程教育先行教师。

2. 以团队建设为亮点

一是组建 STEM 课程推进工作小组，完善相关规章制度，提供教师专业发展工作的制度保障和文化氛围。以专业理念与师德、专业知识与能力、科研能力与绩效为主要维度，构建 STEM 教育教师评价体系。一方面强化评价导向，坚持将育人实绩作为评价的重要依据，根据教师不同的业务能力，因人而异确定不同的评价重点，充分调动教师自评互评的积极性；另一方面，评价过程注重对教师的人文关怀，既注重教师的个人价值、专业价值和创新价值，也充分考虑教师的未来发展，在评优选先工作中设立专项奖，颁给在 STEM 课程开发实施中表现优秀的骨干示范教师，提升教师获得感。

二是以消除学科教研壁垒为突破口，引进家长导师团成员，优化教研组研讨，组建 STEM 教育工作坊，地点设在宽敞明亮的棕北阳光之家，成员既包括各学科骨干教师、网络技术人员，也包括学校附近四川大学和中科院成都分院的专家学者。跨学科、跨组织、跨文化、跨年龄的新型学习组织，不仅有跨界思维的深度碰撞，还有通过头脑风暴产生的奇思妙想，使无边界课程“取众学科之长”。

3. 以空间打造为赞点

STEM空间建设是推进STEM教育过程中必不可少的一个环节，它是创新创意分享的空间，是支持学生将自己的创意灵感转化为实物的地方。成都市棕北中学是一所现代化新型学校，地处首批国家级住宅示范小区——棕北小区内，占地面积虽小，但在STEM教育的空间建设上进行了精心的设计。学校STEM创新空间主要分为两部分：第一部分是STEM课程功能室区域，包括微机室、未来教室、科学实验室、创客教室、校内微型生态园5间教室。第二部分是STEM教育工作坊，工作坊设在宽敞明亮的阳光之家，学生、教师皆可以在这里工作、讨论，碰撞出STEM创意的火花。

三、以STEM项目打造学校特色

STEM课程是落实融合式学科课堂改革的重要组成部分。学校在科学（Science）、技术（Technology）、工程（Engineering）、数学（Mathematics）融合的基础上，特别强化了艺术（Art）与新技术的深度融合。培养学生的关键能力，首先要让师生、生生互动，人和资源互动，人和技术互动，人和环境互动等，把课堂变为学习要素高效互动的育人活动空间。

近年来，学校利用新技术，在“支持个性化学习与发展”“创新能力培养”“跨学科融合”等方面充分挖掘各学科的育人价值。一方面是加强技术与跨学科课程主题学习项目的融合；另一方面是依托技术，创生具有新技术内核的跨学科主题学习项目，主要表现为STEM课程、创客课程、STS研究项目等。在实践中，我们除了强调跨学科综合应用、技术融合、问题探究与解决等核心要素，更注重学生基于设计的学习实践，包括项目设计、方案设计、应用设计等，强调发展学生的设计能力与问题解决能力，以此培养学生的创新意识、创新能力、创新素养。典型案例如下：

【案例1】3D设计与打印项目式学习

3D设计与打印是STEM课程中的一个重要学习主题，学校实施3D设计与打印项目，不仅引导学生熟练应用相关软件程序开展3D制作，更注重引导学生个体或学生团队进行个性化的创意设计。有的学生完成了棕北中学三维立体LOGO的设计制作；有的学生完成的是桥梁构件的设计制作，并组装成大桥模型；有的学生完成的是若干活体字模的设计制作，进行活字印刷的体验实践；等等。这样的学习项目不仅使学生熟悉了 3D 打印的技术流程，更重要的是激发了学生的设计创意。

【案例 2】“李冰号”智能水质监测船

锦江，是成都的母亲河，地理课上，老师倡议孩子们开展锦江水质状况调查的主题学习实践活动。孩子们最初设定了好几种思路：在江边不同位置分点位打水，再拿到实验室检测，这样费力、耗时、效率低；制作一艘轮船模型，开到江上的各个点位采集水样，回收后再到实验室检测，虽然节省了人工，但仍然存在时间成本过高，不能及时反馈母亲河的水质状况的问题。在老师的循循善诱下，孩子们决定综合应用所学到的物理、信息技术等相关知识，亲手制作一艘智能船模，通过手机的操控，到江上的各个点位自动检测水质数据，再返回数据到手机终端，这样既实现了数据的全面性，又保证了数据的即时性。在学习项目实施的近一个月里，同学们完成了以 Arduino 为基础的智能硬件课程学习、基于 MIT 平台的手机 APP 编程学习，掌握了学校创客中心 3D 打印机、激光切割机及其他常见五金工具的使用方法，最终制作出了采用 Arduino 开发板控制，包括运动控制模块、数据采集模块和即时通信模块的“李冰号”智能水质监测船。从 2018 年 8 月开始，“李冰号”水质监测船在锦江经过多次实地测试，获得的实时数据与同期四川大学分析化学检测结果比较基本一致，宣告了其设计制作的成功。2018 年 11 月，“李冰号”水质监测船在全国第三届综合实践优秀成果展示活动中被评为特等奖。

【案例 3】基于 STEAM 教育理念的初中美术定格动画制作

本学习主题活动主要以创作定格动画为主，将定格动画课程分为三个阶段课程，分别为写作练习、道具制作、动画拍摄配音。将语文、美术、音乐、信息技术等学科领域结合，让学生领会定格动画的跨学科性，探索美术与各学科，与人类、生活、文化之间的联系。教学过程中采用支架式教学、小组协作探索、跨学科整合设计等模式，通过多主体与多维度的评价策略和“量”化与“质”性相结合的评价方式，提高学生协作能力，训练逻辑思维能力，激发创新实践能力。

【案例 4】机器人及创意编程项目式学习

2019 年成都市第十五届青少年电脑机器人竞赛中，在张宏、何家苗老师的辅导下，棕北中学取得团体一等奖的荣誉。赵旭敏老师带领学生在 WER2019 赛季世界锦标赛中取得了优异的成绩。“玩转教育机器人——彩虹风车”就是一门十分精彩的机器人社团课程，学生在课堂上利用老师给的学习资源，以小组形式拼装出风车模型并能通过平板编程让风车转动，有效培养了观察、动手、小组协作能力。课程激发了学生对机器人学习的热情，进而使之有动力去了解机器人的智能辅助功用。

表 1-5-1　开设 STEM 及创客课程群（部分）

年级	内容	活动形式	活动目标
7 年级	纸模	工艺制作活动	培养学生动手能力，促进学生思维发展
	机器人	组装、编程及制作	
	机械模型项目制作	设计与制作活动	
	创意美术	设计创造活动	
8 年级	Scratch 创意编程	程序设计	培养学生勇于创新、大胆实践的精神
	3D 设计与打印项目	主题项目程序设计、应用与制作	
	创意美术	设计创造活动	
	传感器应用主题项目	组装、编程、制作与应用	
	创客小发明	设计、发明与创造活动	

在 STEM 教育实施过程中，各校区依据校情积极探索符合实际的课程建设与实施模式各有侧重、各具特色：科院校区重点在 STEM 课程与大数据、人工智能方面整合开发，桐梓林校区重点在机器人编程与开发，棕北中学西区重点在 STS 课程、VR 技术应用等方面。

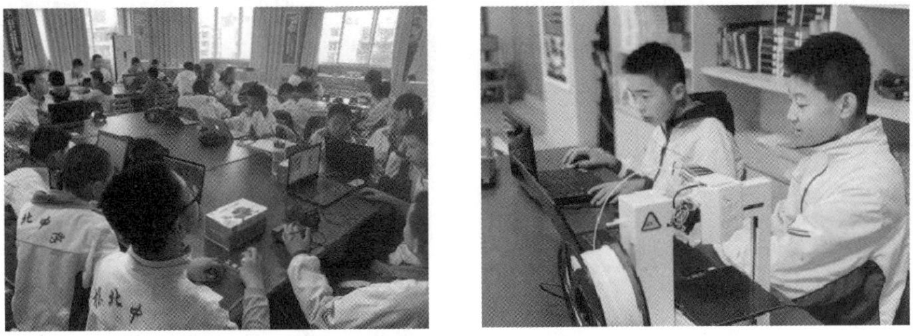

图 2　开展 STEM 及创客课程

四、以 STEM 教育成果助力师生发展

（一）学生核心素养全面发展

一是提升思维整合和实践创新能力。在我校的 STEM 课程实践、劳动服务课程中，通过基础劳动、拓展劳动和探究劳动，同学们面对具体综合的现实问题不再束手无策，能迅速整合所学各科知识，抓取问题核心，解构任务板块与环节，最后聚合力量解决。如在探究劳动时，同学们在“李冰号”智能水质检测船的研发过程中，综合运用生物、化学、工程力学、信息学等，践行环保理念，运用跨学科知识系统创意解

决锦江水质智能监测，培养了言环保、善思索、亲实践、敢创新、重团队的品质。最后团队勇夺全国中学生综合实践成果展示特等奖，彰显了树德、增智、健体、益美、促创的课程价值。既推动了学生对事物本质与内核更深层次的探究，也帮助学生形成了正确的情感、态度、价值观。

二是铸造学生的必备品格。STEM、劳动服务等跨学科课程群能促进学生形成良好的必备品格，在课程学习中改变态度、敬畏规则、崇尚科学、懂得尊重、习得协作、学会感恩、强化坚韧；研学、国际理解教育等课程群让学生学会立足中国审视世界，形成“热爱祖国历史辉煌、自豪祖国今日成就、激奋祖国明日豪梦”的信仰，立志为中华民族伟大复兴而储能；消防安全课程群让学生学会敬畏生命，深刻理解生命的唯一性、平等性、多元性，培育了同理心；VR 课程群培育了学生热爱科学的情感，激发了学生欣赏美、创造美的情感。

三是促进雅言善行充分外显。积极参与 STEM 课程的学生队伍里，有从棕北三年培育中吸取知识力量与精神养分的 2018 年四川省高考文科状元陈嘉仪、走进中国诗词大会决赛的王婧涵，有一言一行展现“明德、求真、至善、尚美”棕北风味的莘莘学子，还有诚信、感恩、上进、坚韧的农家孩子和少数民族孩子。集团学生参加学科课外竞赛获市级以上奖项共计 800 余人次，较课题研究前大幅提高 67%。CCTV-1 频道的两部大型政论片《不忘初心 • 继续前行》《将改革进行到底》展现了棕北中学学生风采。2019 年，棕北师生受邀参加联合国“人道与公益 • 青年力量与可持续发展”公益组织大会。

（二）教师课程开发力进一步提升

广大参研教师立足区域实际、学校实际、学生全面发展需求，在课题研究中不断破除学科中心、知识中心的传统教学惯性，以开放的心理与意识落实立德树人目标任务，践行“五育”并举、全面育人、完整育人的理念，抓准学生关键能力的每个关键着力点的意识与能力不断增强，展现了建设教育强国的使命担当。

教师专业化素养、课程开发力与实施力得到大幅提升。在 2018 年四川省教育科学研究院“信息技术与教学融合创新发展”现场研讨活动以及 2019 年四川省教育学会学术年会、四川省首届“立德树人”优秀实践创新案例展示活动中，参研老师向全川同行们集中展示跨学科相关课例，师生展现出跨学科的素养，受到专家和同行好评。

教师累计获市级以上奖励 190 余人次，相关事迹受中央电视台、《人民教育》杂志等报道，教育部体育卫生与艺术教育司、全国人民代表大会教育科学文化卫生委员会等多个部门到校调研棕北经验，原教育部副部长杜玉波，原四川省教育厅李江厅长，成都市教育局刘强局长，中国教科院、省市教科院等专家领导莅临指导，对棕北的教育理念、办学特色等给予充分肯定。

（供稿：丁世明、张家明、张宏）

专家点评

棕北中学 STEM 力量助推棕北高品质学校建设，在实践中形成以培养学生核心素养为中心的“三三六”课程体系，满足学生的差异性，促进学生个性化成长；逐步确立了以学科素养为基础、以核心素养为导向、以生活实践为根本途径、以关键能力为核心、以素质统整为支撑、以资源整合为保障的实践方式，在各种项目实践研究中取得一定成果。建议实践项目进一步梳理提炼，形成更加系统的研究成果。

——林家锐，四川省 STEM 教育协同创新中心兼职研究员

第二章

素养聚焦的 STEM 教育内容选择

STEM 教育以跨学科、整合知识、解决真实问题为主要特色，涉及的活动与传统的课堂基于书本、基于严谨科学体系的系统教学有着强烈的反差，许多教师沉迷于这种形式上的热闹和新鲜，这是一种常见的误解。关于 STEM 教育的另外一个误解就是它比分科教学更加优越。然而分科教学对于学生知识的建构有不可替代的高效性，相同时间内分科教学模式下学生知识的建构比 STEM 教育更加完善和系统化。但是我们推行 STEM 教育却有着一个合理的缘由，因为 STEM 教育对学生的综合素养提升有着重要的作用。长期以来传统教育存在的分歧——应试与素养培养的侧重问题，结合 STEM 教育得到了很好解决。我们不应该只关注形式上的变化，教师们要更加客观理智地去探究 STEM 教育让学生有什么样的收获，充分认识到它对于学生各项素养形成的影响。然而不同的教学内容选择必然会导致学生素养形成的结果不同，这就需要我们的教师贴合实际，因地制宜地选择内容，结合学生实际情况设计不同的教学标高，更好地促进学生素养的形成。本章的五个学校在学校的课程体系建构、内容选择方面都形成了一些自己的经验，值得参考。

生根发芽闻花香，品质发展向未来

乐山市外国语小学

巴蜀圣地，古城嘉州，钟灵毓秀之地以其深厚的地域文化滋养出一朵璀璨的理想教育之花——乐山市外国语小学。学校的办学宗旨是“为孩子的卓越发展奠基”，提炼了“广博高雅，求索笃行、立志健体，乐学善思”的校风和“学广行雅，阳光通达”的育人目标。经过17年的砥砺奋进，乐山外小已成为乐山市优质教育的典范学校。

新一轮的技术革新和产业升级，给教育带来新的挑战和新的机遇，STEM教育作为一种跨学科的综合教育，对培养学生问题解决能力、创新实践能力、团队合作能力及探索求知精神起到促进作用。为了培养适应新时代的综合性人才，乐山外小认识到STEM教育的重大作用，并将它作为一个支点，撬动学校教育教学改革。乐山外小通过大力推进STEM教育来促进学生全面发展和个性化发展走向高品质学校建设之路。历时四年的实践让STEM教育在东山外小落地生根，开出了璀璨的花朵。

一、科创沃土催生STEM教育种子（2004－2017年）

（一）科创沃土，孕育STEM教育种子

2004－2017年，学校自主开发了以体验、实践与技术学习为主的8门科技校本课程，即航模、车模、船模、机器人、科学实验、少儿编程、科技创意、科学种植养殖课程，以技能学习为主，学生根据兴趣选班。每年定期开展科普教育活动和科技节活

动。春季学期种豆芽、养蝌蚪、养蚕、种菜、种花、研究萤火虫，秋季学期开展科技节活动，通过机器人、车模船模航模科技创新等竞技比赛，营造科创教育氛围，科创教育成为乐山外国语小学（以下简称外小）特色教育名片。

（二）课程挑战，催动 STEM 种子发芽

尽管外小科创教育优势明显，但是却一直缺乏以真实问题研究的项目学习课程。学科教学以单学科教学为主，缺乏跨学科的教学。STEM 教育顺应历史走进学校。对真实问题开展项目研究，像科学家一样思考，像工程师一样解决问题，这样的学习具有挑战性和吸引性，有助于培养学生问题解决思维、团队合作和动手实践能力，这样的催化作用，让 STEM 种子在我校逐渐发芽。

（三）年段调查，呼唤 STEM 课程实施

在开展课程实践之前及实施课程初期，我们抽查低段（1～2 年级）、中段（3～4 年级）、高段（5～6 年级）各 200 名学生进行“我最喜爱的国家课程”和“我最喜爱的学校课程”问卷调查，由于小学低段没有信息技术课，所以我们以小学高段调查为参考，发现喜欢数科类（科学、数学、信息技术）课程的学生总占比高于喜欢体育类、语言综合类、艺术类课程的学生。

实施 STEM 课程后，调查三个年段学生最喜爱的校本课程（美术校本、STEM 课程、音乐校本、体育校本），体育校本位列第一，STEM 课程位列第二。

（四）整合资源，丰富 STEM 教育内涵

我校地处乐山，拥有乐山大佛、峨眉山、东风堰三处世界遗产，拥有全国最大的城市绿心嘉州绿心公园和神秘莫测的“东方百慕大”黑竹沟。丰富的自然资源以及独特的地区文化为我校开展 STEM 教育提供了丰富的课程资源。

（五）品质发展，确立 STEM 育人目标

STEM 课程的构建与实施，符合我校办学思想、校园文化、育人目标，助力师生素养共同提升，从而促进学校高品质发展。年段课程体系育人目标为：1～2 年级，礼与和；3～4 年级，信与达；5～6 年级，仁和志。

二、“广雅”课程体系滋养 STEM 教育新芽（2017—2019 年）

2017 年，中国教科院颁布了《中国 STEM 教育 2029 创新行动计划》，正式拉开 STEM 教育研究序幕，探索 STEM 教育的中国实践模式。全国从上到下，大力推进和

实践 STEM 教育。

学校迅速启动 STEM 教育研究，积极整合资源，申报中国教科院课题“小学 STEM 课程的分年段构建和实施研究”和市级重点课题“西部地区小学 STEM 课程的开发与实践研究”，努力构建能落地生根、有创意、成体系、富有生命力的 STEM 年段课程，发展高品质教育，培养适应未来科技发展的创新实践人才。具体从以下几个方面开展了探索与实践：

（一）建空间，买器材，助力课程落地，深扎沃土

学校为两个校区建立机器人、3D 创客、智能车、航天航海、DV 摄影、标本设计、动漫设计等 14 个 STEM 教育空间，1 个科技展厅，2 间器材保管室，占地共计 2000 多平方米。购买近百万课程实施硬件和设备，在学校附近建约 7000 平方米的课程校外实践基地，用于实施 STEM 教育，保证课程落地实施，让 STEM 教育深扎沃土。

图 1　DV 摄影课堂

（二）配师资，搞培训，助力专业建设，汲取营养

组建专职与兼职的教师团队共同推进 STEM 教育，学科教师在教学中关注情境，聚焦问题，使用探究式学习和项目式学习方法开展教学。为了推进 STEM 教育发展，2018 年，我校制订了 STEM 教育师资培养方案，改变过去单一从师范大学聘用优秀毕业生的模式，开始聘用工科院校计算机科学、工程技术、电子信息工程、应用数学等专业优秀毕业生，组建学校 STEM 教育团队，走专业发展之路。目前整个 STEM 教育团队核心成员由 10 名科学教师、6 名信息技术教师组成，学科专业背景丰富，教师年轻富有活力并各有技术专长。为了提升团队教研能力，我校的 STEM 课程专职教师开展了每日一研（课程设计）、每月一学（创客技术）、每期一做（课程展示）的专业提升计划，保证课程的实施。

（三）创体系，定目标，助力课程发展，向上生长

1. 创“广雅”STEM三段式课程体系

依据学校育人目标和校园文化，构建“广雅”STEM三段式课程体系，让课程向上生长富有生命力。低段学生以形象思维为主，知识与经验缺乏、动手能力弱，设置思维体验课程，以体验和培养发散思维为主。中段学生自制力与动手能力增强，积累了一定的知识经验，思维发散，设置实践发展课程，以实践和培养创新思维为主。高段学生求知欲、自制力、动手能力增强，知识与经验相对丰富，思维活跃，设置创造提升课程，培养创新思维，树立创造意识。

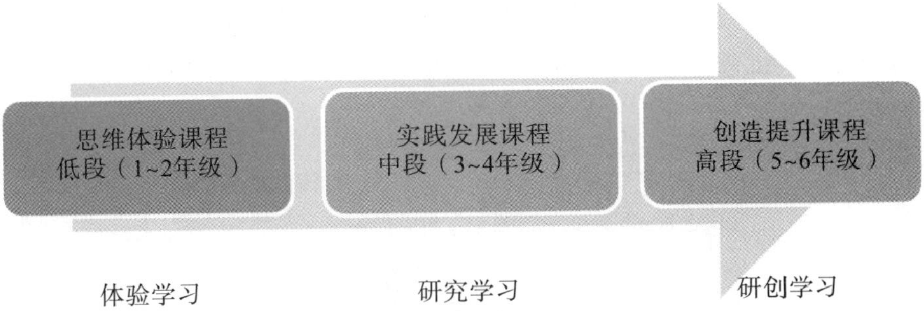

图2　乐山市外国语小学年段课程体系

2. 定“广雅”STEM课程目标

总目标：根据学生年段特点，构建学校STEM课程体系，通过课程的构建与实施，培养学生解决问题的思维与实践创新能力，提升STEM素养，实现立德树人根本任务。

年段目标见表2—1—1所示。

表2—1—1　各年段STEM课程目标

思维体验课程（1~2年级）	实践发展课程（3~4年级）	创造提升课程（5~6年级）
通过合作和体验，在项目式学习中培养学生的发散思维、课程学习态度，感受STEM学习乐趣； 引导学生观察发现生活中的问题，通过思维体验和参与体验解决真实问题； 运用浅显的多学科知识解决问题	通过合作和实践，在项目式学习中培养创新思维、课程学习方法，建立STEM学习兴趣； 引导学生思考分析生活问题，通过思维设计和体验实践解决真实问题； 运用较复杂的多学科知识解决问题	通过合作与创造，在项目式学习中提升创新思维、拓展运用、树立创造意识，体会STEM学习成就感； 引导学生研究分析生活中的问题，通过思维设计和运用技术解决真实问题； 运用较复杂的多学科知识解决问题

3. 定"广雅"STEM 课程结构

STEM 课程作为我校 1～6 年级的必修课程，每周 1 课时，时长 60 分钟。低段思维体验课程 54 课时，中段实践发展课程 58 课时，高段创造提升课程 60 课时。

4. 定"广雅"STEM 课程主题

根据课程体系，确立 6 个年级 STEM 教育主题：1 年级"畅想未来"、2 年级"工程世界"、3 年级"未来家居"、4 年级"生态物品"、5 年级"智慧交通"、6 年级"智慧社区"。

（四）用资源，建课程，助力课程实践，枝繁叶茂

根据课程和确立的年级 STEM 主题，围绕生活、本地区自然和文化资源中的真实问题，多渠道开发项目化课程，固定班级授课与走班上课相结合，每周一课提升全体学生的综合素养。此外，每周一次的社团服务课程，满足学生的个性化发展需求，让课程逐步枝繁叶茂。

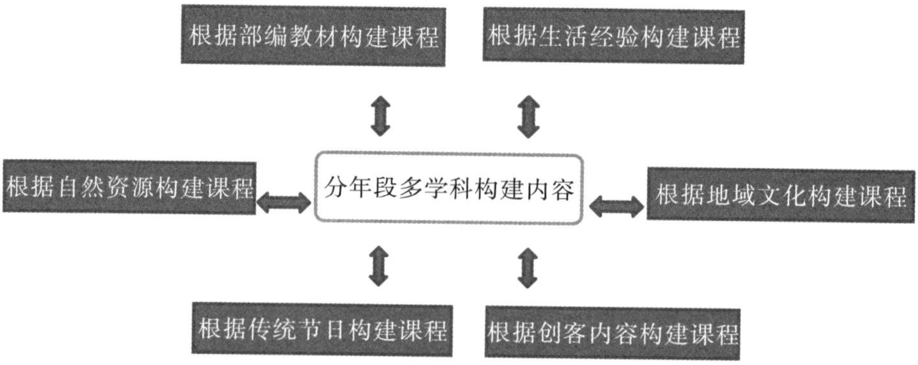

图 3　利用各种资源构建 STEM 课程内容

1. 根据部编教材构建课程

将部编各年段教材中各学科知识进行梳理和重组，用跨学科的问题构建不同的年段 STEM 课程。如低段 1 年级 STEM 课程案例"树叶变黄了"，学生在探究树叶变黄原因过程中，产生了高阶思维的活动，体验 STEM 学习的乐趣。

2. 根据生活经验构建课程

将学生累积的生活经验作为课程资源，在体验和实践中去解决生活中的问题，构建 STEM 课程资源。中段 4 年级 STEM 课程"探究彩茧形成的原因"就是根据学生积累的养蚕和染色经验设计，让学生在探究人们如何得到彩色蚕丝的过程中，培养发散思维与实践能力。

3. 根据自然资源构建课程

根据自然资源的内容构建课程，指的是以自然资源作为STEM课程资源，开发本土化的STEM课程。高段5年级STEM课程“嘉州绿心公园的开发与保护”，围绕乐山本土自然资源构建培养学生关注生态问题、热爱家乡、关心自然、保护环境的责任意识。

图4　生态课程

4. 根据地区文化构建课程

地区文化的内容构建，指的是围绕不同地区的特色文化如农耕文化、民族文化、饮食文化等作为课程资源，培养学生对地区文化的热爱之情。乐山是著名的美食之城，甜皮鸭、钵钵鸡、跷脚牛肉、西坝豆腐都是乐山的美食名片。中段3年级STEM课程“探寻乐山美食”围绕美食文化设计，培养学生对乐山饮食文化的积极情感。

5. 根据中国传统节日构建课程

中国传统节日是中华民族悠久历史文化的重要组成，将中国传统节日开发为STEM课程资源，可以增长学生的知识，弘扬爱国精神。低段2年级STEM课程“团团圆圆中秋节”就是围绕传统节日构建的课程。

6. 根据不同领域的创客内容构建课程

以不同领域的技术和创意为核心，通过情景问题加入思维设计，以“动手”“迭代更新”“技术”“创意分析”等理念，开展跨学科问题的STEM研究，这也是我校STEM课程的构建资源。高段6年级STEM课程“抢险救援”便是由四川突发地震的真实任务驱动，课程涉及多学科知识和智能传感技术，培养学生的解决问题的思维与动手实践能力。

图 5　学生讨论设计

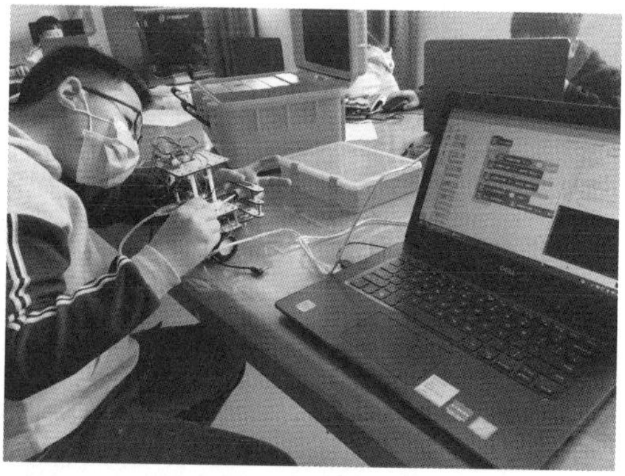

图 6　调试程序

表 2-1-2　乐山市外国语小学年段 STEM 课程内容

三段课程	年级	主题	课程内容
思维体验课程 低年段	1 年级	畅想未来	“指纹变变变”“有趣的纸虫” “未来城堡”“玩转纸飞机” “我的宠物”“树叶变黄了” “备年货”“绘未来”
	2 年级	小工程师	“乐高工程队”“月饼包装盒” “探秘峨眉山茶”“皮影戏” “做个小温室”“纸船承重” “投球我最棒”“蝌蚪的一生”
实践发展课程 中年段	3 年级	生态世界	“做个小灯笼”“做竹筏” “捕蝇草与捕捉器”“纸电路” “设计透水人行道”“萤火虫与生活家居” “设计钥匙扣”“不同土壤中向日葵的生长研究”
	4 年级	未来世界	“探究彩虹形成原因”“粉笔吸尘器” “校园微景观”“空气净化宝” “未来城市”“污水处理” “创意花窗”“建造青衣江大桥”
创造提升课程 高年段	5 年级	智能生活	“莫尔斯电码”“国旗是怎样升上去的” “智能升降台”“智能车” “设计手机支架”“探秘嘉州美食” “嘉州绿心公园的开发与保护”
	6 年级	智慧社区	“我是游戏设计师”“自动评星小程序” “智慧社区”“乐山地形地貌” “抢险救援”“设计维护支架” “家乡美景游”“我的低碳生活”

表 2—1—3　年段技能掌握要素

年段	技能
低年段 （1～2 年级）	1. 剪刀、美工刀、双面胶等剪裁粘贴技能 2. 搭建基本技能 3. 螺丝刀、羊角锤、老虎钳、尖嘴钳等五金工具使用技能
中年段 （3～4 年级）	1. 五金工具造物技能 2. 传统木艺技能（钉、楔、榫卯、插销等） 3. 电脑开关机、键盘打字、电脑绘画等信息技能 4. 图形化编程、3D 基础 5. 传统木工、机器人结构搭建技术
高年段 （5～6 年级）	1. 3D 设计、机器人编程、DV 摄影摄像、视频剪辑等创客技能 2. 机器人编程与搭建、开源编程等创客技能

表 2—1—4　STEM 理念下的创客社团走班课程体系

课程资源	技术	创客课程
基于 Arduino 智能创造课程	Arduino 智能创造课程，掌握传感器的编程	土壤湿度检测、智能报警器、智能衣架、自动灌溉、电子制作等
基于创意造物的三维创客课程	学习 3D ONE、123 design 技术	设计校徽，设计笔筒、水壶、台灯等生活用品
基于艺术设计的激光雕刻、动画动漫课程	学习 Laser Maker 软件，学习拍摄技术，制作定格动画	设计相框、设计钟表、设计吉祥物、动漫制作
基于车模、航模的模型设计与制作课程	利用巡线技术、智能车、电动飞机、遥控飞机、无人机	四驱车、电动船、无人机飞行
基于人工智能的机器人课程	利用乐高、VEXIQ、中鸣等机器人材料设计制作	超级轨迹赛、垃圾分类
少儿编程	利用少儿编程软件设计的趣味编程	闯关游戏、数学游戏、拯救行动、猜字谜

【案例 1】设计大佛维护支架

• 课程开发背景

乐山大佛是世界文化与自然遗产，是乐山的城市名片。大佛因常年受到雨水、植被等侵蚀，发生了风化、渗水、开裂现象，乐山大佛管委会提出对大佛残损区域、渗水区域开展抢救性保护。工作第一步就是给大佛搭建维护支架（脚手架），保证施工人员安全地开展修缮工作。在这个真实情景下，乐山市外国语小学开发了本次高段 STEM 课程——设计大佛维护支架。小学高段的学生对真实问题的研究充满了积极性和主动性。他们已经积累了数学、结构学、建筑学、工程学等多学科知识，能通过小组合作考虑各种因素设计不同部位维护支架的方案、设计图与模型、能通过制作宣传海报和召开招标会来解决参与大佛维护支架的研究。

本课程案例表现出了 STEM 教育跨学科、情境性、体验性、协作性、设计性、艺术性、实证性和技术性的特点。

• 制订课程目标

围绕知识、能力、情感态度与价值观三维目标，考虑高段学生的认知规律，为本课程制订以下课程目标：

（1）能按比例设计和制作大佛不同部位的维护支架，能测试不同形状结构的支架稳固性与承受力，能够运用 3D 技术和智能技术开展大佛维护支架的研究。

（2）探究不同形状结构的支架稳定性和承受力，了解维护支架的种类、作用，知道比例尺及运用。

（3）在项目学习中体验工程研究过程：聚焦问题、设计方案图纸、建模、测试改进、撰写说明、形成模型产品、投标活动。

（4）通过课程，培养学生对家乡的热爱之情和积极参与家乡文物保护的责任意识、合作意识和研究意识，让学生在参与解决真实问题的过程中提升自信心和成就感。

• 实施课程过程

（1）建立教师团队。“设计大佛维护支架”课程开发与实施的教师团队主要由 4 名 STEM 课程专职教师、2 名兼职数学教师、1 名特约大佛管委会专家教师组成，另外还聘请了多名省市专家参与课程指导。

（2）学科领域。数学、科学、工程学、建筑学、环境学。

（3）课程安排与具体实施。本次课程为高段 STEM 课程，结合课程目标，撰写出了 6 课时教案。其中器材准备包括笔记本电脑、记录单、评价量表、量规、乐高机器人材料、小木棒等废旧材料，学生根据自己的能力与设计进行选材搭建模型。

6 课时具体为：①聚焦任务、分析问题。根据大佛出现的风化、残损现象，引出本课程任务——设计大佛维护支架。分析大佛不同部位数据、地理位置、文物保护等诸多因素，各组讨论设计方案。根据量规自行评价。②设计方案，绘制草图。根据小组讨论的方案，选择一个部位进行维护支架设计，写出具体方案，并绘制草图和 3D 模型图。根据量规自行评价。③完善设计，交流方案。各组完善方案、交流方案，进行辩论，交流后再次进行方案修订。根据量规自行评价。④比例建模，小组测试。各组根据图纸按比例建模，小组内部进行模型测试。根据量规进行自行评价。⑤展示模型，测试修改。各组展示模型，测试修改后模型根据量规进行评价。⑥模拟招标，专家评议。各组撰写招标词，设计海报，进行校内招标。推荐优秀支架模型。大佛管委会的专家教师进行评议，讲授现代科技手段搭建维护支架相关内容，使高段学生的工程实践走向科学家的工程实践。

• 评价课程

本次课程的评价主要为过程性评价。对应自主学习、讨论、方案设计、交流、模型搭建、测试评价、解说招标、自我总评等人学习过程，每课都有评价量表。

（五）研评价，促反思，助力课程反馈，初闻花香

教学评价是反馈课程实施效果、促进学生成长的重要手段。我校STEM评价经历了三个阶段，最终形成了外小特色综合评价体系，全面评价学生参与项目学习的兴趣、思维、合作、动手、创造力。

（1）传统纸笔测试阶段，尝试开展评价。传统的纸笔测试，主要通过学生完成书面检测题目，评价学生对学科知识的掌握和应用。我校实施STEM课程的第一年也采取了阶段性的纸笔测试评价。这种评价方式最大的优点是面向全体学生，评测客观公平，便于操作；最大的缺点是无法评测学生的合作探究、交流表达、动手实践和创新能力。

（2）实践摸索，开展形成性评价，让评价逐步发芽。为了客观评价学生课程学习的过程，经过一年的实践，反思前期评价的弊端与不足，我们在课程实施中设计动态评价量表开展形成性评价，依据学生参与STEM课程的学习过程进行打分，评价学生在项目学习中的科学态度、科学探究方法、工程设计思路、建模技术水平、合作学习与交流表达等能力。

表2—1—5　根据年段目标设定我校STEM课程年段形成性评价量表

评价要素	低学段	中学段	高学段
学习态度	乐于学习，小组成员对课程充满兴趣，接受任务比较主动	乐于学习，小组成员对课程充满兴趣，对课程有较强的求知欲望，主动接受任务	积极参与学习，小组成员对课程充满自信心和求知欲，主动积极接受有挑战的任务
提出真实问题	小组成员能在教师的引导下发现情景中的问题	小组成员能在教师的引导下发现情景中可研究的问题	小组成员能自主发现情景中可研究的问题
分析问题	小组成员能在教师引导下根据经验分析问题	小组成员能在教师引导下运用所学的知识和经验分析问题	小组成员能基于所学知识和积累的经验，自主合作，分析问题
工程方案	小组成员能在教师的指导下设计简单方案	小组成员能在教师引导下设计简单的研究方案，绘制设计图	小组成员能基于所学知识和经验合作自主设计详尽的研究方案，严谨科学地绘制设计图，设计图包含比例、尺寸、材料

续表

评价要素	低学段	中学段	高学段
交流修改方案	小组成员能在教师的引导下简要交流方案，在倾听别组的意见后修改方案	小组成员能在教师引导下大胆交流小组方案，在倾听别组的意见后修改方案	小组成员能基于所学的知识采用不同的表述方式，大胆交流方案，能在倾听别组的意见后修改方案
工程实践	小组成员在教师的指导下运用材料进行简单的制作与加工	小组成员在教师的指导下选择恰当的工具，自主选择材料进行制作与加工	小组成员能基于所学知识，选择恰当的工具和器材，运用各种技术进行工程实践
模型制作	小组成员能在教师的帮助下根据草图做出一个简单的模型	小组成员能在教师的指导下根据设计图制作模型，模型美观，功能基本实现	小组成员能根据设计图精准制作模型，模型美观，功能全部实现
实验测试	小组成员在教师的引导下能通过实验收集证据，在教师的指导下进行测试	小组成员能在教师的引导下用正确的方法收集证据和进行测试	小组成员能独立设计实验收集证据，数据无误，测试方法和结果正确
汇报交流	小组成员能在教师的引导下简单分析数据，用简单的语言汇报过程并展示作品	小组成员能在教师的引导下较完整地分析数据，大胆交流完整的研究结果并展示作品	小组成员能用不同的表述方式分析数据，用多种方式汇报和展示研究过程与作品

形成性评价量表的制订，让课程在实践过程中有了更明确的导向。每个评价指标下设置三级指标。达到评价指标获得 5 个赞，达成度一般为 4 个赞，达成度不高为 3 个赞。小组成员通过评价认识本小组在问题研究中的优点及不足，向优秀的小组学习，也找到改进方向。教师根据评价反馈，反思自己的教学管理与指导，从而调整优化课程。

（3）情境式综合评价，开创外小特色综合评价体系。经过两年实践，过程性评价量表评价、纸笔测试的总结性评价都在持续发挥评价的作用，但是期末评价却缺乏真实情景和真实任务驱动下的挑战性评价。为改进评价的内容与形式，完善我校 STEM 课程评价体系，学校开启了期末 STEM 情境式综合评价研究。具体做法是：针对不同年段的学生，根据 STEM 课程目标，设立不同情境的真实问题，由小组抽取任务，教师提供材料，教师与家长一起根据评价指标考查学生设计方案并解决问题的过程与效果。

①评价内容的科学设计。我校的期末评价内容将依据学生概念与知识、思维发展与技能发展水平，设计多学科交叉、全面的课程评价题目。下面以案例 2 进行说明。

【案例 2】“捕捉器”

• 课程介绍

“捕捉器”是我校自主开发的 STEM 课程。本课程是在探究捕蝇草的触发机制后，由 2020 年非洲蝗虫灾害的真实情景引入，让学生思考蝗虫灾害会给人们带来怎样的问题。学生分析原因，提出了解决蝗虫袭击问题的方案，比如研制农药、引入蝗虫的天敌以及捕捉。课程中各小组最后设计和制作了捕捉器。小组成员利用机械原理或超声波传感器等制作了蝗虫捕捉器。在制作中学习和运用了木艺技术、智能技术，最后对各组的研究进行了交流和展示。

• 课程涉及学科

科学、数学、工程、木艺技术与智能技术、美学。

• 课程评价要求

（1）引入情景为真实情景，综合运用食物链、生态平衡、数学测量与计算、结构力学、智能传感等相关知识开展项目研究。评价学生对多学科概念和知识的掌握与运用。

（2）分析蝗虫袭击的原因，评价小组成员参与课程的积极性。

（3）分析蝗虫袭击导致的后果，评价小组成员分析问题和合理想象的能力。

（4）设计探究活动：探究蝗虫的食物，评价小组成员控制变量进行实验的科学探究思维。

（5）设计与完善方案，尝试解决问题。评价小组成员的工程思维和方案设计、画图能力。

（6）选择工具和材料制作捕捉器。评价小组成员的技能掌握以及技术运用能力。

（7）收集数据分析数据。评价小组成员制作的捕捉器的美观性和功能性。

（8）撰写报告和展示交流。评价小组成员对本次研究的展示交流能力。

• 评价量表

表 2-1-6　高学段 STEM 课程过程评价表

评价内容	评价年段	小组成员	学习积极	提出问题	分析问题	设计方案	修改方案	工程实践	模型制作	实验测试	交流汇报	总赞数
捕捉器	5～6年级	1号										
		2号										
		3号										
		4号										
成功经验：												
存在问题：												

②评价题目的年段设计。评价题目依据学生的年龄特点和认知水平设置，主要做法是：针对不同的年段的学生，根据 STEM 课程目标，设立不同情景的真实问题，小组抽取任务，教师提供各种材料，根据评价指标对应学生设计方案并解决问题的过程与效果，家长考官现场点赞。

针对不同年段学生，我校设置了“暖心果汁”“试卷分析”“美美的礼物”“珍味牛轧糖”“炫彩吊灯”“餐厅铺设”“爸爸的酒柜”“迷你蛋糕 DIY”“羊村运动会”“鸡蛋包装盒”“设计卫生间”“最美高跟鞋”“精准路线”“磨米粉”“灯光秀”“洗衣服”等 STEM 期末情境式综合评价题目。有趣的任务利于激发小组成员的发散与创新思维，也对学生的科学知识、数学测量计算、设计思维、技术等进行综合测评。下面以案例 3 加以说明。

【案例 3】“鸡蛋包装盒”

• 设计意图

(1) 联系生活问题，探究鸡蛋包装盒的设计方案，让学生将所学知识结合生活实际进行运用。

(2) 小组合作，选择合理的方法测量、设计方案并动手制作。

(3) 本题呈现的 STEM 综合素养：多学科知识运用、数据收集分析、计算测量、动手实践、解决问题。

• 器材准备

鸡蛋 12 个、纸箱 6 个、绳子、直尺、圆规、美工刀。

• 情景

星期天，乐乐和爸爸回乡下看望奶奶，临走的时候，奶奶拿出了一些自家产的土鸡蛋让他们带回城里吃。乐乐找来一个纸箱，准备与爸爸一起制作一些带孔的盒子放鸡蛋。怎样设计包装盒才能使鸡蛋更稳定不被挤破呢？赶紧来完成挑战吧！

• 评价要求

(1) 团队合作，讨论方案。

(2) 测量数据，动手计算。

(3) 撰写方案，绘制草图。

(4) 动手制作，完成任务。

(5) 撰写报告，展示交流。

• 点赞标准

表 2—1—7 "鸡蛋包装盒"评价点赞标准

3 个赞	4 个赞	5 个赞
小组成员积极性一般，分工不够明确，测量计算有误，方案设计不科学，任务失败，报告撰写过程有错，不能大胆交流	小组成员积极参与，偶尔分工不明，测量计算准确，方案不够科学，任务完成，报告撰写不完整，能大胆交流	全体积极合作，分工明确，测量计算准确，方案合理科学，熟练制作，成功完成任务，报告完整，大胆交流

三、累累硕果繁茂 STEM 教育花园（2019—2021 年）

（一）学校获得极高荣誉

经过 4 年 STEM 教育探索与实践，乐山外小的 STEM 教育得到社会、家长的认可并获得了极高的荣誉。"全国科普教育示范基地""中国教科院 STEM 教育领航学校""四川省 STEM 教育共同体学校""四川省知识产权试点学校""乐山市 STEM 教育联盟学校"等荣誉的获得，让外小 STEM 教育成为学校优质教育的品牌，学校大步迈向高品质的发展之路，扩大了学校办学影响力。

（二）师生素养不断提升，彰显高品质教育特点

STEM 课程的实施与推进彻底改变了教师的传统教学观念，真正体现了以学生为中心的教育理念，教师陪伴学生亲历整个学习过程，师生成为学习共同体，学生在不断试错中解决问题，发展了学生解决问题的创新思维和实践能力。其中课程组教师 7 人获国家级、省级、市级荣誉，为省市 STEM 研讨活动献课 3 节，国家级、省市研讨会做 STEM 交流 5 次，10 篇论文发表及获奖，出版书籍 3 本，为省小学科学研讨活动献课 2 节，市级赛课 2 节，均获得一等奖。而学生更加爱科学、爱思考、爱创新，涌现出很多创意设计作品，学生的创客作品获得省市科创竞赛奖项。STEM 教育促进全体学生综合素养提升的同时，也发展了学生的个性，体现了高品质教育的价值。

表 2—1—8 乐山外小 STEM 教育 2018 年至今获奖汇总表

获奖等级	获奖名称	获奖人数
世界级	亚洲机器人锦标赛银奖	2 人
国家级	世界机器人大赛一等奖	2 人
国家级	中国科协青少年机器人竞赛"编程大师奖"	1 人

续表

获奖等级	获奖名称	获奖人数
国家级	未来工程师创意花窗二等奖	3 人
省级	四川省青少年科技创新大赛二等奖	4 人
省级	四川省、乐山市中小学电脑制作大赛一、二、三等奖	22 人
市级	乐山市科技创新大赛市长奖	2 人
市级	乐山市科技创新大赛、乐山市机器人竞赛一、二、三等奖	44 人

四、精心修枝剪叶共迎 STEM 教育未来（2021—未来）

十年树木，百年树人。外小四年的 STEM 教育探索与实践期间，我们也有一些困惑和思考，只有不断修枝剪叶，品质化发展，才能共迎 STEM 教育新未来。

（一）课程实施困惑

学生的合作学习存在困难，小组成员之间的能力差异比较大，能力相对较弱的孩子在项目式学习中显得积极性不够、自信心不足、团队合作意识与责任感较弱。帮助其建立信心，使其进步，需要进一步因材施教。男生和女生的兴趣差异较大，总体来看男生兴趣浓厚。提高女生的兴趣，需要进一步调整课程，提升课程对女生的吸引力。学生对方案设计不太重视，参与积极性明显低于工程实践环节，对 STEM 课程的认识不足，认为学习知识的目的是应试，不理解学知识的目的是将知识转化为解决问题的支架，不爱创新性地思考解决问题的不同方案，需要提高学生对方案设计的重视。我校课程体系和评价体系初步形成，但是课程还缺乏一定的结构性，应更加注重纵向和横向的整体设计，使课程更加科学合理。作为私立学校，在项目研究中，及时收集材料制作科技作品存在一定的难度，学生真正想在社会情景中开展课程难度很大，需要扩大校外实施空间，真正实现与现实生活接轨。虽然开展了课程评价，仍希望出台相关评价标准，以更好地评价学生能力。课程组之间教师差异较大，指导项目式学习的效果不一。

（二）其他方面困惑

与传统课堂不同，STEM 课程的课堂组织难度大，项目式学习中的组织与管理对老师提出了很大的挑战。

学生、家长对 STEM 教育和创客教育认识不足，以为 STEM 课就是学习创客技术如机器人、编程、激光雕刻、3D、电子制作等，还应对 STEM 教育理念进行渗透。

地区之间的差异、学校之间的差异，导致课程设计比较零散，需要更多地区化、校本化的 STEM 课程。

（三）调整改进，提升课程品质

对学生、家长、教师继续渗透 STEM 教育理念，让大家认可跨学科教学的意义。继续开展合作学习的策略、STEM 教育课堂组织与管理研究。继续调整、完善课程体系，迭代和优化课程，多渠道开发课程资源，体现课程横向与纵向的结构性。对实施效果欠佳的课程进行调整和迭代。继续对教师开展创客技术和实验技能培训，促进专业化发展。制订不同学段 STEM 习惯培养目标、实施策略。扩大课程实践空间，因地制宜建立校外课程实践基地。正式出版乐山市外国语小学 STEM 课程教材、STEM 教育理念下的创客课程教材。

经过四年的探索与实践，STEM 教育在乐山外小生根、发芽、开花、结果，教师观念和教学方式转变，通过指导探究、项目学习方式开展教学成为教学的主要方式，学生的学习在课堂真正发生。学生在参与问题研究中，综合素养不断提升，个性不断张扬和发展，学校诠释了“用品质教育促进教育品质”的真谛。未来，我们将继续探索 STEM 教育的乐山外小模式，迈入高品质办学之路，不惧风雨，扬帆远航……

（供稿：周大林、汪凌、徐刚、李丽）

专家点评

人的创新能力来源于兴趣、探究与实践，这是高品质教育应有的特征和愿景，也是小学教育最需要呵护和培植的关键。《乐山市外国语小学 STEM 教育探索与实践》在十多年科创教育的基础上及困惑中，深入理解小学生综合素质教育及 STEM 教育理念，将育人、思维方法、实践能力与创新精神相结合，走上了 STEM 教育探索与实践之路。

学校科学规划、整体推动，构建了在学校开展 STEM 教学与实践的优质软硬环境；学校认真听取不同年段学生的多方面诉求，研究不同年段学生身心特点，评估相应的学习力，立足学生视野，从季节特征、丰富的自然资源及独特的地区文化、传统节日活动、科技与创客活动等角度开发 STEM 课程，获得的学生极高认同与参与，也得到同行的肯定与赞许。

学校对 STEM 的评价经历了从传统纸笔测试、形成性评价到情境式综合评价三个阶段，逐步走向更合理、更科学。

——艾奉平，成都市教育科学研究院信息技术教研员

基于工程教育理念构建与实施小学STEM课程

成都棠湖外国语学校附属小学

近年来，倡导多学科融合、注重创新精神和实践能力培养的STEM教育作为培养综合应用型人才的有效形态，在国内外引起了高度重视。加强中小学STEM教育刻不容缓，成都棠湖外国语学校附属小学在引入STEM教育理念以后，走出了一条基于工程构建与实施小学STEM课程的教育探索实践之路。

一、回望之初——基于工程构建与实施STEM课程的背景

（一）STEM教育是未来人才培养的需要

传统教育所培养的学生已经不能满足未来社会需求，社会对于具备设计思维能力、创造性解决问题的能力、合作沟通能力的人才需求逐渐增加，而STEM教育恰好满足这种综合应用型人才培养的需求。

（二）科学精神、创新实践是学生发展的动力

《中国学生发展核心素养》指出，核心素养主要指学生应具备的、能够适应终身发展和社会发展需要的必备品格和关键能力。核心素养中科学精神、创新实践的培养与科学学科教育关系紧密，其包含的基本点——勇于探究、劳动意识、问题解决、技术应用都需要在务实的技术与工程领域落实。

（三）课程标准是对STEM教育推进的指导

在2017版科学课程标准中，增设工程技术领域内容，且推荐使用STEM教育理

念。课标强调了科技联系生活，增加了应用和实践，新增的技术与工程领域将作为学生应用与实践的重要载体。技术与工程领域的学习可以使学生综合所学的各方面知识，体验科学技术对个人及社会的影响，使学生体会到“做”的成功和乐趣，养成通过“动手做”解决问题的习惯。

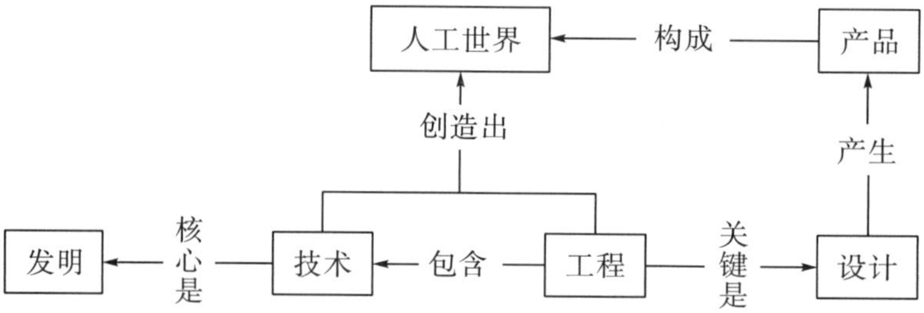

图 1　技术与工程领域学习内容的知识结构

根据新课标进行改版的新科学教材，知识内容涵盖技术工程，在这块领域上开发相关 STEM 课程是开展 STEM 教育更便捷的途径；同时，学校 STEM 教师团队绝大部分是科技教师，以科学课切入能更好落实 STEM 教育。

（四）对中小学工程教育的现状分析

工程学是运用数学、物理及其他自然科学的原理来设计有用物体的学科，也是一门将技术、艺术、经济学进行融合应用的学科。近二十多年来，基于国家战略发展需要，培养未来多元化、创新型的工程领域优秀人才成为高等工程教育改革的热点话题。

中国工程院院士朱高峰（2000）提出，工程教育是以技术科学为主要学科基础、以培养能将科学技术转化为生产力的工程师为目标的专门教育。但长期以来，我国高校工程教育培养出来的大学生难以满足企事业单位的要求，主要表现为理论与实际脱节，缺乏经济知识，缺乏人文知识，缺乏综合应变能力。中国要从制造大国向制造强国转变，工程教育就要结合国家和企业需求，必须培养学生重视需求、从源头创新的意识。

2018 年，教育部印发《高等学校人工智能创新行动计划》，要求推进“新工科”建设，形成“人工智能＋X”复合专业培养新模式，该计划加快了高校发展新兴工科专业、改造升级传统工科专业的进程，开启了新时代高校工程教育改革的新路径。

教育是一个缓慢、持续、连贯的过程，虽然工程教育在高等教育阶段全力以赴，但也需要基础教育阶段工程教育的不断积累与良好奠基。而目前，我国基础教育阶段的工程教育理论和实践研究才刚刚起步，还没有引起大家足够的重视，相关学术研究和课程实践相对欠缺，还存在内容缺乏学科整合、工程实践活动较少的问题。1949 年后，我国历经多次基础教育课程改革，出台了很多重要的教育纲要和规划，却极少涉及基础教育阶段的工程教育；除中国青少年科技创新大赛，中国青少年机器人竞赛等活动外，全国中小学课程体系中关于工程教育的相关教学内容和竞赛平台极少；社会各界、一线教师对基础教育阶段工程教育的重要性也缺乏深刻认识；很多中小学生对工程师的职业也存在刻板印象，认为就是建筑工之类的。另外有调查研究表明，我国中小学生的技术创新设计的各项指标均较低，尤其在掌握材料性能、使用工具、评估产品等方面明显薄弱。

2011 年 7 月美国新颁布了《K-12 科学教育框架》，强调 12 个等级的科学教育中科学及工程实践、跨学科概念，并阐明了将工程和技术编入自然科学的理由：一是反映和理解人类建造世界的重要性；二是更好地整合科学、工程和技术的教和学的过程所具有的价值。未来的工程教育要超越“工程”本身，要致力于培养具有全面素质的工程人才。

南京师范大学教育科学学院教授何善亮在 2020 年也阐述了中小学阶段实施工程教育的价值、内容与建议路径。基础教育阶段的工程教育不仅要关注工程观念与本质、工程知识与技能、工程过程与思维、工程伦理与工程师形象等基本主题，还需要结合专门领域工程问题进行研究；中小学实施工程教育落地途径可以是在相关学科课程中融合拓展落实，也可以是在综合实践活动课程中开展，还可以创造条件进行单独的工程课程试验，热门的 STEM 教育也强调在课堂中整合工程与技术。

中小学开展工程教育，并非简单的工程知识教育，工程过程及工程思维的教育更为根本和重要。STEM 教育的提出将技术与工程教育推到了中小学的面前，把工程实践作为一种教学方式渗透于 STEM 课程的始终，增加学生工程实践的机会，对于学生工程能力的培养将更有力量，基于工程做 STEM 课程更有意义。

（五）立足学校认知 STEM 教育

棠湖外国语学校附属小学的办学理念是“促进学生个性和谐，为学生终身发展奠定基础”，关注学生个性，搭建多元发展平台，同时提出“六会一长”的育人目标，即会做人、会求知、会生活、会健体、会审美、会创造和有特长。基于工程教育构建与实施 STEM 课程，突出实践特性，融合 STEM 教育理念，让学生体验坚持做完一件事的全过程，逐步建立面对真实复杂问题的勇气，体会学科知识和技能在真实生活中的力量，在跨学科融合实践中激发创新热情，这不仅符合学校办学理念和育人目标，也有利于提升师生素养和形成特色课程，促进学校高品位、高质量发展。

二、力学笃行——基于工程构建与实施 STEM 课程的实践过程

学校明确小学科学教育乃至学校高品位、高质量发展中 STEM 课程体系的重要性，如何科学合理地构建 STEM 课程体系，使之既符合学校育人目标，又符合学校当前实际，成为学校重点要解决的问题。

（一）初始阶段：引进 • 创思

1. 师资建设、空间建设，保障软硬件资源

为有效落实 STEM 教育，保证 STEM 教育持续有效开展，学校将教师队伍的主力军集中在具备理工科基础的十余名专职科技老师身上并优化其培训路径。通过购买第三方服务，组织教师对现成的 STEM 教材、课程等内容进行研讨，促进教师对 STEM 教育价值和学科整合的理解，并通过教学实践提高 STEM 教学能力，促进专业发展。依托四川省教育科学研究院的教育资源，邀请专家到校指导，协助教师快速成长。学校制订了教学成果奖励方案，创新奖励机制，对在 STEM 教育教学上形成的成果给予奖励，激发教师内在动力，并申请专项经费为一线 STEM 教师提供更多外出培训学习的机会。

学校 STEM 教育空间的建设以学生为本，相继修建了科技馆、机器人竞赛中心、创客空间等科技场馆且充分服务于课程，空间建设有变化的余地以适应课堂教学的多样性，方便今后可持续改造和升级，让学生敢于创作、乐于展示。

2. 校企合作，引进资源

学校通过上海 STEM 云中心、青少年创客空间等教育咨询机构的支持和赋能，引进部分 STEM 课程，购买配套器材，开展兴趣特长班，探索学习构建基于工程的 STEM 教育课程的方法，促进 STEM 教育在学校迅速有效落地。

通过一年的实践，学校发现依赖引进的课程和材料具有一定的局限性：引进的课程资源不成体系，缺乏连续性和整体性，未能充分考虑学生认知水平的差异性，课程脱离学生生活场景等。教师团队应构建适合学校发展的 STEM 课程体系，并根据学校实际去有效实施。

（二）探索阶段：探究 • 实验

1. 建立课程目标

我们在课程体系构建过程中结合不同年龄学生的身心发展特点与认知能力发展特征，结合中国学生发展核心素养的目标要求，对课程整体构建进行定位，形成系统整

体且具有一定梯度的课程目标，培养学生的设计思维能力、创造性解决问题的能力、合作沟通能力。

分段目标如下：

一、二年级奠基：学生对 STEM 课程充满兴趣与热情，但各方面习惯还未形成，适合在教师引导下体验项目式学习，建立规则意识，着重于合作沟通能力的培养，形成乐观不怕失败、耐心不断探索、积极团结合作的内在态度。

三、四年级强化：学生在前一阶段的学习中建立了基本的 STEM 学习方式与思维模式，但在此阶段需要进一步强化，调动学生积极性，逐步培养学生设计思维的能力，掌握科学的探究方法，形成善于思考、善于动手实践的科学态度。

五、六年级自主：随着学生知识储备增加，团队协作能力增强，在课程中充分给予学生自主空间发散思维，形成思辨氛围。学生能根据实际问题进行分析，结合多学科知识提出新想法，建立模型，初步形成解决方案。此阶段课程注重培养学生创造性解决问题的能力，学会运用 STEM 式思考去解决问题。

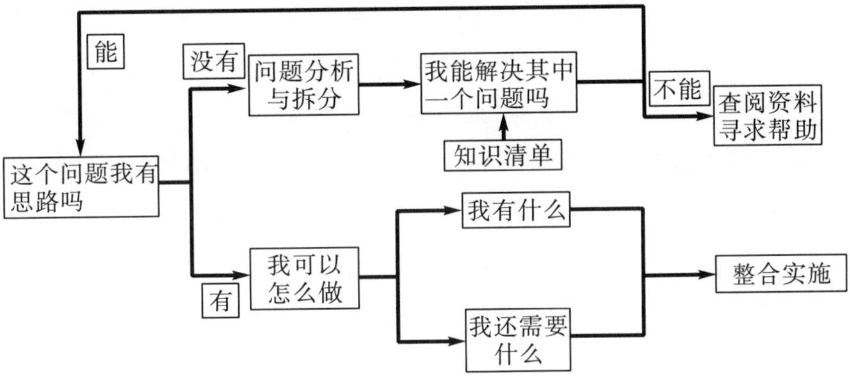

图 2　STEM 式思考流程图

2. 课程设计实施导向

学校采用 CDIO 工程教育模式指导课程设计，通过 PBL（以问题为导向、以学生为中心）的教学方式推进课程实施。CDIO 包括构思（Conceive）、设计（Design）、实现（Implement）和运作（Operate），通过真实问题任务驱动项目学习，以产品研发到产品运行的生命周期为载体，让学生在这些亲身经历和体验中获得设计思维能力、创造性解决问题的能力、合作沟通能力的提升。

表 2—2—1　CDIO 工程教育模式

构思		设计		实现		运作	
目标	调研	作品设计	施工设计	建构	改进	运用	推广
功用 领域 价值 回报	背景 需求 对比 市场	概念 草图 简介 要求	施工图 选材 方案	材料购置 元件制备 结构搭建 程序编写	测试 试用 反馈 改进	使用 竞赛 专利 产品	广告 众筹 授权 营销

以"校园交流角改造"为例。之前，学校计划对大厅进行改造升级，学校 STEM 工程技术班的师生主动将此项目纳入课程教学中，学生在老师的组织下被分成 4 个工程队，师生承担不同的职业角色（甲方、乙方、工程师、设计师、造价师、财会），对校园交流角进行模拟改造。学生了解空间布局、空间设计的概念，多次进行现场调研，测距、计算、绘画、记录原环境存在的问题（如光线太暗、门口积水、地砖易滑等）。接着，学生学习绘制三视图、设计图，制作模型，展示设计方案。学校邀请专业设计师作为评委，参与了同学们的演讲展示活动，学生们展示了他们想要的学校大厅的样子：有一个"一本图书馆"；有公用电脑；有地下金鱼池等。很多想法被学校采纳了。经过一个暑假的施工，学校大厅改造完成。事实证明，学生们参与的改造方案确实很受欢迎。

这个改造项目让学生真实地参与工程。学校有明确的改造计划，教师设计课程时赋予学生职业角色，让他们初步体验到工作中不同工种的团队协作：学生参与项目需求调研，这属于工程教育中的构思环节；设计、选材、建模属于设计、实现环节；展示测评是在实现中将方案反馈迭代；学校采纳学生个别方案意见属于运作环节。学生团队在参与过程中逐渐建立解决真实复杂问题的勇气，体会到知识和技能在生活中的应用，教育教学有了真正的意义，这让教师在今后的课程设计中有了更多的思考并确定课程模式。

【案例 1】校园交流角改造

课时：4 课时。

涉及重要领域：数学、工程、科学、技术、美学。

实施方式：CDIO 工程教育模式。

课程任务：校园交流角空间利用率低，校园文化不浓厚，教育意义弱化。为提高校园角的使用率，给全校师生打造一个学习交流的空间，让学生像工程师一样参与调研评估、设计造价、模型改造、评优招标的过程，培养学生系统做事的工程思维，落实跨学科学习。

表 2-2-2 “校园交流角改造”教学流程

教学流程	主要内容
展示场景	出示校园角改造议题，分析学校需求
工程调研	理解空间布局，现场调研校园角，学生测量、计算、记录，分析原有空间不足，讨论可行空间设计
工程设计	根据学校需求，拟订校园角改造方案，标注功能布局及空间尺寸
模型实施	出示任务要求，根据课堂虚拟货币购买材料搭建校园角改造模型
展示验收	展示模型，介绍小组设计思路，汇报团队合作情况
反思改进	全班评选优秀模型、最佳技术点子、创新功能，各团队进行改进

3. 开发课程资源

开发课程资源是教学的起点，也是学生学习的基础。开发基于工程教育理念的STEM课程资源更要注意关注学生需求，关注社会发展，联系本土资源，挖掘原有资源，融入工程教育模式，做到课程有梯度、有趣味、有价值、有拓展。

（1）关注生活，开发课程。兴趣是学习的第一驱动力，我们在设计课程时尤其要关注学生的兴趣点，关注生活周边。于是，我们的课程有的来源于学生课间的游戏——“奔跑吧，少年”“侦探养成记”，有的来源于航线下的校园——“航天探秘”，有的来源于校园外的流浪狗——“狗窝”，有的甚至来源于校园内部改造——“校园交流角改造”。此外，随着近年科技类竞赛竞争激烈，操作型、交流型或构思型选手已不能满足竞赛需要。为了让更多学生的综合能力得以提高，能参与比赛且在平时的课堂上受益，教师团队也调整教学思路，用STEM教育理念指导原有的科技类课程改造，注重课程内容的学科融合性和真实性，注入工程设计思维，进行工程项目包装，最终形成不同载体的STEM工程教育课程。例如，VEX机器人、Scratch编程等兴趣班都开发了各自的STEM工程教育课程。

（2）关注社会，开发课程。学生接触真实社会的机会有限，教师就要为他们搭建了解社会的桥梁。为此，在设计课程时，我们关注社会新闻热点，结合学生的认知特点，挖掘时事，构建虚拟场景，引导学生模拟解决实际问题，形成基于社会的工程类课程。以培养学生工程思维、提升学生创造性解决问题的能力为目标，以“工程项目”作为课程包装，以工程设计作为课程内核，学校共设计研发基于工程的STEM课程120余课时，包含“雅康铁路桥”“纸牌屋”“海南塔”之类的建筑工程系列，“肺之伤”火灾系列，“原木钟”木艺系列，航海系列等。

表 2-2-3 基于工程的 STEM 课程设计模式

工程立项	工程指标	工程资源	工程设计	工程实施	工程验收
项目引入 项目背景如：需求、政策、目的等	作品指标 施工要求如：任务、工期、环保等	工程物资 工程技术如：材料、经费、知识、技术等	解决方案 工程制图如：设计图、施工步骤等	工程制作 工程日志如：动手操作、过程记录等	工程测试 工程评价如：展示、测试、评分等

（3）关注教材，有机整合。随着全社会对 STEM 教育的进一步重视，学校对自身 STEM 课程建设也提出了新要求，将 STEM 工程教育带入每位学生常规课堂。选择以“科学”作为 STEM 课程进入常规课堂的切入点，是因为科学教材板块内容设置均衡，同时结合不同年龄段的学生认知特点，课程设置可呈现梯度，新科学教材也越来越重视技术与工程的地位。

（4）方法多样，形式灵活。学校以多样化的方式实施 STEM 课程，专门开设 STEM 工程技术班两个，学生 50 余人，但远远不能满足广大学生的需求，因此，学校采取两项举措扩大受众群体。首先，每学期开展一次全校性的 STEM 工程挑战赛活动，发布工程挑战项目，相关老师积极组织各班学生落实工程设计的全过程，最终通过班级选拔赛和年级对抗赛的形式进行呈现。目前，已经开展过“意面高塔”“鸡蛋撞地球”“纸飞机”等 STEM 工程挑战赛活动，深受师生欢迎。其次，开展 STEM 工程教育工作坊，每周固定时间，STEM 教师团队在微信平台上推送 STEM 工程教育亲子工作坊主题内容和预约通道，预约成功的学生在周末与家长一同前往学校创客空间体验学习。

因此，学校在以上基础上初步完成基于工程的 STEM 校本教材编写，形成了以整合教材为主的必修课程，以关注生活、关注社会为主的选修课程，以主题实践为主的活动课程三大类相结合的课程体系，概况如图 3 所示：

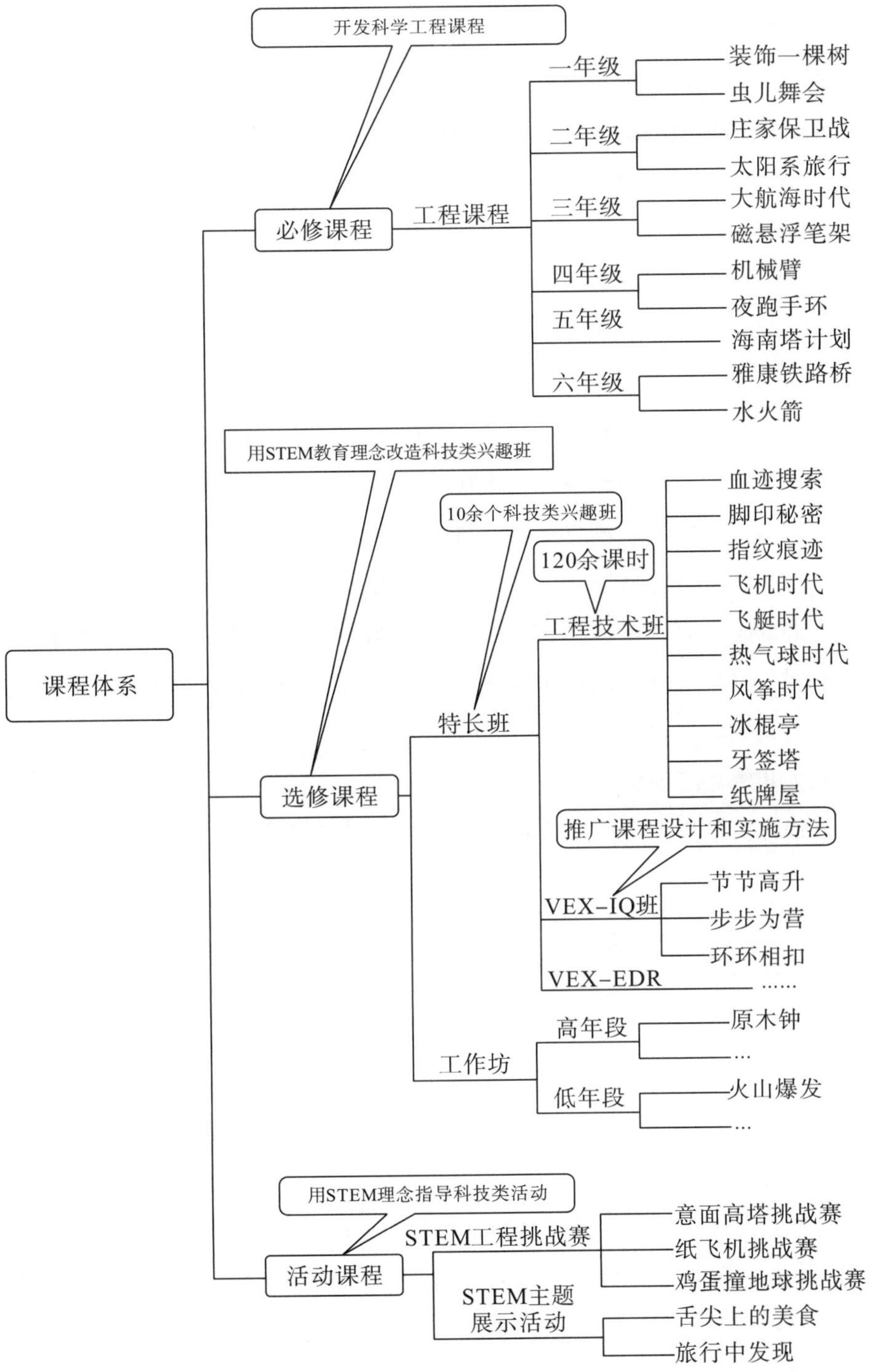

图 3　基于工程的 STEM 课程体系

4. 创新课程评价

在教育学习上，评价的重要性是毋庸置疑的。学校在坚持多元评价、坚持面向过程、坚持正面鼓励指引的前提下，初步形成了“三三四五”评价体系。“三”是“三个坚持”为指引发展三大能力，即创新设计能力、解决问题能力、合作沟通能力；“四”是“四大步骤”跟踪评价，分别指工程中的构思、设计、实现、运作；“五”是“五种评价策略”引领。总结起来一句话：通过三个坚持为指引，用五种评价策略，在STEM 课程的四大步骤中，引导、肯定、发展学生的三大能力。

（1）三个坚持指引

坚持多元评价。评价本身不是目的，是一种方法，通过多元评价，即评价对象多元、评价内容多元、评价形式多元，达到激励学生的目的。

坚持面向过程。STEM 教育是多学科交叉融合的，对它的评价更应该注重过程的指导，通过过程性评价与指导，促进学生多维能力的发展。

坚持正面鼓励。有人说，“塑造孩子行为最好的时机是他做对事情的时候，而非他做错事的时候”，所以在评价学生的时候，坚持正面鼓励，寻找学生身上的闪光点，通过正面暗示，持续激发学习的兴趣与热情。

（2）四大步骤跟踪评价

为了全面评价学生各方面的表现，我们在构思、设计、实现、运作四大步骤中动态跟踪进行评价。

表 2—2—4 CDIO 四大步骤评价条目

构思			设计			实现				运作		
前概念理解	可行性	创新性	设计图	方案改进	造价预算	分工协作	操作安全	技能总结	环境卫生	作品完成度	功能实现情况	沟通表达能力

（3）五大评价策略

双师教学，角度多维。为了更全面了解学生上课情况，学校 STEM 课程采用双教师授课制，一位老师授课，另外一位老师为助教，除为课堂提供必要辅助，助教老师还要在一旁观察记录每个学生的课堂表现，同时也对小组合作进行记录。两位老师相互配合，用多重视角全面关注学生，通过小组评价和个人评价相结合，使过程记录更加翔实，评价更加细致，更具有针对性。

角色定位，模拟现实。在不同的课程中，师生都会被冠以不同的角色。老师既是授课者，也是某些场景中的扮演者（如工程项目中的甲方），评价学生后决定学生扮演何种角色（项目经理、设计师、财务师、工程师等），并在学生履行角色职责过程中对其进行动态评价。因为有了新的角色，大家各司其职，并乐在其中，同时对工程也有更深的认同感，形成责任与担当。

虚拟货币，即时评价。在 STEM 课堂上，学生的表现都会以分值的形式即时记录，分值可兑换成流通于学校的虚拟货币——魔豆。魔豆是项目经费，可用于购买项目所需的材料，也可以在校内购买科技小玩具，还可以作为参观校内科技馆、体验科技项目的门票。设置魔豆这一虚拟货币，不仅有效地保证了课堂纪律与质量，也让学生学会精打细算，树立正确的价值观。

评价量规，科学具体。量规是一种真实、具体的评价方式，合理科学地设计评价量规，能够更多更全面地关注学生，能清晰、全面、详实地对学生的社会性表现、自我表现、认知能力、意识态度几个维度进行评价。具体内容见表 2—2—5。

表 2—2—5　社会性表现、自我表现、认知能力、意识态度评价表

	指标	一直	经常	偶尔	极少
社会性表现	合作				
	责任感				
	关注环境				
	大局意识				
	领导力				
自我表现	有计划				
	创造性				
	主动解决问题				
	挑战困难				
认知能力	提出想法和问题				
	适当假设				
	解释数据				
	分类				
	设计方案实验				
	归纳总结				
意识态度	辩证				
	乐于探索				
	乐于寻找				
	交流汇报				

物化总结，仪式升华。仪式代表对课堂的态度，在 STEM 课堂教学中要求着装到位、流程到位，签合同、签责任书等一系列流程一个不落。并在学生完成的项目中选拔优秀作品，提出改进要求，参加各级各类科技竞赛，作品“智能狗窝”获得四川省青少年机器人创意设计一等奖，作品“多媒体教学风扇”获得第十七届全国青少年机器竞赛创意设计一等奖。同时对一些实用性强、想法新的方案进行孵化，如“校园交流角改造”方案被学校采纳。在每次课程完成后，利用游戏的升级思路，对表现优秀的个人和团队，给予奖牌奖励。最初级的是铁牌，其次是铜牌、银牌，最高等的是金牌。这些奖牌还具有一定的纪念价值。

三、精进不休——基于工程构建与实施 STEM 课程的反思与改进

我们在 STEM 教育探索与实践过程中，遇到了很多问题，例如师资培训、课程包开发、学段课程整体设计、学科融合等，还需进一步研究解决方案，不断前行。

（一）师资培训更精准

近年来，学校通过资源引进、专家引领指导、教学研讨、集体备课等一系列举措提升教师专业化水平。在 STEM 教育教学快速发展的环境下，可供教师参考和借鉴的资源也越来越多，但是依旧缺乏系统的、精准的师资培训，希望未来通过菜单化、个性化的精准培训，进一步促进教师专业化成长。

（二）课程包开发更系统

由于教师之间的专业化素养有差别，对 STEM 教育的理解有差异，实施效果参差不齐，且对新教师而言 STEM 教学上手难度大，尽管我们在联合教研以及集体备课上做了很多努力，但在具体操作过程中只能做到课例、课件的简单分享。如果能开发出集基本课件、典型课例、分段教案、反思摘录、配套材料于一体的系统课程包，将会更有利于教学质量的提高和 STEM 教育的推广。

（三）学段课程一以贯之

人才的培养、课程的设计应该是一以贯之的。目前，在小学科学课程中加入了 STEM 的内容设计，但是初高中并没有相应的衔接课程。鉴于学校幼、小、初、高四部一体的办学模式，打通学段的整体设计，让 STEM 教育具基础性、连贯性、系统性，展现 STEM 教育应有的光彩是教师未来的实践方向。

（四）深度融合学科资源

学校运用 STEM 教育理念对科学课进行了融合，将 STEM 工程教育带入常规课

堂，但是这种融合还仅限于与工程教育相关的内容板块，融合深度还不够。此外，在STEM教育与其他学科的融合方面探索还不充分，未来学校将会把STEM教育理念融入语、数、外、艺体等学科，对其进行STEM化改造和更深入的研究。

【案例2】大渡河特大铁路桥

• 课程开发背景

川藏铁路从中华人民共和国成立初期就开始勘察，20世纪90年代就着手选线，但直到2014年才真正开始建设，承载了几代人的梦想。川藏铁路被称作“最难建的铁路”，相当于在最艰险、最复杂的高山峡谷之间修建世界上技术难度最大的“巨型过山车”。而在成都到康定的有一段铁路需要在泸定县境内跨越大渡河。搭建这座铁路桥的第一步就是根据实际情况构建模型。立足这一真实情境，学校开发了高段STEM课程——“大渡河特大铁路桥”。

对于小学生来说，面对真实问题且能真正动手解决，比解决书本、试卷上的问题更有成就感。学生在实操过程中，主动思考，有针对性地进行知识拓展，运用多学科知识技能解决问题。

• 制订课程目标

(1) 学科概念：了解地形地貌、桥梁结构（如三角形、拱形、梁柱等）、抗弯曲能力的概念，认识比例尺。

(2) 技能运用：分解任务，画知识简图，绘制设计图，熟悉工具的使用方法，认识材料特性，总结经验，归纳技巧。

(3) 合作沟通：分工明确，较好地组织协作，有条理地展示表达。

• 课程实施过程

(1) 实施方式：CDIO工程教育模式，PBL项目式教学。

(2) 学科领域：涉及工程、结构、建筑、数学、物理等领域的知识。

(3) 课程安排与具体实施：

工程任务（1课时）：建造一条能够横跨大渡河的铁路桥，小组之间分享桥梁知识，根据任务背景思考需要进一步掌握的知识，例如了解大桥建设的基本类型、桥梁的功能特点、地理环境等。

设计方案（1课时）：整理查找的资料，小组交流后用简单的图文形式展现相应知识点，并在分解任务中动手实践，汇总形成知识清单（如理解三角形具有稳定性，就需要学生完成搭建框架的分解任务，通过动手实践的方式，加深对知识的理解）。根据任务要求，构思并绘制设计图，初步完成方案。

交流改进（0.5 课时）：教师根据对学生的评价分配角色，确定工程师、设计师、财务、项目经理，并根据角色进行职责分工。各小组按照设计图选材、编制预算、采购材料、搭建模型，然后组内交流讨论，提出改进方案。

施工搭建（1 课时）：根据改进方案再次进行选材、预算编制、材料采购，写出施工步骤，根据步骤进行搭建。

展示验收（1 课时）：各小组（工程队）对作品进行充分的展示汇报，通过组内自评、小组互评进行初步评选，最后教师模拟真实情景进行验收，如用振动马达检验抗震性能，用重物测量桥梁承重能力，用风扇测量抗风性等，并综合评定选出最佳作品（获胜小组）。

签订合同（0.5 课时）：获胜的小组（工程队）与教师（甲方）签订施工合同，并评选出各个角色的最佳表现者，予以表彰。

• 课程评价

在构思、设计、实现、运作中从社会性表现、自我表现、认知能力、意识态度等多维度对学生进行评价。

• 课程效果

学生在大渡河特大铁路桥的背景下了解桥梁建造的基础知识，能用简单图示将知识理解内化，用数学思维进行计算测绘，作品完成度较高，并出现设计亮点。在课程中添加了多种贴近真实情况的元素，例如材料经费、角色、用振动马达模拟地震检测工程质量等。学生能够深入角色，互相协作，像工程师一样思考问题，整体系统地认识工程。

• 课程反思

在本课程具体实施过程中也存在一些不足。本课程设计基于真实的背景展开，但桥梁建设是一个复杂系统的工程，小学生知识储备有限，因此在具体操作过程中只能简单地对结构、形状进行探究，对桥梁建设本身探究还不够深入，对相关知识的学习也不够系统，与真实建设的情境还有很大差异。同时，开展课程的空间比较局限，导致在实践过程中学生思维还不够发散，设计不够大胆等。

针对以上问题，反思如下：利用学校双师教学的优势，充分关注每一位学生，发现其闪光点，并引导激励学生围绕难点和重点利用课余时间进行深度学习；拓宽课堂边界，让学生走出课堂，提供更多的材料选择，让学生能在更大的空间中按比例建造更真实的桥梁。

• “大渡河特大铁路桥”教学设计

引入：桥梁跨越了障碍，拉近了人与人之间的距离。你见过哪些类型的桥梁呢？

这些桥梁在形状和结构上有相似的地方吗?

引申：在桥梁建筑中很多都是依靠直立的材料（柱子）和横放的材料（横梁）来支撑的。它们受压时，横梁比柱子更容易弯曲断裂。所以建筑学上横梁抗弯曲能力是值得研究的重要问题。

思考1：观察横梁，猜测横梁的抗弯曲能力与哪些因素有关。这些因素能让桥梁坚固结实吗？找一些简单的材料，验证你的推测。把这些发现记录在科学宝典中。

思考2：拱形的桥梁和钢索桥又有什么优点呢？找一些简单的材料，验证你的推测。把这些发现记录在科学宝典中。

表2—2—6　科学宝典

猜想（文字表示）	理解（简图表示）
自评得分（请根据自己的表现画出相应的五星，一条科学宝典换魔豆） ☆☆☆☆☆☆	

试一试：用小木条、蝴蝶夹、速干胶做一个4cm宽、10cm长的长方形框架，并保持一定的稳定性。总结制作过程中的经验，分别记录在技术宝典中。

表2—2—7　技术宝典

1	理解（简图表示）
2	
3	
4	
自评得分（请根据自己的表现画出相应的五星，一条科学宝典换魔豆） ☆☆☆☆☆☆	

工程任务：成康铁路是成都西站至康定的一条铁路，是川藏铁路的重要组成部分，成都—雅安段2014年12月6日开工，雅安—康定（新都桥）段2016年开工。刚才我们像工程师那样观察和分析，收获了不少宝典。请阅读以下材料，并准备接受工程师挑战任务：在成康铁路段泸定县境内搭建大渡河铁路桥。并思考刚才收集的科学宝典能运用在大渡河铁路桥项目上吗？我们还需要了解哪些背景资料？

小资料

成都到拉萨有318国道和317国道两条公路，从成都到拉萨需要3天左右时间。如果建成西向的川藏铁路线，从成都到拉萨开行的动车组列车仅需十几个小时。建成后的川藏铁路将西藏连接祖国内陆，四季无阻，快速到达，开发旅游，助推经济，维护民族团结，增强国防，沟通南亚，其战略意义无比重大。

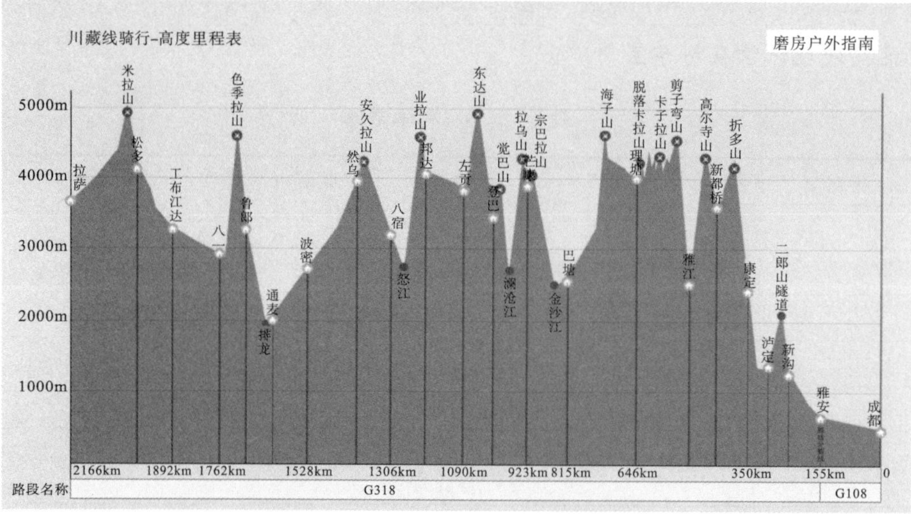

图4　川藏线骑行—高度里程表

泸定县到康定市一段，刚过大渡河就要翻折多山，直线距离只有50000米，海拔高差却有2000多米。相当于每公里要爬升50米，这样的坡度铁路是没法直线爬升的，只能曲线行走。

和青藏高原“缓坡式”上升不同，川藏铁路是“台阶式”的。如果从剖面看，川藏铁路的线路走向为“八起八伏”。从成都到拉萨，累计爬升高度达到了1.4万米。为了消除显著的地形高差，川藏铁路多采用高桥、隧道。跨越八宿怒江的特大桥长1300多米、主跨长1064米，从基层到桥面足有701米高。

川藏铁路面临地形高差、板块强烈活动（地质断裂和高烈度地震）、多年冻土、高地热力、高密卵石层、滑坡、岩爆、生态脆弱以及隧道供氧不易等诸多大难题。

上面的资料给了你哪些启示？你认为大渡河铁路桥建设适合用哪种类型的桥梁，为什么？

工程指标

▶跨度：大渡河两岸宽300～800米。大渡河特大铁路桥跨度需超过400米，折算模型跨度40厘米以上。

▶承重：川藏铁路将承担超过48％的进出藏客运量和41％的货运量。模型桥梁承重能力用钩码（50g）测试，每多承载一个钩码，加2分。

▶抗震：该项目位于最活跃的地震带，桥梁的抗震能力必须达标。模型桥梁将接受震动马达测试，测试合格获得20分。

▶工期：成康铁路预计2025年全线完工，模型桥梁折合制作时间80分钟，每超出1分钟扣1分。

请所有项目工程队根据自己的科学宝典、技术宝典，结合资料、材料清单，写出大渡河特大铁路桥设计方案，并用简单的文字说明。

表2-2-8　设计方案

设计方案	
研究主题	设计一座铁路桥
图1	画出结构图
图2	改进方案
自评得分（请根据自己的表现画出相应的五星，一个合格的设计图获得三颗星） ☆☆☆☆☆☆☆☆	

表2-2-9　材料购置/租借清单

序号	器材名称	单价	数量	合计
1	木条*	2魔豆/根		
2	速干胶水*	5魔豆/支		
3	铁丝（10cm）	1魔豆/根		
4	蝴蝶夹	2魔豆/个（租借）		
5	钳剪	2魔豆/把（租借）		
6	泡沫块	3魔豆/个		
7	橡皮筋	2魔豆/根		
8	砂纸	3魔豆/张		
总计				
资产（　　）－材料费（　　）＝结余（　　）				

注：*为必买材料，需要用之前获得的五星换取。通过自评、同学互评或老师评价可得到相应五星。

材料准备就绪，为了更加高效、高质量地完成任务，请你完成施工方案。

表 2—2—10 施工方案

<table>
<tr><td colspan="2">施工方案</td></tr>
<tr><td>步骤</td><td>内容描述</td></tr>
<tr><td>1</td><td></td></tr>
<tr><td>2</td><td></td></tr>
<tr><td>3</td><td></td></tr>
<tr><td>4</td><td></td></tr>
<tr><td colspan="2">施工报告</td></tr>
<tr><td>遇到问题</td><td>解决办法</td></tr>
<tr><td></td><td></td></tr>
</table>

一切准备就绪，各位小工程师开始行动吧！

图 5 雅康铁路桥项目搭建

温馨提示：

▶各小工程师根据设计图和施工方案，有条理地施工。

▶施工过程注意杜绝安全事故（少走动、不打闹）。

▶施工过程注意环境污染问题（产生的垃圾和噪音）。

▶将施工过程遇到的问题和解决办法记录在施工报告中。

▶注意施工进度（40 分钟）。

▶施工过程中各工程队的表现将被纳入评价体系，得到或失去相应五星。

项目验收：你的“铁路桥”牢固吗？它能承载多大重量呢？我们一起来检验一下吧。

图6　雅康铁路桥项目验收

• 小贴士：可以邀请老师作为甲方单位代表，根据工程指标对各个作品评分。

• 各工程师分别介绍本小组作品。
• 甲方单位依次验收各工程项目，进行评分。
• 甲方公布竞标成功项目。

表2—2—11　工程项目验收评分表

验收人：

组号	队伍名称	工期（0—分）	承重（20+分）	抗震（20分）	展示（10+分）	总分	备注
1							
2							
3							
4							

（供稿：苏萍、徐永祥、杨谢、代乾中）

专家点评

工程教育在我国基础教育阶段相对薄弱，棠湖外国语学校附属小学选择“基于工程教育理念构建与实施小学STEM课程”作为STEM教育的切入点，强调工程过程及工程思维的教育，更为在小学STEM实践确立了准确定位，很有探究价值和积极意义。

学校将STEM教育与办学理念“促进学生个性和谐，为学生终身发展奠定基础”相结合；采用CDIO工程教育模式指导课程设计；以科学作为学校STEM课程的切入点，将国家课程与校本课程有机融合，提高了探索的理论依据和应用的有效性指引。循此开展、开发的分年级、分层次项目为进一步研究提炼小学生工程思维、将真实工程转化适合小学阶段有效实施的工程项目铺垫了基础。“校园交流角改造”项目即一个学生参与的真实的项目。

在STEM课程评价方面，学校坚持多元、激励、重过程的原则，形成了具有学校特色的系统的评价体系。

——艾奉平，成都市教育科学研究院信息技术教研员

走向深度学习的“STEAM+”实践

成都市石笋街小学

一、困顿下的思考：指向深度学习下的融合

（一）传统教育的问题凸显

教育反映世界进程，学校折射社会关系。教育即世界，世界是动态的世界，教育不能墨守成规、一成不变，在方略、方式、方法等各方面要与时俱进。当今社会已从工业革命发展到信息化时代，而传统教育的理念、模式、形态还普遍存在于大大小小的课堂，制约着生命个体的智慧生长。

具体讲来，传统教育有以下几大典型问题：教学动因单一，以知识传授为主，眼不明；学习评定不准，缺乏个性化呈现，眼不清；深度探究不足，思维停留浅层，眼不深；问题解决主观，与现实情境脱节，眼不通。眼不明，不清，则易浊；不深，不通，则易塞。那么，学生观世界之天眼就将闭塞，智慧之泉眼将被堵塞。

未来学校的发展，要有效契合社会的发展；未来教育的革新，要有效应对世界的革新。传统的教育方式已无法满足孩子适应未来的需要。成都市石笋街小学以“创最好的学校，做最好的自己”为办学目标，提出“和而不同，各美其美”的教育理念，关注每个学生个性化需求和成长，积极开展“身健、人和、品正、学博、创新”五大和美教育实践，培养具有中国情怀和世界眼光的和美之子。STEAM 教育理念与此高度契合，成为学校践行办学理念的有效载体和路径。

（二）深度学习下的智慧思索

STEAM 教育是一种跨学科的教育，它打破各个学科的界限，学生不再是被灌输者，而是主动探索者。STEAM 倡导技术进步只是手段和动力，根本在于以 STEAM

的理念改变传统教育的僵化样态。学校针对传统教育现状，借助新兴技术，关注现实情境，鼓励师生基于问题、基于项目开展学科融合学习。同时努力突破当今 STEAM 教育囿于单科教师、少数学生、个别项目的“少数人狂欢，多数人围观”困境，走出“STEAM 项目热热闹闹，与常规教学各行一套”的误区，探索实践智慧教育下的 STEAM 新型教育样态——深度学习下的“STEAM＋”实践。

具体来说，即通过师生教与学之间的深入思考和深入探究，对信息深度加工，深刻理解和掌握概念的内在含义，建构起学生个人情景化的知识体系，在此基础上，有意识地转向学科深度融合，进而促进知识迁移和真实问题解决。这里“STEAM＋”，不仅是跨学科的知识能力融合，同时也是一种深度学习下的无边界流动愿景，更是一种“项目思维和跨界素养”植根于师生常态学习并形成发展共同体的文化样态。

二、思索下的实践：面向深度学习的“STEAM+”

基于此，学校实施“123”举措，推动深度学习下的“STEAM＋”实践探索：“1”，即建设一个平台；“2”，即组建两支队伍；“3”，即凸显三个特征。

（一）建设一个平台，助力线上线下融合

石笋街小学探索建设的以学习者为中心的智慧教育学校样态“我的学校”，是线上线下融合共生的复合型学校样态，包含个性化的“我的学习”、多元化的“我的课程”、生态化的“我的空间”和多维化的“我的画像”。

在“我的学校”理念下，学校系统建设石笋线上学校，以智慧校园平台为基础，支撑和连接各类应用，以学习者为中心，通过一体化设计，把信息化管理和教学系统集成一个整体。石笋线上学校借助智慧教学系统、精品云课、我的空间等，通过线下资源线上化、分散资源集中化、专题资源精准化、名师资源云端化、打造课堂生成即时资源，提供优质教学服务，满足教与学需求，支持学生开展线上个性化学习，并形成学习数据，服务于深度学习下的“STEAM＋”实践。

教师借助线上学校开展融合学习，参加信息技术教学微技能培训；学生利用线上学校平台广泛学习，开展融合活动展示。

在 2020 年 10 月至 2021 年 2 月，中国教育科学研究院、中国教育发展战略学会未来教育委员会、中国教育电视台联合主办的以“课堂革命中的教师蝶变”为主题的第六届中国未来学校大会上，我校教师杜佳红参加混合式学习项目。针对挑战任务中突出线上线下混合式特征和平台资源的重要性的特点，杜老师利用石笋线上学校平台，

实现教师、学生、家长数据实时显示、智能分析，强化资源使用效益，凸显学科融合特征，以作品视频和教学案例“DIY感应垃圾桶”“智能小区防疫系统”等，通过层层挑战，激烈角逐，最终以全国第二名的优异成绩成为第六届中国未来学校大会混合式学习TOP10领袖教师。

（二）组建两支队伍，聚焦师资保障

（1）项目管理团队。项目组是深度学习下的“STEAM＋”实践探索的主力，团队的建立遵循学校领导负责、教学应用、信息技术团队支持、相关企业人员协助、教师参与的原则。

（2）实践先锋团队。主要由技术骨干教师和学科骨干教师组成，通过专项培训、课堂实践、教学研讨、课题研究等途径，应用于常态实践。

（三）凸显三个特征，打造智慧实践

1. 从表层走向深层

帮助学生成为真正的学习者，运用多学科融合知识解决现实生活的真问题，需要我们在深度学习的基础上努力。只有通过深度学习的探究与积淀，跨学科才能真正成为可能。先有深度，而后有融合，就像打一口井，打到深处，地下水就自然相通了。

在真实生活世界里学习无处不在，无时不有。要走向学科的深度融合，帮助学生深入理解事物间联系，需要借助“互联网＋”思维和技术，为师生创造泛在生态学习空间。学校努力打破空间壁垒，创设情境、协作、会话等综合学习方式，照顾到各种感官体验的要求，提供无限延展的学习空间。通过建设智慧教室、未来教室和创新科学实验室，支持VR虚拟现实课堂、AR实景教学资源、4D识物技术、3D数字影像教学系统，在集团层面建立直播系统，从信息化上升到智能化，促成教育场景升级，为师生情境式、个性化、交互性的深度学习提供技术支持和环境保障。

【案例1】智慧教室建设

让师生在任何时间足不出户就能进行实景研学，特此开展网络研学课程。可以说，石笋实景直播课是一门集研学、互动、探究、场馆于一体的综合实践课程，更是一门集历史、语文、信息、美术、科学等多学科为一体的STEAM课程。有如下几个特点：

一是鲜活的场景互动：教室和场馆的实时互动，最大程度地满足足不出户的学生通过第二场景的现场直播进行主题式深度学习的需求。二是即时的聚焦式对话：针对性提问，即时生成问题，都能更好地满足学生个性化需求。三是真切的体验式学习：学生足不出户就可以体验到知识在真实环境下的展现，由感性认识提升为理性认识。

四是教育资源的最大化：基于问题的主题式学习，镜头和网络的定向式互动，让原本凝固的教育资源流动起来，并让更多的学生浸润在技术创设的实景中，在教和学过程中实现深度思考和自身知识的重构。

学校认为，任何新课程的开发和建构都必须基于学生的个性化发展，与他们个体现有的认知与学习愿景发生关联，获得认知沉淀、技能习得、情感体验、智慧生发，并有更持续、更深远的后续学习动力。课程的开发生发于理念，落地于课堂实施，表现为学生个性化的能力生长。学校初步尝试选择博物馆课程作为研发对象。四川博物院是四川省首批研学基地，有丰富的教学资源。

图 1　智慧教室建设

图 2　AR、VR 体验室

【案例 2】实景课程

课程内容：基于国家课程的博物馆课程。

课程体系：博物馆的正确打开方式系列；博物院奇妙系列；寻找最美系列；古代孩子系列；探寻它的前世今生系列。

教学设计：博物馆奇妙“字”。

课程目标：利用博物馆汉字资源，引导学生了解汉字的演变过程。通过博物馆实景游览和专家的实时互动问答，激发学生对汉字的兴趣，增强对汉字的理解，进行传统文化的熏陶。在寻字活动中整合学科知识，训练学生在活动中解决问题的能力。

教学准备：博物馆团队参观场馆，并寻字设迷，制作线索卡；学生预习北师大教材第 61 页课文《丁丁冬冬学汉字》《汉字》，进行生字批注，朗读打卡。

教学设计：略。

“博物馆奇妙‘字’”是直播实景课堂的第一堂，学生为二年级。语文教材中的《汉字》一课涉及汉字的演变，既是难点，也是孩子的兴趣点，同时也是传统文化浸润的极佳路径。博物馆的寻字之旅由此开始。学生、家长、教师共同参与，共同设计和开发课程。试课班孩子到四川博物院带着问题参观展览就有5次之多，寻到字后进行倒推，设计线索卡片，其中运用了语文、数学、美术等学科的综合知识。

同时也邀请了博物院的专家老师共同参与。孩子在寻字探秘的过程中，根据线索卡逐渐缩小寻找范围，并在寻找过程中围绕藏品提出问题。最关键的是，学校内的孩子可以通过镜头视角和现场进行互动提问，面对线索卡，大家运用学习到的知识共同闯关，寻字探秘，也能向馆内的博物馆专家老师提出问题，寻求专业的解答。

对于汉字这一主题，教师的视角、学生的视角、镜头的视角、博物馆专家的视角多维融合，拓展出了更深广的视域。原本一个平面的汉字知识点，经过这样的开发和实施，演变成了一个思维、互动、跨学科、多视角、文化传承、艺术欣赏融合的生动课堂。

2. 从个体走向群体

前面提到，当今STEAM教育多囿于少数学生、个别项目的“少数人狂欢，多数人围观”困境，助长了形式主义、功利化倾向，忽略了绝大多数学生STEAM素养共同提高的要求，这违背了STEAM教育的初衷。

如何将融合理念由个体推向群体，乃至全体？早在10年前，学校就开始探索学科融合课程，以项目制开展校本课程研发，多学科老师组成研发小组，负责1～2个校本课程项目，并有意识地以家校为纽带，整合具有地方特色的各方资源，形成育人合力。经过近10年实践，形成丰富的校本课程菜单。新区开设31门，西区开设29门，东区开设49门，多数以项目制方式开展，学生根据兴趣爱好网上选课，全员参加。其中，人工智能、机器人、马术、JOJO的厨房等课程非常受学生青睐。

（1）DI课程

DI项目1983年起源于美国，是一项旨在培养青少年实际创新能力的国际性教育项目。该项目基于多元智能的理论，以科学为基础，融合多学科，强调团队合作能力、创造性解决问题能力、创造力、即兴展示能力。学校从2014年开始参与到DI项目课程中，成立DI社团，10～30人不等，聘请DI中国区专业培训的DI专职老师每周开展一到两次时长为1小时或2小时的活动课程，通过立足现实生活问题的思考和解决，培养参与者创意性、有判断性思维，学习并应用创意问题解决方法和使用工具的能力。DI社团自成立以来，多次参加全球和全国比赛。2018年5月参加在美国举行的全球总决赛，获C类团队挑战赛一等奖。

（2）机器人课程

学校开设机器人课程基础班（西区）和赛事班（东区、新区）。其中，基础班主要涉及基础物理学的讲解和美学方面的创意搭建，培养孩子的动手操作能力、观察能力和独立识图的能力。赛事班使用 LEGO WEDO 和 EV3 套材，系统介绍机器人编程知识，引导学生把之前所学的数学、物理、几何、机械、工程、电子及图形化编程语言等知识运用到结构构建、编程控制和设计优化中去。除机器人课程，学校还相继承接省教科院和区教育局的 Python 编程教学试点工作，夯实学生技术基础；学校各校区组建创客团队，借助第三方专业机构，引进专业师资课程，不断拓展提升学生创新创造和解决实际问题的能力，参加市区比赛获得佳绩。

学科深度融合学习的主阵地在课堂，课堂是连接所有人智慧、情感的地方，也是 STEAM 理念落地的必需载体。除丰富的校本课程和社团活动，学校还努力在常态教学中开展 STEAM 课程。2016 年，学校首先确定科学和信息技术为 STEAM 常态教学学科，与圆创教育和小栈教育等机构合作共同开发 STEAM 课程，覆盖学校 1～3 年级科学课和 5 年级信息技术课，为群体学习再拓路径。

（3）圆创科学

与台湾地区圆创教育合作，以学期为单位对科学学科内容进行统整设计。借助先进技术和学具制作，激发学生学习兴趣，完成知识难点的深度理解；在学习中突出“实践”，强调学科融合和团队合作；在完成项目过程中，鼓励创造性解决实际问题。

3. 从单科走向全科

在教育众多的资源和要素中，教师始终是教育工作的起点和终端，是教育改革成败的关键，尤其 STEAM 教学这种超越传统的形式，要求教师不仅具有精深的专业学科素养，还要具备跨学科和学科整合的专业能力。

从 2016 年起，学校创新开展“微主题”研修模式，将 STEAM 素养作为教师专业提升的生长点，丰富研修目标与内容，优化路径和策略。在研修中，模糊学科边界，确定一个主题或问题联动多学科教师进行集体教研备课，阶段时间内完成相应主题研究，拓展学科深度。将项目化学习和整合式任务与常态学科教学有机连接、整合，逐步推动现实的课堂教学的深度转型，在面广量大的学科学习下开花。

（1）多学科融合课堂

2018 年 10 月，学校英语学科毛珊老师应全国基础教育中心邀请，讲授了一堂“Living in Space”的多维阅读示范课。在教学准备中，毛老师与科学老师联动，设计课堂搭建“脚手架”，和美术老师设计绘本教案，与学生换位思考，想象“太空”问题，教学过程异常精彩。

2018 年 11 月，全国小学教学联盟第五届学习力课堂建设研讨会上，语文学科王犇老师献课四年级习作及评议，将巧妙设计的项目探索活动，与学生已有生活经验联系，激发思维，刺激学生连续思考、深度学习，得到专家高度评价。

2018 年 11 月，我校数学老师李健在成都市陶行知研究会第二节学术年会上展示了一节“鸡兔同笼”课。课程设计变单一的列表解决方式为画图、列表、妙想等多种方法结合并融入现代元素的新型解决方式，学生兴趣浓厚。

2018 年 12 月，我校体育老师陈璐以一节“冲过战壕”的思维游戏课通过市区选拔，参加全省体育课展示。陈老师通过多学科研讨，深度解读教材，将“配合”这一概念巧妙设计在活动中，并引入“战术板”让学生自主尝试，在游戏中发现技巧，在活动中领悟团队协作的魅力，最终获得全省一等奖。

唐静老师参加金牛区 STEAM 美术赛课，和孩子们一起创作《椒图辅首衔环》，尝试把美术与语文、历史、音乐、信息技术等学科有效融合，将学习与实际生活联系，把美术欣赏与美术创作运用到生活情境中，感受椒图形象元素在生活产品设计的应用。

科学教师包浩洋融合美术、科学与 4D、AR 技术，带三年级孩子回到远古时代，创作《恐龙剪贴画》。

这样的课堂还有很多，我们一方面用研修为老师赋能，一方面通过教师群体的跨界思维和学科整合能力提升，为所有孩子的“自主合作、问题解决、创新思维”搭建平台。

（2）学科整合微课程

【案例 3】防疫·整合——求生探索微课程

2020 年，一场突如其来的新冠肺炎疫情为整个社会按下了暂停键。学校的开学时间一再延后，学生的学习生活受到了影响，教和学的方式都发生了重大的转变。疫情就是当下最好的问题情境。为了不给学生和家长增加负担，孩子们又能够学有所获，我们决定将语文、数学、科学、道法、美术等学科进行有效整合，“防疫·整合——求生探索微课程”应运而生。

微课程目标：让学生全面、深刻、科学地了解疫情，培养科学思维能力。抓住语文要素，通过实践活动，提升筛查资料、制作说明书、真实表达自己想法的语文能力。让孩子们在微课程学习中，看到科技的力量、人性的多样、国家的强大，树立正确的人生观、价值观。

微课程内容：

第一课　心理疏导

学科技能：阅读、习作、道德与法治、心理健康。

通过看绘本 PPT，树立“只要有健康的身体，一定能靠免疫力战胜病毒”的信心，消除孩子的紧张恐慌情绪。通过看视频《疫情防控心理疏导》，拉近老师与学生的距离，教给孩子调适心理的专业方法，传递正面情绪。

第二课　科学了解疫情

学科技能：数学、阅读、道法。

通过网络学习，运用六年级第一学期学习的筛查资料的方法，学会多角度、深层次地思考，全面了解疫情，形成思维导图。

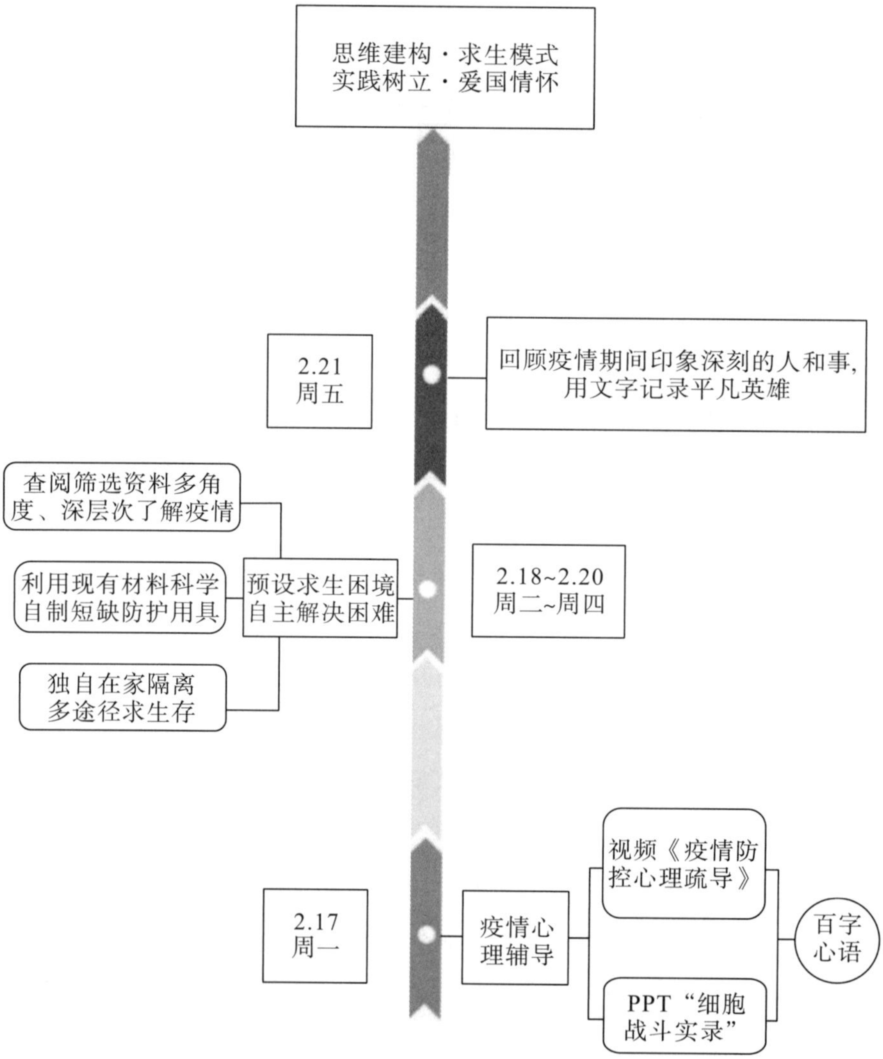

图 3　防疫 · 整合——求生探索微课程

第三课　自制防护用具

学科技能：阅读、习作、科学、美术。

疫情爆发后，防护物资严重短缺。一个六年级的学生能从这实际困难中学到些什么呢？为解决这个问题，我们设计了自制防护用具相关课程，并编写制作说明书。

在完成这一学习任务的过程中，他们用到了美术课学到的手工技能、科学课学到的防护知识，练习了语文学科中非连续性文本的写作，学科知识在实践中得到了运用，作品也顺利完成。

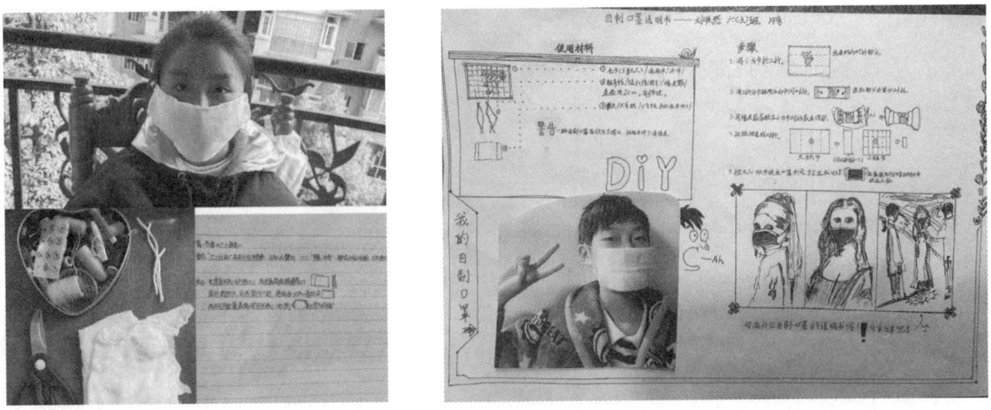

图4　**学习成果**

第四课　制作求生秘笈

学科技能：习作、美术、道德与法制、科学。

继自制防护用具后，孩子们迎来了更大的考验：由于疫情的大爆发，许多家庭被分开隔离，出现了儿童独自在家这一特殊情况。遇到这种情况无疑是一种残酷而又有意义的生存考验。

为了让孩子们身临其境地思考，我们请孩子们先观看视频，然后请他们展开联想，独自在家的小男孩会遇到哪些困难，如何解决？并制作自己的求生秘笈。

第五课　记录平凡英雄

学科技能：习作、道德与法制、信息技术。

通过四天的学习，孩子们了解了疫情现状，也知道了面对这种情况的做法。但做到这一步，解决的仅仅是个人遇到的困难。作为祖国的未来，我们不仅要用科学知识武装头脑，还应该用家国情怀来服务社会。由己及他，由他及众。

因此，我们让学生放眼社会，回顾疫情期间涌现出的平凡英雄，用书面表达的方式让动人情感真实流露，让家国情怀自然生长。

从表层到深层，得到提升的不仅是学生对事物联系的理解力，还有对生活的感受力，对未来的创造力；从个体到群体，走在一起的不仅是更多的学生、教师，还有家校共同体、社会教育共同体；从单科到全科，变全的不仅是深度融合的多学科，还有学生个性化学习需求和未来能力要求。走向深度学习的“STEAM＋”实践，正是对基于学习者中心的全科育人理念的真诚回应。

三、实践后的成果：走向深度融合、富有个性的智慧教育

学校厚植“和而不同，各美其美”的教育理念，关注学生个性化学习和成长，深入探索信息技术与教育融合的智慧教育，践行深度学习的“STEAM＋”实践，取得丰硕成果。

（一）高素质创新型的学生养成

学校秉承五大和美发展路径，突出以“创新为美”，培养学生解决实际问题的能力、创新创造的意识和关注未来的综合素养。在课程设置、课堂教学、社团训练、比赛评比中均有意识、有计划地渗透体现。在信息化大赛、机器人比赛、创客比赛等各级各类比赛中获奖无数。如 2016 级学子童春霖荣获成都市第三十五届青少年科技创新大赛“蓉城青少年科技创新奖”。

（二）专业化跨学科的教师培养

学校通过信息技术教学培训和微主题跨学科研修模式，不断提升教师专业能力和综合素养。仅在 2020 年，有 9 位教师分别获 2020 年新媒体新技术教学应用研讨会暨第十三届全国中小学创新课堂教学实践观摩活动“示范课例”奖，获四川省 2020 课堂大比武课例一等奖 4 个，获 2020 年度全国第二届醍魔豆智慧创新课堂团队特等奖、个人特等奖、个人一等奖；6 节微课获选新世纪小学教学平台展播，10 余人参加市教科院微师培示范课程。成为金牛首届智慧教育名师工作室领衔人的王乐峥老师和成为第六届中国未来学校大会混合式学习 TOP10 领袖教师的杜佳红老师表现突出。

（三）集团化智慧化的学校发展

自 2000 年起，学校先后获“全国音像电子馆优秀建馆学校”“四川省现代教育技术示范校”“全国教育信息化区域应用典范学校”“成都市数字校园”“四川省教育信息化试点学校”“成都市未来学校试点校”“腾讯智慧校园示范校”“全国网络教研创新研究实验学校”“全国教育信息化创新应用先锋学校”“全国中小学虚拟实验教学实验校”等信息化类荣誉。2009 年，石笋街小学成为成都市首批名校教育集团龙头学校，目前已形成一校四区的集团发展模式，通过智慧管理、智慧教学、智慧服务打造双线融合的智慧教育学校。

图 5 网络视频互动教室

（四）强辐射高品质的区域影响

近年来，石笋街小学通过走向深度学习的“STEAM＋”实践探索，带来了高品质办学的全方位提升。机制保障进一步完善，课堂融合进一步深化，教育科研进一步提升，品牌辐射进一步加强。在信息化类比赛中，获国家级奖 22 次，其中金奖、特等奖、一等奖计 7 次，获省市级奖 40 多次，市级以上信息化类课题成功结题 6 个，成为金牛区首批线上学校成员单位、金牛区未来教育联盟和网络集团校核心成员，为区域教育发展和品牌教育打造助力。

（供稿：张友红、张文祥、龙贤志、袁野、尹寄藻）

专家点评

现代教育理念指导下的新技术应用是新时期教育教学改革的关键，学校“基于学习者为中心”的智能化学习平台和管理系统，突破了校园空间的制约，弥合了课堂学习与社会区隔，引导有效学习适时并深入发生，有效助力了新样态学习行为的萌生。

智慧教室、未来教室、创新科学实验室、虚拟现实课堂、AR 实景教学资源等为学校开展情境式、个性化、交互性的深度学习提供了技术支持和环境保障。学校整合教师、家长、社会多方资源，组成研发小组，经过多年的实践，研发出具有学校特色的、丰富的校本课程。

管理团队的高度重视，师生的积极参与，使学校取得了众多阶段性成果，获得了学生、家长及同行的认同。常态性跨学科教研团队和探索机制，在互动式、体验式的场景学习、主讲教师和团队协同的实践模式中，为新样态生长提供了有力支撑，营造出健康的校园文化氛围。学校实施的“123”举措为推动 STEAM 理念的落实和探索提供了可借鉴的经验。

——艾奉平，成都市教育科学研究院信息技术教研员

STEM拓展性课程的开发和实施策略

成都市茶店子小学校

STEM教育理念下的学校拓展性课程实践是一种以创造力发展为核心的"全人发展"的素质教育，是着眼于在实践中培养学生的创新精神实践能力的重要途径。我校始终牢记"为党育人，为国育才"的初心使命，以"尊重自然，润泽生命"为核心办学理念，提倡尚学尚实、知行合一；以STEM教育理念下的学校拓展性课程建设为着力点推进素质教育，努力探索实践STEM拓展性课程建设的路径，并将意识和能力的培育渗透到课程建设的方方面面，拓展学生学习空间，促进学生实践能力提升；拓展教师发展空间，促进教师业务能力提升；构建学校拓展性课程，落实创新人才培养；激发学校办学活力，助推学校高品质发展。

一、把握STEM教育的基本认识：两条主线

STEM教育的实施主要依靠两条主线：夯实基础核心学科和融通拓展实践活动。将STEM教育与中国中小学常规课堂融合，形成茶店子小学校（以下简称"茶小"）STEM教学模式。夯实基础核心学科环节，使学生明确学科核心知识体系，丰富学科知识与技能；融通拓展实践活动环节，教师带领学生融入真实情境体验，指导学生用相关知识来解决现实问题，增强其应用意识，帮助学生对相关领域里的概念形成更有力、更真实的深层次理解，逐步提升实践创新素养，培育科学精神，实现双线协同发展。

两条主线丰富了学校"润·课程3.0"。该课程主要以STEM课程的形式开展，融

入基础核心课程内容，聚焦时事热点，设立项目主题，分析事件所蕴含的学科知识，再由团队协作解决这一主题的相关问题，实现抽象知识与实际生活的互动融合。最后，给予学生自由开放的空间，鼓励学生综合运用多学科知识开展自主创作，促进学生由“玩”到“学”，再至“创”。

二、展开 STEM 教育的关键前提：立体化管理体系

学校秉承“敬人教育”理念，确立以提升实践创新素养，培育科学精神的 STEM 教育目标。充分调动全体师生的积极性与创造性，挖掘发展潜能，更好地服务于融通基础学科、开展实践创新活动的 STEM 拓展性教学。

（一）建立“一会三副三学科多维联动”的三级管理机制

第一级：校务会把控整体方向，给予全力支持；第二级：副校长引领，进行教学管理顶层设计，带动教代会、家委会、少委会、博士后工作站、名师工作室、青年教师成长营、特色学科工作室等，打造智慧 STEM 拓展性课程平台；第三级：STEM 项目负责人牵头开展相关工作，组建人工智能、科学、美术三学科教师团队，建立核心课程知识点联系，探寻课程主题，撰写校本课程，丰富智慧 STEM 拓展性课程内容。同时，在智慧 STEM 拓展性课程平台上回应学生和家长需求，加强家校、师生间交流，及时弥补管理弱项，进而提升教学服务效率与效果。垂直化管理减化了管理层级，有效聚合了权力职责，三层级多维联动开展教学管理，提升了管理工作效率，提高了服务效能。

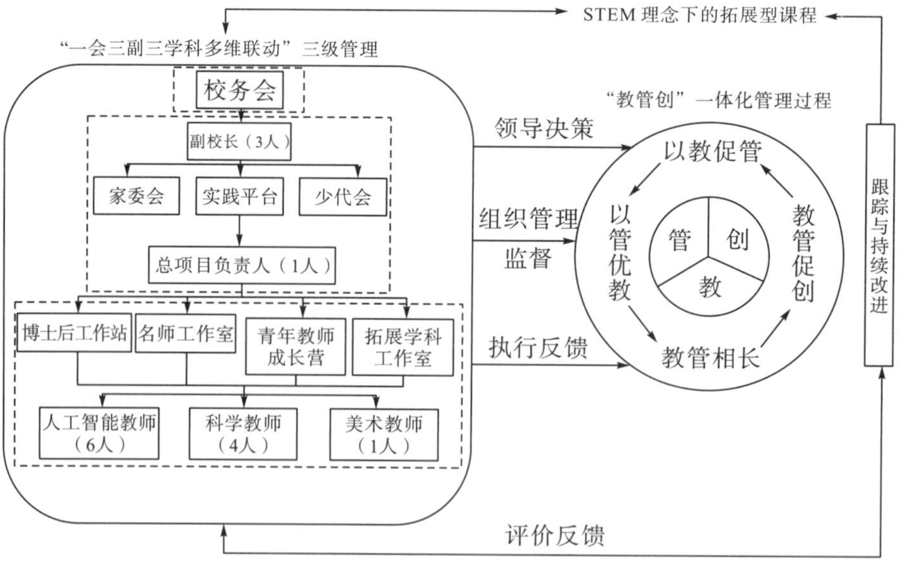

图 1　管理体系与职能架构

（二）推进“教、管、创”三位一体

以教促管，坚持人性化管理，将创新意识延伸至教学管理中；以管优教，通过管理工作整合STEM拓展性课程教学必需的课程、师资、软硬件设施等资源，优化教学资源配置；教管相长，在拓展性课程打造中建立学科间的联系，强化各科教师的综合素养，推进“教、管、创”三者良性互动贯穿于课程实践的不同阶段。

（三）构建“三维”教师队伍

建设高素质、专业化的教师队伍，强调将内培训外引进相结合。形成以人工智能、科学、美术三学科教师组成的核心团队，同时根据项目需要适时加入其他学科教师，建设多学科教师构成的STEM拓展性课程教师团队。名优骨干教师带头开展组内培训，通过专业学习、“线上线下+课堂内外”项目研讨、相互听课、学科整合等方式传授教学经验，提升教师教学能力，组建跨学科人才梯队。

对教师定期进行跨学科、专业化培训的同时，邀请校外专家或团队指导交流，发展校外教育实践基地，协同培育专业技能与拓展能力兼备的复合型师资队伍。

三、落实STEM教育的主要载体：拓展性课程

（一）总体思路：聚焦→围绕→推进→提升

1．聚焦STEM拓展性课程核心

拓展性课程着重在实际事件中培养学生建立学科联系、学会分工合作的能力，提升学生实践创新素养，培养科学精神。主要以工程设计为基石，让学生用他们在科学、技术、数学各个领域的知识来解决项目问题并完成作品。在这一探究解决问题的过程，通过核心知识、基本技能、过程方法、情感态度、能力发展、作品呈现六个环节激发学生的学习动机，提高了学生的技术意识、工程思维、动手操作能力。

2．围绕STEM拓展性课程实践

努力通过互联网等信息技术的支持，以项目学习的方式，使用数字化工具，培养学生跨学科解决问题、团队协作和创新等能力，提供学习资源（如软件、硬件、材料、专家、同伴等），构建学习模式。重点着眼于拓展实践，体现学习过程的多元性与丰富性。培养学生研究问题、设计思考、解决问题的综合能力。

3．推进STEM拓展性课程设计

STEM拓展性课程设计分为低段、中段、高段三个阶段，由浅入深，低、中段课

程以融合普惠课例和校本特色课程来呈现，高段课程以项目式范例课程和项目创作手册自主化开展。完善适配的“普及课—社团课—竞赛课”三级教学结构，针对不同阶段不同情况的学生开展特色教学，实现知识和技能学习从基础向中阶再到综合的过渡，逐渐加深学生兴趣，不断引导学生树立科学精神，培养创新思维，挖掘创新潜能，促进学生实践创新能力连贯性、进阶式发展。

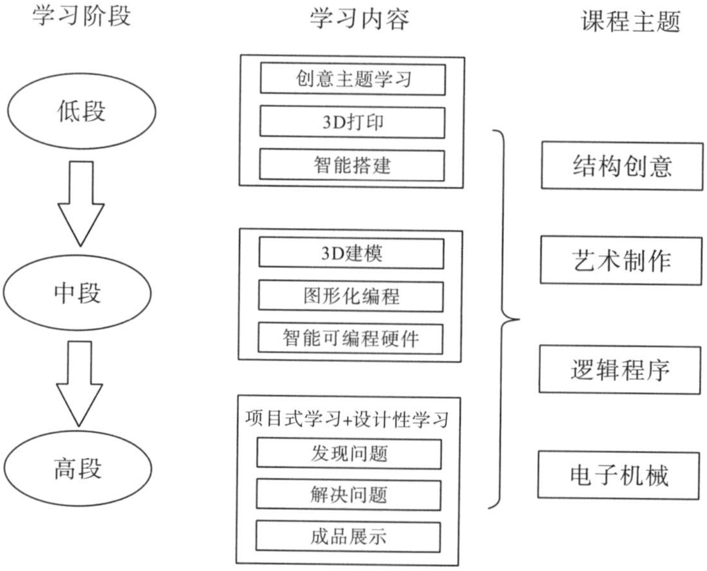

图 2　各阶段 STEM 拓展性课程体系

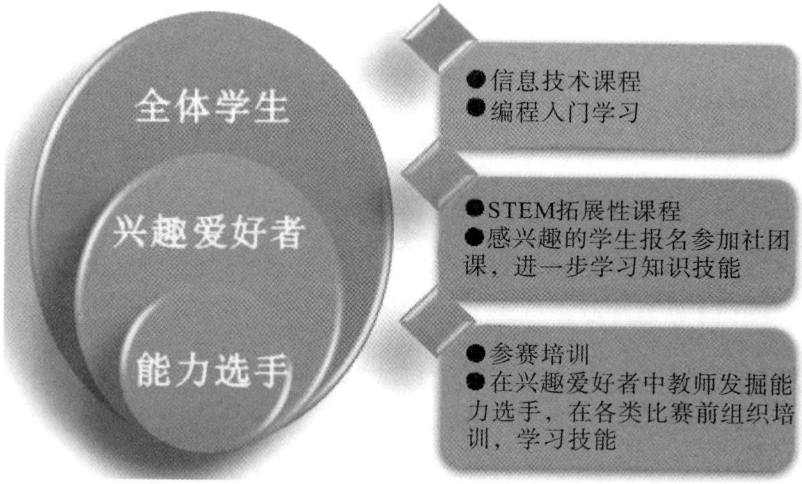

图 3　“普及课—社团课—竞赛课”三级教学结构

4. 提升 STEM 拓展性科学素养

何克抗认为，创新能力是指具有把创新的思想观念、理论方法或产品设计转化为有价值的、前所未有的精神产品或物质产品的实践能力，是创新的最后一个环节，主要涉及解决问题，形成创新成果。我们经低、中段的STEM拓展性课程后，通过在高段项目课程中设置的“发现问题”“探究创新”“行动实践”“宣传表达”等环节综合运用让学生经历“发现分析问题”“实践创造思路”“决策解决方案”“提炼反思总结”等环节，激发学生深层次心智活动，提升其STEM拓展性科学素养。

（二）探索开发校本课程

1.《智慧熊猫乐园——熊猫戴丽成长记》

采用项目式教学模式，课程目标是整合多门学科知识，激发学生解决问题的兴趣，把科学技术系统地、创造性地用于实践。该课程以都江堰熊猫乐园里坚强的戴丽为原型，聚焦大熊猫生活在自然界和熊猫乐园的实际问题，融入结构搭建、mind+软件、Micro：bit智能硬件、声光动等功能模块的编程、人工智能的内容展开教学，学生结合智能技术的学习，针对大熊猫面临的现实问题，创设出智能化的智慧熊猫乐园。

2.“给小鸟安个家——校园智慧鸟巢”

课程以创意设计和实践探索为目的，并对技术问题解决进行科学的创新探索。本课程在主题“鸟巢”背景下，尝试将教学内容分为低、中、高三个阶段，融合普惠课例和校本特色课程展开，最终得到各个阶段的鸟巢创作作品。

低段：创意产品设计、初识3D打印笔、智能搭建和创意产品呈现。

中段：增添3D建模、图形化编程和初级智能硬件学习，低、中段课程主要聚焦学生的创意形成和实践体验，逐步构建学生的跨学科知识体系，提高学生的学习兴趣。

高段：课程以项目式课程和项目创作手册自主化开展，整合逻辑程序、电子机械、结构创意和艺术创作四种类型课程，培养学生的创新精神和项目式创作方法。

课程带领学生从理论到实际，打破思维定势，拥有创想和创意，巧妙地选择工具在创造中享受，让想法落地；表达自己的创意，让更多人认识你的创意并赞同。

（三）打造STEM拓展性课程精品课例

在实践的过程中，教师立足创新教育、普惠、融合课程，结合自身课堂教学，进行课例研讨，探索、打磨出分别与科学、美术融合的精品普惠课例，努力实现我校STEM拓展性课程在课堂中的变革。在大主题“鸟巢”背景下，探讨、打磨出低段、中段特色课程，高段项目式范例课程，如：刘倍伶老师执教的“用3D打印笔做一个鸟巢”低段精品课程；陈波老师执教的“植物大百科”中段人工智能精品课程；刘云怡老师执教的“传感器的分类”高段精品课程。

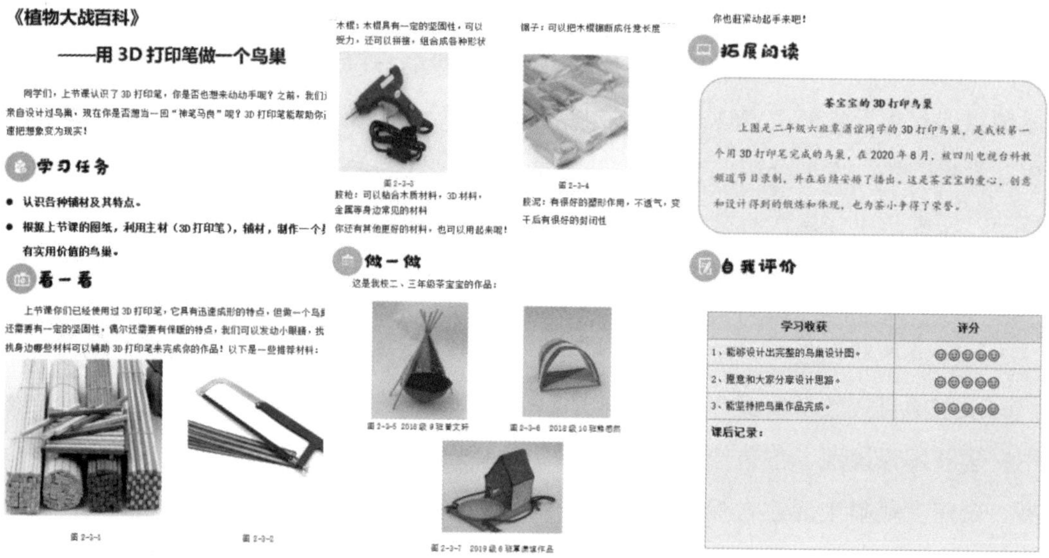
《植物大战百科》

——用 3D 打印笔做一个鸟巢

同学们，上节课认识了 3D 打印笔，你是否也想来动动手呢？之前，我们亲自设计过鸟巢，现在你是否想当一回“神笔马良”呢？3D 打印笔能帮助你速把想象变为现实！

学习任务

- 认识各种辅材及其特点。
- 根据上节课的图纸，利用主材（3D 打印笔），辅材，制作一个有实用价值的鸟巢。

看一看

上节课你们已经使用过 3D 打印笔，它具有迅速成形的特点，但做一个鸟巢还需要有一定的坚固性，偶尔还需要有保暖的特点，我们可以发动小眼睛，找找身边哪些材料可以辅助 3D 打印笔来完成你的作品！以下是一些推荐材料：

图 2-3-1　图 2-3-2

木棍：木棍具有一定的坚固性，可以受力，还可以拼接，组合成各种形状

锯子：可以把木棍锯断成任意长度

图 2-3-3

胶枪：可以粘合木质材料，3D 材料，金属等身边常见的材料

图 2-3-4

胶泥：有很好的塑形作用，不透气，变干后有很好的封闭性

你还有其他更好的材料，也可以用起来呢！

做一做

这是我校二、三年级茶宝宝的作品：

你也赶紧动起手来吧！

拓展阅读

茶宝宝的 3D 打印鸟巢

上图是二年级六班章潇谊同学的 3D 打印鸟巢，是我校第一个用 3D 打印笔完成的鸟巢，在 2020 年 8 月，被四川电视台科教频道节目录制，并在后续安排了播出。这是茶宝宝的爱心，创意和设计得到的锻炼和体现，也为茶小争得了荣誉。

自我评价

学习收获	评分
1、能够设计出完整的鸟巢设计图。	☺☺☺☺☺
2、愿意和大家分享设计思路。	☺☺☺☺☺
3、能坚持把鸟巢作品完成。	☺☺☺☺☺
课后记录：	

图 4　STEM 教育理念下的学校拓展性课程设计

（四）开展金点子创意漂流活动

本活动以“金点子创意”为主题，围绕创意设计展开；以培养学生的创新精神和实践能力为目的，利用融合普惠课程激发学生的创新思维和创造欲望，通过创设“金点子创意”培养学生的创新和实践等综合能力，进而提升学生的核心素养；以“漂流”为分享形式，将“最佳金点子”在班级和学校内分享，面向全体学生，激发和培养学生的创新思维。其流程为：

创意征集（创意漂流单）→创意选择（漂流单找主人）→创意实施（创意思考、再分析、可行性分析）→创意创造（联合各界力量：博士站）→创意物化（形成产品、专利申请）→创作展示（小达人、科技节……）

（五）创编 STEM 拓展性课程教育评价手册

我们以成长档案、作品考察和素质报告手册等方式评价学生创新实践素质发展水平。运用自评、他评并结合过程性评价和结果性评价，重视学生、家长、同行等多元主体评价，构建多主体、多方式综合性评价系统。

以“人人参与学习，激发思考、动手创作”为出发点，实施综合性学生评价，实现全过程记录。由此，创编面向全体学生的茶小 STEM 拓展性课程教育评价手册，并发放录取通知书。

学生以日志的形式记录产品创作中发现问题、设计制作的全过程，并对产品从创新指数、科技含量、工匠水平、分享介绍、应用前景五个维度展开包含学生自评，同

学互评，教师、家长和社会评价的综合评价，同时实时记录学生的制作心得以及大家对作品的点评。评价和记录加强了学生对于学习的主人翁意识，激发了学生内在的主动性和创新力，使学生形成对自身与产品的全面认识。

四、实施 STEM 教育的实际效果：四大转变

我校积极推进 STEM 理念下的拓展性课程研究，取得显著成效。目前，我校的 STEM 拓展性课程已实现四大转变。第一，参与学生从个别到少数再到全体学生，实现了“普惠教育”；第二，教学方式从单一的信息技术专项教学到多学科融合教育的 STEM 教育；第三，学生的行为方式从被动参与到主动参与再到自主创作；第四，关注点从以荣誉为重到以知识技能为重再到以育人为重。

近三年，我们积极参加“第七届全国青少年电子信息智能创新大赛”“第十一届蓝桥杯全国软件和信息技术专业人才大赛四川赛区选拔赛”“四川省‘课堂教学大比武’活动”等多项省市区活动比赛，获得国家级一等奖 1 次，省市级一等奖 5 次，并 3 次登上四川电视台科教频道（SCTV）青少年节目《出发吧小创客》，进一步提升学建设高品质学校的品牌社会影响力和认可度。

我校的 STEM 教育实践仍存在以下问题：教师团队年轻化，整体经验不足，而成熟型教师经验丰富但对于新技术掌握不熟练，信息化教学受限；课程评价单一，仅有针对学生的评价，缺乏对教师、课堂评价等。接下来学校将进一步完善制度建设，优化资源配置，满足学生个性化、多元化需求和学校高质量、可持续发展要求，不断开拓创新，让 STEM 拓展性课程惠及每个学生，为每个学生插上梦想的翅膀，照亮成才之路，为打造高品质学校奠定基础。

（供稿：李强、何萍、胡茹、陈波、刘云怡）

▶专家点评

如何满足当前和未来经济、社会发展对人才的需求？构建 STEM 教育体系已成为国内外教育的重要选择。成都市茶店子小学校从 STEM 拓展性课程的开发和实施切入，基于人工智能、科学和美术学科构建教师探索团队，有利于聚焦目标、集中资源，

形成融合探索新模式，快速推进学校育人水平提升。

学校立足现有环境，从组织架构、管理和课程开发、落实与评价等方面做出了探索，为进一步工作打下了坚实的基础。目前，学校在探索中已积淀了一定的课例，提升了对STEM教育的理念认识，积累了丰富的实践经验，但这些资源具有离散性，如何高质量地从学校层面推进STEM教育体系的构建是亟待解决的问题。

学校提出的以创造力发展为核心的“全人发展”拓展课程开发，非常明晰地彰显出STEM教育“融合——升华”的精髓，通过广泛宣传，聚集整合了学校、社会、家长资源，在切实开展课程实践方面迈出了坚实的步伐。与此同时，进一步落实在课程开发、环境配套、教学组织优化与教学模式创新以及个性化发展辅助等方面的工作与研究还有大量空间可供发挥。

——艾奉平，成都市教育科学研究院信息技术教研员

基于核心素养的 STEM 课程探索与实践

成都市龙泉驿区实验小学校

龙泉驿区实验小学校与清嘉庆年间开办的简州凤仪书院一脉相承，迄今已有 210 多年历史。现本部有小学生 3000 多人，教职工 200 多人，特级教师 3 人，省市区级骨干教师 50 余人。近年来，学校传承“大雅・祥和”的凤仪文化，着力实施顶层设计改革，提炼了“多元育人、和谐发展”办学思想，开启了生命素质和潜能多元发展的多样化路径，通过塑造“多彩德育品牌”、打造“多元特色课堂”、建构“多元评价体系”等九大实践体系，带来了发展理念和教育教学方式的深刻变化，全面提升了学校办学品质。在此基础上，学校自 2016 年开始实施 STEM 教育，拟借力 STEM，促进学校向高品质学校跨越发展。

学校在对 STEM 落地学校的实践探索中，建设 STEM 特色课程资源，坚守 STEM 课堂主阵地，注重多元评价的整合创新，以增强全面育人功能、促进学生个性发展为突破口，让 STEM 教育为全体学生发展提供平台，为学生个性发展赋能，在培养适应未来、创造未来的新时代学生中起到了积极作用。经过几年的理论学习与实践探索，学校认为：STEM 课程是新课程标准下对综合实践课程的创新，其核心意义就是跨领域、跨学科培养学生建构知识体系、解决问题的能力，提升对未来认知水平等。学校秉承“开放创新、探究体验”的教育理念，以培养各类创新型人才为目的，以应用 STEM 项目式学习法为主要学习方式，构建适合本校实际的新型教育模式。学校致力于将做中学、快乐教育、大成智慧、构造论等 STEM 教育背后的核心理念应用于学校 STEM 教育空间建设、学校 STEM 校本课程开发、学校 STEM 教育评价设计等方面，以此促进师生的核心素养发展、学校的课程改革，并在此基础上形成具有学校特色的素养聚焦的 STEM 教育内容选择策略与办法。

一、科学建构 STEM 教育空间

（一）顶层设计 STEM 教育文化生态空间

首先将 STEM 教育思想置于学校“以人为本、和谐发展”的办学理念之中，在此基础上进行学校教育文化的顶层设计；其次将 STEM 教育的育人理念整合于学校的育人目标“龙行未来、凤仪天下，培养具有龙凤精神，未来思维的才颖少年”之中，使二者形成育人合力；最后立足学生的全面成长，在培养学生的动手能力、科学精神、实践创新、学会学习的核心素养和跨学科的专业素养过程中渗透 STEM 教育的整合思维，形成面向全体与个性发展相统一的具体办法，在此基础上形成具有学校特色的 STEM 教育文化生态空间。理想的教育文化生态空间应具有以下特点：

1. 以课程实践性来实显教育文化生态空间的整体性和个人性

教育文化生态空间应具备面向全体师生与兼顾师生个性化发展的功能，实现整体性与个人性的统一。其实现途径与抓手是 STEM 校本课程建设，STEM 校本课程的实践性是实现“兼顾与统一”的保障。STEM 校本课程的开发与建设应强调“联系”和“探究”这两个要素，强化重组学习内容、变革教学方式，以此形成增强学生核心素养发展的功能。

2. 以问题来提升 STEM 校本课程建设与教学实施的实践性

问题是兴趣的本源。以问题为导向的 STEM 校本课程设计能促使教师在教学中创设鲜活、智慧、符合学生学习成长规律的生活问题，引导学生合作展开有意义的探索，体验学科与生活的紧密联系，并在探究中能积极表达自己的思想，实现相关的“意义”建构，让课堂教学超越知识传递、走向问题探究。使学生在此基础上提炼学习意义与价值的困惑，探索深度学习中困惑的来源与类型，厘清深度学习中解惑的思维过程，最终形成“以惑为轴”的深度学习模式及策略，设计“以惑为轴”的深度学习评价策略，以此彰显学校基于 STEM 理念开展的“以惑为轴”的深度学习的特色研究。

（二）科学建构 STEM 教育课堂教学空间

课堂教学是实施 STEM 教育的主阵地，是开展 STEM 教育的基本保证。我们结合实际情况，把小学 1～6 年级信息技术和科学课堂确定为 STEM 课程的实施时间，每周每班开设 1 节 STEM 课，以此保障大部分学生都能接受常态化的 STEM 教育。同时在学校学生社团活动时间给学生提供更多的 STEM 学习选择，学校分别设立了 STEM

机器人班、STEM 3D 打印班和 STEM 电子制作、STEM 编程、STEM 电脑绘画等 STEM 教育团体，每周 1 节课。还根据学生兴趣，设立一个 STEM 拓展训练社团，每周进行 4 节课的延时训练，让有兴趣的学生有更为深入的学习、创造与发展的机会。

（三）立体建设 STEM 环境资源空间

为了 STEM 教育能更好地在学校落地，学校将室内科学实验室、创客实验室、多媒体教室、数字实验室与室外校园科学角以及周边可以利用的生态环境空间进行了改造整合，并对设备设施进一步完善，建设成了实体＋互联网虚拟的 STEM 物化空间；开发出了一个“学校＋社区＋家庭”的 STEM 立体学习空间。

二、系统设计 STEM 校本课程

（一）STEM 校本课程设计的理论依据

将 STEM 教育理念、核心素养的基本特性与学校大量育人实践经验进行整合、分析与提炼，可以将学生核心素养的发展规律与学校教育的育人机制概括为以下四点经验：

1. 问题情境是核心素养发展的基本场域

问题式学习是 STEM 教育中重要的学习方法之一，学科核心素养的培育需要引导学生在问题解决中学习，引导学生在问题解决中去学会学习和学会解决问题。

2. 实践参与是核心素养发展的根本途径

实践参与的实质是问题的探究与解决，因此采取 STEM 倡导的课题式学习与项目式学习两种实践方式，引导学生展开更具有挑战性的综合实践学习，更大限度地促进学生学科素养在数量、质量上的扩展以及结构、本质上的改变。

3. 高阶思维是核心素养发展的核心环节

促进学生高阶思维发展是 STEM 教育的重要目标。应用 STEM 教育的学习方法，引导学生分别从知识的产生与来源、事物的本质与规律、学科的方法与思想、知识的作用与价值以及知识的关系与结构五个方面，去建构学科的本质与知识的意义。

4. 整体建构是核心素养发展的基本样态

学科核心素养的培育需要坚持“交互一整合”取向的教学途径与大量采取整合性教学实践。这与 STEM 教育倡导的学科整合、跨学科学习不谋而合。

（二）STEM 校本课程的体系建设

基于以上四点和学校办学理念，我们构建了龙泉实验小学的 STEM 课程体系。

（1）课程理念。以科学发展为指导，遵循教育规律，全面落实《国家中长期教育改革与发展规划纲要（2010—2020 年）》精神，切实减轻学生课业负担，促进学生全面发展，让每个学生全面发展，让每个小学生在轻松愉快的活动中学会做人，学会做事，学会锻炼，学会合作，在体验活动中激发对科学的兴趣，开发智力，强身健体。

（2）课程目标。实践创新：具有劳动意识和问题解决、技术应用等能力，能够用能力创造性地解决问题。创新视野：具有开放共享的数字化学习视野、沟通合作的跨文化国际视野。学会学习：学会自主学习，养成良好的学习和行为习惯。科学精神：具备理性思维、批判质疑、勇于探究等精神。

（3）课程内容。STEM 课程 1：以信息技术为主体的 STEM 智能机器人实践课程。以信息技术为主体的 STEM 智能机器人实践课程下设航模/车模、机器人/3D 打印、编程 3 个子课程，3 个子课程由 9 个学习内容组成。

STEM 课程 2：以科技创新为主旨的 STEM 模型课程。以科技创新为主旨的 STEM 模型课程，共计 26 个学习内容。将不同的学习内容分别放入 3 个 STEM 班中，学生可以根据自己的兴趣、爱好和特长进行走班选课。

STEM 课程 3：整合学校创新项目的 STEM 创新课程。整合学校创新项目的 STEM 创新课程由美术创意、数棋和电子制作 3 个子课程组成，3 个子课程共有 8 个学习内容。

具体如图 1 所示：

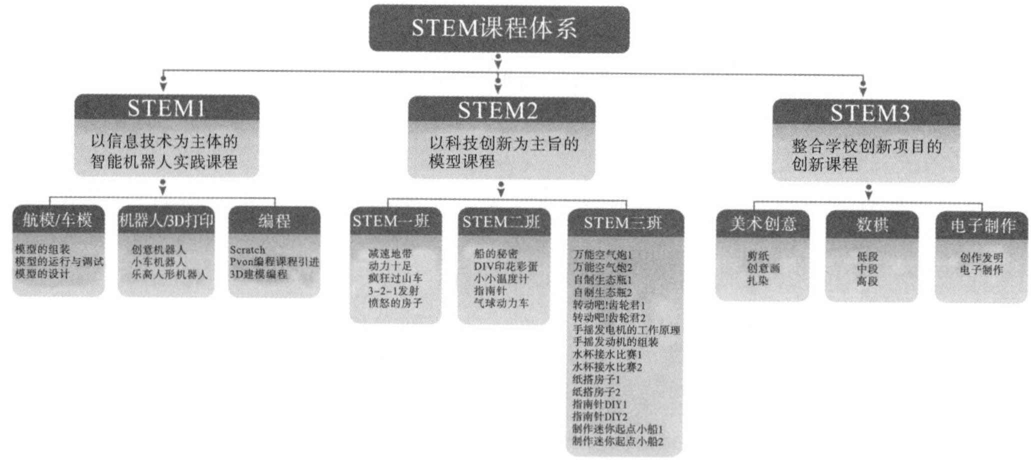

图 1　STEM 课程体系示意图

（4）课程实施

课程实施对象：学校1～6年级学生可根据自己的兴趣、爱好与特长自主选择与学段配置的相应课程。

课程实施分类：校级课程：面向1～6年级学生，针对不同年级的学生认知和知识结构，设置不同课程，作为参赛队进行培养。年级研学课程：面向1～6年级学生，选取重要项目进行梯度培养。班级研学课程：班级根据学校的整体要求、学校办学理念的要求，将STEM理念与班级课程相结合，进行渗透教学。

【案例1】神奇的小纸船

• 项目概述

表2—4—1　“神奇的小纸船”项目概述

项目名称	神奇的小纸船		
所属类别	设计类		
适用年级	4～5年级	参考课时	连续4周（课堂8课时＋每天课外10分钟）
基础条件	活动场所：实验室 硬件设施：水槽、水、卡纸、透明胶、双面胶、铁垫圈、水彩笔		
项目简介	学生在科学课中学习了“造一艘小船”，开展这个活动仅仅1课时是不够的。鉴于学生对活动浓厚的兴趣，将此活动安排在STEM课程的研究中，让学生将科学、技术、工程、数学4门学科融合进行自主研究，进一步了解浮力的知识		

• 项目目标

本项目涉及科学、工程、美术、数学等多学科知识，学生主要使用了访谈法、文献法、实验法、数学方法、科技写作、美术制作等科学探究方法。项目完成阶段达成的目标如下：

①知识融通与应用：掌握做纸船的不同方法和技巧，通过实验理解“相同重量材料做成的不同形状的船，浸入水中的体积（排水量）越大越容易上浮，它的装载量也越大”的规律。

②系统设计与创新：通过对纸船的制作方案的思考、讨论、设计、制作与最后的测试、改进等，综合运用科学、技术、工程、数学、美术等领域的学科知识和系统思维进行科学探究，完成具有一定价值的“可载重纸船”项目设计，学会撰写实验方案和实验报告。

③科学态度与责任：通过纸船的设计、制作、检测、改进等，学会团队合作，建立集体意识。同时，感受人类创造发明的历程，激发创造欲望。

• 项目知识地图

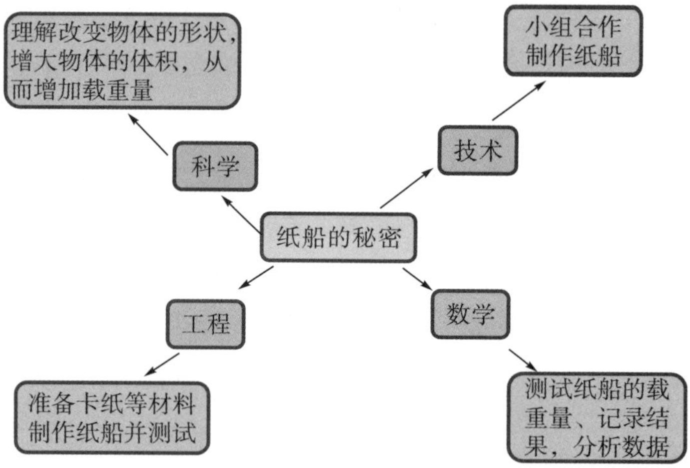

图 2 “神奇的小纸船”项目知识地图

· 项目内容与课时安排

表 2-4-2 “神奇的小纸船”项目内容与课时安排

课时	阶段	主要内容
1	阶段一：问题与聚焦	提出核心问题，分解出子问题，以访谈法、文献法开展背景研究
1	阶段二：调查与研究（基础版） 调查分析与活动体验（升级版）	进行访谈，开展调查。提出研究假设
3	阶段三：设计与制作	讨论、设计并论证实验方案，形成格式规范、过程具体的最终方案并按实验方案开展实验，完成制作
2	阶段四：展示和评价（基础版） 测试与优化（升级版）	进行承重测试，得出数据，分析数据并提出改进方案、优化措施。撰写规范的研究报告和活动收获总结，完成小报的制作，组织纸船分享会，分享研究成果
1	阶段五：拓展与应用	反思活动过程，提出新的有价值的研究问题

· 项目建议与学习过程

①项目建议：根据学生个体情况进行组队，以小组合作方式开展项目的研究活动，根据项目的进展情况和学生的完成情况适时调整教学进度。

②项目学习过程：

准备工作：收集各种类型的船只特别是纸船的图片和资料；准备活动开展的材料，水槽、水、卡纸、透明胶、双面胶、铁垫圈、水彩笔；组建小组，选出组长，确立组名。

分阶段开展（五个阶段）：

【阶段一】问题与聚焦

阶段一是项目的起始阶段，主要目的是明确研究的核心问题与子问题。

活动一：创设项目情境

由船的发展简史、神奇之处、重要性、种类、图片赏析等引入话题。提出问题：你能仅用一张纸造一艘自己的小船吗？引起学生共鸣后讲解船漂浮的相关知识原理。最后提出核心问题：怎样制作一艘纸船并让它承载一定的重物呢？

根据核心问题，提炼出子问题：

问题1：用纸可以做船吗，会不会沉？

问题2：怎么用纸做船？

问题3：在制作的过程中的不变量有哪些？

问题4：如何检测纸船的载重量？

问题5：影响纸船的承重量的因素有哪些？

活动二：文献研究

用文献法对问题继续开展研究，研究内容涵盖上述子问题。在此阶段，教师应协助学生寻找资料，但不必对答案进行判断。针对问题2，教师应和学生展开交流讨论，讨论哪个组的资料更具可信度。教师可以从逻辑性、信息来源、信息要素的完备性等方面予以评价，引发学生对研究文献的可信度的关注，并在此时解决问题2。

师生共同运用头脑风暴法，发散思维，根据子问题展开思考，记录下各种奇思妙想，提出尽量多的设计思路，拓展思维。完成“研究主题表”和“研究设计表”的填写。

活动三：研究主题

表2-4-3　“神奇的小纸船”研究主题表

组名：　　　　　　　　　　小组成员：　　　　　　　　　　日期：

研究主题：
我需要控制和改变什么？ 控制条件： 改变条件：
我需要测量什么效果（能被测量的数据或被观察的现象）？ □小船的沉浮情况　　□承重的量　　□浮的时间　　□其他：________
我需要什么样的技能、工具和知识？ □用纸可以做船吗，会不会沉？ □怎么用纸做纸船？ □船的沉浮和什么因素有关？ □怎样测量船的承重量？ □在制作的过程中不变量有哪些？ □关于你选定的主题，已有哪些研究？ □关于你选定的主题，你准备怎样开展研究？与已有研究相比，有哪些创新之处？ □其他：________________ 说明：请基于你的研究兴趣填写

活动四：研究设计

表 2—4—4 “神奇的小纸船”项目研究设计表

组名：	组员：
制作材料：	
制作方法：	
制作中的不变量：	
设计草图：	检测承重方法：

【阶段二】调查分析与活动体验

定义用户，了解需求：这是项目控制的第一个关键节点。教师应对每一个小组的功能设计文档进行审核，经过教师审核批准后，学生才能进入下一个阶段的学习。

学习项目基础知识：学习开展此项目的必备知识。师生协作完成项目的必备知识学习。基于小组设计任务的个性化需求，由学生采用文献法完成学习，教师可以提供辅助。

研究设计材料与工具：学生列出本项目将用到的工具与材料，尝试使用工具，了解材料特性，了解工具与材料的种类与数量有限的前提条件。

【阶段三】设计、制作与检测

阶段三是项目成败的关键所在，主要是由学生写出自主设计的完整方案。教师引领学生经历设计方案、交流方案、论证方案的过程，最终让每个组写出假设合理、设计可行、格式规范、内容完善的设计方案。方案完善后根据方案制作出相应的作品，按照统一的要求和规则对模型进行检测并记录下测试的结果。

活动五：方案设计、论证与撰写

在此环节，学生根据前期活动成果，写出设计方案。设计方案可能包括项目名称、小组成员、制作材料、功能设计、结构设计、电路设计、外观设计及测试方法等。要求使用研究方案的标准格式，具体格式由教师根据项目类别做出规定。如有必要，师生可共同对初步方案进行论证。论证初步方案包括方案可行性（包括经济可行性和技术可行性、组织管理的可行性和社会的可行性）、方案的优势、方案的难点和解决办法。论证方案后，学生优化初步方案，形成最终方案。

学生可学习的技能：有图样表达、创新方法、论文写作、小报制作等。这是项目控制的第二个关键节点。项目方案要经过教师批准。要设置时间节点，督促学生在时间节点前完成方案。参考教师提供的研究方案格式，学生撰写初步研究方案。一般来说，研究方案包括项目名称、选题理由、假设、研究设计表、所需材料、研究步骤等。教师应向学生提供统一的研究方案格式，并解释方案的组成部分。

表 2—4—5　某某项目研究方案

组名：　　　　　　　　　　小组成员：　　　　　　　　　日期：

项目名称	
文献综述	
研究设计表	
所需材料	
研究步骤	

方案撰写完成后要进行交流点评，修改优化后形成最终的实验方案。最终方案经过教师审定后，进入下一阶段。

接下来是实验的实践部分，基于前面两个阶段的成果，学生以小组为单位进行模型制作和模型检测，及时记录制作过程和检测数据。

活动六：模型制作

根据最终方案，运用材料与工具，制作模型。此处应该引导学生撰写操作步骤和注意事项。

活动七：模型检测

按照统一的要求和规则对模型进行检测并记录下测试的结果，对测试的结果进行分析比对，得出一定的结论。同时，对模型的制作反思总结，初步规划出下一步改进的措施和方案。

表 2—4—6　纸船承重检测记录表

小组 次数	第一组	第二组	第三组	第四组	第五组
第一次					
第二次					
第三次					
最好成绩					
备注：每个小组测量三次，测完及时记录承重垫圈个数，每个垫圈尽量一样重，最后取三次结果中的最好次成绩作为最终成绩					

【阶段四】展示和评价

本阶段是项目的展示评价阶段，以小组形式展示学生设计方案与作品，现场讲解设计思路、功能、制作过程、畅谈收获和活动感受等。教师组织学生互评、教师评价，多层次、全方位开展评价，肯定学生成绩，提升研究兴趣，促进持续研发。

活动八：撰写研究报告/制作研究小报

报告写作/研究小报制作准备：教师提供实验报告、研究报告的标准格式，师生探讨各栏目的必要性。以小组为单位决定制作方式，可以选择每人独立或者小组合作写作报告，也可小组合作制作研究小报。如果采取小组合作方式完成，需要签署小组成员姓名并明确规定每个成员的任务，最好采取网络共享文档的方式写作，这样便于上下文衔接，让论文行文流畅。如果选择制作研究小报，应注意版面洁净美观、颜色鲜亮、版面丰富、内容全面。

报告写作/研究小报制作：学生撰写项目研究报告/研究小报制作（也可以写成科技论文），修改报告/完善研究小报。定稿后，整理实验过程资料，为项目总结分享会做准备。

活动九：纸船制作研究分享会

纸船制作研究分享会可分为三个环节，第一个环节是各小组分享交流纸船制作研究报告/研究小报，第二个环节是老师、小组同学点评，第三个环节是分享纸船，合影留念。

【阶段五】拓展与应用

本阶段是项目的最后部分，在教师的引领下，师生共同对本项目进行反思，提出新的研究问题。

活动十：项目拓展与应用

在活动的尾声，教师组织学生汇总各组研究结果，对实验过程和实验结果开展反思总结活动，提出改进措施和新的研究问题，激发开展下一轮研究的动机。我们可以引导学生思考如下问题：为什么每个组的测量数据有差异？数据越大越能说明什么问题？在材料相同、重量相同的情况下纸船的承重量和什么因素有关？改变什么因素可以让你的纸船载重量更大呢？不同材料制作的船载重量是多少？能否让纸船动起来？未来你想建造的船是怎样的？今后在撰写研究报告时还应补充、完善哪些内容？

• 学生学业评价

表 2—4—7 过程性评价表

小组研究主题是什么	
小组成员有哪些	
我负责的工作是什么	
我的主要贡献是什么	

续表

我的出勤情况如何	
我是否积极主动参与小组讨论	
我的付出是否受到同伴的肯定	
我完成的任务是否得到老师的认可	

表 2－4－8　作品评价表

小组研究主题		
纸船外观评价（颜色、形状等）	自我评价：	他评：
纸船承重评价（牢固度、承重量等）	自我评价：	他评：
小报制作质量如何（版面、内容、色彩、书写等）	□不符合	□符合
研究报告或科技论文完成质量如何	自我评价：	教师评价：
展示汇报环节表达、合作等情况如何	自我评价：	教师评价：

• 项目评价

表 2－4－9　项目评价表（学生）

项目名称	
通过该项目，我掌握了哪些知识，学会了哪些技能，懂得了哪些科学研究方法	
该项目对我未来的学习有什么意义	
我对本项目的评价	□优秀　□良好　□合格　□不合格
我对本项目的建议或意见	
结合该项目我还想研究什么问题	

表 2－4－10　项目评价表（教师）

项目名称	
通过该项目，学生掌握了哪些知识，学会了哪些技能，懂得了哪些科学研究方法	
该项目与常规教学相比有什么优势？项目过程中是否体现了这些优势	
我对本项目的评价	□优秀　□良好　□合格　□不合格
我对本项目的建议或意见	

三、建构 STEM 课程实施的创生模式

（一）核心理念：“以实践促生成”

实践活动不仅是核心素养的现实来源，同时也是核心素养的生成与发展途径。借助 STEM 实践活动，才能更好地突显学习的情境性与整体性。

（二）基本模式：“以问题促实践”

学科素养的发展离不开问题情境。核心素养是在 STEM 具体实践活动中生成与发展起来的，而且它本身也是关键能力和必备品格在成功解决问题过程中的实践性运用，如下图所示。

图 3　核心素养导向的课程创生模式

（三）操作方式：“项目式学习”

项目式学习是 STEM 教学的主要教学模式，就是借助一个具有挑战性的实际问题，引导学生在探究中完成一件有意义的事情并最终形成实际作品的问题解决学习模式。项目式学习具有实践性、探究性、综合性和创生性四个特征，包括操作类和创作类两种类型。项目式学习核心过程包括“明确事项（界定问题）—探究问题（提出创意）—论证创意（形成框架）—产生作品（展现互动）”四个核心环节。

【案例 2】探秘航天　走近火箭

环节 1：明确事项——界定问题。在“驿创制造”特色课程中，设计“探秘火箭”这个核心问题，引导学生通过系列活动深入了解火箭的作用、分类、结构、发射原理。

环节 2：探究问题——提出创意。围绕探秘火箭这个核心问题，学生先收集资料，了解火箭相关知识；然后通过“美绘火箭”“制作火箭模型”活动深入了解火箭的结构；

之后制作、发射水火箭，理解火箭发射的原理；最后整理汇总、制作火箭知识手册。

环节3：论证创意——形成框架。活动中，学生分类收集整理了火箭的起源、发展历史、结构、作用、发射原理等相关知识；“美绘火箭”“制作火箭模型”活动加深了学生对火箭结构知识的内化；通过对自制火箭模型的对比分析和专家指导，深入了解火箭的发射原理，确定模仿火箭发射的自制火箭材料；然后探索用气压、小苏打加白醋、水压尝试发射，进一步体验火箭发射的原理。在系列活动中，学生逐渐加深了对火箭的认识，最后把自己的认识整理物化。

环节4：产生作品——展现互动。最后整理活动资料，提炼汇总，形成物化成果《走进火箭知识手册》，并对全校学生和社区小朋友进行火箭相关知识科普宣传，带领他们通过体验火箭发射深入了解其中的原理。

四、开展科学的STEM课程评价

概括地讲，知识建构、问题解决与责任担当是小学生必须具备的三大核心素养，也是聚焦核心素养的STEM课程建设的总体目标。

表2-4-11 聚焦核心素养的STEM课程目标及标准

维度	项目	表现	结果		
			A	B	C
知识建构	提取力	(1) 具有独立阅读的能力，学会对不同文本进行阅读、筛选和使用，灵活运用多种阅读策略； (2) 喜欢接受新知识和新事物，会运用基础的信息技术或其他工具查找资料、搜集信息； (3) 能选择和组织信息，复述学习材料，按线索清晰地进行整理与归纳			
	理解力	(1) 掌握学科的基本概念、基本思想、基本知识和基本技能，达到国家规定的义务教育课程学业质量标准要求； (2) 会观察，会分析，能说明现象、阐述事理，通过一系列对知识的解构达到透彻的理解，并构建为自身的知识			
	整合力	(1) 学会归纳多种知识之间的共同点，掌握知识点之间的纵横联系。学会将所学知识应用到新的情境，解决新问题，融会贯通，举一反三； (2) 学会将有关联的碎片化知识进行系统整合，能够沟通学科之间的联系，进行多学科的整合，包括思想和方法的整合和综合			

续表

维度	项目	表现	结果		
			A	B	C
问题解决	问题意识	（1）具有强烈的探求欲望，主动观察情境，学会运用自己的心智能力去发现和探索问题，喜欢和敢于提出自己的问题； （2）能从已有情境或经验中创造出高质量的新问题，能用准确的语言将所发现的问题表达出来，并寻找解决问题的方法			
	探究能力	初步学会科学探究的一般方法，发展提出猜想与假设、制订计划与设计实验、进行实验与收集数据、分析与论证、交流与合作的能力			
	实践能力	（1）喜欢做事，动手能力强，具有浓厚的实践兴趣、科学的匹配分析力、高水平的策划力和一以贯之的执行力； （2）积极参加综合实践活动，能密切联系自身的生活和社会生活实际，具有在生活和学习中力所能及地解决实际问题的能力			
	创新意识	（1）积极参加学校微型特色课程及社团活动，有小制作、小发明、小创造等科创兴趣特长； （2）有好奇心、想象力和求知欲，有信息搜集、综合分析运用能力，有自主探究、独立思考、发现问题、解决问题的意识与能力			
责任担当	社会责任	（1）养成规则意识，遵守校规校纪，遵守法律法规、社会公德和公共秩序； （2）保护公共环境，热爱大自然；节粮节水节电，低碳环保生活；积极参加集体活动，主动为集体及他人服务； （3）注重仪表，举止文明；诚实守信，朴素节俭；孝敬父母，礼貌待人，与人和谐相处			
	国家认同	（1）了解党史国情，珍视国家荣誉，铸牢中华民族共同体意识，爱党、爱国、爱人民、爱社会主义，立志听党话、跟党走，从小树立为实现中华民族伟大复兴的中国梦而努力奋斗的志向； （2）会唱国歌，积极参加升国旗仪式；积极参加重要节日、纪念日主题教育活动，积极参加少先队活动； （3）热爱并努力学习中华优秀传统文化、革命文化和社会主义先进文化，传承红色基因，增强“四个自信”			
	国际理解	（1）具有全球意识和开放的心态，了解人类文明进程和世界发展动态； （2）具有民族情怀，能尊重世界多元文化的多样性和差异性，积极参与中外人文交流； （3）关注人类面临的全球性挑战，理解人类命运共同体的内涵与价值等			

五、成效与影响

将 STEM 教育整合入学校的育人体系这中，龙泉驿区实验小学通过近五年的实践探索，使学生三大核心素养有了较大的提升：一是知识建构方面，学生的提取力、理解力和整合力得到很大发展；二是问题解决方面，学生的问题意识增强，探究能力、实践能力、创新意识得到培养和提升；三是责任担当方面，学生国际视野得到扩宽，理想信念、价值观和爱国主义精神得到加强，社会责任感在活动中更为深刻地内化于学生内心。

（供稿：孙超、曾正敏、王盈、廖小华、刘燕）

专家点评

龙泉驿区实验小学多年来将STEM项目实践学习作为学校传统的分科学习的一个补充，在1～6年级学生中选择有兴趣的学生开展学习，以促进学生个性发展，培养学生的实践能力。

学校为开展STEM教育，从理念、时间、空间上进行了设计。以问题带动学生的实践活动，以实践活动促进学生核心素养的养成为课程的理念。将信息技术与科学课进行整合，每周一节课用于STEM教育，再从社团活动时间与延时服务时间中挤出课时。在学校科学实验室、创客实验室、多媒体教室、数字实验室、校园科学角、社区、家庭及校外生态环境、虚拟空间等一切可利用的时空进行STEM教育。

学校以项目式学习作为主要的学习模式，其主要过程为：明确事项（界定问题）—探究问题（提出创意）—论证创意（形成框架）—产生作品（展现互动）四个核心环节。

学校从知识建构、问题解决、责任担当三个维度提出了STEM课程的教学目标及评价标准。

——艾奉平，成都市教育科学研究院信息技术教研员

博学睿思，学科融通，改变未来

四川博睿特外国语学校

四川博睿特外国语学校成立于2012年，是一所集幼稚园、小学、初中、高中为一体的现代化、个性化、国际化的高端私立学校。随着教育改革不断深化，国内外对STEM教育研究持续推进，四川博睿特外国语学校敏锐地意识到，STEM教育是提升学校办学品质的契机，是学生发展的核心素养与学校教育教学活动紧密结合的校本化实践，既有助于学生创新意识和能力的增强，也有助于教师专业素养的全面提升。基于这样的认识，2017年6月，学校便开始思考如何在学校开展STEM教育。经过近三年的探索，四川博睿特外国语学校在STEM教育的理论和实践层面都取得了一定的成绩。

一、立足博大，整体建构课程体系

博睿特，与英文单词“Bright”谐音，取自“博雅、睿智、独特”之意。“博”指广博的知识、广阔的视野；“睿”指“聪慧通达，见识卓越”；“特”是独特，着眼于每一位学生的终身可持续发展，尊重差异、激发潜能、无限扬长。为使学生能有广博的知识和视野，聪慧通达，成为最好的自己，博睿特立足现实、着眼未来，以激扬生命的活力、提升生命价值为目标，结合本校实际，开发了独具特色的“创未来”STEM课程体系，由低段到高段，层层推进，基于项目整合学科资源，从理论研究到实践操作、从体系建构到模式探索，扎实有序、有效地推进STEM教育活动，为每一位学生的美好人生奠基。

（一）扩大课程体系，丰富课程内容

博睿特整体课程建构分为四个层次，即必修课、选修课、社团课和竞赛活动课。STEM 课在博睿特作为基础必修课进入全校课表中。小学 1～6 年级，每周 1 节课。但基础必修课无法满足学生个性化需求，于是，学校开设了 3D 打印、Scratch 游戏制作、科技制作、船模航模、创意手工等十余门进阶课程，全校选修课共一百多门，六年六选，让学生在不断尝试中找到自己的兴趣点。经过必修课与选修课，教师们发现了一批在逻辑思维、编程创新方面有天赋的学生。为了让这些学生能得到更专业的发展，学校又开设了机器人社团课、创客社团课、科技制作社团课、航模船模社团课等社团课。当学生的能力有了较大提升时，博睿特将丰富的课程从课内引向课外，带领学生参加机器人、创意编程、创客大赛、青少年科技创新大赛等竞赛，让学生所学的知识得以验证和延伸。博睿特视课程为学校品质提升的关键，提供科学的、满足学生个性化需求的课程，为学生终身可持续发展奠定坚实基础。

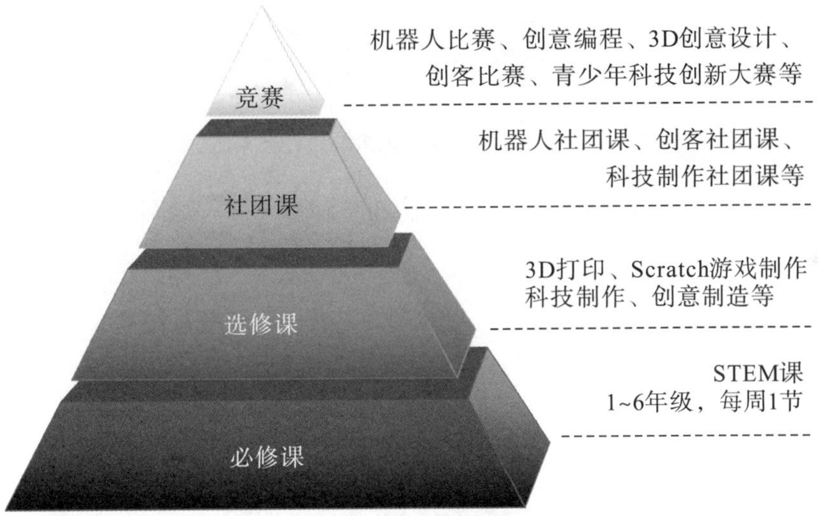

图 1　博睿特小学部课程体系图

（二）完善项目设计，落实“四力”培养目标

经过长期的探索与实践，博睿特自主创设了“一个中心，三个板块，六大主题”的基于项目式学习的 STEM 课程体系。即以“创·未来”为课程主线，根据学生年龄及身心认知发展特点，拟订“游戏”“生活”“创造”三大版块，再分年段确立了七彩童年、生态校园、智能家居、智慧社区、未来城市、太空家园六大主题，每个主题下确立了六个项目，总共三十六个项目，落实博睿特对学生培养的“四力”目标，即“学习力、生命力、人格力、创造力”全面提升，学生学会生存、学会做事、学会求知、学会合作。

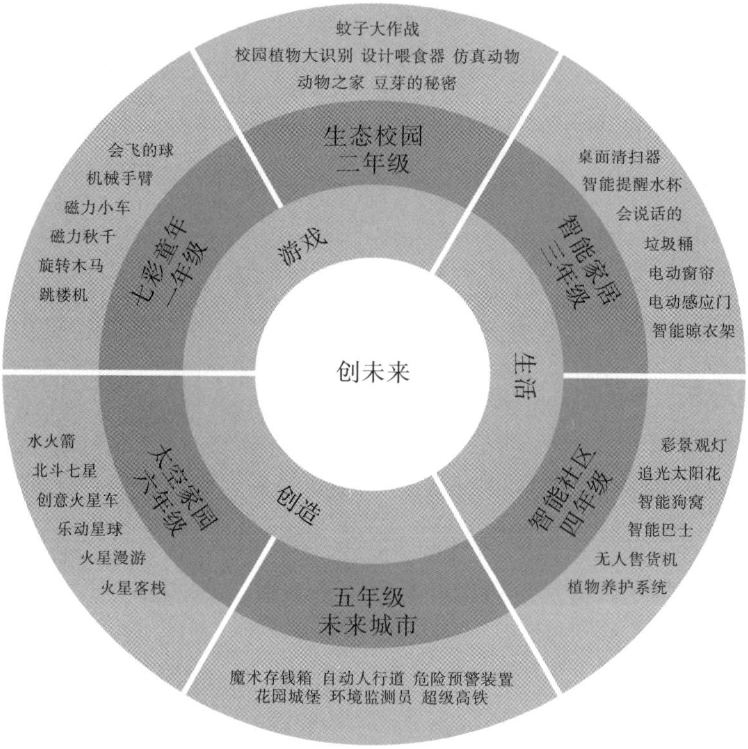

图 2　STEM“创·未来”课程体系图

基于整个课程体系建构，学校提出了详细的 STEM 课程项目设计表，清晰地整理出每个主题的 PBL 设计及目标、对象、产品、标准等基本构成要素。如表 2—5—1 为一年级“七彩童年”具体项目设计表：

表 2—5—1　一年级“七彩童年”具体项目设计表

主题	实施年级	PBL 设计	基本构成要素		子项目
七彩童年	一年级	针对幼儿设计一个“既刺激又安全”的游乐园地。由学习小组扮演游乐园地的角色，各小组成员适当分工进行游乐设施的设计，完成作品制作。最终研究成果包括：游乐园地名称，游乐设施难度等级划分，游乐设施安全提示，游乐设施作品呈现	目标	完成一个“既刺激又安全”的游乐园地	会飞的球
			角色	游乐园园长，各游乐设施负责人	机械手臂
			对象	4~8 岁儿童	磁力小车
			情景	生活中的游乐园没有针对幼儿的“既刺激又安全”的游乐设施	磁力秋千
			产品	完整的游乐园设计和实物	旋转木马
			标准	问题思考全面完整，方案切实可行，游乐设施作品展示。评价反馈改进	跳楼机

（三）整合学科内容，确定 STEM 课程项目

分科课程是 STEM 的基础，STEM 是对分科课程知识的综合运用和深化发展。博睿特小学在分科实践基础上对“科学”和“信息技术”两个学科的课程项目设置及开展情况进行了讨论，并就两个学科中有内在联系、可以整合开展的课程项目进行了重点研讨。学校立足科学核心素养和信息技术核心素养，着眼于运用科学知识解释生活中的自然现象，运用科学技术改变个人和社会生活环境，用创新的思维与方法解决现实生活中的问题，将 S、T、E、M 的要素融入课程设置中，根据学生身心发展，从游乐园安全设施到校园生态环境，从智能家居到智慧社区，从未来城市到太空家园，由身边到学校再到社会到人类，打破学科界限，打开视野，确定了“一个中心，三个板块，六大主题”的 STEM 课程项目。

（四）编写校本教材，创生特色 STEM 校本课程

STEM 校本教材开发是博睿特小学课题“基于项目的 STEM 校本课程开发与实践研究”的主要成果，也是学校创建校本特色 STEM 课程的必要保证。经过探索与实践，博睿特小学 STEM 校本教材初稿已初步形成。下图是部分 STEM 教材封面：

图 3　STEM 校本教材

二、孕育睿智，优化课程实施

（一）睿智学习，落实 STEM 课程内容

由课程体系的项目设计可以看出，博睿特学校基于项目的 STEM 课程以开源硬件作为基础的硬件设备，这就需要学生有一定的编程素养。因此，学校对信息技术教材

进行整合，确立了以“计算机基础知识＋软件应用＋编程学习”为知识和能力基础，以项目式学习为载体，以跨学科整合为基本思想的 STEM 课程体系，将编程贯穿小学 1～6 年级，培养学生信息素养、创新意识及综合实践能力。

表 2—5—2　编程素养培养体系表

年级	编程项目	项目特色	课时（年）
一年级	纸张编程	借助《不插电的计算机科学》一书，用表格、纸牌等方式，将计算机科学知识和程序思维融入到有趣的活动中，不使用电脑就能学习到计算机知识	6 课时
二年级	编程闯关	以“全球编程一小时”网站为平台，学生在简单的游戏中进行编程实践，培养学生解决问题的能力，锻炼计算思维	6 课时
三年级	创意编程设计	用图形化软件制作交互式故事、游戏、动画、音乐 MV 等作品，培养学生的逻辑思维能力，激发学生的创造力	10 课时
四年级	Mind＋电子制作	借助 Arduino 硬件进行工程设计，学会用技术解决实际问题，通过 Mind＋软件编程形成批判性思维能力，小组合作与创新，培养团队合作精神	10 课时
五年级	App 开发与制作	使用 App Inventor 通过组合少量的程序模块制作简单的 App 应用程序，并能与 mBlock、Arduino 通信，制作出使用移动终端控制的作品，让学生的思维在实践中逐步拓展	10 课时
六年级	网红编程语言 Python	在兴趣的基础上，尝试学习一种真正的编程语言，尝试编写简单软件、了解算法、数据结构等，为学生升入中学后继续学习更为复杂的编程语言打下基础	6 课时

（二）睿智课堂，试行 STEM 教育理念

以课程开发为主的课题研究，应以课堂教学为中心。课题组成员开展了深入的课堂实践研讨，确定好主题，由课题组所有成员针对主题进行深入学习，一位教师承担该主题课例展示，另一位教师承担专题发言，就 STEM 教学设计编写、STEM 教学模式探讨、评价研究以及对学生创新能力培养进行了深入实践与研讨，针对本堂课展开深入研讨。

科学和信息技术教师试行的 STEM 课程以项目为导向，以工程为主线，将真实世界的场景放到学生眼前，让他们像工程师一样思考，完成一个具体的项目，对于提高学生解决实际问题的能力是一个很好的机会。在具体的课程实施过程中，教师们惊喜地发现，学习已经真实发生了。

【案例 1】闪电云

在课堂上，教师通过引入美国视觉艺术家 Richard“闪电云灯”的视频，激发学生

的兴趣，再引导学生以工程师的身份利用所学的Arduino硬件、LED灯带及Mixly编程知识，分组合作，设计带有自创灯光效果或传感控制功能的“闪电云”。在短短的40分钟内，孩子们合作完成了彩色LED灯光效果的闪电云、按扭控制的闪电云、光线传感器控制的闪电云、灯光效果控制的闪电云……

学习——核心项目，串起跨学科知识

“闪电云”是STEM课程项目之一，需要5课时完成。在最后一个课时呈现的作品是在学生学习了基本电路知识，了解了LED灯带的原理及用法，认识了基本Arduino电子元件，学会使用图形化编程软件Mixly后，运用胶水、灯笼、塑料瓶、棉花、双面胶等材料完成的。一个项目串起了信息技术与科学知识，跨学科的学习培养了学生综合运用多学科知识的能力。

图4　STEM课程“闪电云”课堂实景

成长——实践操作，更关注团队合作

虽然已有了跨学科的知识基础，可是要让学生独立在40分钟的时间内连接电路、编写程序、制作外壳装饰，几乎是不可能的。这就需要小组分工，以团队合作的形式完成项目。在“闪电云”的课堂上，学生4人一个小组，一人负责连接电路，一人负责编程，另外2人负责设计与完成外壳装饰制作，分工明确。学生在各自的角色领域认真地完成着自己的任务，将知识与技能融入实践操作中，增强了团队意识与参与度。

惊喜——自主探究，表达更自如

“我们的作品叫雷电云朵，我们作品最大的亮点是运用了光线传感器来控制云朵，在制作的过程中……”在STEM课堂上，除了培养学生的创新与实践能力，交流沟通能力也是重点。学生在设计、实践、合作完成项目后，要进行作品展示，展示过程中需要描述自己作品的名字、具体分工、项目的亮点、遇到的困难以及解决问题的办法。经过了自主探究的项目，每个小组的学生都能侃侃而谈，详细介绍自己的作品。STEM 课程让学生亲历学习的过程。

在这样的不断探索与实践中，信息技术和科学教师对项目式学习流程时间分配问题进行了深入探讨，提炼出 STEM 理念下的项目式学习课程流程及时间分配、基于项目的 STEM 教学模式、基于项目的 STEM 课程评价体系。

1. 提炼教学模式

博睿特小学 STEM 课堂教学以“提出问题—设计方案—制作实施—展示分享”4 个步骤实施项目，以项目式学习为主，提出基于真实问题情境的项目，让学生以工程师的身份参与到项目实施过程中，像科学家一样批判思考问题。

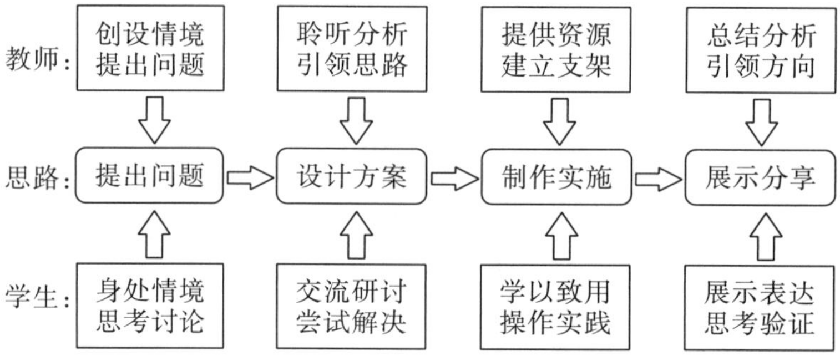

图 5　STEM 课堂教学模式图

【案例 2】穿衣指南

第一步：提出问题

今年夏天天气变化反复无常，常常今天是 30℃，需要穿短袖，明天又变成 18℃，穿一件长袖仍觉得冷，每天最苦恼的事情就是穿什么衣服。教师由此提问：有什么方法可以起床后快速知道今天应该穿什么衣服？学生纷纷给出办法，经过讨论后，最终确定用 Arduino UNO 板结合温度传感器和其他电子元件制作出一款装饰品，能指示今天该穿长袖还是短袖。

第二步：设计方案

学生 4 人一小组设计自己小组的方案，设计方案中应包含任务分工、所需材料、设计图、接线图、评价量表等内容。有了设计方案的指导，学生的后续操作就有明确的方向性，能达到事半功倍的效果。

第三步：制作实施

这是教学过程中最耗时的一个流程，也是学生最感兴趣的流程。学生需要根据自己的设计方案，准备材料（材料提倡准备废旧物品），然后仔细分工，通过接线、编程、外壳制作，将自己的创意想法变成现实。

在“穿衣指南”这一项目中，学生最终做出的作品如下：

左图为Arduino触摸传感器、温度传感器、蜂鸣器结合制作的穿衣指南器。当按下触摸传感器时，温度传感器将检测到的温度返回ArduinoUNO板，Arduino UNO板控制蜂鸣器发出不同声音

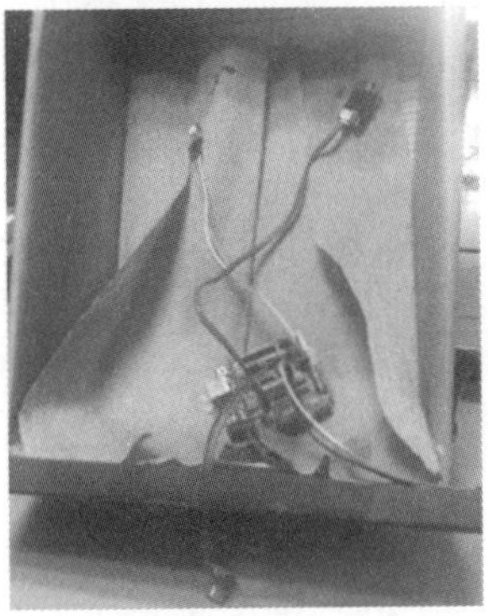

左图为Arduino 温度传感器、按钮、LED结合制作的穿衣指南器。当按下按钮时，温度传感器将检测到的温度返回Arduino UNO板，Arduino UNO板控制舵机激活LED发出不同颜色

图6　“穿衣指南”项目学生作品图

第四步：展示分享

做得出来，还要说得出来，这是对学生表达能力的考验。学生需要将自己的作品介绍给其他的同学，同时其他同学会考察作品与设计方案的吻合度，判断作品是否实现了基本功能，同时，针对功能、成本、美观等问题提出质疑，完全模拟项目的整个过程，形成批判性思维。

经过提问、设计、实施、展示这一系列教学流程，学生经历了猜测、推理、实施、论证、分享等一系列的过程，科学素养、工程素养、数学素养、信息素养得到极大的提升，为日后学习奠定了良好的基础。

2. 固化STEM课程评价量表

评价是依据教学目标对教学过程及其结果进行价值判断，应具有诊断、激励、调节、教学的作用。将评价方式做成评价量表，用一张表格将学生的讨论、合作、作品、展示等各方面需要考察的细节用不同的分值标准标示出来，可以让学生自我诊断自己做到了哪个程度，激励学生往更高的目标去努力，如果达不到也可做适当调整，这样比教师一条一条讲更有效。在实施 STEM 课程后，我们就教学流程中的设计方案与制作实施两个重要环节形成了固定的评价量表。如表 2—5—3 所示：

表 2—5—3 STEM 课程评价量表

工程过程步骤	0 分	1 分	2 分	3 分
识别问题	没有识别问题	问题或挑战没有被清晰理解或准确识别	问题或挑战的一部分被识别	问题或挑战的所有部分被包含或识别，并被清晰理解
创建设计	没有设计	提出的设计/蓝图没有应对问题，设计/蓝图涵盖了以下必要细节中的 1 个：比例、尺寸、材料、标注	提出的设计/蓝图应对了问题，设计/蓝图涵盖了以下必要细节中的 2 个：比例、尺寸、材料、标注	提出的设计/蓝图应对了问题，设计/蓝图涵盖了以下所有细节：比例、尺寸、材料、标注
建立模型	没有模型	提交的模型没有应对问题或处理任何参数。模型没有依照提交的设计/蓝图来建立	提交的模型应对了问题，但只处理了 1 个参数。模型有依照蓝图或者设计来建立	提交的模型应对了问题，得出来问题的所有参数，并依照了设计/蓝图来建立
分析数据和再设计	没有分析数据或再设计	收集到的数据没有被用于对模型的设计/蓝图做出恰当的修改	收集到的数据被用于做出检查的修改，但模型的设计/蓝图没有同时修改	收集到的数据被用于对模型与设计/蓝图做出的恰当修改。所有修改都是经过仔细思考和呈现的
交流结果（汇报）	没有汇报	汇报只满足了下列标准中的 1 条： 1. 重申了问题 2. 展示和/或讨论了工程过程的步骤以及它们是怎样被使用的 3. 以一种清晰并恰当的方式呈现了收集到的数据 4. 小组结合他们收集到的证据论述了最终产品效果	汇报只满足了下列标准中的 2 条： 1. 重申了问题 2. 展示和/或讨论了工程过程的步骤以及它们是怎样被使用的 3. 以一种清晰并恰当的方式呈现了收集到的数据 4. 小组结合他们收集到的证据论述了最终产品效果	汇报满足了下列标准中的全部： 1. 重申了问题 2. 展示和/或讨论了工程过程的步骤以及它们是怎样被使用的 3. 以一种清晰并恰当的方式呈现了收集到的数据 4. 小组结合他们收集到的证据论述了最终产品效果
交流结果（建议书）	没有建议书	建议书包含了项目清单（建议书应有的内容）中不到一半的素材	建议书包含了项目清单中大部分但不是全部素材	建议书包含了项目清单中全部素材，并且所有素材都是有条理和完整的

3. 基于项目的STEM课程课堂观察量表

STEM没有课程标准，大部分学校所做STEM课程都是基于校情、学情特色的，没有可以直接借鉴的课例。经过研究，课题组认识到“课堂观察”的方法是提高课堂教学评价的质量和效率的很好的途径，能让教师们在听评课过程中快速找到重点，提高听课效率。好的课堂观察量表是成功的关键，课题组从教学目标、教师教学、学生学习、课堂文化几方面制订了课堂观察量表，有针对性地观察课堂的各个方面，同时在原有听课记录的基础上融入了STEM课程要素观察，包含学科融合、创设情境、提出问题、方案设计等，形成了“STEM项目教学案例分析表”。

四川博睿特外国语学校（小学）STEM课堂观察量表

执教姓名		学科		（ ）年级（ ）班	课题	
观察姓名		学科		时间		
观察视角	课程性质					
教学目标	（目标达成： ）					
教师教学	1、跨学科内容的体现（整合了哪些学科）？如何整合？ 是否适合学生？					
	2、教师创设什么样的情景？情景的营造是否对学生探究是否有效？					
	3、教师教学运用了（讲述 / 讨论 / 活动 / 探究 / 互动）？与教学目标的适切性？					
学生学习	1、学生有无团队合作？学习任务是否通过小组完成？					
	2、小组成员间的配合、合作度如何？					
	3、学生参与活动的过程中是否获得了解决问题的能力？					
课堂文化	1、学生参与课堂活动的次数、时间？课堂气氛怎么样？					
	2、课堂活动的设计是否能始终维持和激发学生的学习动机？					
	3、课堂呈现（民主 / 合作 / 创新 / 探究 / 愉悦 ）气氛是否有助于学生高阶思维的发展？					

图7　STEM课堂观察量表

（三）睿智教师，STEM 全科覆盖

信息技术、科教老师作为先锋部队，打响了博睿特小学 STEM 教育改革的开局战，让 STEM 课程成为最受学生欢迎的课程。2019 年 10 月，由博睿特小学部课程教学中心牵头开展了以“分享 STEM 课例，促进课堂创生”为主题的教学研讨活动，先由科学教师蒲老师面向所有学科教研组长展示了一节 STEM 课例“云霄飞车”，各组组长运用课堂观察量表进行观课，用数据记录了 STEM 课堂实况。接着由信息技术教师郑老师先后分别向组长们和全校教师做了“基于 STEM 教育理念的课堂创生”的专题培训，向教师们详细解读了 STEM 的教育内涵，解答了大家心中对 STEM 的疑问，为各学科开展 STEM 教育打开了思路。理念先行，行为跟进，培训之后，语文、数学、英语等教研组长分别带领各组老师展开了 STEM 教育探索之旅，将 STEM 理念运用到自己的课堂教学中，呈现出博睿特小学的 STEM 教育新样态。

1. 语文：疫情下的主题式学科整合

在疫情居家期间，三年级语文组开展了“新冠名词知多少”的主题式学科整合项目，以语文词语理解为知识基点，让学生通过网络及新闻记录下新冠疫情期间自己了解到的新鲜词语，记录下来，通过图画或文字的方式加以解释，以语文小报的形式将自己的探究结果呈现，整合家国情怀、信息搜索、美术绘画及对病毒的科学探究等内容。

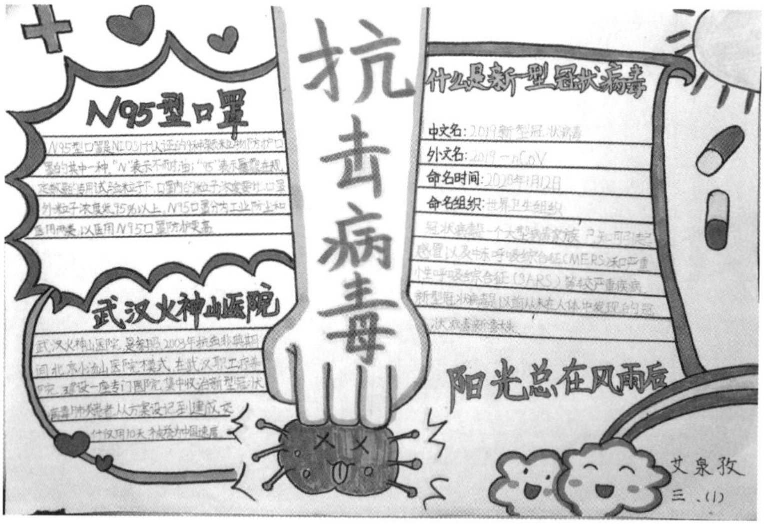

图 8　语文 STEM 主题学科整合手抄报

2. 数学：让课堂回归自然

数学教师陈老师试讲“不规则物体的体积”一课，以事例导入，如牛顿从苹果的

落地中想到了“万有引力”，阿基米德在浴盆里洗澡时发现了“浮力定律”等，让学生明白生活中处处有数学，善于联想的人常常会在生活的点滴中获得灵感，激发学生的兴趣。通过猜想—探究—验证—反思等流程，整堂课环节清晰，环环相扣，科学合理有梯度，凸显了数学学科的探究性、逻辑性、层次性。学生动手操作，小组合作实验并验证猜想，进而得到计算不规则物体的体积的公式。通过对比观察分析，把“学数学”变为“做数学”，把“书本的数学”变为“活动的数学”，让学生在活动中去体悟与理解知识。整合了科学、数学、工程学科知识，将STEM教育理念体现得淋漓尽致。

图9 数学STEM课堂“不规则物体的体积”课堂实况

3. 英语：与科学整合的英语课堂

英语组教师将绘本阅读融入STEM课堂探索中。徐老师试讲“The Weather Today”一课，通过播放雷雨天气的音频活跃课堂氛围，创设真实的情景，并让学生在情景中理解和学习新的天气单词“stormy”。接着，观看关于雾霾的视频，思考雾霾给我们带来的危害，让英语与科学中的气候与环境知识相结合，让学生了解身边的气候现状。然后，通过合作完成和朗读倡议诗歌，感受英语语言魅力，学会合作，同时提高学生作为世界公民的社会责任感。最后，集体展示自创诗歌，感受合作后的成果。课堂气氛活跃，在真实情境中培养了学生的生活能力、合作交流的能力。

4. 美术：立足地方资源的小学美术主题式单元教学

博睿特小学美术组将STEM理念融入美术课堂，选定家乡峨眉山的猕猴作为单元教学的主题，结合《新课标》，通过创设主题情境将家乡峨眉的其他资源如峨眉茶叶、庙会、峨眉风情等和猕猴进行有机结合，形成具有峨眉特色的“峨眉灵猴”课程。同时拓展传统艺术的表现形式，让创造融合生活，开发出基础技法和兴趣启蒙结合的创意钥匙扣，创新体验与玩味手工结合的摆件，传统文化和人文生活结合的传统扇面，思维创新与现代技术结合的书签，分享体验和自然探索结合的挂件，创意实践和实用尝试结合的服务展示，将优秀的地方传统文化融入学校的美术教育，增加学生对优秀传统文化的认同感，增强民族的自信心和自豪感，培养学生的创新、探索、设计、动手能力。

图 10　美术课堂及部分学生作品

三、立足生活，科学思维解决实际问题

STEM 课程的实施，拓宽了学生的视野，发展了学生的思维，也培养了学生的创新能力。自 STEM 课程实施以来，学生的创新能力、创新意识、动手能力、解决问题的能力得到极大提升，学生能自主发现生活中的问题，并尝试动手解决。

（一）小农场，大课堂

在博睿特小学的东边，有一块占地约 1 公顷的生态农场，经前期开垦、翻耕、耙地、平整，现已形成学校种植区、班级种植区、社团种植区三大区域。校园生态农场是学校对学生进行生命教育、劳动教育、感恩教育、科技教育的重要基地。科学组教师悉心教授种植技巧并指导学生测量、挖坑、刨土、种菜……

表 2−5−4　生态农场科学探究小课题

研究项目	研究内容
不同花卉扦插存活率研究	对比不同品种的花卉影响生根、发芽、生长的各因素
西红柿根和叶吸收肥料对生长的影响	施用不同肥料于西红柿根部和叶部，对比西红柿的生长状况

续表

研究项目	研究内容
不同化肥对农作物的生长影响	对比用化合肥和生物肥种植的农作物的生长状况
光照对茄子生长的影响	探究不同光照下茄子的生长状况
生态农场灌溉方式探究	探究生态农场的灌溉方式，尝试制作基于 Microbit 的自动化灌溉系统
智能技术为芳香植物生长护航	探究薄荷生长的光照、温度、湿度等条件，尝试制作基于 Arduino 平台的薄荷生长箱

校园生态农场让 STEM 课堂得以延伸，师生在体验种植、经营、管理各自班级种植区的过程中，开发双手和大脑潜能，实现多元智能发展，感受生命的个性化成长，找到植物生长的规律，激发科学思维，并在实践中发现问题，解决问题，体验学习乐趣。

（二）小制作，大智慧

在 STEM 课程理念的熏陶下，学生在生活中遇到各种各样的问题时总是会思考："这里面有什么问题呢?""我可以解决吗?""是否还有更好的解决办法?"解决问题的思想已深入学生的心中，他们充分发挥自己的智慧，不断创新，制作出一个又一个充满智慧的作品。

【案例 3】改造乐山万达停车场

学生发现乐山万达的停车场虽然在每个车位上方安装了红绿指示灯，比一般停车场更好找到停车位，可是停车场太大，还是得一排一排找过去，很浪费时间，于是学生利用 Arduino 和废旧纸箱还原了万达停车场现有功能，并创新地在地面增加了 LED 指示灯，哪一排有空位，地面指示灯就会亮绿色，让人能快速找到停车位。

【案例 4】"智能新博外"

2019 年 9 月 1 日，博睿特小学部搬入新校区。新校区十分漂亮，有英式风格的教学楼，有宽大的足球场，还有十分受同学们喜欢的攀岩区、轮滑公园，极大丰富了他们的课余生活。可是，无论在建校时考虑得多么细致，在实际使用中还是会发现新校区中一些不方便的地方及存在的安全隐患。于是，五年级二班的同学分成小组，通过问卷向同学与老师调查新校区还不够完善的地方，利用 Arduino 以智能化手段解决了新校区的问题。

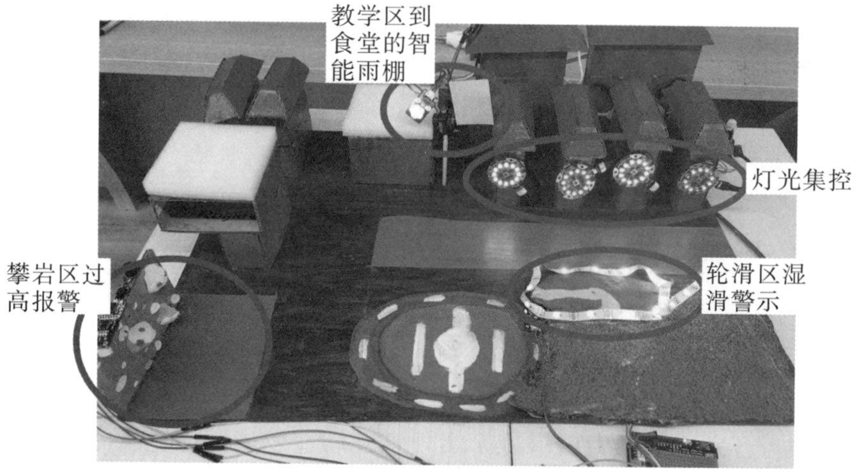

图 11 “智能新博外”作品图

（三）小玩具，大爱心

随着 STEM 理念的深入，学生的思想与创意也在不断升级，所做作品不仅充满了创意，解决了生活中的实际问题，更是充满了人文关怀。如五年级六班一位非常喜欢弹钢琴的学生在接触了触摸传感器后，与同班美术学得非常好的同学制作了一个美观的电子钢琴。再如四年级三班同学考虑到妈妈平常做家务太辛苦，如果遇到临时下雨，也不一定有时间赶回家收衣服，专门为妈妈制作了“智能晾衣架”。还有关心盲人而制作的“无障碍红绿灯”……学生们用实际行动向家人、朋友表达着关爱。

四、培养特长，实现全面加特色的发展

在学校整体课程架构下，除基础的 STEM 课及选修课，我们还对一部分有特长的学生进行单独培训，推荐参加青少年科技创新大赛、四川省创意设计比赛、机器人比赛等赛事，通过竞赛更深层次地激发学生对 STEM 的兴趣，也通过集训的方式进一步培养学生的动手能力、编程思维，以竞赛促发现，学生获科技类竞赛明显增多。近两年，我校学生参加四川省电脑制作活动暨首届创客竞赛，获四川省一等奖 2 个、二等奖 8 个，其中陈思宇获最佳个人表现奖，并代表四川省参加全国创客竞赛获三等奖。我校学生参加第二届四川省创意编程与智能设计比赛（Arduino 项目）获一等奖 2 个、二等奖 5 个、三等奖 1 个，参加四川省机器人竞赛垃圾分类赛项，获一等奖 2 个、三等奖 1 个，参加四川省机器人竞赛智能搬运赛项，获一等奖 3 个、二等奖 2 个。

STEM 教育为博睿特小学打开课堂创新的一扇窗，洞见跨学科整合教育的力量。博睿特小学将继续把 STEM 的教育理念融入课堂教学中，立足学科知识，以学科核心

素养培养为目标，通过跨学科的项目或活动，让学生创造性地解决真实世界的问题，发展学生的核心素养。未来已来，远方不远，博睿特将不忘初心，积蓄力量，步履坚定地去追逐梦想！

（供稿：曾秋声、古瑞兵、郑荔丹、夏军）

专家点评

四川博睿特外国语学校以课题“基于项目的STEM校本课程开发与实践研究”为抓手，以信息技术和科学学科为核心内容，构建了小学六个年级的STEM课程体系。课程体系既关注学生的共性与基础，又关注学生的个性与发展。以“创未来”为中心，设计了“游戏”“生活”“创造”三大板块，包含三十六个项目的内容。学校在规定课程的基础上还引导学生去发现校园、生活、社会等环境中的问题，提出并实现了对真实问题的解决，如校园生态农场、改造乐山万达停车场、智能新博外、智能晾衣架、无障碍红绿灯。

学校通过STEM项目的实践探究，总结出STEM制作类项目实施的四个步骤：“提出问题—设计方案—制作实施—展示分享”，形成了STEM项目学习的评价方法，制订了以诊断、激励、调节为导向的评价量表，以“课堂观察”的方法为依据的课堂观察量表。

学校在语文、数学、英语、美术等学科中引入STEM教育理念进行全科覆盖的思路很好，是下一步研究的重要内容。

——艾奉平，成都市教育科学研究院信息技术教研员

第三章

学科融合的 STEM 教育体系建设

中小学校开展STEM教育大多依托于学校现有的学科课程或者特色社团活动，在这些课程或者活动的基础之上进行融合，培养学生的多元思维和解决实际问题的能力。相较于特色社团活动倾向于根据学生的特长或者兴趣进行划分，导致只有部分学生参与的情况，以学科为基础进行STEM教育更有利于全员参与。我国的基础教育也在多个学科的课程标准中倡导跨学科的学习方式，以STEM教育理念为指导，注重不同学科之间的联系，综合运用科学、技术、工程和数学等方面的知识、方法和技能。

构建富有特色的学校STEM教育体系需要从政策保障、师资队伍、课程内容设计、课堂教学实施、活动开展情况和评价等方面努力。本章介绍了四川6所不同区域、不同学段具有代表意义的学校的实践案例。这些案例从多方面详细介绍了这些学校对STEM教育体系的构建做法和实践经验，内容包括：学校教育理念的融合和校园空间的打造；探索师资队伍专业化成长途径，以国家学科课程为基础，打破学科界限，重组教学内容，依托当地资源，开发特色课程内容；梳理包含创设情境、明确问题、小组合作设计方案、分享评价提升拓展等内容的课堂教学一般实施流程，总结出学校课堂评价体系和项目评价体系。

探索于课程整合，发展于活动体验

成都高新区中和小学

STEM 教育通过课程的规划设计、实施、评价等环节，站在人才培养和发展的角度充分整合、协调教育资源，把科学、技术、工程、数学等课程要素联结为有机整体，打通学科间的壁垒，鼓励和培养学生从单一型人才转变为综合型人才，德智体美劳等多方面发展，在丰富的学习、生活体验中逐步积淀综合素养。

自 2016 年以来，教育部相继发布了《教育信息化“十三五”规划》《义务教育小学科学课程标准》《中小学综合实践活动课程指导纲要》等一系列文件，大力提倡 STEM 教育理念，倡导教师在教育教学实践中积极探索，提升学生的科创素养。因其开放性、主体性、情境性、关联性、发展性，STEM 教育从一开始产生就是顺应我国课程改革的发展态势的，并受到全国各中小学的大力欢迎，是我国义务教育进一步深化课程改革的重要抓手，也是落实《关于深化教育教学改革　全面提高义务教育质量的意见》文件中“五育”并举的重要举措。

从培养核心素养的视角进行顶层设计，让学生在丰富的学习、生活体验中逐步发展和积淀综合素养，是学校课程改革的重要目标。我校在已有的“慧学慧创”科创特色课程基础上提出了建设校本化 STEM 教育的工作思路，助力学校特色项目新的提升与发展。

一、构建课程理念

（一）和美教育理念

和美教育，是中和小学根据国家方针政策的要求、学校（集团）建设发展的追求以及师生成长的需求，从全局、全员、全程的角度，整合教育教学资源以创设最优的和谐状态，探索“各美其美”的发展理念，引领、激励师生自主发展并丰富人生阅历，逐步积淀和滋养必备品格与关键能力的活动总称，最终目的是达成“美美与共”的精神追求。

我们将和美育人目标阐述为“韧性、德性、灵性”三大品质，分别对应“健康、自律、悦己，感恩、友善、明理，博学、常思、明理”九大要素。这是二十年来我们中和小学人对和美教育“守正创新”，审视社会现实问题，预判和分析中国及世界未来人才需求，经过充分讨论后提出来的。

和美教育核心价值是“和而不同、美美与共”：前四字指努力创设“和谐”的状态以“润”泽芸芸众“生”；后四字指师生携手及家校社企共育，一同崇“尚”个体“美”、群体及世界“美”之愿景。中和小学正建构“润和尚美”课程模式，倡导“选择—陪伴—体验—生长”，关注学生成长和未来生活的需求，充分关注学生素养形成与发展过程，力主通过“学后教、学中教、做中学”革新并丰富课程的教与学方式，在不同的学习生活体验中浸润、滋养、积淀必备品格和关键能力。

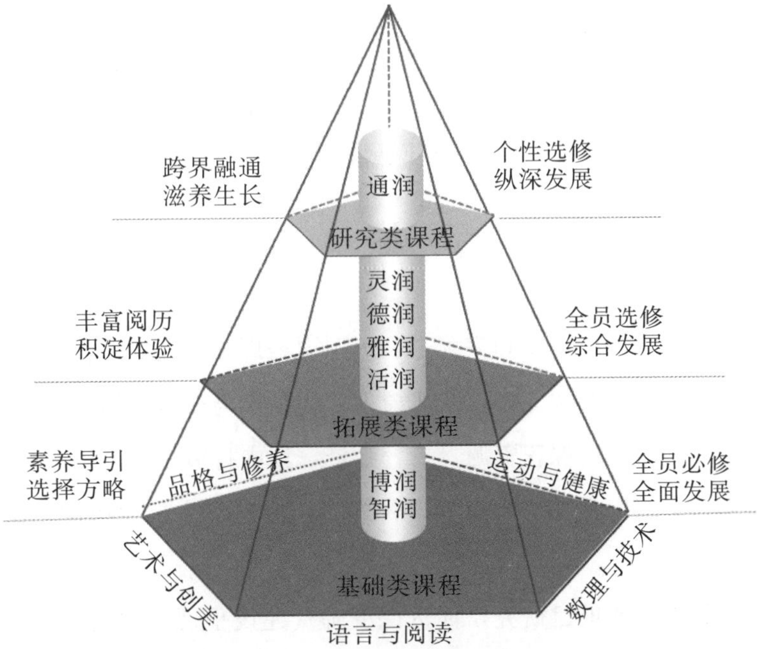

图 1　和美课程结构图

（二）STEM 教育理念

STEM 教育属于和美课程之研究类课程。学校基于“综合实践基地”建设，倡导多领域（学科、家校社企、班级年级等）跨界整合融通，创设多元情境，探索 PBL 教学方式，注重探究、协作、体验和创生，引领学生“慧学慧创”，突出发展学生的批判精神、创新精神和综合实践能力。

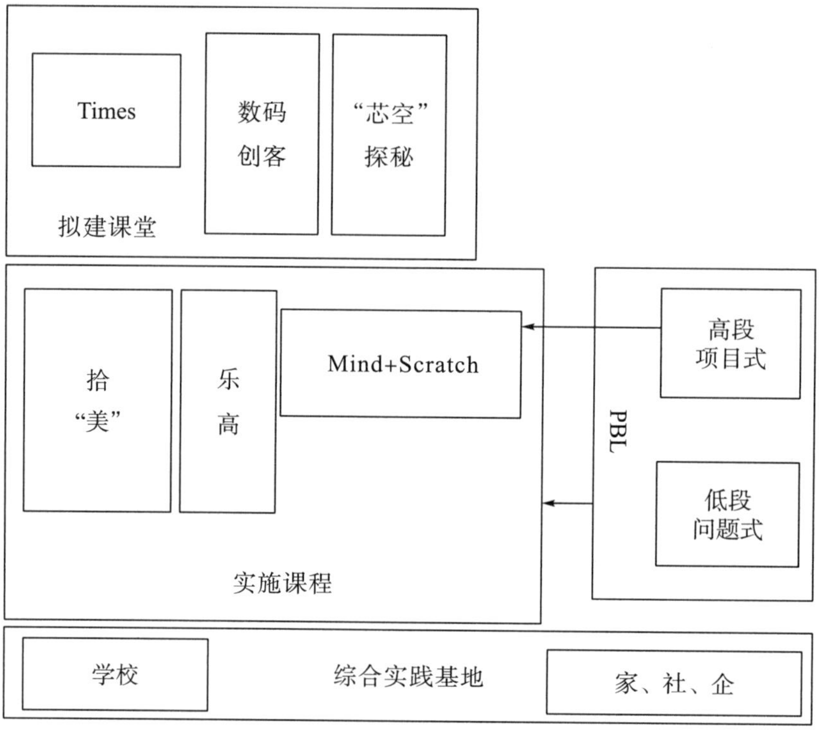

图 2　STEM 教育结构图

二、构建课程目标

通过课程实践，进一步丰富和完善“和美”课程理念，充实课程体系。

课程结构框架与设置基本完备，逐步梳理课程结构与设置之间的科学逻辑关联。

进一步挖掘和整合运用课程资源，培育师资，集中打造一门课程并初具特色。

进一步丰富“和美”学生综合素养评价体系，促进学生批判精神、创新精神和综合实践能力的发展。

着手进行相关课题或项目研究，促进课程师资建设呈现梯度发展态势，提升教师专业素养。

三、培育学生素养

（一）“慧学慧创”：善阅读

指导学生阅读科普读物、观赏科普类影视作品，在校园设立专题宣传橱窗和展板，带领学生参观科技展览、科技馆和科研院所，邀请科学家或科技人员到校开设讲座和进行演示，定期开展科学小知识竞赛等。经过系列活动帮助学生扩大视野，增长知识。

（二）“慧学慧创”：善操作

结合科学、信息技术等学科的实验教学开展小制作、小创造活动，重点开展模型、机器人、创意设计、机械探秘以及生产生活中实用器具的制作和改进等实践活动，以培养学生的动脑动手能力。

（三）“慧学慧创”：善探究

经过想象设计、观察调研、分析比较、探索求证、交流讨论等手段开展探究性活动，以设计方案、科技小论文、调查报告、科幻画和电脑制作等方式呈现活动成果，以培养学生的创新精神和创造能力。

（四）“慧学慧创”：善思考

强调独立思考，善于思辨。思考能力是最核心的学习能力，在思考中辨析，把外在的知识转化为内在的知识，这才是有意义、有价值的学习。

（五）“慧学慧创”：善活用

学有所得，灵活应用。坚持实践性原则，强调学生经过亲自动手获得相应的知识与技能；坚持开放性原则，关注现实生活，让学生从自身的生活和身边熟悉的事物入手，进行有针对性的探索活动；坚持自主性原则，尊重学生对学习内容与合作伙伴的选择；坚持探究性原则，强调动态生成，引导学生从已知到未知，从现象到本质地探求知识。

四、课程设置方式

（一）第一阶段——准备与铺垫

设计项目实施方案，成立工作组，明确责任分工。

建立专职教师队伍，聘请专家培训教师。

建立科技创新活动室，图书室设立科技类图书专架。

设立科技创新宣传专栏，校报开设科普宣传栏，营造浓厚的校园科技创新氛围。

（二）第二阶段——全面铺开

各班开展科普教育，做到人手一本科普读物。

开展科技创意与科幻画制作活动，全校学生人人参与。

开设科技活动课，如机器人、机械探秘、创意设计、电脑编程等。

选拔部分学生开展专项培训，参与有关比赛活动。

设立科技节或科技创新活动月，集中开展宣传、展示、评比等活动。

（三）第三阶段——调整提高

邀请专家到校进行中期评估，找差补缺，调整方案，提高效益。

（四）第四阶段——形成特色

整理资料，总结成果，形成报告，迎接评估。

完成评估，形成特色，长期坚持，良性发展。

表 3－1－1　STEM 课程设置表

课程	对象	时间	资源	学习方式
拾“美”文创（必修）	1～6 年级	周五第六节	校园文化	问题式
		寒暑假	博物科技艺术等场馆	项目式
乐高搭建（选修）	2～6 年级	周四第六节	学校实验室	问题/项目式
小“机”（选修）	4～6 年级	周五第六节	学校实验室	项目式

五、课程实施策略

（一）升华课程理念，明确文化导向

中和小学人响应时代呼唤和教育发展趋势，继续深入挖掘和整合学校传统文化与教育资源，反思过往、审视现实、着眼未来，立足全体师生发展实际需求，以“和美”为学校的教育哲学，以“和而不同、美美与共”为价值取向，总结与梳理课程理念的优势与不足，通过吸纳各方教育力量，激发师生主人翁意识和教育智慧，开展系列“和美大讨论”，形成能反映新时代师生精神风貌、优良品格、价值追求的课程理念及校本表达，为深入推进学校课程改革奠定文化基础。

（二）夯实基础课程，全面推进实施

以“学科基础课程一学科拓展课程一跨学科综合课程”为主线夯实基础课程，全面推进学科课程综合化实施。基础课程全员必修，以学科素养、综合素养为导引，变

革并选择适宜的教与学方式和策略，夯实基础，促进学生素养的全面发展；拓展课程全员选修，以丰富学生阅历逐步积淀不同的体验，促进学生素养的综合发展；研究课程推行个性选修，以学科跨界、时空融通，让必备品格和关键能力自由生长，促进学生素养的纵深发展。

（三）建设实践基地，推进特色课程

学校以四川省第二批教育体制改革试点项目“发挥综合实践基地作用，促进学生关键能力培养”为引领，建设“和美”综合实践活动实践基地。充分发挥传统优势、属地优势、师资优势，彰显“和美”特色，紧扣育人目标，探索以PBL和主题融通项目学习为起领的教学方式变革，积极创建综合实践的校本、年级、班级的精品、特色课程。

（四）发展组建联盟，推动共建共享

在高新区统筹之下推进远程教学互动平台、课程资源共享平台、学业质量监测平台建设，探索了解未来学习中心，注重校区资源均衡。“集团联盟”完善集团课程资源的共建共享机制，凸显校区特色建设。集团建立“区域联盟”即家、校、社、企四方联动的课程资源建设机制，积极拓展校外图书馆、科技馆、博物馆、科研院所、实践体验基地等校外资源，开发、利用、共享教学指导用书、微课资源、教学策略、成长经历等校内资源，大力筛选、整合、开发网络课程资源。

（五）拓展专业支持，提升人员实力

加强与知名高校、专业机构的合作，通过周期性项目班、短训、实地考察等形式，每年组织学校干部、教师参加课程领导力培训。集团积极引导干部、教师不仅做课程的执行者和实施者，更要做课程的开发者和领导者，组织全体教师通过理论讲座、主题研讨、案例分享、实践体验、项目研究等形式，针对课程建设的重点、难点进行系统培训与实践。

（六）完善智能画像，精准评价导行

集团把握基础教育课程改革的方向，提升课程建设的政策水平，提高课程决策的科学性、课程管理的有效性；加强对教师课程开发、执行的引领、指导与服务，总结、提炼和推广优秀课程管理理念、模式和策略。集团进一步完善课程管理体系，树立全面、正确的课程评价观，制订与落实学生评价、教师评价、教学评价方案与制度；制订包含课程目标设置、课程内容选择、课程实施监测、课程质量评估等要素的课程评价办法，确保课程设计的专业性、课程实施的科学性、课程评价的导向性。

（七）注重实践教育，讲究实施策略

STEM教育既要满足普适性教育，同时也强调个性化学习创造。课程的设计及实施要综合满足这些要求需要从以下四个方面来加以考虑：

1. 区域化

课程应该结合区域文化的特性，体现区域化的差异，让学生在课程学习的过程中了解产业相关产品的制作原理、流程、初级技术等，并能进行一定的复制或模仿。

2. 校本化

应结合学校自身的特长特色，如名校、名师甚至学生团体的特点，设计校本化科创教育课程。比如某些学校是以海洋为特色，在设计课程的时候将海洋元素（如船舶、海洋生物、海洋环境等）融进课程；又比如有些学校以高铁为特色，可以将高铁技术、安全、运营等元素融到课程中去；结合教师、学生的特点，如他们的艺术、书法等特长也可以设计到相应课程中。

3. 装备化

科创教育课程的实施必须满足大班普及性教学以及个性化教学两种需求。尤其是大班普及性教学，在教学的实施、管理等各方面面临很大的挑战，要能减轻教学负担、提高教学效率，同时保证教学效果，因此课程的实施一定需要教学装备的支撑。

4. 跨学科

STEM教育除了强调知识的时代性，更需要与其他学科相融合，以跨学科知识教学理念开展教学实施。

六、课程资源开发

我校STEM教育在资源开发方面注重从三方面建设适合学生学习的资源系统。

（一）教师资源

教师要准确理解STEM教育的目标，遵循学习规律，正确把握教学方式和学习方式。

（二）行业资源

充分利用各协会、学会等教育事业单位、行业组织机构优质资源，有效推进师资培训、课程建设、赛事组织、资源平台、标准制订、教育监管等方面的建设。通过教育联盟、公共课程资源平台等形式，推广共享优质课程资源，服务全校学生的STEM教育。

（三）信息化资源

由于受到时间、空间及其他因素的限制，课本中有些要求实践的教学内容不能实现，从而限制了学生应用知识解决实际问题的能力。而我们通过计算机或平板给学生呈现出一个真实和虚拟相结合的学习环境，让学生学会在信息化环境中学习，主动构筑自己的学习经验。

七、课程实施案例

【案例1】锥刻心愿 创绘书签

这一项目是基于人民美术出版社出版的二年级上册教材《美术》中“会变的线条”设计的适合于三年级学生的STEM拓展性内容。

锥刻纸版画是我校独创的特色美术课程，与蜀地特色传统文化——汉画像砖、汉花纹砖的艺术特点非常接近，它们以简练的手法、单纯的颜色率直而真诚地表现出一种独特的艺术美。将二者结合设置为文创作品的创作课堂，不仅可以培养学生的创新思维，也是对我校特色课程的完善和丰富，同时还可以作为一种新的教与学的方式传承传统文化。

表3—1—2 “拾‘美’文创”课程教学流程表

教学过程	教师活动	学生活动	设计意图
提出问题，初步了解	布置课前学习任务，指导学习，跟踪了解	根据问题查找了解相关资料，班级群分享成果	培养学习习惯，帮助形成初步认识，激起探索兴趣
谈话导入引出问题	老师分享话题，提出学习探究的问题，指导思考讨论	思考讨论绘刻花纹砖与锥刻纸版画绘制书签的特点，了解其用途和价值	创设氛围，建立和谐关系，进一步激发学习探究兴趣
欣赏分析，探秘花纹砖博物馆	设置情境，引导观看视频，探秘了解，发放学习单	观看视频，了解汉花纹砖与汉画像砖的关系，填写学习单，归纳总结特点	了解、掌握花纹砖的分类形式、花纹寓意，分析出花纹砖的排列方式
	指导学生认识汉花纹砖；了解花纹和线条的组织与对比方法	观察汉花纹砖上花纹的不同排列特点以及线条的组织形式，交流分享	培养学生细致观察与思考的习惯，体验发现与交流分享
锥刻纸版画书签制作	指导学生展示交流，引导学生观察并讨论交流	展示或欣赏优秀作品，结合所学知识点对作品进行讨论，并相互提问答问	掌握、巩固基本知识，了解艺术表现手法，通过观察对比和讨论，学习反思和总结
	指导学生观察、赏析作品范例，讨论并了解详细的制作步骤	观察、赏析，分选择议题进行讨论，再全班交流分享	进一步巩固或完善学科知识，练习观察、探究和总结的能力

续表

教学过程	教师活动	学生活动	设计意图
展示评价	指导学生以“挂上心愿树”这样的形式展示作品	分组选择进行互评	反馈了解学习效果，培养学生对画面的分析鉴赏能力
课后拓展	指导学生到艺术馆、文化馆、科技馆、博物馆等场馆去参观、学习、探究，深入了解汉画像砖、汉花纹砖的独特魅力。安排组织活动，进行汇报交流	学生通过实践基地活动进一步感受汉文化的独特魅力	培养综合素养，加深学生对中国传统文化的理解，提升学生的民族自豪感

图 3　自编校本教材《锥语刻画》

图 4　课程活动中学生正在进行创作

图 5　项目领衔人余姜岚老师课例展示

图 6　课程活动学生文创作品展示

学校研发团队根据“和美”课程理念，联合各学科骨干教师，进行学科课程内容和形式上的整合，对学科课程实施策略、评价指标与方式等进行融合，以活动内容为切入点，让学生在活动中体验探索、创新，逐步积淀和滋养科学素养与综合实践能力。

【案例 2】“STEM 搭建” ＋ “Mind＋机器人编程” 课程

教师通过项目学习单引导学习小组先是观察、了解、调查、记录，然后根据任务要求，组内进行方案讨论、设计，进行物品和条件准备。教师对方案点评批阅后，修改完善方案，小组内进行调整，同时观测、记录。最后，教师引导各小组对作品进行交流汇报，各小组相互交流评价。过程中，孩子们积极参与、探索兴趣浓厚，组内交流充分，形成了各种不同的实践体验，通过项目学习单的指引，逐步发展学生的探索精神和创新素养。

图 7　小组合议解析模型搭建任务

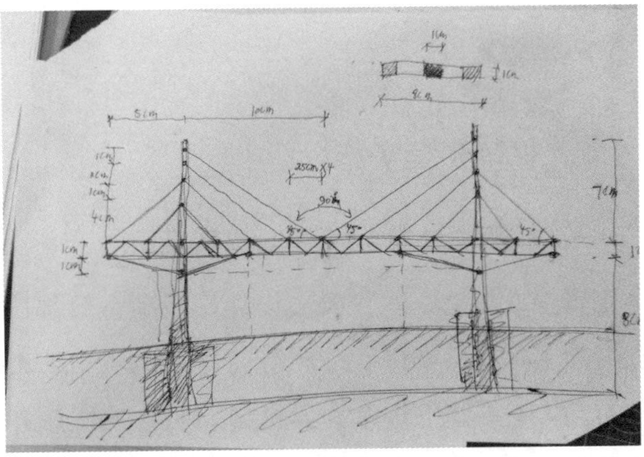

图 8　小组合作的模型搭建设计图

利用乐高材料及编程套件开展 STEM 教育培养学生的创新思维，我们有以下几点心得体会：

①善于尝试是创新思维的开始。在课堂学习中，普遍存在的现象是学生“害怕失败”“担心失败后的损失”，以致于他们不敢大胆思考，大胆尝试。但实际的活动中，学生需要不断地尝试、不断地改进，才能真正地走向最后的成功。

②善于发现是创新思维的表现。作为指导教师，要帮助学生掌握最基本的原理、知识，还应指导学生思考各个零件的使用场景、零件组合后可以解决的问题。学生通过自己的思维想象，简单尝试，会得出千奇百怪的答案，这些答案看似很简单，甚至没有用，但是这其实是学生创新思维的表现，而这些“答案”就是学生今后进行各种改进设计、功能提升的基础。认识零件的活动，让学生带着一双“会发现”的眼睛去观察，也是在不断培养学生创新思维的过程。

③善于改变是创新思维的升华。要注意锻炼学生不满足于现有成果，不断尝试新方法的心态。学生不满足于“手动式”，进行“机动式”改进，由此运用到“横梁”的结构，是学生的创新思维不断升华的表现。

八、探究课程评价

（一）常规评价

常规评价需要对课堂情况进行记录，内容主要包括学生出勤次数、课题研究过程记录、课堂小结等。

（二）个人评价

依据教师给出的评价标准（基础知识、核心能力、内容评价、过程性评价）对自己和他人进行评价。

九、保障课程实施

（一）明确主体责任，提升课程意识

汇聚各方智慧，做好顶层设计，明确行政部门主管与学科专业主管的具体职责，确保各项工作有序推进。按照行动计划要求，以课程建设统揽、协调部门工作，制订具体行动方案，建立健全领导机制，明确工作任务和职责；通过研讨会、培训会、动员会等形式统一并提升教师的课程开发能力。

（二）加强谋划统筹，聚合力量协作

在充分做好课程谋划与实施统筹的基础上，整合高校、科研院所、社区、企业以及家庭等社会资源，集教研、科研、培训于一体，满足课程建设多层次、多角度需求。与友好学校、区域学校、同类学校和各职能部门加强协作，厘清校区、年级班级及管理部门的职能、职责，建立协调推进机制。

（三）课程自治引领，完善推进策略

采取机制引动、课题带动、项目驱动、活动促动、专家推动、典型鼓动、整体联动、评估拉动、他域借鉴等策略，帮助完善 STEM 教育实施机制。

（四）继续环境建设，落实经费保障

继续推行校园文化建设与现代化建设，设立课程建设专项经费，根据校区重点项目推进需要、课程建设方案价值、课程建设成效等划拨专项经费，强化经费使用监管。集团统筹专项经费和公用经费的使用，优先保障课程建设有序、高效、优质推进。

十、提升教育质量

社会效益得到提升。校园物化环境具有明显而独特的STEM教育特征和风格；学校具有浓郁的STEM教育文化氛围，构建了系列特色活动和实践平台；编写“慧学慧创”STEM教育校本教材，形成了STEM教育的运作机制，较多师生获得市级以上奖项，社会知名度和影响力提高到新的层次，为创建新优质学校奠定了坚实的基础。

教师专业得到发展。破除教师中心、知识本位观念，确立以学生为主体、以学生发展为本的教育观念；摒弃以知识为中心的灌输式教学方法，确立启发式、开放型的教学方法，由注重教转为注重学，由注重结果转为注重过程，并采用现代教育技术手段来改进课堂教学，提高理论素养和实践操作能力，提高探索和解决问题的能力，课程师资团队初步建成，部分优秀教师成长起来，逐步实现教师专业发展的梯度成长。

学生素养得到培育。通过PBL教学方式的改进实践，学生掌握了一定的科学知识、科学方法，开阔了视野，增长了才干，为进一步的发展和深造奠定了基础；初步养成科学态度和科学精神，如问题意识、批判意识，探究精神、创新精神，严谨求实、一丝不苟的研究态度和行为习惯等；确立了科学道德观，如有强烈的责任感和正确的价值观，能与人友善交往、合作共处等。

（供稿：邹泽君、刘勇、孟丹、曾静）

专家点评

成都市高新区中和小学以“和美教育”理念为引领，以综合实践基地建设为依托，将STEM教育融入学校课程体系，注重探究、协作、体验和创生，深入探索项目式学习，引领学生“慧学慧创”，培养学生创新精神和实践能力，取得了良好成效。

该课程体系有两大特色：一是将STEM教育与办学特色紧密结合，以“慧学慧创”为抓手，通过阅读、操作、探究、思考和活用，推动实现“和而不同、美美与共”。二是将STEM教育与学习方式变革融为一体，以项目式学习为切入点，通过

“学后教、学中教、做中学”革新课程教学模式，在丰富多元的学习体验中滋养学生的必备品格和关键能力。下一步，建议在主题课程的基础上凝练特色，形成不同类型的课程模块，推动 STEM 课程模块化，并逐步向 STEM 课程体系化发展。

——曹培杰，中国教育科学研究院 STEM 教育研究中心副主任

创建高品质 STEM 教育的校本探索

成都市成华实验小学

成都市成华实验小学创办于2000年，有两个校区，44个教学班。学校以“知心育人，幸福成长”为办学理念，以内涵发展、特色发展为实践路径，以知心课程、知心课堂为实践重点，努力让教师“做知心教师，享人生幸福”，让学生“做阳光少年，享成长快乐”，努力把学校创办为一所省、市知名的高品质学校。

近些年来，我校 STEM 教育以让学生成为生动活泼主动发展的阳光少年为培养目标，以高品位和高质量为基本要求，明确了学校 STEM 教育理念，建构了学校 STEM 教育的课程结构，开展了融合推进 STEM 教育的实践探索，促进了师生快速成长与发展，推进了学校内涵发展和品牌层次提升。

一、明确学校教育理念

在“知心育人，幸福成长”的办学理念指导下，我校把“持续发展教师的课程领导力、执行力、研究力，让教师成为教学水平高的知心教师；深入发展学生的学习力、探索力、创新力，把学生培养成全面发展的阳光少年；全面提高 STEM 教育的质量与水平，推进学校内涵发展与特色发展”作为 STEM 教育的工作目标。为更好地达成 STEM 教育的工作目标，我校经过反复研讨，确定了以下教育理念：

一是融合理念。融合是 STEM 教育最为重要的理念。STEM 是科学（Science）、技术（Technology）、工程（Engineering）、数学（Mathematics）四门学科英文首字母的缩写。对科学、技术、工程、数学的深层次学习只有在交互中、相互的碰撞中才能实现，进而促进学生有效发展。在实践中，STEM 教育的选题要体现融合的理念，要实现跨学科知识的综合运用；STEM 教育的实施要体现融合的理念，各学科老师都要投入到 STEM 教育中，要在自己的教学中主动融入 STEM 教育理念，渗透到每一节课中；STEM 教育的评价要体现融合的理念，STEM 教育评价要融合在学科教学评价中，学科教学评价要融合到 STEM 教育评价中。

二是主体理念。STEM 教育不同于学科教学，仅仅通过讲解、提问、练习等方式难以完成教育任务，需要把学生置于主体地位，充分发挥学生的主体作用，让学生设计活动方案，通过一系列的主体性活动完成学习任务。只有充分发挥学生的主体作用，才能有效达成 STEM 教育的目标。

三是生活理念。STEM 教育与生活紧密联系。日常生活是开发与实施 STEM 教育的重要资源，STEM 教育选题一般源于日常生活与实践中的需求或问题，STEM 教育实施也需要深入到日常生活与实践中。从某种意义上讲，STEM 教育是满足生活中的需要与解决生活中的问题，不断改善生活、优化生活的过程。没有联系生活的 STEM 教育，称不上高品质的 STEM 教育。

四是活动理念。STEM 教育由一系列的活动组成。活动是 STEM 教育的重要环节，没有学生主体性活动的开展，就称不上真正意义的 STEM 教育。参观考察、问卷调查、个别访谈、设计制作、问题探究、节目表演等都可以成为 STEM 教育的活动形式。

二、完善学校课程结构

经过多年的实践与探索，我校初步建构了由学科融合型、学科拓展型和综合实践型构成的 STEM 教育课程体系（详见图 1)。其中，学科融合型是指运用 STEM 教育理念和方法，将学科课程直接加工和改造的课程类型。比如，将语文课以教育戏剧的课本剧的形式来呈现，学生自主编辑剧本，化妆、排练、表演、评价、总结，将语文课变得充满活力，生机勃勃。学科拓展型是指在学科教学的基础上，运用 STEM 教育理念，着眼于拓展学科知识与技能而设计的课程类型。比如，我校现阶段重点进行的学科拓展型课程有从美术课拓展而来的“衍纸艺术”，从科学课拓展而来的“手工制作”，从信息技术课拓展而来的“电脑制作”。综合实践型是指在 STEM 教育理念的指导下，密切联系学生生活实际、指向问题解决的活动类课程类型，比如垃圾分类、设计制作安全头盔、制作寿司等综合实践活动。

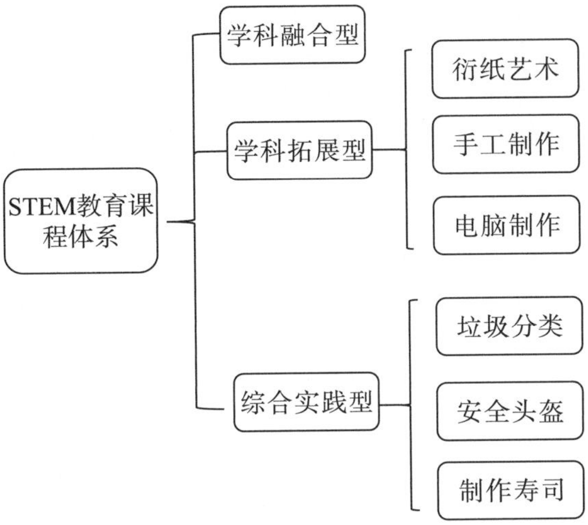

图 1　STEM 教育课程体系

下面以表格的形式详细介绍学科拓展型的“衍纸艺术”“手工制作”“电脑制作”STEM 课程的各年级主要教学内容及目标。

表 3—2—1　学科拓展型课程一：衍纸艺术

年级	主要内容	目标
低年级	与美术课结合，进行衍纸的点线面的认识和创作，学习色彩的搭配、冷暖色知识和创新设计	学习点线面和冷暖色搭配，增强动手能力，提升审美能力，增加课堂趣味性
中年级	与语文结合，理解古诗词含义，用绘画的形式描绘场景，用衍纸制作出来	加深对古诗词及其寓意的理解，增强古诗词学习的趣味性
	与数学结合，用衍纸制作台历	加强对年、月、日的认识，了解各月份的重要节日
	与国际理解课程之美食文化篇结合，认识各国代表性美食及其特点、烹饪方式，制作以美食为主题的衍纸书签或贺卡	锻炼学生自主学习的能力，加深对各国美食的了解和认识
	与国际理解课程之植物篇结合，认识各国代表性的植物，收集各国植物的生长气候等资料，制作以植物为主题的衍纸书签或贺卡	加深对各国代表性植物的认识，培养学生的观察能力和衍纸制作能力
高年级	与心理健康教育相结合，根据命题进行衍纸作品创作	了解学生的心理动态，并引导学生释放内心的压力
	与国际理解课程之动物篇结合，认识各国代表性的动物，并收集各国动物的习性、生长环境等资料，制作以动物为主题的衍纸书签或贺卡	加深对各国代表性动物的认识，培养学生观察能力和衍纸制作能力

表 3—2—2 学科拓展型课程二：手工制作

年级	主要内容	目标
低年级	智能家居：声控灯、光控风扇、红绿灯	培养学生对制作的兴趣，提高动手能力、解决问题的能力
	磁铁功能多：磁力秋千、磁力小车、指南针	认识磁铁的性质和特点，提高学生的动手实践能力，发展学生的创新思维
	纸牌搭建	培养学生对建筑的兴趣，提高学生的动手能力，工程设计能力
	叶画	认识生活中的美，培养学生对植物叶子结构的认识，提高设计和动手能力
中年级	小小气象员	认识天气和生活密切相关，学会通过科学方法去解决问题
	我的纸飞机：纸飞机飞得远、纸飞机飞得久、纸飞机飞得准	学习飞机的相关知识，培养学生的动手、设计、创新等能力
	纸船承重	设计制作纸船，培养学生的创新意识，动手能力
	降落伞	学习降落伞的原理，培养动手设计与制作能力
高年级	自制动力小车	通过设计、制作、竞赛活动，提高学生的综合能力
	太阳能热水器	提高学生合作意识，提高运用知识解决问题的能力、动手实践能力
	纸桥能量大	提高学生合作能力、设计制作能力、创新能力
	鸡蛋保护器	提高对科学创新的兴趣，发展创新能力、动手能力，合作能力

表 3—2—3 学科拓展型课程三：电脑制作

<table>
<tr><th>年级</th><th colspan="2">主要内容</th><th>目标</th></tr>
<tr><td>低年级</td><td colspan="2">机器人、模型制作活动</td><td>培养学习兴趣，学习制作方法与技巧，理解物理现象，锻炼动手能力</td></tr>
<tr><td rowspan="4">中年级</td><td rowspan="2">少儿编程</td><td>Scratch 编程</td><td rowspan="2">培养数学逻辑能力，独立思考、解决问题的能力</td></tr>
<tr><td>Wecode 在线少儿编程</td></tr>
<tr><td colspan="2">电脑制作活动（PPT 制作、电脑美术画）</td><td>激发学生兴趣，培养学生运用信息技术手段发现问题、分析问题和解决问题的能力，培养学生的审美情趣</td></tr>
<tr><td colspan="2">RPG 游戏编写</td><td>对游戏环境进行建模，培养学生解决生活实际问题的能力；进行角色扮演活动，分享和感知经验与心得，促进同学们有效社交</td></tr>
</table>

续表

年级	主要内容	目标
高年级	创客教育	调动学生的积极性，发展学生主体性，培养综合应用各科知识解决问题的能力，实现创意物化
	少儿编程——Mixly（米思奇）编程	利用该创客基础编程软件，培养学生的数学逻辑能力，独立思考、解决问题的能力
	3D 打印课程	让学生的想象变成现实，培养学生的创新意识和创新能力；运用简易建模软件，发展学生立体空间思维能力；选择贴近生活的建模主题，培养学生解决实际问题的能力

三、探索学校融合实践

（一）在国家课程中推进融合

国家课程在学校课程中的比例最大。在国家课程校本化实施中融合推进 STEM 教育有国家课程的课时与师资作保障，能推动 STEM 教育有效实施，还能促进国家课程的教学目标高质量达成。下面，以小学科学为例谈谈如何在国家课程校本化实施中融合推进 STEM 教育。

1. 渗透教学理念

在国家课程校本化实施中融合推进 STEM 教育，最为重要的就是将 STEM 教育理念渗透到学科教学上，旨在使国家课程插上 STEM 教育的翅膀，让国家课程实施得更有品质。STEM 教育理念强调学科融合，注重跨学科的综合运用，努力将书本知识与生活实践结合起来。在科学教学中融合推进 STEM 教育，就是将 STEM 教育理念渗透到科学教学中，再根据 STEM 教育理念创新设计科学教学活动，让学生在充分参与的实践与探索活动中获得更好的发展。小学科学本身就是一门综合课程，把 STEM 教育理念渗透到科学教学中，加强了科学学科与其他学科的联系，强化了科学教学的实践探索与创意物化，使科学教学的品质得到提升。

2. 加工教学内容

在国家课程校本化实施中融合推进 STEM 教育需要运用 STEM 理念对学科教学内容进行加工和改造，即在学科教学的内容选择中充分体现 STEM 教育理念，让学生能够获得更加充分和全面的发展。在科学教学中融合推进 STEM 教育需要对科学教学内容进行加工和改造，使教学内容更加丰富，操作性更强，与生活联系更加紧密，使得学生的动手能力、解决问题能力能得到更好发展。例如，在教学五年级科学课“做一个生态瓶”中，教师根据 STEM 教育理念重新设计了“做一个生态瓶”的活动，让学生以一个大自然的搬运工的身份完成一张可以实施的生态瓶设计图，并根据设计图寻找需要的材料制作这个生态瓶，最后进行展评。这样的教学内容，明确提出了活动任务，改变了只有设想没有实践的情况，充分调动了学生参与活动的积极性，真正把学习过程还给了学生，有效发展了学生的创造能力、动手实践能力，使学生学习的质量和效果都更加优秀。

3. 改革教学方式

在国家课程校本化实施中融合推进 STEM 教育需要运用 STEM 理念对学科教学方式进行改革，让学生的学习更具自主性、合作性和探究性，尤其需要突出具有引导性、启发性、趣味性、挑战性的探究方式。以五年级科学课“做一个太阳能热水器”为例，教师首先呈现房顶上的太阳能热水器的情景，让学生对太阳能热水器的构造与原理有了初步认识。其次，让学生设计并制作一个简易的太阳能热水器，并加热 20 分钟再放置 5 分钟后看谁的温度最高。增加的比一比谁的温度高的环节大大激发了学生参与积极性，同时增加了设计的难度，学生不仅要考虑升温的问题，还要考虑保温的问题。这样深入开展的探究方式，让学生体会到设计与制作的乐趣，认识到科技创造中综合运用科学知识的重要性，培养了学生团结合作、善于反思、敢于创新的精神。

（二）在学科拓展中推进融合

学科拓展是学校课程建设的重要方式。运用 STEM 教育理念拓展学科课程，既可以增强课程的适应性，又可以丰富 STEM 教育的内容。下面分别介绍我校在美术拓展课——衍纸艺术、信息技术拓展课——少儿编程、科学与信息技术拓展课——创客教育中实施 STEM 教育的情况。

1. 衍纸艺术

衍纸艺术是我校从美术课程中拓展开发出来的一门特色校本课程，主要任务是指导学生学习衍纸艺术的制作方法，并完成书签、贺卡、礼盒等贴近生活的衍纸作品。衍纸制作需要动手与动脑相结合，学校研发的“衍纸艺术资源包”不仅有衍纸作品制作方法的介绍，还提供了制作工具和制作材料，使每个学生都有机会动手制作衍纸作品。在衍纸艺术校本课程的开发与实践中，我们引入 STEM 教育理念，从美术教师拓展到语文教师、心理健康教师、信息技术教师、科技教师等，将衍纸艺术校本课程升格为以衍纸艺术为载体的 STEM 教育活动。

（1）融入创客教育活动

衍纸艺术是一种静态的视觉艺术。在实践中，我校把衍纸艺术校本课程融入创客教育活动中，让静态的衍纸“动起来”。引入 STEM 教育理念后，衍纸艺术教师与创客教育教师共同参与指导，设计制作出了富含衍纸元素的创客作品，指导学生制作出了声控的衍纸作品，如一个作品通过声音可以点亮黄色灯泡，黄色的主色调还给人带来轻快、希望、活力的感受。教师还指导学生制作出了光影结合的衍纸作品，如一幅衍纸作品以风景为题材，作品以白色为基调，经过开关控制，可以产生绿色、红色、黄色、白色的光影变化，在视觉效果上这幅作品如同演示了春、夏、秋、冬四个季节，表现形式更形象、生动。

（2）融入知心校园创建

我校以“知心育人，幸福成长”为办学理念，建构了包含知心校园在内的知心教育体系。我们引入 STEM 教育理念，在美术教师的指导下，把衍纸艺术校本课程变成一次次知心校园创建活动。衍纸艺术校本课程与知心校园创建有机结合，成了师生共享和展示自我的平台，赋予了师生独立的人格、独立的精神，激励师生不断反思、不断超越自我。

首先，师生共同设计体现知心校园特点的衍纸作品展示方案。比如，在颜色选取方面，不同颜色蕴含不同的意思，红色代表活力和希望，橙色代表温和和喜悦，绿色代表青春与朝气，蓝色代表宁静和理智。其次，根据方案以不同题材制作衍纸作品。比如，学生可以根据知心校园创建的需要设计紧卷、松卷、水滴卷、爱心卷、自由卷等不同形态，体现学生不同的心理状态。再次，教师在作品的风格、内容以及质量上严格把关，选出优秀的作品。最后，教师指导学生参与文化艺术长廊的衍纸作品布展。此外学校组织学生赏析与评价展出的作品，指导学生从构图设计、色彩搭配上“聆听”学生心里的声音。

（3）融入国际理解教育

国际理解教育也是学校不可或缺的课程。我们在国际理解教育中引入 STEM 教育理念，将衍纸艺术与国际理解教育融合起来开展，成为系列教育活动。比如，在国际理解教育——中外美食的比较教育中，选择四个国家的代表美食，从外观、食材、味道等方面进行比较，让学生了解自己国家美食文化的同时，也了解世界其他民族的美食文化，培养学生在对本民族文化认同的基础上，了解、尊重其他国家、民族、地区不同的饮食文化和习惯的素养，增进不同文化背景的民族、国家的人民之间的互相理解与宽容。然后指导学生制作一组包含不同国家饮食文化的衍纸艺术书签，在书签上写上美食的关键词，让衍纸艺术充分运用在国际理解教育上，让国际理解教育更有趣味性、实践性。

2. 创客教育

我校从 2019 年开始在四至六年级开设创客教育校本课程，融科学、工程、艺术、数学等学科于一体，引导学生通过提出问题、探究现象、产生创意，综合跨学科的知识，应用电子电路及编程，创造出能解决某个问题的产品，培养学生跨学科解决问题的能力、团队协作能力和创新能力。

根据学生的实际情况，我们共规划出 4 个章节，分别为科学、工程、技术、艺术，数学学科贯穿始终。每个章节 4 个课时，每 2 个章节后 1 节总结课，沿用从创意的产生到动手实践，最后分享创意作品的整个过程，每学期共 18 个课时。我们结合每个章节给出一个创意主题，让学生发挥想象力，自主创作作品。

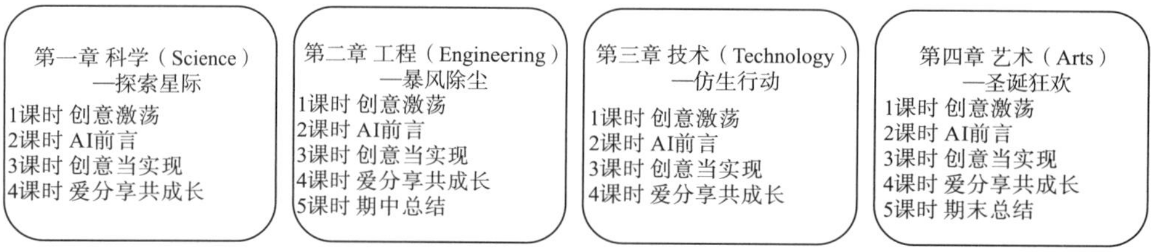

图 2 创客教育校本课程

创客教育校本课程丰富了学生电子元件、电路连接等各方面的知识与技能，完成了创意物化，提高了学生的想象能力、动手能力、发现问题能力、解决问题能力、跨学科运用能力、团队协作能力等，培育了学生的兴趣，增强了学生的自信心，促进了学生更好地成长与发展。

3. 少儿编程

2017 年，国务院印发《新一代人工智能发展规划》，明确提出在中小学设置人工智能相关课程，逐步推广编程教育。伴随着信息时代的发展，我们的信息技术课程已不再局限于打字、画图、学习 Office 办公软件、上网等内容，为了满足学生对知识的渴求，我校开发了编程课程，并结合学生的年龄特点和认知水平对学习内容进行了规划：三年级开展 Wecode 在线编程，四年级开展少儿图形化编程，五、六年级开展 Mixly 编程。

（1）Wecode 在线编程

Wecode 在线编程课程基于学校现有条件，满足零基础的孩子学习编程语言的需求。它的授课方式是基于网络平台的在线授课，只要有网络的地方就可以学习。有视频为引导，学生如果在课堂上没有听懂，可以通过观看视频反复学习。我们在三年级开设这门课程，在Wecode的授课过程中结合动画、视频、游戏等多种形式，趣味性强，生动形象，同学们很容易上手，对该课程的喜爱程度高。

（2）图形化编程课程

编程可以培养学生的数学逻辑能力和独立思考、解决问题的能力。我们在四年级的信息技术课堂上开展了图形化编程学习，更加强调学生的创新思维培养，让学生在学习中使用各种方法去解决问题。我校将川教版三到五年级信息技术教材和网络上的图形化编程教学结合在一起，创编并实施了我校自己的图形化编程课程，深受四年级同学的喜爱。

（3）Mixly编程课程

结合我校的创客教育，我们在五、六年级的信息技术课堂上开展了Mixly编程学习。Mixly是一款图形化编程的软件，采用积木式图形化拖拽实现编程设计，可以支持Arduino多个型号的控制板，支持多种类型的传感器、执行器、显示器、马达、通信模块、存储模块等扩展应用。我校自编Mixly课程“学做小创客”供学生使用，效果较好。“学做小创客”的课程在2020年成都市中小学创客教育校本课程（小学组）征集评选活动中荣获二等奖。

（三）在综合实践中推进融合

项目式学习是一种以学生为中心的学习，它提供一些关键素材构建环境，学生通过在此环境里组建团队解决开放式问题来学习。我校在组织学生开展项目式学习时，融入STEM教育理念，力争让每一个项目式学习都成为STEM教育活动。下面介绍几个项目式学习融合STEM教育的例子。

1.“我要会做垃圾分类”

为了迎接《成都市生活垃圾管理条例》的正式施行，我校五年级部分班级开展了“我要会做垃圾分类”的项目式学习。教师将学生分为背景调查组、垃圾桶扮演组、行为劝导组等，每个组拟订各自行动方案，并利用课余时间开展项目式学习，如调查、采访、彩排节目等。最后，教师组织了一场成果分享会。

在成果分享会上，首先由背景调查组的同学扮演“地球妈妈”，吐露自己的心声，告诉同学们自己的伤痛，希望能得到大家的帮助。然后由垃圾桶扮演组穿上道具担任“环保大使”——分类垃圾桶，一一自我介绍。最后，行为劝导组朗诵了自己编写的垃圾投放顺口溜和垃圾分类顺口溜："可回收，丢蓝色，有害垃圾丢红色，厨余垃圾是绿色，其他垃圾用灰色。垃圾多，危害大，分类摆放人人夸。"

图 3 "我要会做垃圾分类"项目式学习

这次项目式学习活动中，学生围绕垃圾分类这个主题开展了资料收集、现场调查、节目表演、政策宣传等系列活动，提高了对垃圾分类的认知，培养了绿色、环保、低碳、文明的生活方式与态度，树立了绿色低碳、环保健康的生活理念。

2. 设计制作安全头盔

2021 年成都市原计划承办第 31 届世界大学生夏季运动会。为了迎接这一盛会，我校组织开展了以"爱成都迎大运，一起来制造"为主题的活动。通过头脑风暴，学生们提出成都是一个公园城市，提倡环保出行，街上有非常多的共享单车，在大运会期间会有很多人选择共享单车出行，因此想设计一款安全头盔保护他们的安全的想法。

为此，我校组织学生开展了一次"设计制作安全头盔"的项目式学习。首先，学生分小组进行头脑风暴，书写自己创意，将设计的安全头盔外观和功能通过图画和文字记录下来。然后，教师组织学生学习电路和编程知识。接着，选择制作头盔的材料和工具，同学们分别担任设计工程师、电路工程师、编程工程师、美术工程师等角色，按照创意文稿制作安全头盔。最后，举行成果分享会。

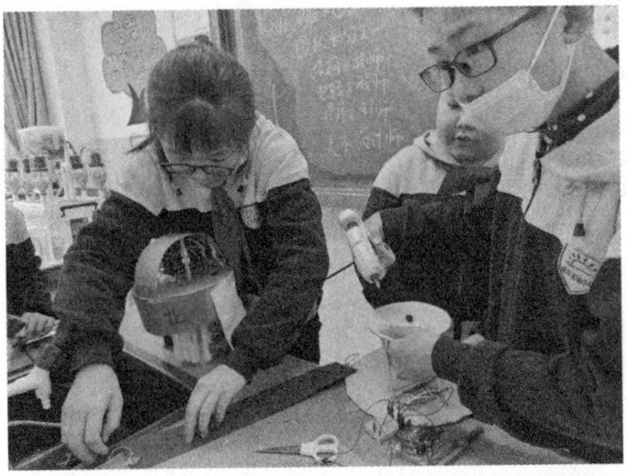 

图 4 设计与制作安全头盔的项目式学习

组织学生设计与制作安全头盔的项目式学习，是 STEM 教育的成功尝试，它调动了学生活动的积极性，让学生综合运用各学科知识进行设计与制作，培养了学生综合运用能力、动手实践能力和创新意识，发展了学生的核心素养。

3. 制作寿司

为了让学生体验亲手创造美味生活的快乐，身心素质都得到健康发展，我校六年级组织了制作寿司的项目式学习。

第一阶段是同学们分组收集寿司的制作方法和过程，第二阶段是各个组在教师及家长的帮助下分别准备材料，现场进行寿司制作。同学们穿戴好口罩、帽子、围裙、手套开始制作。铺上一层薄薄的海苔卷，里面夹上一层雪白的糯米饭，中间裹上肉松、火腿、黄瓜、煎蛋、沙拉等，寿司就制作出来了。第三个阶段就是宣传自己制作的寿司，同学们为作品摆盘，各自取了一个好听的名字，小组长上台向大家宣传着自己小组的作品，并邀请师生品尝和点评。

（四）在教育评价中推进融合

我校在开展 STEM 教育时，根据学习内容与学习过程设计评价表，采用自评与他评、过程性与终结性评价、定性与定量评价相结合的方式进行，特别强调建立 STEM 教育档案袋，收集 STEM 教育的各种过程性资料，完善过程性评价。

比如，在设计制作安全头盔的活动中，根据设计制作安全头盔的过程与要求设计了包括档案收集整理、头盔制作质量、语言表达三个维度五个方面的评价表，采用学生自评、小组互评与教师评价相结合的方式，以星级数作为评价结果。

表 3-2-4　安全头盔制作评价表

组别	评价人	档案收集整理情况好	头盔制作质量			语言表述能力强，团队合作默契
			设计美观、大方，电子电路不暴露在头盔外，颜色搭配合理	头盔结构合理（让人带着舒服，不遮挡视线）	传感器应用合理，能正常使用，作品演示效果好	
第一组	自我评价	☆☆☆☆☆	☆☆☆☆☆	☆☆☆☆☆	☆☆☆☆☆	☆☆☆☆☆
	小组互评	☆☆☆☆☆	☆☆☆☆☆	☆☆☆☆☆	☆☆☆☆☆	☆☆☆☆☆
	教师评价	☆☆☆☆☆	☆☆☆☆☆	☆☆☆☆☆	☆☆☆☆☆	☆☆☆☆☆
第二组	自我评价	☆☆☆☆☆	☆☆☆☆☆	☆☆☆☆☆	☆☆☆☆☆	☆☆☆☆☆
	小组互评	☆☆☆☆☆	☆☆☆☆☆	☆☆☆☆☆	☆☆☆☆☆	☆☆☆☆☆
	教师评价	☆☆☆☆☆	☆☆☆☆☆	☆☆☆☆☆	☆☆☆☆☆	☆☆☆☆☆
第三组	自我评价	☆☆☆☆☆	☆☆☆☆☆	☆☆☆☆☆	☆☆☆☆☆	☆☆☆☆☆
	小组互评	☆☆☆☆☆	☆☆☆☆☆	☆☆☆☆☆	☆☆☆☆☆	☆☆☆☆☆
	教师评价	☆☆☆☆☆	☆☆☆☆☆	☆☆☆☆☆	☆☆☆☆☆	☆☆☆☆☆

四、提升学校办学质量

STEM 教育的开展有效转变了教师的观念，提高了教师教学的能力，培育了一批优秀教师，学校名优骨干教师的比例达到了 70%；推进了学校课程教学改革，增强了学科融合，提高了学校的教育教学质量，学校教育质量一直在示范校中名列前茅；改变了学生学习方式，激发了学习兴趣，促进了学生生动活泼主动发展，使学生成为全面发展的阳光少年；丰富了学校内涵，提高了学校品牌层次和辐射影响力。

现在，学校成为四川省首批 STEM 共同体成员学校，荣获“全国中小学信息技术创新与实践活动”主题活动——RTC 机器人创意闯关大中华区邀请赛中小学组二等奖，四川省第十届、十一届、十二届、十四届青少年机器人创新实践活动普及组与提高组团体一等奖，成都市综合实践活动现场展评一等奖等，11 名同学荣获首届 ZEATAR 全球数字竞技大赛编程比赛一等奖，3 名同学荣获成都市青少年电脑机器人竞赛编程应用挑战赛一等奖，6 名同学荣获成都市第十六届中小学电脑制作活动创客项目比赛一等奖等。

虽然我校在 STEM 教育方面进行了积极探索，但是仍然有许多问题需要突破。一是缺乏足够、持续的推动力，需要自上而下建立一套推动机制，让教师乐于组织 STEM 教育，学生愿意深入参与；二是教师接受、认可和实践 STEM 教育有一个过程，特别是“STEM＋”的理念还需要持续强化与深入培训，广泛发动所有学科教师主动实践和探索 STEM 教育；三是课程定位、课时分配、教师安排、教学设计、学生评价相对较难，需要进一步实践与探索。今后，我校将进一步解放教师，让全体教师、全部学科、全部年级进一步深入主动践行 STEM 教育理念，切实改变教学方式，促进学生生动活泼主动发展，全面提高学校的办学质量与水平。

（供稿：张家明、荣新宇、岳姗、曾成根）

专家点评

成都市成华实验小学以“知心育人，幸福成长”为理念引领，坚持融合理念、主体理念、生活理念和活动理念，逐步建构了由学科融合型、学科拓展型和综合实践型构成的 STEM 课程体系，有效提高了教师的课程设计能力和创新教学能力，培育了一批名优骨干教师，扩大了办学影响力，走出了一条富有特色的学校课程教学改革之路。

该课程体系有三大特色：一是 STEM 课程体系的契合度高，学科融合、学科拓展、综合实践三者环环相扣，保障了 STEM 课程建设的科学性。二是 STEM 课程体系的针对性强，根据不同年段学生的特点，分别设置了不同主题的课程内容，保障了 STEM 课程建设的实效性。三是 STEM 课程体系的辐射面广，将课程建设与理念更新、内容改造、教学改革等结合在一起，保障了 STEM 课程建设的持续性。下一步，建议在运行机制层面下功夫，聚焦灵活课时安排、跨学科教研、校内外场景融合等方面，开展更深入的实践探索。

——曹培杰，中国教育科学研究院 STEM 教育研究中心副主任

用融合思想看 STEM，以 STEM 思维创课程

四川大学附属实验小学

2016 年教育部在《教育信息化“十三五”规划》中明确提出：“有条件的地区要积极探索信息技术在‘众创空间’、跨学科学习（STEAM 教育）、创客教育等新的教育模式中的应用。”2017 年教育部印发的《义务教育小学科学课程标准》中，倡导跨学科学习方式，建议教师在教学实践中尝试 STEM 教育。

基于对 STEM 教育的理解和学校现代生活教育思想的追求，川大附小提出了“培养具有良好素养，鲜明个性，在真实成长中成为共同创造和享受美好生活的新生代小公民”的育人目标，并将其纳入学校现代生活教育课程的体系设置中。川大附小儿童成长课程的具体实施，经历了从综合实践活动到儿童成长课程，从儿童与课程并举到儿童课程融合的更新迭代。

一、从经典活动中生长出融合思想

从 2000 年的学校新年元旦活动生长出来的大型综合实践活动，从最早定位的“全校参与、综合实践”，逐渐走向了各班自定主题的模拟社会实践活动——这就是川大附小模拟七十二行社会实践活动的起源和雏形。学校从职业体验、公民素养、财经素养、学科融合等育人目标出发，通过建设一座“城市”，让学生在模拟从事七十二个行业，在职业体验中寻找一个岗位，扮演一个角色，获得一种感受，明白一个道理，养成一种品质，学会一种本领。

课程分段目标：

（1）低段：在参与中逐步适应社会，在社会活动中感受规则，养成规则意识，养成遵守规则的习惯。

（2）中段：在与同伴的沟通与合作中发展对自我和他人的社会认知，培养沟通合作能力。

（3）高段：在组织协调中提升对自我与他人的社会角色认识，形成基本的社会价值判断和社会责任感，提升判断是非、组织协调能力与创造力。

基于新时代的发展，学校进一步提升完善学校核心品牌课程“模拟七十二行”，并整体构建以“模拟七十二行”为基本模式的儿童实践“双程”系统，指引课程发展新方向。学校以学科融合课堂为载体，以活动体验课堂为主体，以环境润化课堂为支撑，达成课内外、校内外、家校社“三堂并行”“三位一体”的实施路径。实施“活动课堂化，课堂生活化”保证课程目标落地扎实推进，引导学程丰富生动真实。教师在实践中合理充分利用家长及四川大学社区优质资源（含人力资源、物力资源、环境资源等）引导家长科学、规范、适当、有效地参与，在亲子互动体验中强化教育的关系组带意识，提升家长个体教育意识和教育能力，从而优化家庭教育环境，促进儿童健康成长。

二、以融合思想理解 STEM 教育

STEM 教育不是一门独立的课程，它体现的是“融合和实践”，带着这种融合的思想，基于儿童的真实生活和真实问题，立足儿童去发现真问题，产生真探究，发起真讨论，开展真项目。学校将“模拟七十二行”综合实践课程纳入 STEM 教育中，以利于全体学生共同参与、共同发展。

【案例 1】川大附小第十三届“模拟七十二行”综合实践课程

课程主题：科技改变生活，劳动创造未来。

课程行业：美食行业（健康美食、文化美食、创新美食）；创美行业（艺术创造）；高科技行业（科技创新）；公益文化行业（文化创新）；国家机关（管理创新）。

表 3-3-1　五年级“模拟七十二行”综合实践课程

学科课程	学科	任务	素养培养
岗位体验我选择 运行机制我协作	语文	了解行业，体验岗位； 确定项目，形成文案	语文素养、人文情怀
成本税率我会算	数学	核算成本、税率、利润等	数学思维、技术手段
英语购物我会说	英语	购物过程中的英语对话	英语日常应用

续表

学科课程	学科	任务	素养培养
海报宣传我设计	美术	文明标识设计、美食摆盘	欣赏美、创造美
安全保卫我最棒	体育	安全预案、安保培训	安全意识、团队协作
背景音乐我选择	音乐	确定场地、音乐，现场广告宣传	艺术修养
营养食谱我制订	科学	健康饮食	健康能力、实践能力
精彩体验我快乐	综合实践	活动总结	自我认识、总结提升

表 3—3—2　五年级“模拟七十二行”之“美乐小厨”食品店综合实践课程

店铺名称	活动主题	课程活动	学科链接
美乐小厨	第一阶段：厨艺我能行（在家里）	买菜	数学：成本的比较、利润的计算
		洗菜做菜	科学：厨房工具的使用、佐料的作用 美术：菜品颜色的搭配，生活美学
		家人共享共评	语文：表达艺术、评价交流艺术 科学：营养搭配、健康食谱
	第二阶段：美食乐分享（在学校）	同学分享	道德与法治：体会分享的乐趣 心理健康：欣赏与肯定
		美食评比	语文：策划、演讲能力
	第三阶段：创业乐体验（在虚拟的“七十二行世纪新城”）	店铺宣传	语文：写宣传语 美术：设计宣传海报和广告单
		岗前培训	语文：职业理解与表达 体育：岗位规则、健康食物健康生活 道德与法治：团队合作
		店铺开业	美术：场地规划设计与布置 音乐：氛围营造、选取合适的音乐 数学：税率成本计算、工资发放

【案例 2】“有钱别任性”教学设计

教学内容：结合“模拟七十二行”的项目活动，带领学生“制作购物清单”。

教学时间：“模拟七十二行”实践课程之前。

基于儿童成长——财商（FQ）与智商（IQ）、情商（EQ）一道被称为现代经济人必备的三商。数学教学应该关注学生FQ、IQ、EQ的和谐发展。

基于数学学科——从数学学科本身具有的特点分析，数学天生与钱、理财紧密相连。有多少钱可以支配，该怎样消费既省钱又有价值，如果这些钱不用，存银行可以得到多少利息……这些问题都用到了数学知识。

站在数学的立场上来看——教材上有此内容，第二单元“小小商店”让学生在模拟的购物活动中学会看标价、准确付钱找钱、合理使用零花钱。

站在儿童的角度上来讲——学生需要我们通过情境创设、问题设置，来帮助他们确定相应的活动课程目标。

三、用STEM理念创儿童成长课程

从“模拟七十二行”综合实践活动，到“模拟七十二行”综合实践课程，学校以综合实践课程拓展出了专题体验活动。2001年开启了“儿童与艺术”之新年艺术实践活动，2002年开启了儿童健康实践活动，2003年开启了走向自然实践活动，2014年启动了家国情怀礼仪活动……同时将七十二行实践课程进行了拓展，研学旅行、假期实践（假期作业），都采用了STEM的融合思维方式。

【案例3】项目学习之假期实践——旅行策划师

项目对象：高段学生。

项目目标：

(1) 承担“模拟七十二行”之家庭“旅行策划师”角色，学会与家人协商，与小组合作，开展“家庭旅行策划”专项实践活动，在真实的社会体验中活学活用学科思想，感受智慧劳动创造美好生活的快乐体验。

(2) 儿童“由近及远地认识世界，由小到大地感受社会，由浅入深地体验生活”。

完成方式：分小组完成。

具体实施：分为了6个阶段。

表3-3-3 “模拟七十二行”之家庭“旅行策划师”实施阶段

阶段	目标	学科运用分析（自主选择或设计）	实践活动设计	作品呈现
准备阶段	形成项目合作学习的组织形态	自我兴趣及生活经验	根据共同职业意向志趣选择项目，建立小组，建立沟通机制，完成小组分工	(1) 小组名单、分工 (2) 小组行动计划书
第一阶段（假期中）	(1) 通过调查，了解家人春节旅游意向 (2) 通过多种形式的调查了解对比，最终确定旅游目的地 (3) 完成旅行方案的制订	案例： (1) 语文：口语交际 (2) 数学：做预算 (3) 信息技术：网上查找资料，网上预订，与小组成员交流	(1) 与家人交流旅行意向 (2) 通过网络了解旅游地点情况，通过调查、对比，与家人交流，确定旅行地点，形成初步个体方案 (3) 与小组成员交流，互相学习，再根据实际情况，在家长导师指导下，修改完善家庭旅行方案	(1) 个体形成家庭旅行方案初稿 (2) 个体形成旅行开支预算初稿 (3) 小组讨论修改后的方案，分享到班级QQ群 (4) 小组活动新闻稿，分享到班级QQ群

续表

阶段	目标	学科运用分析（自主选择或设计）	实践活动设计	作品呈现
第二阶段（假期中）	（1）完善旅行细节 （2）按照计划开展旅行	案例： （1）数学：完善旅行预算，汇率换算，统筹安排 （2）语文：旅行中的口语交际 （3）英语：旅行英语……	（1）继续通过上网、与家人研讨，完善旅行细节 （2）学习在网上预订酒店、车辆、餐饮 （3）按照计划，安全文明出行	（1）旅行攻略 （2）旅行预算 （3）旅行过程的照片、视频（可上传到班级群）
第三阶段（假期结束前）	对第二阶段实践活动情况进行总结、成果梳理	案例： （1）语文：文字总结 （2）数学：数据分析，提出建议 （3）信息技术：制作 PPT （4）美术：旅行小报制作	（1）进行预算和实际开支的对比，总结旅行得失 （2）与小组成员交流旅行心得 （3）撰写寒假实践总结 （4）制作小报、PPT 等	（1）制作实际开支表 （2）假期实践活动总结 （3）汇报 PPT 或小报 （4）小组活动新闻稿
总结阶段（开学后）	在班级与同学开展交流，展示成果	语文：演讲、口语交际 信息技术：PPT 交流	（1）以小组为单位汇报 （2）班级文化墙展示 （3）项目评价、评奖颁奖，纳入“综合实践”学科考评	（1）演讲 （2）视频 （3）PPT、小报
持续阶段	持续推进项目，教育效益发酵	综合各学科	成果展示会（年级巡讲、跨年级分享） 下一届“模拟七十二行”项目负责人提供项目初步规划	

在每一次活动、每一门课程中，我们都遵从了基于儿童真实生活的学习，基于儿童真实问题的学习，全员参与共同发展的学习，学科全面融合、打通课堂内外的学习等基本取向。同时，学校还通过“儿童与自我、儿童与同伴、儿童与家庭、儿童与附小、儿童与川大、儿童与社会、儿童与天府、儿童与中华、儿童与天下、儿童与星空、儿童与创造、儿童与健康”这样 12 个路径，达成附小现代生活课程与学程的双程共生。

四、儿童成长课程的体系设置

基于学校育人目标，基于附小儿童成长，川大附小现代生活教育课程有了 2.0 版本，从儿童与道德、人文、艺术、思维、健康等课程的并举阶段，走向了融合的思考与实践。

“儿童品德生活”课程，是以道德与法治、语文等学科为领衔，促进儿童品德情操和社会责任生长的课程。

“儿童情智生活”课程，是以语文、数学、英语、科学和信息技术等领衔，促进儿童人文情怀、科学精神和批判能力培养的课程。

“儿童健康生活”课程，是以体育、心理学科来领衔，促进儿童健全人格、健康身心、勇敢精神的课程。

“儿童艺术生活”课程，是以音乐、美术领衔的课程，目的是培育儿童艺术素养和审美情趣。

“儿童劳动生活”课程，是以劳动、道德法治、实践活动等领衔，目的是促进儿童创新精神和实践能力的生长。

五、儿童成长课程的学科实施

（一）立足科学

小学科学是一门兼具基础性、实践性、综合性的课程，它既注重学生应用科学知识和方法来解决简单实际问题，也重视动手探究等实践活动，同时还跟其他内容、其他学科渗透和融合。所以在川大附小儿童成长课程中，它既属于儿童情智生活，也属于儿童劳动生活的一部分。儿童通过科学课程的学习，促进科学思维、科学精神、批判能力、问题解决能力、创新实践能力等科学素养的提高。

2017年教育部颁发的《义务教育小学科学课程标准》，倡导跨学科学习方式，它提到STEM是一种项目学习，以问题解决为导向，将科学、技术、工程、数学有机融为一体，有利于学生创新能力的培养。该课程标准增加了技术与工程领域的课程内容，明确指出技术与工程领域的学习可以使学生有机会综合所学的各方面知识，使学生体会“做”的成功和乐趣，并养成通过“动手做”解决问题的习惯。这跟STEM教育的理念与实践十分契合。同时科学教材每个单元是一个主题，内容紧密衔接，单元末大都有一个综合性的实践项目，其综合性、实践性的课程性质决定了它非常适合开展STEM学习。因此，把STEM学习以项目的方式应用到小学科学课程有利于培养学生综合运用所学知识创造性解决生活实际问题的能力。

（二）遵循原则

结合STEM和项目学习的相关理论，为了避免在实践中误入“小制作”“脱离教材”等歧途，我校在融合过程中遵循两个原则：一是以教材为根本、立足科学课堂的原则。二是以单元项目任务为统领，促进STEM学科融合的大单元结构学习原则。从认识层面抓牢单元项目式学习和STEM学习的核心，为在小学科学课程中落实基于项目的 STEM 学习提供强有力的方向指引。

（三）实施步骤

在小学科学课中以单元项目为载体，以 STEM 作为实施方式，这种方式主要被理解为一种学习方式和教学策略。综合应用科学、技术、工程、数学多方面的知识和能力，经过在科学课堂上多个项目的实施和探索，找到小学科学与 STEM 学习融合、应用实践的基本实施步骤，如图 1 所示。

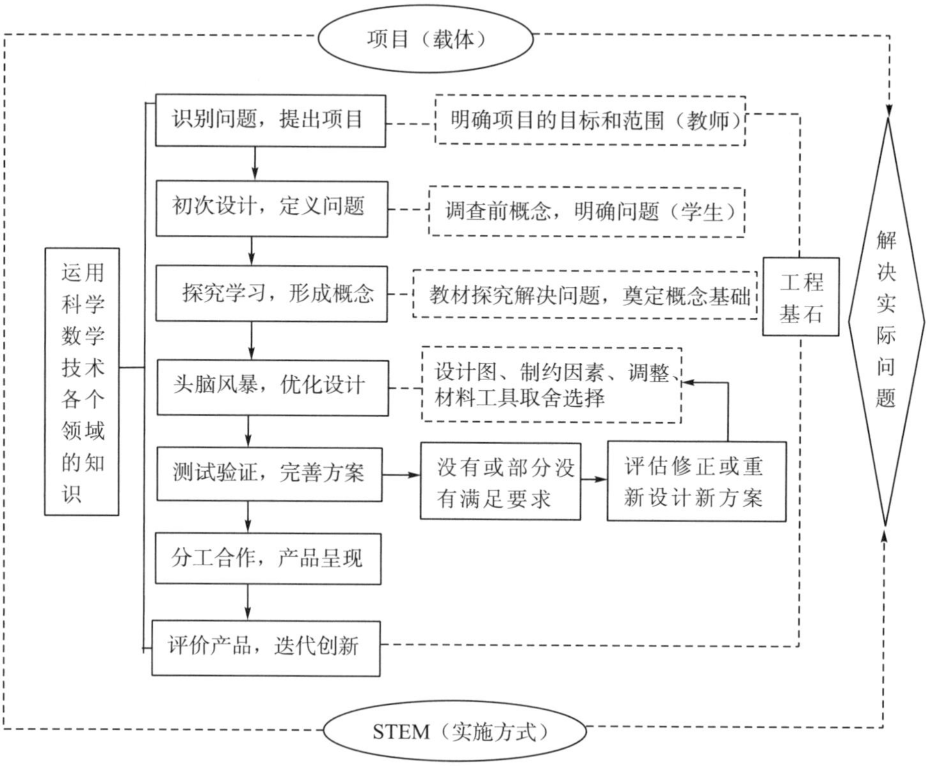

图 1　小学科学单元项目式教学中实施 STEM 的框架图

第一步：识别问题，提出项目。这一步主要由教师完成，为了让项目具有实操性，需要教师在项目提出之前识别一些问题和制约因素，明确项目工程目标，在此基础上再提出项目，让学生明确项目的目标和范围。

第二步：初次设计，定义问题。通过初次设计调查学生课前对概念的理解，明确、聚焦问题，进而分解概念、定义问题，方便根据产生的新问题，进行下一步的科学探究。

第三步：探究学习，形成概念。主要通过教材的探究形成一定科学概念，进而解决学生初次设计中的问题，为后面优化改进设计奠定知识和能力储备。

第四步：头脑风暴，优化设计。学生通过头脑风暴的形式，从设计图、制约因素、调整、材料工具取舍选择等方面充分讨论，进一步优化自己的设计方案。

第五步：测试验证，完善方案。通过对产品进行测试验证或通过交流反思，对没有或部分没有满足要求的地方进一步修正，最后形成最佳方案。

第六步：分工合作，产品呈现。小组分工合作，根据设计动手实现产品。此环节工程技术是主导，选择合适的工具及正确使用工具是核心。

第七步：评价产品，迭代创新。学生通过分享汇报、交流等方式对产品进行评价和反思，是项目的最终呈现，并为产品的迭代创新留出思考空间。

在整个实施过程中，除了第一步提出项目，最后一步呈现项目外，中间环节以科学探究为铺垫，以工程技术为基石。在这个过程中所运用到的科学、技术和数学领域的知识对工程的完成起到支撑作用。科学探究为工程的完成提供理论基础，技术提供实践支撑，数学的应用让作品呈现更加准确、合理。其中科学探究主要源于教材，工程技术的最终实现需要多次设计，并不断调整自己的设计方案，最终调整到可实现的范围。其最终目的是培养学生面对真实情境时解决实际问题的能力。学生在调查、设计、调整方案、解决问题、动手制作、评价反思等一系列活动中，其探究能力、设计创新能力、批判性思维、问题解决能力、动手实践能力、交流表达能力和反思能力等都有一定的锻炼和提升。因此，在小学科学单元项目中实施STEM教育，相比传统教学对学生各方面综合能力及核心素养的培养要更加全面、具体、系统和易于实现。

【案例4】神奇的泡泡

“神奇的泡泡”是在科学四年级上册第二单元“溶解”基础上开发的项目。“溶解”单元内容主要是理解溶解概念及溶解过程中出现的问题，而这些都与配制泡泡液过程中学生遇到的问题相契合，有利于提升学生的工程思维及能力，最重要的是配制泡泡液活动还是学生非常感兴趣的活动，学生探究欲望和热情非常高。基于以上背景，学校在单元前5课的基础上开发了项目任务：配制泡泡液。

项目分析：

（1）适应年段：“神奇的泡泡”适合小学四年级中段学生，以小组合作学习的方式4～5人为一组开展。

（2）学情分析：从知识起点来看，四年级的学生都玩过泡泡水，对于泡泡液里含有洗衣液、洗洁精等物质具有一定的认知，这为学生配制泡泡液奠定了一定的知识基础。从认知思维起点来看，学生对配制泡泡液活动非常感兴趣，但思维仅仅停留在把几种简单的材料混在一起，对于每种材料起什么作用、取多少量、怎么取、怎样进一步调整等方面是缺乏认识的。从工程设计能力来看，学生还缺乏这方面的培养，但在教师的指引下，具有初步的设计能力，并且可以对问题进行粗浅的分析。从学习能力来看，四年级的学生虽然在数学上还没有学习过比例问题，但对于每种材料占几份已经具有初步计算能力，因此，已经具有足够的能力来利用工具量取不同量的材料，但仍需要教师的指导。

（3）项目背景："神奇的泡泡"是在"溶解"单元基础上开发的项目。"溶解"单元可分为三部分内容，第一部分为第 1～4 课，以日常生活中最常见的物质——水为溶剂，观察一些固体、液体在水中的变化，比较溶解和不溶解的主要区别特征，形成关于"溶解"的描述性概念。第二部分为第 5～6 课，围绕学生可能提出的有价值的问题，比如"是什么因素在影响溶解的快慢"开展自主探究活动。第三部分为第 7 课，认识到物质溶解于水的变化过程是可逆的。其中，前两部分内容主要是理解溶解概念及溶解过程中出现的问题，如图 2 所示。

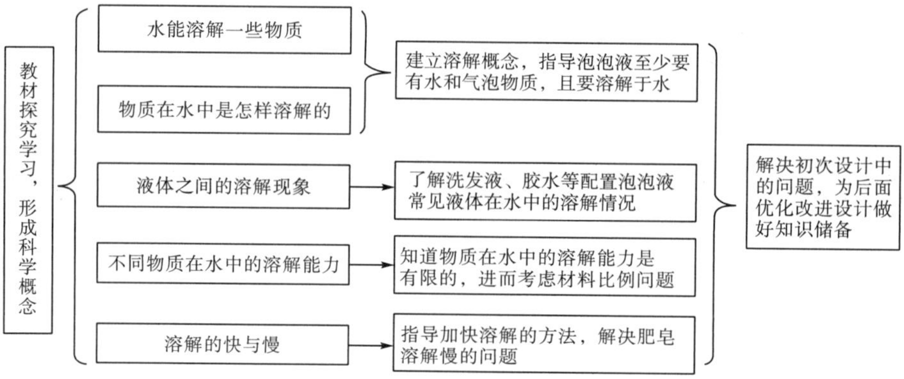

图 2　教材"溶解"单元结构

通过对教材单元内容的解读，结合 STEM 教育的特点，学校在单元前 5 课的基础上开发了项目任务：配制泡泡液。在单元起始就提出项目任务，然后学生根据前概念初次设计，聚焦分解问题，方便根据产生的新问题，进行下一步科学探究。通过教材科学探究，建立溶解相关概念，为工程设计奠定基础。在学习完教材第 4 课后进行第二次设计，学习第 5 课"溶解的快与慢"之后进行第三次设计，单元调整后的流程图如图 3。

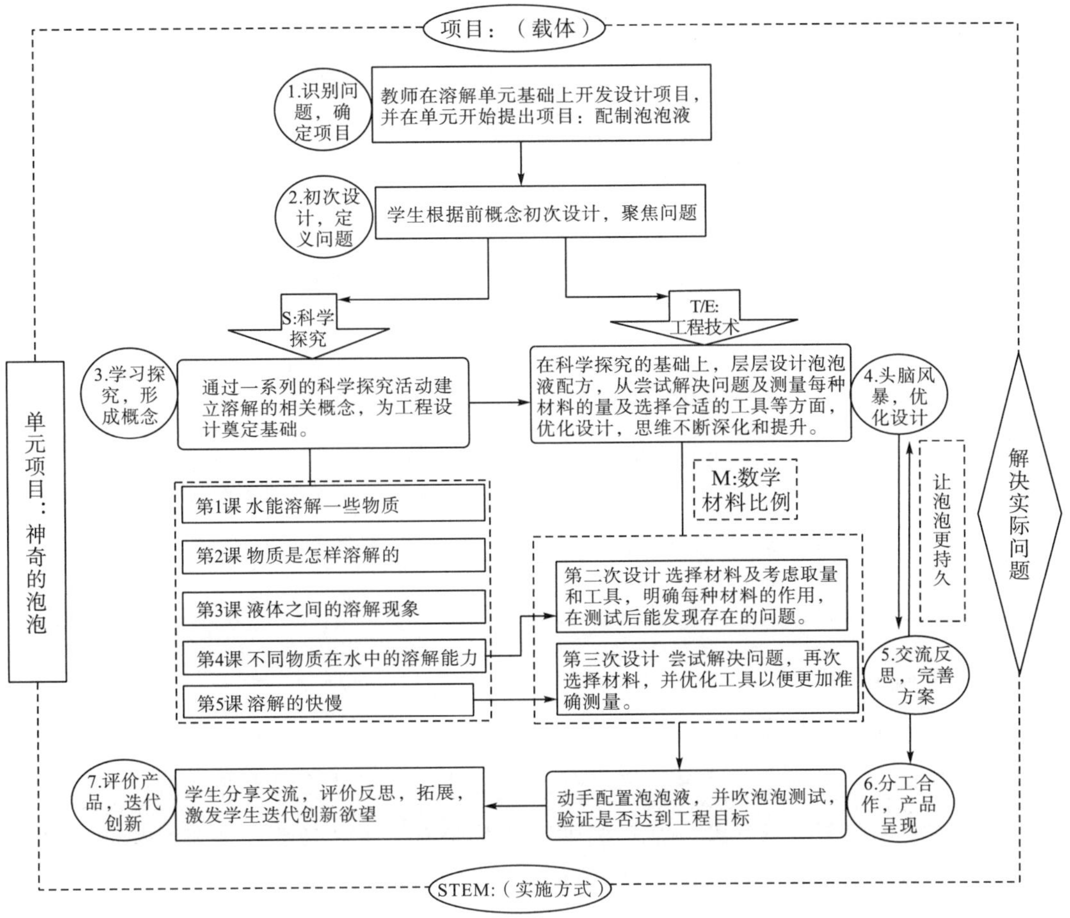

图 3　“神奇的泡泡”STEM 实施流程图

（4）目标预设：

科学概念（S）：学生知道要让泡泡更稳定持久除了需要起泡物质还要有稳泡物质，且需要溶解于水中，进一步理解溶解概念。

技术（T）：学生学会选择合适的测量工具，体会使用工具对测量的重要性。

工程（E）：通过三次配制泡泡液的设计活动，学生能找出问题并进行调整，感受活动过程中设计的重要性。

数学（M）：学会计算每种材料所占的比例，明确份量的意义。

表 3—3—4 “神奇的泡泡”学科融合表

学科	相关知识/能力	学习内容描述
科学（Science）	1. 加入的物质需要溶解在水中 2. 加入的物质必须能产生泡泡 3. 知道洗衣液、洗发液、洗洁精、胶水等跟产生泡泡有关的几种常见的液体在水中的溶解情况 4. 材料的量不能无限加入，物质在水中的溶解能力是有限的 5. 怎样加快物质的溶解速度等	1. 泡泡液总量不超过 50mL 2. 工程测试目标确定为泡泡大小达到 10cm，以直径 10cm 的小球作为参照，用秒表测试泡泡的持续时间 3. 配制泡泡液的物体不能超过 3 种
技术（Technology） 工程（Engineering）	1. 设计方案、测试方案、完善方案的能力 2. 工程思维能力；动手制作能力	1. 按照设计配制泡泡液并进行测试 2. 能找出泡泡测试后存在的问题 3. 根据新知能解决泡泡液配制中的问题 4. 能调整改进配制过程中的工具使用
数学（Mathematics）	数学计算能力：根据泡泡液每种材料加入的量，算出比例；比例知识	1. 把取量最少的一种材料算为 1 份，算出其他的材料占几份 2. 算出泡泡液配方的材料比例

案例实施过程：

（1）识别问题，提出项目：

①任务聚焦。教师在单元起始课进行情景创设，从国外泡泡大师表演的一段关于神奇泡泡的魔术视频开始，让学生充满期待地接受新的项目任务——配制神奇的泡泡液。同时教师要在前期识别一些问题和制约因素，确定项目实现的目标和范围。配制泡泡液是一个比较复杂的问题，泡泡的大小受到多种因素的影响，除了跟泡泡液配方有关，还可能跟吹泡泡的工具、吹的力度等有关，所以设计要尽量规避这些因素的影响，让其他条件尽量保持一致，比如都用同样的工具——吸管来吹，测试时由同一个人来吹等，把项目重点放在泡泡液配制上面。

②提出项目目标。

“配制泡泡液”的具体工程目标如下：

A. 泡泡液总量不超过 50mL；

B. 工程测试目标确定为泡泡大小达到 10cm，以直径 10cm 的小球作为参照，用秒表测试泡泡的持续时间；

C. 配制泡泡液的物体不能超过 3 种。

图 4　改进前以尺子测量泡泡大小

图 5　改进后以小球作为泡泡大小参照标准

（2）围绕项目，定义问题：学生根据自己的前概念来初次设计泡泡液配方，在不限制任何材料的条件下，学生的初次设计常常出现如下情况：配方里没有加入水；加入多种材料，至于为什么加不太清楚；加入洗衣液、胶水等，但对于它们在水中会不会溶解不清楚，不会考虑每种材料加多少的问题，加多少全凭感觉；加入肥皂这种溶解慢的物品等。

基于学生初次设计中存在的问题，需要定义问题，明确以下几个科学概念：①加入的物质需要溶解在水中；②加入的物质必须能产生泡泡；③知道洗衣液、洗发液、洗洁精、胶水等跟产生泡泡有关的几种常见的液体在水中的溶解情况；④材料的量不能无限加入，物质在水中的溶解能力是有限的；⑤怎样加快物质的溶解速度等。

（3）新知探索，形成概念：这一步主要是 STEM 中的 S 即科学探究，探究内容主要源于教材。①通过第 1～2 课的学习使学生建立溶解的概念，明确想要吹出泡泡至少需要水和起泡物质，而且这些物质需要溶解在水中；②第 3 课让学生知道洗衣液、洗洁精、胶水等能产生泡泡或稳定泡泡的常见液体在水中的溶解情况；③第 4 课让学生知道物质在水中的溶解能力是有限的，进而考虑到泡泡液材料比例问题；④教材第 5 课让学生知道加快物质溶解的方法。

通过这 5 课，学生形成科学探究的概念，解决了他们在初次设计中的很多问题，为后面优化改进设计做好知识和能力的储备。

（4）运用新知，二次设计：通过教材中前 4 课的学习，学生已经知道了溶解的一些概念，知道了物质在水中的溶解能力是有限的，这说明在配制泡泡液过程中还需要考虑每种材料加多少的问题。所以第二次设计与第一次相比不再是盲目的、无限制条件的设计。

①提出项目任务：泡泡液总量不超过50mL；明确泡泡液中必须要有水和起泡物质且知道它们各自起什么作用；每种材料加多少及工具选择的问题；给出限制条件：材料总量最多不超过3种。

②学生进行第二次配方设计：完成设计单，注意每种材料取量的单位是g还是mL。知道每种工具的使用方法，量取过程中只能选择一种工具。

③学生根据设计配制泡泡液，并进行吹泡泡测试。

④小组汇报，测试后存在的问题。

吹泡泡出现的问题以及工具使用中出现的问题：①泡泡太小；②泡泡容易破，持续时间不久；③泡泡液太黏稠；④肥皂溶解得慢；⑤泡泡太重，往下掉等。

第2课时，学习教材第5课。学生通过“溶解的快与慢”的学习知道加快物质溶解的方法，解决第二次设计过程中部分问题。

(5) 交流反思，完善设计：视频导入，回顾学生第二次吹泡泡的片段及学生第一次配制过程中出现的问题。教师梳理第二次测试后问题。

泡泡液配方第三次设计：

①阅读资料，明确泡泡液中物质（水、起泡物质、稳泡物质）的作用。

②第三次设计，要求：从水、洗衣液、洗洁精、糖、胶水、甘油中任选3种；考虑每种材料的取量；明确用什么工具测量取量。

③学生完成设计单

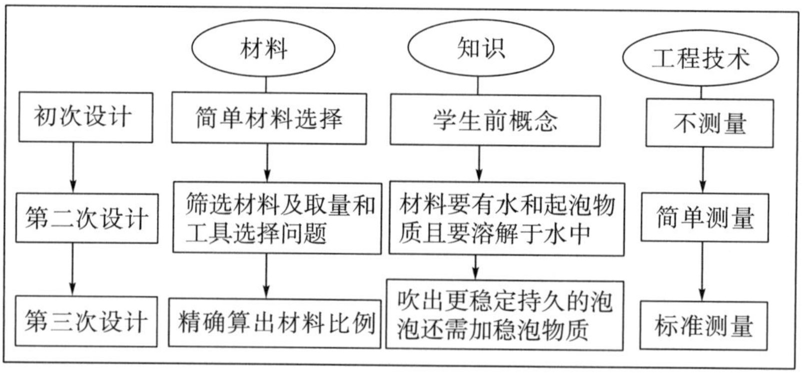

图6　三次设计由浅入深的过程

(6) 分工合作，工程制作：各小组汇报设计配方；吹泡泡测试温馨提示：①严格按照设计单拿取材料；②吹泡泡测试时，4人分工合作，泡泡吹到参照球大小后，脱离吸管，拿秒表记时间，最少实验3次，取中间数，并把结果记录下来。③尽量保持同样的方法吹，气息平稳。

图7　泡泡液的配制过程

（7）评价产品，迭代创新：①分享展示。视频展示：用希沃授课助手，教师拍下学生视频片段并播放。统计各小组泡泡测试结果。效果好和不好的小组汇报材料及比例。教师结合照片讲解配制过程的问题。拓展探究：吹出神奇的泡泡。教师表演泡中泡、有烟的泡泡、弹跳的泡泡、超级大泡泡等，凸显泡泡的神奇，激发学生继续迭代创新自己产品的欲望。

图8　教师吹出神奇泡泡

项目实施反思：

（1）对于工程目标要细化、可检测。为了考虑材料比例问题，规定泡泡液的总量不超过50mL。关于泡泡的测试指标，刚开始是用尺子测试泡泡大小，用秒表测试在空中的停留时间。实践发现泡泡越大越容易破，大小和持续时间是相关的，同时泡泡的大小不容易测量。所以最后把工程标准确定为泡泡大小达到直径 10cm，以直径 10cm 的小球作为参照比起用尺子测量更加简单直观，达到小球大小后，用秒表测试持续时间。

（2）给出限制条件：材料总量最多不超过 3 种，这个条件的限制一方面是为了尽量减少干扰因素，降低难度，另一方面是为了引导学生最后设计能加入水、起泡物质、稳泡物质。

（3）配制泡泡液是一个比较复杂的问题，泡泡的大小受到多种因素的影响，除了跟泡泡液配方有关，它还可能跟吹泡泡的工具、吹的力度等有关，所以设计要尽量规避这些因素的影响，都用同样的工具——吸管来吹。测试时注意强调匀速缓慢地吹，由同一个人来吹等。注意给学生强调实验细节。

（4）测量工具方面，学生从常见的测量工具如量筒、量杯、定量勺、针筒、电子秤中任选一种，这里要求只能选一种，不仅可以暴露学生的前概念，还可以让学生体验选择合适工具的重要性，感受每种工具的优缺点。这里需要向学生强调每种工具的正确操作并让他们注意单位的不同。

评价量规：

表 3－3－5　学生学习效果评价表

活动内容：配制泡泡液

评价人：　　　　　　　评价对象：　　　　　　　评价日期：

评价项目	评价要点	评价结果
活动参与态度	1. 在“配制泡泡液”整个活动中积极参与，始终保持浓厚的兴趣	☆☆☆☆☆
	2. 在“配制泡泡液”活动中承担一定角色并努力完成自己承担的任务	☆☆☆☆☆
	3. 能在活动中主动提出自己的想法	☆☆☆☆☆
	4. 善于合作，尊重他人的想法	☆☆☆☆☆
参与设计中能力的提升	1. 能利用已有知识或查资料，解决“配制泡泡液”配制中出现的问题	☆☆☆☆☆
	2. 在设计中，能积极思考，找出测试后存在的问题	☆☆☆☆☆
	3. 小组三次方案设计评价得星（每次 2 颗星）	☆☆☆☆☆☆
参与工程制作过程中能力的发展	1. 能按小组分工完成自己的配制及测试任务	☆☆☆☆☆
	2. 在小组分工时有团队意识，能积极配合小组完成自己的分工	☆☆☆☆☆
	3. 在配制泡泡液过程中能主动参与，积极动手，配合小组完成配制测试	☆☆☆☆☆
	4. 在测试后能积极分享、评价	☆☆☆☆☆
	5. 在配方改进中能认真思考，积极参与，给出改进意见	☆☆☆☆☆

续表

评价项目	评价要点	评价结果
产品评价、迭代创新	1. 配制测试完成任务的情况	☆☆☆☆☆
	2. 能给别人介绍配方的调整及优势	☆☆☆☆☆
	3. 能接受别人的意见和建议，提出改进创新的建议	☆☆☆☆☆

项目学习工具：

"配制泡泡液"第一次设计

班级小组号：
(1) 你选择哪些材料配制泡泡液？写出你的材料。
(2) 根据你选择的材料配制泡泡液，测试后出现了哪些问题？
(3) 你打算怎样调整？

"配制泡泡液"第二次设计：

项目：利用工程的初步理念，设计配制泡泡液，总量不超过50mL。

要求：人人参与，合理分工，注重调整反思。

(1) 选择的材料：

	材料名称	取量（单位：mL或g）
选择的材料		
选择的测量工具		

(2) 吹出泡泡的情况：略。

(3) 通过实验我发现：泡泡液中的水起作用，具有产生泡泡作用。

(4) 测试后存在的问题：略。

"配制泡泡液"第三次设计：

项目：利用工程的初步理念，设计配制泡泡液，总量不超过50mL。

要求：人人参与，合理分工，注重调整反思。

（1）选一选材料及工具（注：总量不超过 50mL）

	材料名称	取量（单位：mL 或 g）	占几份
选择的材料			
选择的测量工具			

（2）吹一吹测试：

根据测试结果打√	□大小不达标	
	□大小达标	泡泡持续时间： 第一次　秒 第二次　秒 第三次　秒 取值　　秒

（供稿：刘晏、潘海燕、王宁、郭婉婕、雍俊）

专家点评

四川大学附属实验小学以“培养具有良好素养，鲜明个性，在真实成长中成为共同创造和享受美好生活的新生代小公民”为目标，基于儿童的真实生活和真实问题，从职业体验、公民素养、财经素养、学科融合等维度出发，将“模拟七十二行”综合实践课程纳入 STEM 教育，形成了富有特色的儿童成长课程体系。

该课程体系具有两大特色：一是从教育的原点来创设 STEM 课程主题，将儿童成长经验与 STEM 教育实践融为一体，注重跨学科融合，形成了以儿童为中心的 STEM 教育模式。二是 STEM 课程建设富有浓浓的生活气息，面向真实问题，探索真实现象，完成真实任务，不断创新课堂教学设计，让深层次学习真正发生。下一步，建议要加强课程内容梳理，依托现有 STEM 课程内容，注重体系化建设，从散点式的主题活动迈向系统性的课程模块，从而形成高品质的 STEM 课程体系。

——曹培杰，中国教育科学研究院 STEM 教育研究中心副主任

STEM 教育与国家课程融合实施的校本化探索[①]

四川省阆中中学校

四川省阆中中学校从满足学生多元化发展需求出发，立足国家级贫困地区农村县域中学实际，着眼于“培养学生终身学习的观念、促进学生综合素质的发展”，积极探索实践 STEM 教育特色学校建设，以 STEM 教育理念引领学校教育教学、教研教改工作，取得了突出的阶段性成效。

一、学校呼唤 STEM 教育

STEM 教育与国家课程融合实施，促进学生核心素养的发展和高阶思维能力的培养，是当前教育领域关注的焦点，也是当今教育改革发展的重要课题。从学校实际和地方特色出发，立足国家课程标准体系实施 STEM 教育，推进国家课程的校本化实施，在帮助学生打好扎实的学科知识的基础上，培养学生的科学精神、创新思维、实践能力和创造能力，既是发展素质教育、推进育人方式变革的现实需要，更是提升学校育人水平、促进学生全面发展的战略选择。

阆中中学是一所远离大中型发达城市的农村县域中学，学校发展面临生源结构层次复杂、社会对人才培养需求多元等诸多困难。基于破解学校当前发展困局、对接新课改新高考、创新人才培养模式、提升教育教学质量等现实需要，学校亟待推进 STEM 教育，以此回应社会发展对学校人才培养的诉求。如何全面达到国家课程标

① 本案例为《中国 STEM 教育 2029 行动计划》（2018—2019 年度）立项课题“STEM 教育特色学校建设研究”（课题立项号：2018STEM133）成果。

准，有效实施 STEM 教育，是当前学校管理和一线教师迫切需要解决的问题。

二、学校探索 STEM 教育

国家课程的校本化实施，是指在坚持国家课程改革纲要基本精神的前提下，学校根据自身性质、特点和条件，将国家层面上规划和设计的、面向全国所有学生的学习经验转变为适合本校学生学习经验的创造性实践。STEM 教育与国家课程融合实施，是国家课程校本化实施的重要途径，也是学校基于国家课程标准、立足校本实际开展 STEM 教育的有效途径。因此，STEM 教育要能真正在学校落地生根，课程开发是前提，教学实施是载体，空间建设是平台，质量评价是保证。

（一）STEM 教育课程开发的校本化

STEM 教育跨学科整合教学的特征，要求 STEM 教育课程不能是某几门课程学科知识的简单叠加。但国家课程采用的是分科模式，学科知识相对独立分散，各学科教师很少重视学科与学科之间的联系。显然，这种分科课程教材不适合开展 STEM 教育，这就需要对国家课程进行校本开发，构建 STEM 教育校本课程，以适应 STEM 教育的校本化实施。校本课程开发不仅包括学校在国家课程计划预留的课程空间内的完全自主的课程开发，同时也包括学校对国家课程“因地（学校）制宜”“因人（学生）制宜”的创造性的改编和再开发。针对不同的 STEM 教育学习任务，课程开发相应采取不同的策略。

1. 课程建设的途径

（1）原创。结合我国国情、教育实际、地方特色和学校实际，开发建设具有本土性和原创性的 STEM 教育内容。

（2）引进。立足学校实际，引进使用国内外成功的、适合本校实施的 STEM 教育案例或教材。

（3）改编。结合学校开展的科技创新、创客教育、研究性学习、综合实践活动、学科拓展性培训、社团活动等项目，以国内外相关内容的、同类型的、成功的 STEM 教育案例为蓝本，在适当拓展的基础上进行仿写或改编。

2. 课程设计的模式

（1）相关课程模式。在保留各学科课程独立性的前提下，围绕具体的 STEM 教育学习任务所涉及的相关学科课程知识，组织整合关联学科课程的知识结构和内容体系，建构 STEM 教育。这与当前分科教学课程模式类似，区别在于 STEM 教育的实施需要相关学科教师密切配合、相互协调，共同组织学生的学习活动。探究式学习常采用这种模式。

（2）广域课程模式。打破学科间的界限，将相关的多个学科课程知识以某一具体的STEM教育项目、专题或活动为核心进行重新整合，建构连贯性的、独立于各学科课程之外的STEM教育内容。项目式学习、专题化学习一般采用这种模式。

3. 课程整合的中心

（1）以学科知识为中心。在分析学科之间逻辑关系和各学科课程最基本知识结构的基础上，找出不同学科知识点之间的连接点与整合点，将分散在各学科课程的知识按逻辑主线或以某一问题、项目、专题为核心进行重新整合，绝不能忽视学科整合的内在联系而对课程进行盲目的简单叠加。探究式学习、研究性学习常采用这一课程整合形式。

（2）以生活经验为中心。基于现实场景或问题情境，选取生活实践中的实际问题或现实需求，并围绕这一问题的解决或需求的满足，整合现行各学科课程中与此密切相关的知识，然后以项目的设计与实施、问题的分析与解决为载体，将相关学科课程中的知识转化为动手制作物化作品或解决实际问题的生活性知识。这一课程整合形式适合项目式学习、探究式学习等模式。

（3）以学习者为中心。从学习者个体或团队的社会实践或调查研究出发，对现实生活中发现的实际问题进行分析和解决。这一整合模式强调学生的主动介入和学生主导探究实践的过程，由学生自主学习相关学科知识并完成项目的设计与实施、问题的分析与解决，不需要教师预设问题或项目，教师在学生的学习活动中只起到引导、支架的作用。一般用于项目式学习、探究式学习、研究性学习等模式。

4. 课程规划的原则

（1）在课题选择上注重现实情境下真实问题的研究与解决。以现实情境中的真实问题为主题来规划课程内容，是STEM教育开发最基本也是最常见的形式。

（2）在内容组合上注重学科核心概念及学科间的“大概念”的理解与掌握。以学科核心概念、知识体系及研究方法为主线进行整合，建构STEM教育内容。围绕“大概念”设计课程，也是STEM教育实现各领域融合的重要方法。

（3）在知识结构上注重多元化、多样性。尽可能为学生提供丰富的知识素材和多样化的课程资源，让不同潜质、不同水平、不同兴趣特长、不同发展需求的学生，能够自主选择相关课程内容进行个性化学习。

（4）在目标达成上注重培养学生的高阶思维能力。STEM教育的目标就是强化学生的高阶思维能力，帮助学生在不同学科知识领域之间建立起更完善的知识结构体系，完成更有意义的总结迁移和实践应用。

5. 课程设置的主线

（1）立足学校和地方实际，充分利用地方、区域的特色优势，整合国家、地方、校本三级课程资源，实现人文素养、艺术素养与科学素养的高度融合。如，立足学校长期开展的无线电定向越野、航模、车模、海模等社团活动，整合物理、化学、生物、数学、工程、技术等学科。结合研究性学习和社会实践，可以开发建设以社团活动、项目式学习为主导的 STEM 教育内容。

（2）重点突出科学（物理、化学、生物）、信息技术、通用技术、数学等学科之间，或者是这些学科与其他学科（如人文类、艺术类）之间的整合。如，以物理、化学、生物等国家课程学科知识为基础，选取现代社会、生活情境中的真实问题，开发建设以物理、化学、生物和工程技术为基础，开放实验室为平台，科技创新为主导的 STEM 教育内容。

（3）有意识地融入与地方特色旅游文化资源相关的艺术、人文、社会、历史、天文、地理等知识。学校地处国家 5A 级风景旅游区——阆中古城，充分发挥古城旅游文化资源的优势，如对阆中三国文化的挖掘、对保宁醋酿造工艺的探究、对古城古建筑窗花的制作、对阆中风水文化的研究等，开发建设以古城阆中文化元素为基础、专题文化和地方特色为主导的 STEM 教育，如科举、春节、天文、古建筑、古民居、民俗、醋、风水等主题。

6. 课程设计的流程

（1）分析教学内容，确立项目主题。以学科基本概念、原理和结构为中心，明确学科核心概念体现出来的核心素养和关键能力，以此作为主题进行教学分析，这一环节需充分考虑学生的必备点、困难点、困惑点和可能点。清楚认识课程主题对学生核心素养发展和创新思维能力提升的价值，对学科内容以专题或项目进行整合，对涉及相关学科的知识进行深度融合。

（2）根据项目主题，选择教学素材。根据已确定项目主题，按照一定要求选择教学素材。选择教学素材须考虑以下几点：①新课程标准明确规定的课程内容；②必须符合学科本质和教育本质的要求；③有助于发展学生核心素养和创新精神的培养；④学生对有兴趣的问题可以进行理论预设和假说。根据所确定的教学素材，布置学生感兴趣、有挑战性和可操作性的学习任务，根据具体内容分解成大、中、小主题，最后形成课程清单。

（3）梳理项目内容，进行问题分解。针对每一个项目内容，围绕一些真实事物或事件，设计制作思维导图，根据思维导图有针对性地整合相关学科知识，创设有助于提高核心素养和创新思维能力的问题。师生共同研讨的素材来自身边真实场景或情境，能为学生的实践活动指引方向。

（二）STEM 教育教学实施的校本化

STEM 教育旨在进行跨学科融合教学，实现课程综合育人功能。正确处理好国家课程与 STEM 教育之间的关系，在全面实施和完成国家课程标准要求的基础上，落实好学校层面的 STEM 教育至关重要。

1. 课时安排

STEM 教育要在学校落地生根，课程是前提，教学是载体，课时是保证。但目前国家课程标准和课程规划中并没有安排专门开展 STEM 教育的课时，现实可行的方案就是将 STEM 教育与现行学科课程教学和综合实践活动相结合。根据 STEM 教育内容的不同，分别采用不同的教学时间来实施。

（1）以国家课程教学时间为主，其他课程教学时间为辅。与现行学科教材知识关联度较高的 STEM 教育课程内容，与相关学科教学融合实施，由学科教师联合组建教学小组并在这些学科的课堂教学时间内完成，课内不能完成或无法在课内完成的学习活动则利用地方课程、校本课程教学时间来完成。这是对学科教学的补充、深化、拓展和丰富，也是今后 STEM 教育教学的主阵地。

（2）以地方课程和校本课程教学时间为主，课外时间为辅。对于与现行学科教材知识相对独立的 STEM 教育课程内容，大多与选修课、综合实践活动课程融合实施。在初中阶段主要与校本课程（如综合实践活动等）整合进行教学，在高中阶段则主要与校本选修课和研究性学习相结合实施，如选择性必修课、选择性自主选习、综合实践活动（包括研究性学习、社会实践等）等课程教学时间来完成。这是目前 STEM 教育最常采取的方式，是学校特色课程、选修课程及社团活动内容的重要组成部分。

（3）“课内＋课外”的拓展性课程教学时间。对于那些在科学、工程、技术等领域有兴趣爱好或特长的学生，以及初三、高三有较大升学压力的学生，主要是以拓展性课程的形式进行 STEM 教育，由学生根据自身爱好、兴趣自主选择参加学校开展的 STEM 教育学习实践活动。这些活动内容丰富，形式多样，时间、地点不定，教师在教学中重点起引导、组织、管理、点拨、帮助的作用。

2. 教学设计

STEM 教育教学设计，既要注意克服各学科原有知识结构体系相对独立分散的弊端，将分散在各学科中有关联的知识点按特定的问题、项目、专题（或主题）逻辑进行跨学科、跨学段重组融合，又要确保设计的学习任务、学习活动、教学目标能够对现行各学科的基础知识、基本技能全覆盖。在综合参考余胜泉等人的 STEM 跨学科项目设计模式、伍碧瑶等人的 STEM 课程的教学设计样式、美国国家研究理事会（NRC）关于科学家和工程师的工作流程图的基础上，建构形成 STEM 教育跨学科整合教学设计模式（如图 1）。

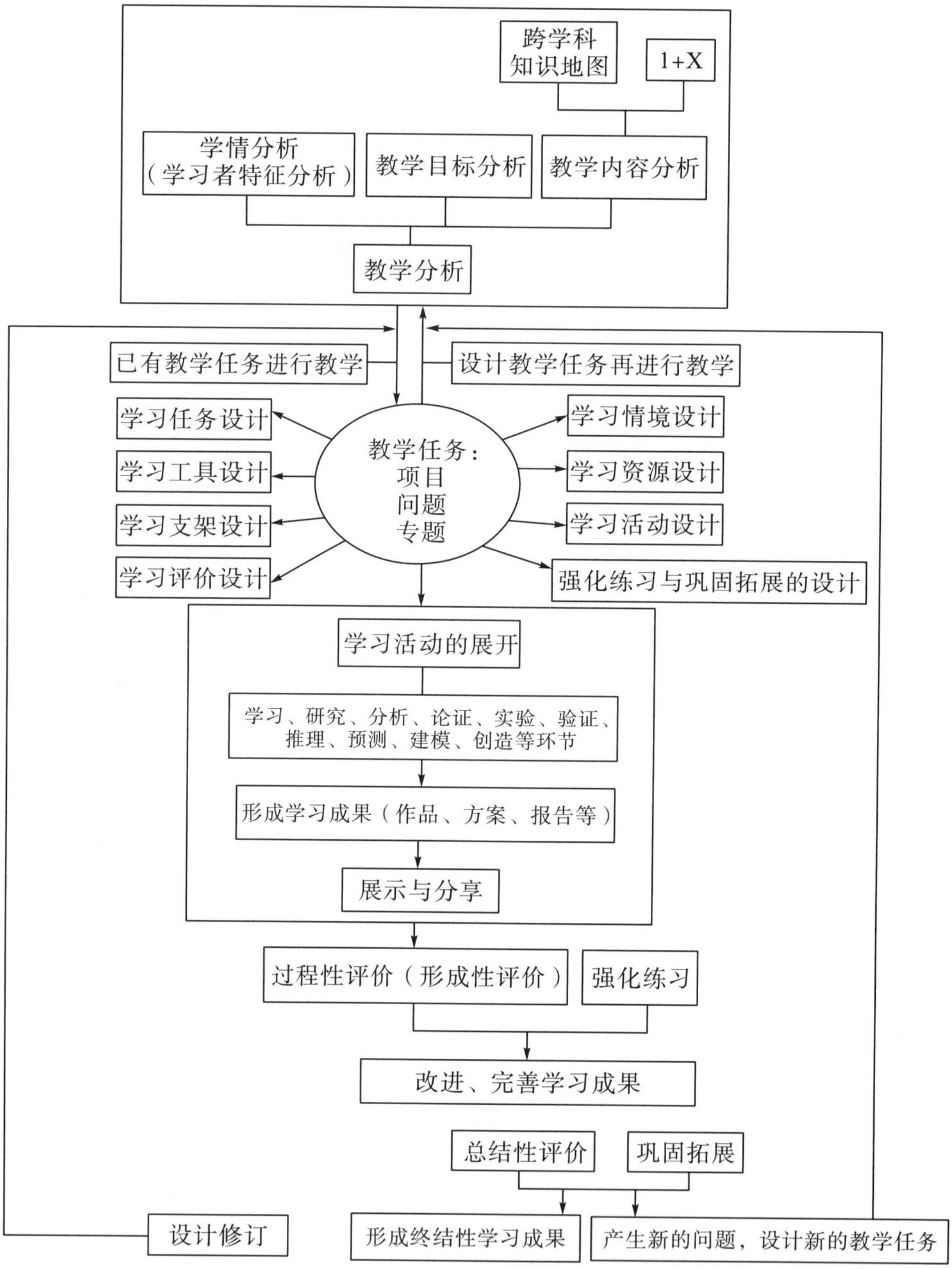

图 1　STEM 教育跨学科整合教学设计模式

这一设计模式的基本流程：以 STEM 教育教学内容为核心，立足学生学情实际进行全面深入地“教学分析”，设计与此相适应的教学过程、学习评价，同时关注在学习活动中学生获得知识的系统化与结构化迁移，设计学生自我反思、强化练习、巩固拓展、总结提升的过程或环节，让学习者作为研究者、设计师直接参与学习活动，通过问题的解决和任务的完成来推进学习。

3. 教学实施

根据 STEM 教育学习活动所取得的结果，可以分为三个维度：物化作品、解决问题能力、多元知识成果。从这一分类维度出发，我们将 STEM 教育分为制造型、创造型、探究型、验证型、综述型、综合型六种不同的应用模式，并相应采用以下三种教学方式：项目式学习、探究式学习、专题化学习（如图 2）。

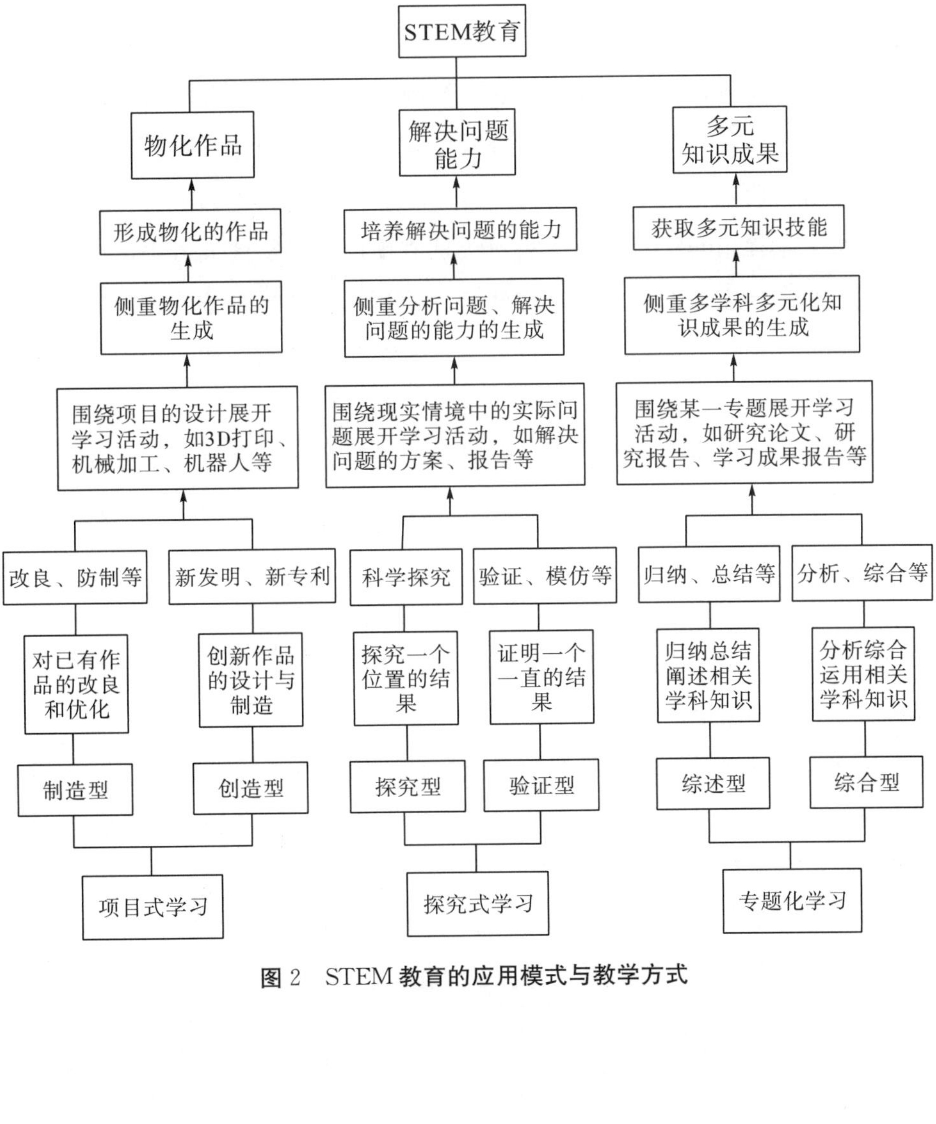

图 2　STEM 教育的应用模式与教学方式

（1）项目式学习

项目式学习的内容大多是工程技术类 STEM 教育项目，以形成物化的作品为学习目标。因此，学习活动必须围绕项目的设计和任务的完成来展开，让学生在设计项目、制造作品、改进完善的过程中学习相关学科课程知识，强调外显的物化作品的生成，涉及科学、技术、工程、数学、艺术等多学科知识技能的综合应用。一般有情境导入、学生设计及实验、作品改进试验、外观装饰、作品说明、展示和介绍、反思评价和总结八个环节。

（2）探究式学习

探究式学习的核心是“以问题为导向”，相当于为学生搭建一种科学探究的载体或平台，让学生从真实情境、具体问题入手，围绕分析问题、解决问题这一主线进行学习。学生在科学探究的过程中学习相关的学科知识，不仅能激发学生的学习兴趣，而且可以增强学生的探究意识，培养学生的科学精神、创新思维以及发现问题、分析问题、解决问题的实践能力。这也是今后 STEM 教育的重要发展方向之一。

以“古民居木结构建筑的设计与建造”为例，让学生探究古民居在设计与建造中是如何解决采光、防潮、防震等问题，涉及的学科课程知识包括物理学、化学、生物学、数学、地理、历史、艺术、建筑、工程、技术、环境保护等内容。教学过程如下：

①情境导入，提出问题。教师从实地场景或预设的课堂情境入手，让学生根据现象提出问题，引导学生从古民居木结构建筑的使用材质、地理位置、门窗大小、建筑高度、房屋朝向、框架结构等方面进行思考，探索如何在设计和建造中解决采光、防潮、防震等问题。

②学习研究，做出假设。指导学生根据老师提供的相关学习工具和资源，运用已学到的相关学科知识去研究分析，就提出的问题的解决方案做出合理的假设。

③社会调查，实践验证。带领学生深入阆中古城对古民居进行实地考察、调查研究，就前期做出的假设进行实践验证，记录观察到的现象和测量的数据。

④分析数据，得出结论。带着记录的现象和数据，进行深入学习，对现象和数据进行分析研究，得出结论。

⑤表达交流，撰写报告。就前期学习成果在小组内或全班进行展示、介绍，交流正反两方面的经验，并根据他人的意见和建议以及自己的思考进行改进完善，形成解决问题的报告、方案等（如文字、影像）。

⑥反思评价，总结提升。对各小组的学习成果进行总结性评价，引导学生反思自己成果的不足，结合他人学习成果，完善、优化自己的报告。

（3）专题化学习

专题化学习是基于某一知识或问题专题展开学习，不一定要求制作特定的作品，要求教师基于真实的场景或情境，组织引导学生利用已学到的相关学科知识围绕这一专题进行学习，并形成一定的综合性学习成果。

以“古建筑文化”专题学习为例，预设的教学目标是让学生探究阆中古城随处可见的古建筑的功能、稳定性、美观度以及生态环境的适应性，在学习物理、工程、技术、数学、天文、地理、历史、政治、社会、民俗、旅游等知识的同时，树立古建筑风水文化中的天人合一等设计理念以及人与自然和谐共生的环保理念，懂得更好地保护我们生活的“地球村”，自觉为建设社会主义生态文明做贡献。这一教学过程包括以下环节：

①论证设计。通过查阅文献、实地调研所选阆中古城古建筑的现状、面临的问题等确定学习背景、目的和意义，组织学习内容，设计学习活动，充分考虑学习过程所需条件、必要的设备器材以及人员分工。

②学习研究。通过查阅资料、学习教材，了解掌握该学习内容所涉及的相关学科知识，研究木结构建筑框架结构的科学原理，认识其选址、选材、建造的主导思想以及与环境共生的设计理念。

③实践创作。基于专业文献、实地调研、小组讨论，启发学生设计并制作古城古建筑草图或简单模型。课堂上利用计算机进行简单的编程设计、绘制工程图，具体软件使用方法可以向老师求助或上网查找资料，在保证功能齐全、结构稳固、外形美观的基础上进行科学合理绘图，准确认识古建筑的结构原理和设计理念。设计图纸可以手工绘制或电脑设计，模型制作可以完全手工制作或运用3D打印、激光切割、木工等技术。

④交流展示。展示通过学习形成的论证报告、调研报告等文字作品、影像作品以及实物模型，交流学习感悟、学习成果。

⑤反思总结。通过自评、互评、教师评价等多种形式，对学习成果进行评价，指出优点和不足，提出问题和建议，不断改进和完善，形成最终的专题学习成果报告。

（三）STEM教育空间建设的校本化

开展STEM教育，学习体验空间是基础和平台，对学生学习过程和结果起着举足轻重的作用，是STEM教育重要的硬件支持和物质保障。我们立足学校实际和区域实际，充分挖掘、利用校内外STEM教育资源优势，在对现有传统教室、各学科实验室、各种功能室进行改造升级的基础上，积极争取国家项目支持和资金扶持，大力改善办学条件，积极推进“数字校园”“智慧校园”建设项目，添置更新设备设施，建设各种STEM教育创新实验室、科创中心，打造具有时代特征的、资源丰富、硬件和软件相配套的STEM教育学习体验空间，让学生能够广泛参与，增强学习者的STEM学习体验，从做中学，在学中做，激发兴趣，启迪思维，培养素质，提升能力。

1. 坚持三个原则

（1）因地制宜。学校地处国家5A级风景旅游区，具有底蕴深厚的旅游文化资源，如科举文化、春节文化、三国文化、醋文化等。我们在量力而行开展开源硬件、无人机、机器人等项目的同时，因地制宜打造具有地方特色的STEM教育项目和空间，如对阆中三国文化的挖掘、对保宁醋酿造技术的探究、对古民居窗花的制作等。

（2）因校制宜。1998年以来，学校立足当地“三农”实际，探索开展劳动实践场所建设，办出了农业科技劳动实践教育特色。21世纪初，我校又开展了无线电定向越野、航模、车模、海模、校外种植、书法等社团活动，建立完善了数十个配套的功能教室。2013年学校在川东北地区率先建立了创客中心，2017年启动了科创中心的建设。

（3）因课制宜。我校STEM教育以科技创新、社团活动、开放实验室主导和项目学习为主导，打造了“中国保宁醋文化博览园”等“八大主题教育社会实践基地”，作为以社团活动主导的STEM教育学习体验空间；打造了以机器人、航模、3D打印、开源硬件、无人机等为主体的科创中心，加上在学校原有的理化生等学科实验室、信息技术功能室、通用技术教室等功能室的基础上改造建设的实验中心，作为开展以科技创新主导、以开放实验室主导和以项目学习主导的STEM教育学习体验空间。

2. 实施三大战略

（1）改造。学校原有的物理、化学、生物、信息技术、通用技术等学科实验室以及班级教室设备陈旧，难以适应STEM教育的需要。我们对原有功能室进行了改造升级，按新课程标准装备添置各学科实验室、各功能室的设备设施，整合建设成设施齐全、功能齐备的实验中心。

（2）新建。随着我校STEM教育开发建设的持续推进，课程类型和课程内容进一步丰富，我们实施完成了科创中心建设。该中心占地1000余平方米，涵盖合作探究区、加工制造区、互动交流成果展示区三大功能区，主要包括三维创意设计、航模和无人机、人工智能教育、开源制造和手工机床、机器人教学、机器人竞赛、互动交流、成果展示等项目。

图 3　航空飞行器模型——“无人机”制作

（3）拓展。整合利用校外各种 STEM 教育资源优势，进一步拓展学生 STEM 教育学习体验的校外空间。例如，组织学生到阆中市红军纪念馆、仪陇县朱德故居等爱国主义、优秀传统文化、军事国防等教育基地参访学习体验；选派学生参加北京大学、清华大学、中国科学院大学、中国科学技术大学等高校组织的科学体验营活动；与阆中市名城文化研究所、阆中市博物馆、阆中市名城展览馆、保宁醋博物馆、阆中贡院等研究机构、实践基地，合作开展项目化研学实践体验；与阆中市青少年校外活动中心等校外科普教育基地联合开展 STEM 教育、科创活动、创客教育、冬令营等活动；带领学生到当地的康美药业、宜华木业、保宁醋有限公司等现代企业，金鼓村、五龙村等现代乡村振兴战略示范建设村开展社会实践、学习体验活动。

图 4　木结构承重项目——“桥世界”承重测试

（四）STEM 教育质量评价的校本化

如何全面评价 STEM 教育的课程实施和学习效果，是我们需要解决的关键问题之一。STEM 教育学习过程和结果往往体现在一种观念、一种思想、一项作品、解决一个问题的方案或报告上，不能简单地用纸笔来测验测试，更不能用传统的量化打分来衡量，需要综合考量和评价。这就需要我们从教师开展 STEM 教育的情况、学生的学习表现以及能力展示等方面，对体现出来的体验、情感、态度、价值观、素质和综合能力等情况实施评价和考核，建立多元化、多样性的评价机制和技术策略，探索形成一套能体现各学段、各学科不同水平要求的 STEM 教育评价评估机制。

1. 过程性评价与总结性评价相结合

由于每一个学生在 STEM 教育学习活动过程中分工不同、表现不同、结果不同，因而无法按统一的标准对他们进行评价。这就需要我们采取多元化的评价方式，既要对学生的学习过程进行过程性评价，又要对学生的学习结果进行总结性评价。

（1）过程性评价。过程性评价偏向于使用量表、行为观察和知识测验等形式，以便了解阶段性的教学成果和存在的问题，及时对教学实施方案进行修改、完善。评价方式要多元化，如教师评价、自评、同伴互评、专家评估等，即教师、学生、社会专家学者均可参与评价。教师和社会专家主要评估学生表现出的 STEM 素养、实践能力和探究意识，一般采用视频行为采集、记录过程表、在线学习行为记录、随堂测试等方式。学生互评主要是针对同伴在小组合作学习中的表现进行评估，比如参与度、积极性等，同学之间可以互相鼓励。学生自评主要是对自己的表现情况进行反思总结。

（2）总结性评价。在学习活动结束后，教师和学生对学习效果、完成的目标任务进行检验审视，看是否达到预期教学目标。

2. 小组自评与小组间互评相结合

既要倾听小组对项目实施过程的感悟，知道小组对项目研究的自我评价，也要通过小组间的交流活动，听取其他小组对该小组项目研究过程的点评。

3. 引导性评价与量化性评价相结合

教师要在参与小组项目研究和指导研究的过程中，对小组项目开展进行方向引导性的评价。同时发挥学生主体作用，制订可操作的评价表，在小组成果展示时形成最终的评价结果。因此，我们可以根据不同学习内容，运用布鲁姆教学目标分类理论来分析教师在实际教学过程中预置的全部问题、任务清单分别属于哪一个领域的哪一个层次，制订相应的评价量表，以此评价学生的学习活动是否达成了我们预设的教学目标。

三、学校实践 STEM 教育成果

（一）普遍树立了 STEM 教育教学理念

随着课题研究的深入开展，教师全员参与 STEM 教育的实践与探索，普遍树立了 STEM 教育教学理念，并能自觉地将其体现在教育教学过程中。其具体内容为：第一，STEM 教育是科学、技术、工程和数学这四门甚至更多学科的交叉融合，而不是简单叠加；第二，STEM 教育是一种跨学科、跨学段整合的连贯课程群和教学方式，而不是鼓励学生荒废学业、不切实际地去搞创新、创造、发明、设计；第三，STEM 教育是面向所有学生培养综合素质的活动载体，是一种以活动为基础、以项目为载体和以问题解决为导向的学习活动，为学生提供一种综合应用所学知识去发现问题、动手实践、创新创造并解决问题的课堂体验；第四，STEM 教育是全社会共同参与的教育创新实践，需要国家、社会、学校各方资源整合，优势互补，共同努力，全面实施；第五，STEM 教育是国家实现教育强国战略、科技强国战略、创新驱动发展战略的关键所在，对培养创新型、复合型、高素质人才具有重要的战略意义。

（二）广泛开展了 STEM 教育教学实践

STEM 教育是一种基于真实的问题场景、情境主题而采取的跨学科融合的教学方式，这就要求我们不能沿袭传统的课堂教学方式，而是要采取一种新的能够体现 STEM 教育理念的课堂教学模式。相关学科教师在共同努力研究打磨，形成了 STEM 教育教学案例，并在课堂教学实践中逐步完善。学校拟对这些 STEM 教育教学案例收集整理、精选结集并出版，供教师在以后的教学中参考借鉴。

（三）开发建设了 STEM 教育校本课程

在相关学科教师的实践探索下，我们开发建设了“合作体验·创新创造：STEM 教育项目式学习案例精选”“STEM 教育探究式学习——高中理化生”“古城阆中旅游文化赏析：STEM 教育专题化学习案例精编”等 STEM 教育校本课程案例（暂定名），既丰富了教师开展 STEM 教育教学的课程资源，也为不同潜质、不同兴趣的学生提供了个性化的活动蓝本。

（四）推动实施了 STEM 教育空间建设

开展 STEM 教育，STEM 学习体验空间是基础，是平台。我们充分挖掘、利用校内外 STEM 教育资源优势，让学习体验、社会实践的创造活动激发学生的创新思维，培养学生综合素质，提升学生创新能力。一是对教室、各学科实验室、各种功能室进行改造升级，充分挖掘、利用现有设备设施的优势开展 STEM 教育。二是新建科创中心，建成集竞赛、培训、观摩、教学功能于一体的开放式的学生科创教育活动场所。三是因地制宜打造学生社会实践大课堂，建设了八大稳定的主题教育社会实践基地。

图 5　运用 XTR 飞行模拟器测试航空模型飞行技能

随着 STEM 教育的深入推进，其培养综合性创新型人才的理念逐渐深入人心，广大教育工作者积极运用 STEM 教育理念，全面实施素质教育。但是，STEM 教育对一线教师来讲毕竟是一个新生事物，仅靠借鉴和拿来主义显然不行，应立足学校自身实际和地方区域实际，紧密结合新课程、新高考改革，在全面完成国家课程标准要求的基础上，积极探索 STEM 教育的校本化实施、特色化发展的路径和模式，全面提升育人水平和质量，努力培养德智体美劳全面发展的社会主义建设者和接班人。

（供稿：余绍平）

专家点评

四川省阆中中学校以“培养学生终身学习的观念、促进学生综合素质的发展”为出发点和落脚点，开发并建设 STEM 教育校本课程，推动 STEM 教育空间建设，广泛开展了STEM教育教学实践，形成了农村中学开展STEM教育的成熟经验。

该课程体系具有两大特色：一是立足本土，整合课程资源，将STEM课程与阆中特色紧密结合在一起，破解了农村学校科创资源匮乏的难题，实现了校内外STEM课程资源的深度融合。二是以STEM教育为切入点掀起了一场课堂革命，系统开展学习情境设计、学习任务设计、学习资源设计、学习工具设计和学习评价设计，实现了STEM教育在课堂层面的有效落地。下一步建议以教育评价改革总体方案为指导，深化STEM教育评价创新，在现有实践探索的基础上，更加注重成果完成度、知识达成度、学生参与度等方面的评价指标设计，从而实现STEM教育的高质量发展。

——曹培杰，中国教育科学研究院STEM教育研究中心副主任

以生为本，“五育”融合，综合探索

成都市龙泉驿区第四小学校

一、在理念中融合

STEM教育是基于真实情景的问题，在改进问题、解决问题的过程中提高素养，讲究跨学科的“知识融合”。有学者指出：“STEM教育可以培养发现问题、会合作、并能综合运用所学的科学知识与技术、创新性地解决实际问题的人。”STEM是一种理念，它的特点在于通过改变教学方式培养，创造性地解决问题的能力。STEM不追求成果，而是让学生充分思考、探究。还有学者指出，STEM是为了顺应现代学习观的要求，是一种学习方式，也是一种生活方式。基于学习方式创新的STEM，是一种融合了兴趣、学识、运用的学习，一种超越了简单活动学习的高阶学习，一种处在传统学科教育与当代创客教育的链接点上的学习。作为生活方式的STEM，能教授生活、模仿生活（进而适应、创造、享受生活）、体验生活。

我校的办学理念是“关怀生命成长，共创幸福人生”。学校的课堂改革的目标是生本教育，一种以生为本、激扬生命的教育。生本课改让大部分老师转变教与学的方式，课堂突出学生主体地位，注重研究，注重合作，注重思维。STEM需要开放、自主、合作、探究、创新的学习方式，与我校生本教育的学习方式不谋而合。STEM教育是对我校办学理念的丰富，我校的生本教育是STEM教育开展的基础，生本课堂是STEM教育的肥沃土壤。STEM教育对人成长是有益的，是素质教育中非常重要的一部分；STEM教育可以从小学做起，也有必要从小学做起；STEM教育不仅仅适用于部分优生，每个学生都应该享有。

二、在探索中成长

（一）师资组建

STEM教育不同于普通学科教育，对教师专业素养要求更高，教师是STEM教育开展的关键，故STEM师资团队建设尤其重要。

1. 成立研究团队，培养种子教师

从模仿到创新，从信息、科学、美术等学科教师，到语文、数学教师参与，学校首先成立了由信息、科学和美术教师组成的STEM研究团队，多方学习，用种子教师的学习、思考与实践，带动其余教师。

2. 搭建多方平台，培养教师意识

组织教师到上海参加STEM专业培训；加入四川省STEM共同体联盟学校；借力龙泉驿区尚学龙泉平台，培养STEM教师；选择优秀教师参加四川省、成都市和龙泉驿区等多级别组织的研讨活动，让更多教师参与到创新培训中，学习STEM教育，了解创新技法，为学科教学中渗透STEM教育做铺垫。

3. 校级培训研讨，全员了解提升

种子教师利用暑期对全校教师开展STEM教育培训，了解前沿教育思潮，让生本课程融入创新血液，让全校教师了解STEM教育。种子教师不定期开展研讨，让STEM教育走向深入。

（二）课程构建

1. 基础课程（学科融合）

在生本学科课堂中融合STEM理念，专注于思维训练和团队合作。以科学学科为例：

（1）课程内容的融合

科学课标中提出了4个目标：科学知识，科学探究，科学态度，科学、技术、社会与环境。小学科学课程教学内容的选择也分为了物质科学、生命科学、地球与宇宙科学、技术与工程四大领域的内容，正好和S、T、E、M的含义相吻合。

（2）教学方法的融合

STEM培养学生的问题意识，让学生充满科学精神。通过项目式的学习，学生参与探究活动，尝试运用已知的科学知识，解决生活中的问题，“STEM的学习并不是一个闭合的环，是一个不断螺旋发展的过程”。小学科学课程本身就是一门实践性和综合性课程，它倡导探究式学习，要求在教学过程中为学生提供更多自主选择的学习空间，并强调“做中学”和“学中思”。

（3）课堂教学的融合

①创设学习氛围。STEM 教育要通过学生关注的问题来引导学生进行学习。以四年级“种子的传播”一课为例，以前的教学方式是告诉学生种子传播方式不同是因为种子生长的环境不同，因为传播方式的不同，种子的外形也会不同。教师会展示图片和实物让学生理解种子的传播。但在上课过程中，却发现学生喜欢将蒲公英吹得漫天都是，或者把油菜花果实捏得到处都是。根据 STEM 教育，我们可以让学生去观察蒲公英种子为什么能够飞起来，油菜花的果实为什么一捏种子就会蹦出来，从而创设出一个学生关注的学习氛围，来解决所要学习的问题。

②实行项目学习。STEM 教育以项目学习为抓手，首先确定学习目标，再根据目标寻求解决的方法以及形成成果，在此过程中，给予学生自主学习和研究的空间。在常规科学课程中，就有可以进行项目学习的内容，以五年级“制作太阳能热水器”一课为例。首先提出研究的目标——制作太阳能热水器，学生根据目标制订自己的研究计划。制订研究计划需要了解研究的背景，也就是太阳能热水器的原理、功能、作用等。通过对五年级“光”这一单元的学习，学生了解光的特点和作用、光与温度之间的关系，从而了解太阳能热水器的背景。接下来是设计太阳能热水器，在设计过程中学生需要学习数据的处理、图纸的绘制、材料的选择等工程设计上的知识。当学生动手完成了自己的设计制作之后，还要完成测试、成果报告的撰写以及设计的进一步优化。

③培养问题意识。STEM 教育以回答问题或者解决问题为出发点。首先，要确定学习的内容该提出什么问题。对于科学探究的内容，如五年级上册“光”这一单元，可以先提出“光是怎样传播的”这个问题，再确定研究光传播的实验方法；工程设计的内容，如六年级上册的设计课“桥”这一单元，可以先确定需要设计一座什么功能的桥，再确定实现这种功能的方法。其次，改进问题。通过对 STEM 的学习发现，问题是学生自己提出的，不一定准确，我们可以让学生改进自己的问题。学生提出的问题往往是比较封闭的，比如树叶的结构是怎样的。教师可以通过引导将问题改变为一个开放性的问题，如树叶结构对植物生长有什么影响。通过将问题从封闭性转变为开放性，再加以深入的探究，学生的问题意识得到培养。

2. 综合课程（专业社团）

利用社团活动、寒暑假、周末等机会开展 STEM 基础班和培优班的学习，有系统地、有针对地、有层次地对学生的问题意识、创新意识和跨学科能力进行培养，让学生的创新能力在快乐有趣的探索活动中得到挖掘、启发、呵护，为他们播下创新的种子。

（1）STEM社团

学校从2018年开始开展STEM课程学习，面向2至5年级学生开展普及性的培训，在普及班的基础上筛选优生，经过选拔，每个年级成立培优班，邀请本校兼职和校外专职STEM老师开展更专业、更深入的课程培训活动。

（2）编程社团

学生主要利用图形化编程软件和Arduino开源硬件，在课堂中开动脑筋，大胆设计，然后通过器材搭建和代码编写，让设计呈现出来。

（3）3D打印社团

学生主要学习利用犀牛软件来构建模型，锻炼立体空间思维能力。为了让学生更好地理解模型的构建过程，学校购置了很多搭建类的积木来专门训练学生的空间理解能力。

（4）机器人社团

“我的机器人会投篮”“我的机器人会打拳”“我的机器人会运货”……这是学校机器人社团的孩子们最值得向人炫耀的话。他们从设计、搭建到调试，每一个步骤都是那么认真，其中有过困难、有过挫败，但是这些孩子从来不会放弃，所以他们收获满满。

3. 特色课程（青铜文化）

以“青铜文化”为主题开展特色课程，将传统文化与现代文化相结合，学生初步了解“青铜文化”的基础知识，掌握“画青铜，剪青铜，做青铜”的基本技能，将语文、数学、美术、信息等学科知识相结合。

（1）学习青铜文化（STEM＋语文）。自主查阅资料，课上小组分享交流，了解青铜的渊源、制作、用途等。

（2）设计青铜作品（STEM＋数学）。在了解的基础上，根据比例尺的相关知识，自主设计青铜作品，画出设计稿。

（3）“画剪做”青铜作品（STEM＋美术）。在设计稿的基础上，利用美术学科的知识通过绘画、剪纸等形式表现青铜作品，再选择原材料制作青铜作品。

（4）利用3D打印技术制作青铜作品（STEM＋信息）。学生在设计稿的基础上，用计算机 3D 打印制作青铜作品。

4. 活动课程（STEM 创意）

借助每年的科技月活动学习科技知识，进行 STEM 创意设计，利用多种形式、多个项目共同呈现，提升学生创新意识和创新能力。

（1）读一本科普书刊。学校图书馆按照图书总量的 30%配备自然科学类图书供学生免费阅读。各班建立自己的图书角，图书角有科普类图书供学生阅读。

（2）看一部科教电影（或纪录片）。各班利用班级多媒体，自主选择科普内容，如《大国重器》等。

（3）讲一个科学家的故事。各班充分利用晨会课时间或班队会活动时间，将一些科学家的故事讲给大家听。

（4）参加一个科技实践活动。班级成立一个项目研究小组，以团体（小组、班级、年级等）名义在课外活动、研究性学习或社会实践活动中，围绕某一科技主题开展具有一定科普教育意义的集体活动。以文字的形式呈现申报书，将活动选题、活动设计、活动准备、活动实施、活动成果、活动反思或建议叙述清楚。

（5）种一盆小植物。一、二年级自备，三年级准备凤仙花种子，四年级准备波斯菊种子，五年级准备虞美人种子，六年级准备向日葵种子。

（6）做一个创意小制作。学生制作各类科技作品，创意新颖，材料不限，要求原创。

（7）写一篇科技小论文。学生将发现的问题及其改进方案用论文呈现出来。

（8）画一幅科幻画。围绕对未来科学发展的畅想创作图画，立意新颖，材料不限。

（9）想一个科技创意。观察生活，针对生活中某个物品的使用缺陷或者不足，提出创新性科学设计或解决方案。可增加功能，可改变形状和材料。有创新性、科学性、实用性。

（三）实施步骤

一般有五个步骤：针对物品提出问题—提出需求—改进方案—原型实现—测试反馈。

【案例 1】设计雨伞

第一环节：针对物品提出问题。我们在生活中，可以发现很多物品不是很符合我们的需求或者实用性不高。比如，我们发现下雨时用雨伞，需要一只手拿起雨伞，如果提了很多东西，就不是很方便，雨伞湿了，进到车里，很容易把车子弄湿弄脏。这个就是问题的发现和提出。

第二环节：提出需求。在了解了身边的人之后，我们要做的事情是列出使用者的需求，并分析出核心需求。比如，有人想要解放双手又不愿意用雨衣，有人想要雨伞的大小可以随意变大变小，不占空间等。调查会发现人们的需求是各种各样的，我们可以根据大部分人提出的需求分析出核心需求。

第三环节：提出改进的方案。创意构思是设计思维中非常重要的组成部分，为了保护孩子们的创意构思，要坚持一个原则：任何想法都不应该被拒绝，创意和乐趣最重要。所以，当同小组内的伙伴提出任何改进方案时，我们都应该记录下来。在列出的众多方案中，我们选出最可行的解决方案。当然，在选的过程中，可能会产生分歧，那么我们可以把这几种方案都用到下一个原型实现的环节中。最后在实现过程中或实现以后，就会有对比，再选出最好的。例如：人们希望雨伞在雨天用了后马上变干爽。针对这个需求，孩子们就会有很多千奇百怪的创意。比如：在雨伞上安装一个自动清洁装置，只要在收雨伞的时候启动这个装置，装置就会自动清洁雨伞，不仅把雨伞上的水给清除，还把雨伞上的脏东西也清洁掉；在雨伞上装一层特殊的雨水蒸发膜，它不仅能防水，还能直接将雨伞上的雨水蒸发掉，让雨伞一直保持干燥……

第四环节：原型实现。如果说一张图胜过千言万语，那么一个模型胜过千万次会议。我们可以让学生快速地把模型制作出来，直观地看到和体验到，这样才能发现问题并解决问题。比如，有些方案是没有办法制作出模型的。孩子们自然会想到，原来我提出的这些方案目前还不能实施，那么自然就会想到再改进。例如：在第三环节，孩子们想到在雨伞上做雨水蒸发膜，在原型实现环节要怎么做？孩子们就会想很多，尤其是材料方面。这个时候孩子们会发现做起来没有那么简单，那么这个能实现吗？当以孩子们现在的水平无法实现的时候，他们就会去查阅资料或寻求其他帮助，这也是训练孩子们设计思维的有效时机。当他们找到了可以实现的途径，那么就可以实现原型。但如果他们找不到可以实现的途径，就会再换另一种改进的方案继续试做原型。

第五环节：测试反馈。把改进后的模型呈现给提出需求的人看，获得反馈。如果测试失败，那么再根据需求改进，直到需求者满意。例如：孩子们在第四环节，在雨伞上安装了一件特殊的蒸发膜后，发现要温度高的时候才能实现蒸发，那么我们就可以利用太阳能自然蒸发。但是若当时在下雨，太阳能利用起来困难，那么必须得用上电，而只有大容量的电池才能提供充足的电源供蒸发膜在很短的时间内蒸发完雨伞上的雨水。这样，雨伞的重量就上去了。孩子们测试后，会发现提供需求的人并不满意。这个时候，就要重新回到第三个环节。

【案例 2】在学科课堂中融入 STEM 教育

将 STEM 教育与学科相结合。比如：小学教科版教材《科学》六年级上册第二单元“形状与结构”。开始前，我们可以让孩子们观看有关桥梁的视频。然后根据 STEM 课程的五个步骤，让孩子们一一实施。在实施之前，孩子们要查阅相关资料，提前复习课本知识。第一环节，针对桥梁提出问题。孩子们的想法是比较多的。比如：如何让桥梁的承重力更强？如何防止桥梁变形？如何让桥梁变得更美观更实用？……在这个环节中，学生提出的问题越多越好，在提问题的过程中，他们会去想桥梁的结构或与桥梁相关的其他知识。第二环节，问题清楚了，就要去提出需求。可以以小组为单位，去调查别的小组的需求是什么，再分析出全班大部分同学的需求，找出核心需求，然后全班同学根据这个需求来设计方案。也可以循环解决需求，就是后面一个小组解决前面这个小组的需求。那么这两种情况到底选哪一种，可以根据课堂需要来设计。第三环节，针对需求提出方案。方案可以多种多样，但是最后要找到一种最可行的方案。比如要解决的需求是如何让桥梁能承受更重的力，那么方案可能就有许多，如将桥梁制作成拱形，加大桥梁的宽度或厚度，将桥梁制作成三角形形状，制作成框架结构等。然后在这些方案中，选出可行方案。学生可以先讨论，也可在实施中再反复修订。第四环节，原型实现。根据方案，制作出原型，这是学生最感兴趣的环节。学生在这个环节可以达成运用多种方案结合的目的。第五环节，测试反馈。学生可以用原型来测试自己的桥梁到底能承重多少。通过不断改进，制作出最好的原型。然后全班展示交流，看哪个小组的桥梁的承重能力更强。找出最强的小组加以分析，得出结论。最后，小组再一次改进自己的方案与原型。

三、在实践中收获

在 STEM 教育活动中学生收获很多，他们体验了自己提出问题、解决问题、进行创意设计的过程，尤其是获得了团队合作、共同完成项目之后的成就感，他们的自主学习能力与思维更是在无形中得到了极大的提升。

他们带着在 STEM 理念下的成长，参加各类创意设计比赛，收获了丰硕的成绩。3D 打印、编程、Arduino、机器人、人工智能都曾获得成都市团体一等奖，其他项目也获得成都市二、三等奖。2018 年在数棋全国赛中获得亚军。学校科创活动连续几年排名成都市第四，2018 年获得龙泉驿区科创工作突出贡献奖，2017 年和 2019 年被评为龙泉驿区科创工作先进单位。

2019 年，毛子骞同学的小发明获得成都市青少年科技创新成果一等奖，苏佳怡、申晏希、何欣怡、李程熙、李可等多位同学获得科技创新成果二等奖。牟雪娇、苏佳怡同学在“2019 年第十五届中国少年科学院‘小院士’研究成果展示交流活动四川省评选活动”中分别荣获一、二等奖，并入围在北京举行的全国总评选活动。

学校成为龙泉驿区 STEM 试点校和创客试点校，加入四川省 STEM 教育共同体发展研究项目，成为龙泉驿区创新教育研究学校。

（供稿：吴天书、杨晶、张桃、范静、曾珊）

专家点评

成都市龙泉驿区第四小学校以“关怀生命成长，共创幸福人生”为目标，以生本教育理念为引领，通过跨学科的教师团队建设，推动课程内容融合、学习方式变革和社团活动创新，实现了教师专业成长和学生全面发展的互相支撑，探索形成了一条 STEM 教育的特色发展之路。

该课程具有两大特色：一是在学科教学中渗透 STEM 教育理念，以项目式学习为抓手，把学生视为小科学家和小工程师，给予充分的自主学习和研究探索空间，促进教、学、做合一。二是 STEM 社团建设卓有成效，面向全体学生开设编程、3D 打印、机器人等相关社团，为学生全面发展提供有力支撑。下一步建议拓展 STEM 教育思路，从科学课、信息技术课、综合实践活动课中跳出来，既重视科学技术，也关注人文素养，还可以结合艺术创造，这样才能真正把跨学科整合落到实处。

——曹培杰，中国教育科学研究院 STEM 教育研究中心副主任

以科学学科为切入点，抓好 STEAM 教育资源开发与建设

成都市龙泉驿区第一小学校

成都市龙泉驿区第一小学校（以下简称“龙泉一小”）于 2001 年建校，位于老城区的中心地段，初期为公办民助性质的学校，2009 年底回归公办性质，是区域内老牌优质学校，学校有区级及以上骨干教师 46 名，中小学高级教师 10 名。学校教育教学质量一直名列区域前列，在区域发挥积极辐射引领作用，目前是成都市名校集团龙头学校、区域集团龙头学校、成都第二教育联盟龙头学校等。

一、为什么要开展 STEAM 教育

（一）学生全面发展的需要

21 世纪是人工智能时代，需要的是会学习、会合作、会思考、会质疑、会创造的未来接班人，这对教育提出了更高的要求。在教育教学过程中，教师必须以学生为中心，打破分科教学的壁垒，为学生提供更多的跨学科课程，让学生能与真实的生活连接，主动思考、合作，创造性地解决问题，使学生具有适应未来的核心能力和必备品质。

（二）学校核心理念的指向

龙泉一小的核心理念是：和谐、创新。创新是学校发展的条件和动力。只有学校课

程、教学、管理等各方面不断创新，对学生进行创新意识和能力的培养，才能担起中华民族伟大复兴的历史重任。STEAM 课程，就是要培养学生的动手实践和创新能力。

（三）学校课程变革的需要

龙泉一小是一所不断接受挑战的学校。在北京师范大学的“学习共同体”项目实施过程中，日本教育家佐藤学教授多次到校指导，学校此时已经具有学习共同体的雏形。在信息化建设方面，学校于 2017 年成功通过“成都市数字校园建设与示范校”的验收，成为区域唯一一所“成都市未来学校建设试点校”。2019 年，成为“四川省智慧教育学校”试点校。这些项目的试点，都要求学校在课程变革方面进行创新型的实践，并在区域推广有价值的经验和样本。STEAM 教育是我校快速走向课程变革的良好契机。

二、开展 STEAM 教育的困难

（一）课程认识深度不够

一方面，学校、老师对 STEAM 课程的理解还不深入，对如何开发、操作、评价，大家的认识还很模糊，实施的过程中更多的是“照单抓药”，缺乏创新力。另一方面，分科课程在课程体系中占据主导地位，导致形成了学科壁垒，学科边界难以打破，各科内容的融合难以实现。

（二）师资队伍素养不够

学校教师的平均年龄为 42 岁，很多教师还是市区级骨干，但是，正因为这部分教师经验丰富，教学成绩优异，所以其学科本位思想严重，主动接受新鲜事物的意识不强，教学方式的转变有相当大的难度，难以推进课程的融合，课程开发更是难上加难。

（三）课程实施条件不够

前期学校的 STEAM 课程是通过社团形式开展，每周两节课，参与的学生有 30 人左右。如果学生全员参与，无法保证其课时，师资需求也无法满足。另外，学校 STEAM 社团的课程是通过购买服务的方式进行，如果全员参与，需要大量的资金作为保障，从学校现状来看，很难达到。

三、提升 STEAM 教育的策略

（一）系统培训，提升教师认识

学校基于这项全新课程的研发需要，首先需要开展系统的培训，保障从校长到一线教师都能对 STEAM 课程理念有非常深入的认识和理解。其次，我们认为，学习科学将是学校教育改革所需的支撑理论。基于以上思考，学校通过教师阅读活动开展 STEAM 教育的相关书籍的学习。自 2018 年 2 月，学校聘请纽约州立大学信息技术教育学博士陈静萍为培训指导专家，带领全校教师开展“学习科学”的系统学习。通过培训，教师更新理念，转变教学方式。在教学中，教师能够运用学习科学的理论设计教学，让学生成为学习的中心。其次，学习 PBL 教学法的设计理念和实施方法。这些学习都能有效地提升教师的课程领导力。

（二）项目推进，促进学科整合

一是成立课程项目组，由校长任组长，成员由教科室、教导处干部以及科学、数学、信息技术、美术等学科教研组长组成，课程项目组主要负责对课程进行顶层规划和课程管理。二是成立课程研发项目组，组长由教科室主任担任，科学、技术、数学、美术等骨干教师为组员，负责 STEAM 教育内容的开发、实践和成果梳理。研发小组定期开展课程研讨，利用寒暑假开展内容开发研讨活动。通过项目组方式，促进各学科有效整合和内容的开发。为了更好地深入开展 STEAM 教育，我校确立了以课题研究促发展的思路，先后开展了“STEAM 理念下小学高段科学拓展性学习研究”和“基于教材的小学科学 STEAM 课程的开发研究”课题研究。我校根据 STEAM 教育理念，进行“STEAM 理念下小学科学工程与技术课程的开发研究”主题教研，结合小学科学新课程标准，对增加的工程与技术领域板块，选择代表性内容，尝试着对课程进行开发设计，形成典型案例。

（三）课程设计，发展学生思维

2017 年 5 月我校引进 STEAM 教育，积极与上海 STEAM 云中心和四川省寰海教育公司合作，先后购买了“多彩的手工皂”“DIY 印花彩蛋”“白纸上的小魔术”“电池的小秘密”“气球动力车”等 10 多个 STEAM 教育内容，请专家定期、不定期在线上作教学指导。我们先选择一个年级，每班选 5 名学生，6 个班共 30 名，分为 6 个小组学习团队，建立一个 STEAM 选修班试点，进行 STEAM 教育教学实践研究。在边实践边研究的同时，我们积极学习 STEAM 教育理念、课程特点，探索 STEAM 教学方法和模式，为开发设计课程奠定基础。

在课程的设计中，首先侧重对学生进行思维方法和创造技法指导，提升学生思维品质。教师要对学生进行思维方法、创造技法的培训，指导学生对作品进行外观设计和语言表达汇报等。其次是注重对学生科学素养的培养。课堂要做到：安静有序，小组成员分工合作，积极思考，文明发言，安全规范，有序操作，认真做好记录，深入分析找规律，不断改进求更佳，实验探究完毕整理规范才离开，课后不断探索求发展，遇到问题多问，认真严谨多实证。让学生在一次次的STEAM学习中，发展科学探究、动手实践和创新的能力。

（四）课程实施，必修选修结合

在实践初期，主要是通过社团形式面向部分学生开展。随着STEAM教育在我校深入地开展与推进，我们发现仅仅让少数学生学习STEAM是不对的，对其他没有参与学习的学生来说是不公平的，也远远不能满足社会对复合型人才的广泛需求。因此我们最后形成必修和选修相结合的实施模式。

必修主要是以科学学科为切入点，积极组织教师进行STEAM内容的设计和实施，后期又增加信息技术学科。随着学校课程建设和教师课程领导力的提升，将在全学科推进STEAM教育，为学生提供更广泛的课程体验，做到全员参与，全员学习，全员发展，让STEAM教育在我校真正全面落实，全面开花。

选修主要由购买的STEAM内容、比特实验室、编程创客实验室等组成。2017年以来，学校在上级经费的大力支持下，先后建设了比特实验室、编程创客实验室等。学校先后安排信息化、数学和科学骨干教师承担特色课程的教学工作，如比特实验室由陈霞（数学骨干教师）、王建（科学骨干教师）承担，编程创客实验室由阳晓艳（信息化主管）、李奎（信息技术骨干教师）承担等。这两个实验室的课程均由教师自行摸索推进，利用社团课程时间，让部分有兴趣特长的学生参与。各实验室教师结合器材的特点，提炼出个性化的教学流程，在教学中做到：组织学生头脑风暴，发现问题，运用实验室的材料动手实践，不断尝试，有创造性地解决问题。学生的作品参加各级比赛均获得好成绩。这部分内容受器材和场地的限制，对学生的素养要求比较高，作为选修课程开展。

（五）课程管理，提升教学质量

一是大力培养STEAM种子教师。通过项目招募的方式，让对STEAM感兴趣的教师进入项目组，加大培养力度，从而有效解决教师内驱力的问题，变“要我做”为“我要做”。这部分教师成熟后，能很好地起到辐射、引领的作用。二是规范教研制度，提高教师教学水平。将STEAM的教研活动与学科的教研活动同等对待，开展多形式的教研活动，定期组织STEAM理念下的观摩课活动，以研促教，共同进步，以提高教师的教学水平。三是定期开展总结活动，对课程实施进行反思规划，实现边探索，边研究，边总结，边反思，边改进，以提升课程的执行力。

四、我校的 STEAM 教育体系

通过近 3 年的 STEAM 教育实践与探索，我们逐步形成了比较完善的课程体系和评价体系，促进了我校 STEAM 教育向着更快更好的方向发展。

（一）课程体系：必修＋选修

根据我校“普及＋特长”的 STEAM 教育发展思路，我们以科学学科为切入口开发出来的内容作为全校学生学习和体验的必修内容；对于一些有 STEAM 兴趣和爱好的学生，我们通过购买 STEAM 内容、比特课程、编程创客课程等作为选修内容，来满足他们的需求。

1. 必修课程

（1）教学内容

根据 STEAM 教育理念，结合小学科学课程标准和教材内容，我们按照“领域板块—教材内容—拓展延伸—开发设计—实践研究—反思改进—形成课程”的开发设计思路，梳理并开发出小学科学教科版 1～6 年级（1～3 年级新版，4～6 年级老版）相关的 STEAM 课程内容。

表 3－6－1　小学 STEAM 课程内容体系

年级	单元名称	课程内容	STEAM 课程内容
一年级（上）	植物	观察叶	制作叶画
	比较与测量	做一个测量纸带	美丽的测量纸带
一年级（下）	我们周围的物体	它们去哪里了	食盐和红糖回来了
	动物	给动物建个“家”	给动物建个“家”

年级	单元名称	课程内容	STEAM 课程内容
二年级（上）	我们的地球家园	土壤—动植物的乐园	做个透明观察盒
		不同的季节	做个季节礼盒
	材料	书的历史	做一本书
		做一顶帽子	做一顶多功能帽子
二年级（下）	磁铁	做一个指南针	神奇的指南针
		磁铁和我们的生活	磁悬浮小车
	我们自己	身体的“时间胶囊”	做个“时间胶囊”

续表

年级	单元名称	课程内容	STEAM课程内容
三年级（上）	水	水结冰了	制作冰激凌
	空气	压缩空气	制作空气压缩枪
		风的成因	造“彩色风”
	天气	测量降水量	制作雨量器
		观测风	制作风向标
三年级（下）	物体的运动	我们的“过山车”	我们来造“过山车”
	动物的一生	蚕的一生	制作“蚕的一生”海报
	太阳、地球和月球	月球——地球的卫星	制造环形山
四年级（上）	天气	风向和风速	制作一个风向标
		降水量的测量	制作雨量器
	溶解	分离食盐与水方法	食盐回来了
	声音	声音的传播	奇妙的土电话
	我们的身体	运动起来会怎样	设计、制作一个气体交换装置
四年级（下）	电	做个小开关	设计、制作一个小开关
	新的生命	把种子散播到远处	探秘种子的传播方式
	食物	减慢食物变质的速度	怎样有效贮存食物
	岩石和矿物	辩认几种不知名矿物	设计做矿物特征卡
五年级（上）	生物与环境	做一个生态瓶	设计、制作一个生态瓶
		光的反射	设计、制作一个潜望镜
	光	做一个太阳能热水器	设计、制作一个太阳能热水器
	地球表面及其变化	探索土地被侵蚀的原因	设计制作装置探索雨水对土地的侵蚀
	运动和力	像火箭那样驱动小车	气球动力小车
		设计制作小赛车	设计、制作小赛车
五年级（下）	沉和浮	造一艘小船	设计、制作一艘小船
	热	沉浮自如的“浮沉子”	设计、制作一个浮沉子
		液体的热胀冷缩	制作一支温度计
		设计制作一个保温杯	设计、制作一个漂亮的保温杯
	时间的测量	我的水钟	设计、制作一个水钟
		制作一个分钟计时器	设计、制作一个计时器
六年级（上）	工具与机械	杠杆类工具的研究	设计、制作小杆秤
		定滑轮和动滑轮	让小红旗高高飘扬
	形状与结构	形状与抗弯曲能力	瓦楞纸的秘密
		找拱形	做个安全帽
		用纸造一座桥	造一座小桥
	能量	电磁铁的磁力	设计、制作一个强力电磁铁
		神奇的小电动机	制作小电机
	生物的多样性	校园生物分布图	设计、制作校园生物分布图
六年级（下）	微小世界	怎样放得更大	设计、制作一个简易显微镜
		用显微镜观察身边的生命世界	制作漂亮的生物标本
	物质的变化	米饭、淀粉和碘酒的变化	设计、制作神秘的信件
	宇宙	我们来造“环形山”	制作美丽的环形山
		日食和月食	设计、制作一个简易三球仪
		太阳系	设计、制作一个太阳系模型
	环境和我们	垃圾的处理	造一个简易垃圾处理器
		污水和污水的处理	设计、制作一个小小的净水器

这些内容都出自小学科学教材，经历过无数知名专家撰写与审核，自成体系，螺旋上升，前后连贯，难易适中，符合小学生的认知思维发展特点，因此非常具有必要性和可操作性，已成为我校 STEAM 教育比较成熟的内容。

（2）教学流程

在进行课程开发的同时，我们深入课堂教学研究，梳理出我校的 STEAM 教育课堂教学基本流程，如图 1 所示。

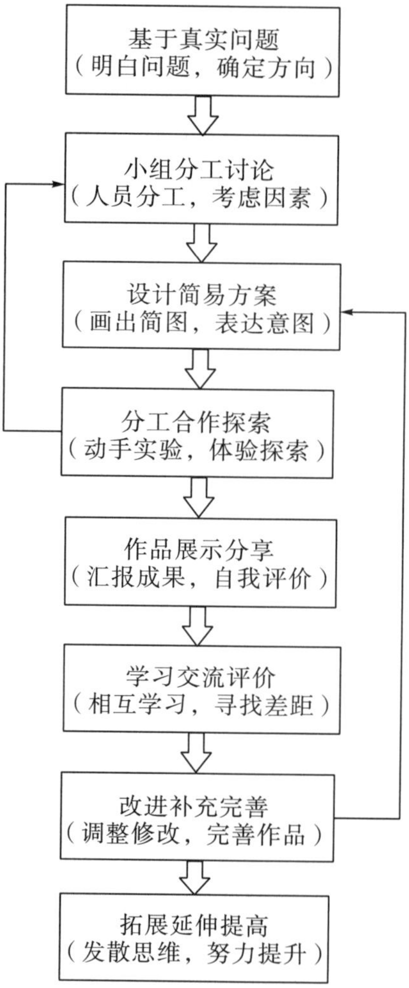

图 1　STEAM 教育课堂教学基本流程

（3）具体案例

为了寻找到适合融入 STEAM 理念的内容，我们经历了漫长的摸索。我们先以购买的成品为例，进行深入分析研究，探索内容特点和教学模式。

【案例1】做一顶帽子

“做一顶帽子”是教科版科学二年级上册“材料”单元第六课的教学内容，是基于学生对材料的认识，要求他们根据功能和用途选择不同材料，设计制作一件物品；引导学生利用工具设计、加工多种材料，使之成为满足需求的产品，从而进一步体会人工世界是由人设计并制造的。本课是一堂典型科学课中的工程与技术课。我们根据内容设计了一个简案如下：

• 教学环节：

①聚焦：你能用不同材料做出不同功能的帽子吗？

②探索：做帽子，开一个帽子展示会。

a. 设计、选材、画草图；

b. 量一量，做一做；

c. 帽子展示会。

③研讨：

a. 你选择了什么材料做帽子？为什么？

b. 你做的帽子有什么创意，有什么不足？

在实际教学中，我们发现本课具有STEAM中跨学科、设计性、艺术性等特征，于是我们设计出这样的STEAM活动案例：

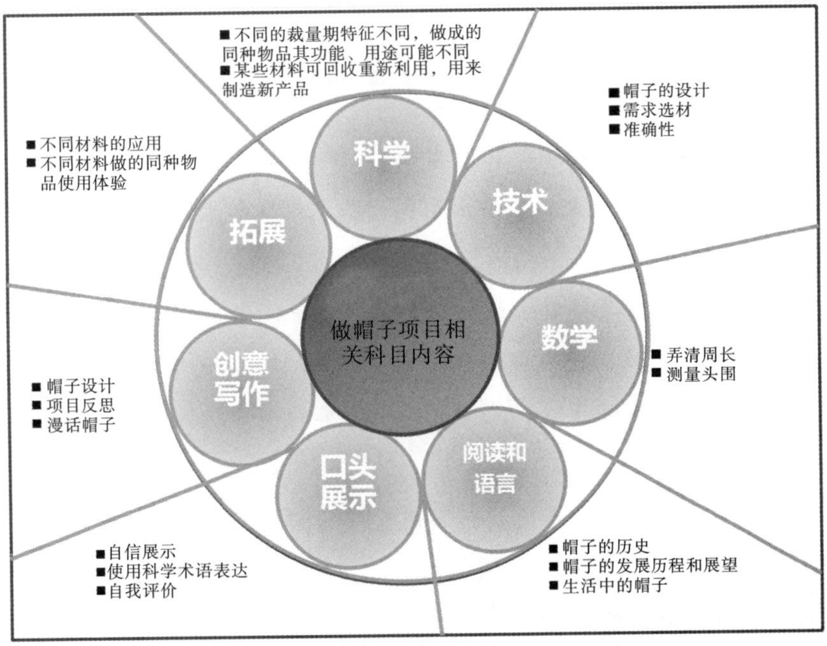

图2　做一顶多功能帽子项目“活动方案”

• 问题聚焦：帽子是人们生活中常用物品，比如游泳时用到的泳帽、骑摩托车戴的安全帽、生日派对的装饰帽、保暖用的棉帽以及外出旅游用的遮阳帽……你想做什么样的帽子？你能用不同材料做出不同功能的帽子吗？

• 任务发布：做一顶多功能帽子

• 制作要求：

①利用身边材料制作帽子。

②做的帽子大小适合自己的头围。

③具有某一方面或多方面功能和用途。

• 原理探索：帽子为什么具有不同的功能和用途？

①认识所选不同材料及其特征。

②戴帽子感受体验。

③说一说帽子具有不同的功能和用途的原因。

• 设计与制作：

①设计前思考：

a. 帽子由哪几部分组成？各部分起什么作用和功能？

b. 各部分用哪种材料更合理，成本更低？

c. 要到达设计和制作要求，需要考虑哪些问题？

②画出设计草图。

③动手制作：

制作指导要点：

a. 测头围：用软尺或扭扭棒测出充当模特的同学的头围。

b. 制作帽体：根据头围大小，画出帽体的基本形状和大小；用剪刀将帽体（实现功能的材料）剪下来，并打开。

c. 制作帽檐：根据需要选择合适材料，沿帽体一圈做出帽檐。

d. 将帽体和帽檐用双面胶或透明胶固定在一起，做帽子的主体。

e. 用饰物在帽子的主体上进行装饰，一个简单的帽子就做成了。

• 测试与改进：

a. 多功能帽子做成了吗？所选材料满足设计的需求了吗？

b. 佩戴舒适、美观、大方吗？

c. 各部分拼接处稳固吗？

d. 你的帽子创意在哪里？

还有哪些不足？打算怎样改进？

• 作品评价：根据评价标准进行互评和自评。

表 3—6—2　“做一顶帽子”项目评价表

总分：________分

评价项目	评价标准	满分	自评	互评	得分
设计制作	能够设计好草图	10			
	能够根据设计进行制作	20			
功能用途	能实现多种功能和用途	20			
材料选择	能根据需要的功能和用途选择合适的材料	10			
帽子大小	与头围大小合适	10			
舒适美观	戴上头感觉舒适	10			
	帽子美观、大方	10			
创意新颖	能体现个性风格，新颖有创意	10			

从以上的案例分析比较中，不难发现科学课中的工程与技术课与STEAM理念下的课是有区别的：科学课中的工程与技术课更加注重科学知识的应用，注重科学过程探究，学科相对单一。STEAM理念下的课是基于真实情境；注重思维培养，需要考虑多种因素，体现出思维的严谨性和周密性；工程建造和美化环节涉及多个学科，注重学科整合融合；交流评价，改进完善环节，注重学生语言交流表达等各方面的综合能力培养。

2. 选修课程

在平时的教学中，我们针对对STEAM课程感兴趣的特长生，积极开设选修课程，以满足他们的学习提高需要。

【案例2】电子萤火虫——比特实验室之创意工厂

• 情景创设，知识链接

(1) 创设情境：萤火虫的美景（呈现夜间萤火虫图片）。

师：你见过萤火虫吗？什么时候？什么地方？（抽学生分享）

(2) 师：萤火虫为什么会发光？哪个部位在发光？你想了解吗？一起看一段视频。（观看视频，认识萤火虫）

• 脑洞大开，奇思妙想

谈话引入：每当夜晚来临，在漆黑的夜里，人们多么希望有一盏像萤火虫一样自动开关的灯。

现在让我们大开脑洞，展开奇思妙想，看看古代和现代人都做了什么？对你有什么启发？

古代：受萤火虫的启发，有车胤囊萤夜读的故事。(课件出示图片)

现代：现代人更厉害，有了人类最伟大的发明之一——电灯，解决了照明的问题。但是，即使是有了这个伟大的发明，在生活中还是有很多不便利的地方。于是，有人从萤火虫身上，受到了启发，设计了一种白天不亮、晚上自动亮的灯。你想知道其中原理吗？

• 实验探究，认识原理

(1) 认识实验原理：

自学书中相关章节的“实验原理”。和小组同学交流你明白了什么，哪些地方不明白，在小组内议一议。什么是光敏电阻器？它有什么作用？(课件呈现)

光敏电阻器是利用半导体光电效应制成的一种特殊电阻器，对光线十分敏感。它在无光照射时，呈高阻状态，能够使小灯泡变亮；当有光照射时，其电阻值迅速减小，使小灯泡变暗。

(2) 实验器材说明：

我们这次新产品开发需要以下的电子元件，自己看图了解。

• 小组合作，连接电路

小组合作，参看书上的线路示意图，尝试连接实验电路。

学生用手遮住光敏电阻，看看有什么发现，并说明其原理。

拓展：利用光敏电阻能让 LED 灯在夜间自动发光。这个电路还有没有不完美的地方，可以继续进行完善或改进？可以谈谈自己的想法。

师：同学们想得非常好，我们就是要不断地去认识、质疑，想办法改进，人类就是这样发明创造的。

• 创意比拼，创作模型

(1) 师：下面又到了同学们发挥创造力的时刻了。光敏电阻的原理可以解决我们什么问题呢？可以用在什么地方？

(2) 师：介绍活动程序 (课件呈现)。下面请同学们独立思考，产生创意，再构思造型，在白纸上勾画草图。小组内进行分享、完善，确定选择最佳创意。做好全面汇报的准备。

(3) 给 5 分钟时间进行创意、构思、画出草图。5 分钟后，分小组向全班分享创意。

(4) 小组按照活动程序开展创造，教师巡视指导。

• 作品展示，交流评价

（1）介绍汇报流程。（提醒每个小组认真倾听同学的汇报，最后填写评审表，评选出最有创意的三个小组）

（2）小组汇报，全班互动。（每个小组汇报完后，要说“请问大家，对我们的作品有什么建议或意见”）

（3）小组互评，选出佳作。

（4）课堂小结及后续活动的布置。

以上构成“比特实验室”的教学流程图：

情景创设，知识链接 → 脑洞大开，奇思妙想 → 实验探究，认识原理 → 小组合作，连接电路 → 创意比拼，创作模型 → 作品展示，交流评价

图3　“比特实验室”的教学流程图

（二）评价体系：课堂＋项目

1. 课堂评价

在日常的STEAM教育课堂教学实践中，我们根据课程特点、教学流程和师生参与情况，形成了我校STEAM教育课堂评价体系，有效提高了课堂教学质量，促进了STEAM教师的发展和提升。

表3—6—3　STEAM课堂教学评价要点

教学环节	评价内容及要点	评分
创设情境	真实情境产生真实问题，激发学生的认知冲突，唤起学生积极思考	5分
提出问题	1. 问题基于生活实际、接近真实案例、紧扣教学内容，由学生自己提出，激发学生积极思维和内在动机 2. 引导问题的设计具有思维性和挑战性、开放性和探索性、准确性和适切性、层次性和条理性	10分
分工合作	1. 小组分工明确，任务合理，有适当的层次差异 2. 自主探究和合作学习有机结合，没有明确的时间界限	10分
实验探究	1. 引导学生自主探究，促进学生知识和技能的发展，基于项目、创新设计、任务探索等过程完成认知（思维）互动、情感互动、行为互动 2. 恰当地列举生活中的典型事例，唤起学生已有的感性认识，将自主探究映射至校外活动	40分
汇报交流	1. 引导学生大方自信，思路清晰，表达流畅，展现思维 2. 能从正反两方面考虑，培养学生辩证思维和能力	10分
改进完善	1. 引导学生善于倾听他人意见，改进自己的缺点和不足 2. 引导学生抓住问题关键，不断改进完善，要有成果意识	10分

续表

教学环节	评价内容及要点	评分
总结反思	1. 引导学生对知识和方法、技术与过程、思维方式等进行总结和反思 2. 使学生加深对知识、技能、方法、过程的理解，提炼形成自己的认知策略	5分
拓展延伸	1. 会把知识和方法运用到真实情境和其他领域，解决实际问题 2. 将学习过程中形成的行为规范和价值观以不同形式迁移到日常生活中，形成良好的伙伴关系	10分

2. 项目评价

为了激发学生学习的兴趣和积极性，提高学生创新创造的意识，师生一起制订了项目评价体系。

表3-6-4 项目评价体系

评价项目	评价标准	满分	自评	互评	得分
设计制作	根据需要设计出简单明了的草图	10			
	能够根据设计进行完整实验或制作	30			
材料选择	能根据需要的功能和用途选择合适的材料	10			
大小轻重	制作的作品大小、长短、轻重合适	10			
舒适美观	制作的作品结实、牢固、安全	10			
	作品美观大方，符合人的审美观念	10			
创意新颖	作品能体现出不同的功能和用途，新颖有创意	20			

五、我校STEAM教育的硕果

（一）学生综合素质得到发展

STEAM教育能让学生亲身经历实践探索，并在此过程中学习成长，符合学生认知规律和思维发展的特点。因此，学生探究兴趣更浓，探究欲望更强，探究层次更深入，探究过程更有效，学生在学习过程中综合素质能力都得到发展和提高。

（二）教师专业素质得到提高

经过近3年的学习与实践，我校STEAM教育教师团队站位高，看得远，能从学生全面发展来看待学生的成长，在教学中注重学科融合，注重学生综合能力素质培养。同时，通过学习增长自己的见识，更新教育教学思想理念，改进自身教育教学方式与方法，积极运用探究式学习、项目式学习和混合式学习，激发学生的学习兴趣和欲望，调动学生学习的参与性与主动性，提高课堂的教学效益，也使自身专业素养得到发展和提升。

（三）学校社会效应得到提升

在近几年的 STEAM 教育教学实践与探索中，我校通过人人献课、同课异构、赛课讲座、竞技比赛等研讨活动，不断总结和反思，还与成华区老师结对学习，交流分享经验。学校 STEAM 教育开展得有声有色，推动了学校各方面快速发展。我校参加龙泉驿区首届 STEAM 挑战赛获得一等奖，参加各级各类科技创新大赛均获得优异成绩，多个科技活动项目在区、市科协立项结题，并获得各级组织和领导好评，现在已成为成都市科技示范校，在区域起到引领示范作用。相信未来 5 年，我校 STEAM 教育会更上一个台阶，更好地推动我校未来学校的建设。

（供稿：陈霞、李发忠、薛常成、阳晓艳）

专家点评

成都市龙泉驿区第一小学校以“和谐、创新”理念为引领，紧密结合未来教育改革动态，注重 STEAM 教育的顶层设计和机制创新，不断突破学科壁垒，持续有力推进 STEAM 课程建设，实现了 STEAM 教育的全员参与、全校协同、全面开花。

该课程具有两大特色：一是 STEAM 课程体系完善，依据“普及＋特长”的发展思路，建设形成了以科学学科为支点的 STEAM 必修课和以学生兴趣和爱好为着眼点的 STEAM 选修课程，促进学生全面而有个性地发展。二是 STEAM 教学富有实效，梳理形成了环环相扣的课堂教学基本流程，包括确立问题、小组分工、设计方案、合作探究、展示分享、交流评价、完善拓展等，有效保证了 STEAM 教学成效。下一步建议百尺竿头更进一步，在现有丰富多元的 STEAM 课程基础上，对接学校的办学理念和育人目标，与之建立起实质性联系，使 STEAM 课程深深嵌入学校课程体系，培养出一大批有龙泉一小气质的创新人才。

——曹培杰，中国教育科学研究院 STEM 教育研究中心副主任

第四章

连通生活的 STEM 教育资源开发

STEM 教育资源的开发，从国家课程、拓展课程以及社团、活动课程着手，将对应课程分解到各年级，把学生分为低、中、高三个层次，旨在培育学生 STEM 素养。要使 STEM 教育资源开发真正落到实处，还需营造一个让 STEM 教育自由生长的教育生态，这就需要教与学的双重革命。要为学生提供更加优质、多样、个性化的资源空间，就必须给 STEM 团队来一场心灵革命、观念革命、技术革命、行为革命，才能实现新时代学生实践能力和创新能力的培养。为着力推进 STEM 教育资源开发团队建设，实践单位以课题研究的方式组建团队，聚集区域中小学 STEM 教师，积极构建适宜的多元化的 STEM 教育项目。STEM 教育资源的开发是实施 STEM 教育的重要条件，也是开展 STEM 教育的强有力支撑。

STEM 教育资源的开发，顺应“五育”并举、立德树人的新要求，学校、家庭、社会多维联动，通过前期校本开发和推广应用，实践单位更加明晰了 STEM 教育资源在践行 STEM 教育中的积极作用；STEM 教育资源的开发对接实践单位办学目标和学生学情，通过各学校 STEM 教育团队的实践研究，融入 STEM 教育理念，进行了本土化的 STEM 教育资源创新开发，并取得了阶段性成果；促进了实践单位、教师团队、在校学生对 STEM 教育的再认识、再理解，多项措施促成了 STEM 教育资源多样化的新格局。

成都市基础教育阶段 STEM 课程资源研究与开发

“成都市基础教育阶段 STEM 课程资源研究与开发”课题组

在四川省教科院的引领下，四川基础教育开展了大规模的高品质学校建设实践。在省教科院与实验学校的共同努力下，高品质学校理念日渐清晰。高品质学校是“高品位＋高质量”的学校，是学校自主探索、走内引式发展的学校。STEM 教育是自国外引入的舶来品，经过多年研究，已经成为基础教育阶段校本课程建设的重要理论。在高品质学校理念引领下，STEM 教育在校本课程领域发力，从教师成长的角度建设高品质学校，推动高品位与高质量双线螺旋上升的高品质学校发展。

在高品质学校理念下，STEM 教育应更加注重内引式发展。在走过了 STEM 教育的引入阶段之后，应该把发展重心从引入项目转为自主研发，开发本土特色的跨学科项目，培养本乡本土的 STEM 人才，为解决本土真实问题贡献力量。

2017 年，成都市教育科学研究院拟开展 STEM 项目开发研究。经过审慎思考，决定以科学探究方法为核心，以课题研究方式，在成都市开展中小学 STEM 教育项目开发研究。经过两年预研究，2019 年，“成都市基础教育阶段 STEM 课程资源研究与开发”课题在成都市教育科学研究院立项成功。

一、困顿与思考

近年来，STEM 教育受到了世界各国的广泛关注，被认为是培养 21 世纪核心能力的关键。我国《教育信息化“十三五”规划》强调，要“创新教育形式，探索 STEM

教育”。中国教育科学院在《中国 STEM 教育白皮书》中明确指出，“STEM 教育是培养学生核心素养的最好载体”。在这种背景下，成都市中小学校积极开展 STEM 教育实践研究，更新教育观念，丰富校园文化，拓展师生视野。

通过调研，我们发现成都市中小学 STEM 教育存在以下现象：有的学校以购买课程为主，课程实施成本高昂，对设备要求高，可持续性和推广性差；有的学校将简单的纸艺、泥塑等手工课程当成 STEM 课程，满足于简单的手工操作，缺乏探究与思考；有的学校认为创客课程等同于 STEM 课程，项目局限于技术和工程，遗漏了科学与数学；有的学校自主开发零散的 STEM 课程，项目缺乏关联，教育价值不明。种种迹象表明，现有的 STEM 教育实践尚属于初级阶段，依然稚嫩，还不能承担起培养学生的科学精神和实践创新能力的重任。

钟柏昌认为：“可以把 STEM 教育的发展水平分成四个不同的层次，STEM 教育 1.0、STEM 教育 2.0、STEM 教育 3.0、STEM 教育 4.0。STEM 教育 1.0 是以分科课程开展的 STEM 教育；STEM 教育 2.0 是学科综合取向的 STEM 教育，本质上是在 STEM 教育 1.0 的基础上做加法，学科知识内容之间没有形成紧密的逻辑关系；STEM 教育 3.0 是学科交叉取向的 STEM 教育，更关注卷入的各个学科知识内容背后的思想方法，注重学生在解决问题的过程中对这些来自单一学科知识的深度理解，进而促进不同学科知识之间的联通，是一种比较成熟的学科整合意义上的 STEM 教育；STEM 教育 4.0 是学科融合取向的 STEM 教育，需要融合多个学科内容，形成内容体系相对稳定的若干 STEM 课程，学科边界已然消失。”依此观点，成都市现存的教育实践大部分处于 STEM 教育 1.0 和 STEM 教育 2.0 阶段。成都的 STEM 教育要走入 STEM 教育 3.0 阶段、趋向 4.0 阶段，必然要关注学科知识内容背后的思想方法。

为了推进成都市 STEM 教育实践升级，成都市教育科学研究院以课题研究的方式组建核心研究团队，聚集成都市中小学 STEM 教师，开发聚焦科学探究方法的典型性 STEM 教育项目。为了让研究团队适应 STEM 理念，构建的团队具有跨学科、跨学段、跨区域的特征。教师来自十多个区县的义务教育段、高中段，包括科学、数学、物理、化学、生物、信息等学科。

由于本课题的复杂性，研究过程分为两个阶段：第一阶段是预备阶段，以研究科学探究方法、构建课程资源总体结构为主。在这个阶段我们的研究团队遵循少而精的原则，在成都市开展 STEM 教育经验丰富的学校招募了核心研究团队。第二个阶段是项目资源包研发阶段，以孵化内容丰富、聚焦科学探究方法的 STEM 项目资源包为主。在这个阶段，我们的研究团队开始扩大，在成都市招募子课题学校，对子课题学校进行培训，孵化子课题学校的项目，扩大课题影响力，丰富课题成果。

二、学习与研究

第一阶段的研究团队由成都市信息技术教研员牵头，主要成员来自金牛区、高新区，包括教研员和小学科学、中学物理、化学、生物、信息等学科老师。第一阶段的研究任务是确定核心概念和基础模块、构建课程资源包结构、编写项目开发基础文档。

（一）确定核心概念和基础模块

如何界定课题中的科学探究方法？课题组查阅科学探究方法的文献，发现“按其普遍性由小到大的程度，可分为三个层次：第一层次是各门学科所特有的研究方法，如光谱分析方法、化学催化方法等；第二层次是整个自然科学所适用的普遍性方法，如观察方法、实验方法、数学方法等：第三层次是自然科学、社会科学和思维科学普遍适用的方法，即一般的哲学方法，如归纳法、演绎法、分析法和综合法等”。

本课题的科学探究方法应该界定在哪个层次呢？课题组回顾了基础教育阶段的课程体系，发现基础教育阶段的科学方法教育内容只有哲学方法和具体学科方法，缺乏一般科学方法。基础教育阶段在科学方法体系存在断层，使中小学生学习了具体科学方法，未能提升到一般科学方法，难以跨学科解决问题，所以基础教育阶段的教学内容需要一般科学方法。

那么一般科学方法又是否适合作为 STEM 项目的核心概念呢？一般科学方法是整个自然科学所适用的普遍性方法，它具有自带的跨学科属性，与 STEM 项目的特征天然符合。经过查阅文献，课题组发现一般科学方法的数量有限，而且经过多年积累，方法比较明确，适合中小学师生学习应用。综合以上分析，我们最终把一般科学方法作为本课题的核心概念。

在中小学阶段适用的一般科学方法有哪些呢？我们再次开展文献搜索，确定了八种一般科学方法，包括观察法、访谈法、问卷调查法、文献综述法、实验法、系统科学方法、数学方法、科技写作。这八种一般科学方法就是我们构建 STEM 项目资源的基础模块。

（二）构建课程资源包结构

虽然确定了八种一般科学方法作为基础模块，但是一般科学方法并不能单独解决问题。在任何一个完整的 STEM 项目中，都有意或无意、或多或少地综合运用了几种方法。因此课题组有必要发现这八个基础模块综合应用的规律，梳理出基于一般科学方法的课程资源包常见的结构。

课题组通过研究科学研究方法的发展历史，分析八种一般科学方法的特征，梳理出六类 STEM 项目资源包。根据综合性从低到高，分为三个层级：第一层级包括两类项目资源包，即观察类和访谈类。观察类综合应用观察法、文献综述法、科技写作法，访谈类综合应用访谈法、文献综述法、科技写作法。第二层级包括问卷调查类、实验类、设计类，问卷调查类综合运用问卷调查法、文献综述法、科技写作法，实验类综合运用实验法、数学方法、科技写作法；设计类综合运用系统分析法、文献综述法、科技写作法。第三层级是综合类，综合应用各种方法。

（三）编写项目开发基础文档

通过以上两个步骤，课题组已经把本课题研究的核心内容界定清楚。下一阶段是开发阶段，将会有更多的子课题学校参与进来，更多的学科老师参与项目开发。课题组如何把课题核心内容清楚明白地传递给他们？如何引领子课题学校开发出聚焦科学探究方法的项目？课题组编写了一套项目开发的基础文档，提供给子课题学校观摩学习。基础文档有三类文档，包括建立科学探究方法认识的《科学探究方法资料汇编》、统一编写格式的五类项目模板、供子课题学校观摩学习的典型案例。

为了弥补参研老师的知识缺陷，建立群体共识，课题组持续开展文献检索，合力编写了《科学探究方法资料汇编》。《科学探究方法资料汇编》从科学探究方法发展史讲起，以八种一般科学方法为章节，逐类讲述八种方法的定义、分类、实施过程、优缺点、案例。为了让子课题学校编写的项目思路清晰、结构合理，课题组编写了五类项目的基础模板，包括观察类、访谈类、问卷调查类、实验类、设计类。综合类因变数太多，无法编写模板。为了破除子课题学校老师第一次开发 STEM 项目的茫然感，课题组开发了典型案例供老师参考。

经过第一阶段的研究，课题组成功完成了第一阶段的研究任务，确定了一般科学方法核心概念、八个一般科学方法基础模块，构建六个项目资源包，编写了一套项目开发的基础文档。在此过程中，课题组开发出了第一批 STEM 项目。

三、探索与实践

在确定了本课题聚焦的一般科学方法和编写了项目开发的基础模板之后，我们在成都市招募了玉林中学、龙泉驿区大面小学等 58 所子课题学校，涵盖 15 个区县。为了引领子课题学校的项目开发，我们开展了两类专题培训。第一类是讲座式培训，包括课题介绍、科学探究方法专题讲座、课题的设计与实施专题讲座，第二类是交流式培训，由优秀项目团队做项目交流，专家现场指导，每学期开展一次活动。经过一年的跟踪与指导、项目开发与实践、交流与分享，很多子课题学校都开发出了既聚焦一般科学探究方法，又结合学校校情、学情和教情的STEM项目。为了给更多的学校提供操作层面的经验，下面以成都市玉林中学为例，谈谈如何基于聚焦一般科学探究方法开发STEM项目资源包。

（一）组建STEM项目校际师资团队

由于我们课题团队具有跨学科、跨学段、跨区域的特点，因此，子课题学校组建STEM项目开发团队就要充分考虑这三大特点，组建一支学科覆盖面广、年龄结构合理、创新能力强、综合实践能力高的STEM项目研发团队。成都市玉林中学在课题核心团队的指导下，组建了一支涵盖数学、物理、化学、生物、信息技术、通用技术等学科的校际项目研发团队，团队成员学历高、年纪轻、爱思考、喜动手、善研究、能写作、懂配合，为课题的研究与项目的开发提供了强有力的人力资源保障。

（二）参照基础文档开发STEM项目

玉林中学校际开发团队集体学习了总课题组提供的项目开发基础文档，深入了解了一般科学方法、八个基础模块和六类项目资源包，正式进入项目开发阶段。经过团队成员的“头脑风暴”和“金点子”项目征集，首批确定了两个实验类的项目（制作泡菜并检测亚硝酸盐含量、密闭一体式化学药液储量瓶）和两个设计类的项目（智能语音定位取书系统、臂架自平衡节能起重机）。这些项目都是基于现实学习和生活中的问题，建立在学生的具体学情之上，又涉及多学科知识，还能让学生恰当学习和利用一些新技术和手段。

以玉林中学最早成型的“制作泡菜并检测亚硝酸盐含量”项目为例。该项目选自人教版高中生物选修一《生物技术实践》专题1“传统发酵技术”的第3个课题，属于高考考查范围。在课时紧张、考试密集的情况下，按照常规的教学思路，教师一般采用理论学习—实验讲解—试题巩固的三段式教学模式，这样的教学模式不仅枯燥乏味，而且学生学习难度大。在课题组导师的建议下，玉林中学生物组教师决定基于STEM理念，以项目式学习的方式来开展该课题的教学。

该课题内容与必修一的核心知识细胞结构、细胞呼吸等关系密切，涉及乳酸菌的结构、代谢特点、发酵原理等，有很强的理论性；内容围绕人们喜爱的美食——泡菜展开，与生活联系非常紧密，具有很强的生活性；内容要求制作泡菜，并检测亚硝酸盐含量，学生参与的热情非常高，具有很强的操作性。但是，如果用教材中提到的基于分光光度计的比色法来检测亚硝酸盐含量，不仅面临仪器难得、试剂难买的问题，而且操作困难、耗时较长。那么，问题就来了，除了教材介绍的常规的比色法，还有没有更简便、有效的亚硝酸盐检测方法呢？基于这个问题，课题核心问题和子问题自然显露，涉及的一般科学探究方法也清晰可见。

核心问题：如何自制泡菜并检测其亚硝酸盐含量？

子问题 1：怎样制作四川泡菜？（观察法、访谈法）

子问题 2：亚硝酸盐的代谢与人体健康有什么关系？（文献综述法）

子问题 3：影响泡菜中亚硝酸盐含量的因素有哪些？（实验法）

子问题 4：利用比色法如何测定泡菜中亚硝酸盐含量？（实验法、数学建模法）

子问题 5：还有什么简便、快捷、可靠的方法可检测泡菜中的亚硝酸盐含量？（实验法、文献研究法、数学建模法）

子问题 6：怎样通过改变变量减少泡菜中的亚硝酸盐含量？（实验法）

围绕主问题和子问题，课题组绘制了项目知识地图，并依据课程标准、学生学情、教师教情和学校校情，制订了 STEM 理念下的教学目标、项目内容与课时安排。

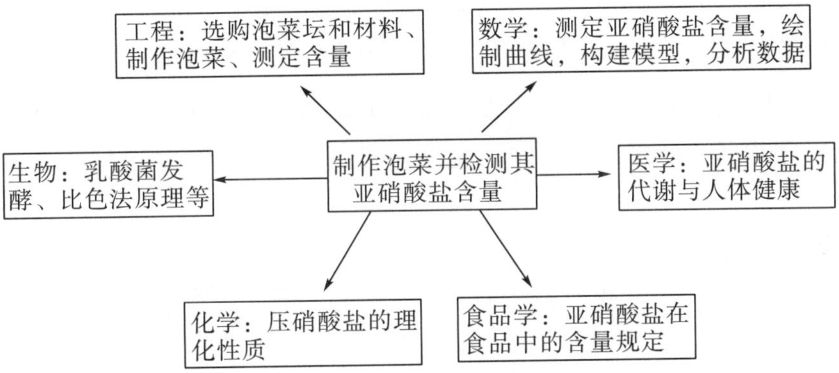

图 1　**“制作泡菜并检测亚硝酸盐含量”项目知识地图**

表 4－1－1　**“制作泡菜并检测亚硝酸盐含量”项目内容与课时安排**

阶段	主要内容	课时
阶段一：问题与聚焦	提出核心问题，分解出子问题，以访谈法、文献研究法开展背景研究	2
阶段二：设计方案与论证方案	拟订研究假设，设计并论证实验方案，形成格式规范、过程具体的最终方案	2
阶段三：制作、测试与优化	按实验方案开展实验，测试数据，分析数据并提出优化措施	1
阶段四：展示和评价	撰写规范的研究报告，组织泡菜分享会，分享研究报告和泡菜，并进行多元评价	2
阶段五：拓展与应用	反思活动过程，提出新的研究问题	1

我们将实验类项目分为五个阶段和若干对应的活动。阶段一：问题与聚焦（包括活动 1——问题分析、活动 2——访谈调查、活动 3——文献研究）；阶段二：设计方案与论证方案（包括活动 4——设计初步方案、活动 5——论证交流、活动 6——形成最终方案）；阶段三：制作、测试与优化（包括活动 7——制作与测试、活动 8——分析与优化）；阶段四：展示和评价（包括活动 9——撰写研究报告、活动 10——举办泡菜分享会）；阶段五：拓展和应用（包括活动 11——项目拓展）。

项目实施的五个阶段相互关联、相互影响，缺一不可。阶段一是项目的起始阶段，主要目的有二：其一是明确核心问题，并分解为可实现的系列子问题，通过活动 1 完成。其二为围绕系列子问题开展项目背景研究，通过活动 2 和活动 3 完成。阶段二是项目成败的关键所在，主要内容是学生自主设计并写出完整方案。教师引领学生经历设计方案、交流方案、论证方案的过程，最终让每个组写出假设合理、设计可行、格式规范的设计方案，通过活动 4、5、6 完成。阶段三是实验的实践部分，基于前面两个阶段成果，学生小组开展实验，记录实验过程和实验数据，通过活动 7、8 完成。阶段四是项目的成果展示部分，主要是教师指导学生撰写实验报告、研究报告或论文，开展泡菜分享会，发布各小组研究成果，进行自评、互评和他评，并分享泡菜的美味，分享成功的喜悦，通过活动 9、10 完成。阶段五是项目的最后部分，在教师的引领下，师生共同对本项目进行反思、总结，提出新问题（进入下一轮项目），通过活动 11 完成。

图 2　师生一起检测泡菜中亚硝酸盐含量

一个项目、五个阶段、十一个活动，让教师的教学不再局限于教室，让学生的学习不再是“在试题和视频中做实验”，学生的主动学习、深度学习得以发生，学科核心素养得以发展。

（三）提炼并物化STEM项目成果

一个好的STEM项目团队，除了能专心学习想项目、细心操作做实验，还要能静心思考做总结、用心提炼写文章。

玉林中学“泡菜”项目团队在课题组老师的指导下，积极将项目成果物化，参加成都市、四川省中小学实验教学说课评选活动，均获得一等奖；参加成都市第35届科技创新大赛获一等奖；两篇文章发表在《中学生物学》《中学生物教学》上，文章获成都市2019年度中学生物学优秀论文评比二等奖；师生在项目延伸阶段构思出的新课题“探究不同浓度的柠檬酸对泡菜中亚硝酸盐含量的影响”入选2019年成都市菁才计划微课题（全市仅25项）。也许这些成果本算不上什么，但这样的小小荣誉却让课题组和课题组之外的更多师生看到了STEM项目式学习给“高考”之下的教学带来的变革、生机与希望，这扇窗正逐渐被更多人打开，看见远方。

玉林中学首批基于一般科学探究方法的STEM项目初见成效之后，课题组组织核心团队教师和课题参与学校教师进行了多次经验交流与分享会，旨在让大家在交流中学习、在学习中改进、在改进中提升、在提升中完善、在完善中感悟成长与体验成功。

四、成果与展望

（一）课题研究成果

1. 一个核心概念

一般认为，科学探究方法是从科学认识过程中总结出的规律。按照适用范围的大小，科学探究方法分为三个层次。适用范围最小的层次是各科学领域或学科特有的具体方法，被称为特殊科学方法、单学科方法，如化学中的电解法；适用范围居中的层次是各科学领域或学科均适用的普遍性方法，是科学方法论层面的方法，被称为一般科学方法、多学科方法，如观察法、实验法、调查法等；适用范围最大的层次是哲学方法，广泛适用于自然科学、社会科学和思维科学，被称为全学科方法。在这三个层次中，哲学方法提供最基础的思维方法，一般科学方法是各学科具体方法的一般指导，特殊科学方法提供解决具体问题的具体技术。

综合考虑三个层面，对中小学生而言，哲学方法过于抽象并不适用，特殊科学方法在学科教学均有讲授，唯有一般科学方法适合中小学 STEM 项目。因此，我们选定一般科学方法为 STEM 项目资源包的核心概念。

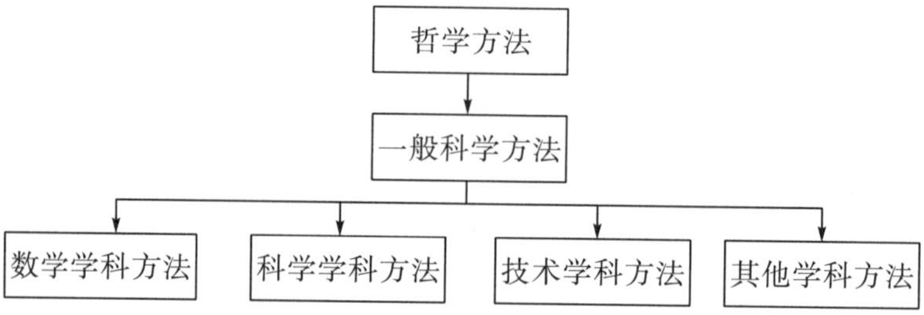

图 3　基础教育阶段科学方法教育体系

2. 八个基础模块

一般科学方法通常分为经验性科学方法、理论性科学方法和横向学科方法三类。经验性科学方法是获取经验材料或科学事实的一般方法，如观察法、实验法、调查法、测量法等。理论性科学方法是对经验事实进行思维加工、建立理论的一般方法，包括分析、综合、归纳、演绎、类比等逻辑方法，以及假设方法、思想实验、理想化方法等。横向学科方法是由数学方法、系统科学方法等横向学科抽取出来的一般方法，如各种数学方法和系统方法。

综合分析以上三类方法可以发现，经验性科学方法是三类方法中的基础性方法，具有过程清晰、易于实践的特点。理论性科学方法是思维方法，在运用经验性科学方法的探究过程中展现。横向学科方法在运用经验性科学方法的探究过程中得到广泛运用。因此资源包的基础模块包括了经验性科学方法中的观察法、实验法、访谈法、问卷调查法，也包括了横向学科方法的系统科学方法、数学方法。理论性科学方法是思维方法，在探究过程的文献综述、方案制订、论文撰写等过程中呈现，我们将其归总为文献综述法和科技写作两类。

综上所述，聚焦科学探究方法的 STEM 项目资源包的基础模块包括八个一般科学方法模块：观察法、访谈法、问卷调查法、文献综述法、实验法、系统科学方法、数学方法、科技写作。

3. 六类项目资源包

聚焦科学探究方法的 STEM 项目资源包适用于小学段、初中段和高中段。每个年段的资源包都有六大类项目，涵盖上述八种探究方法。六大类项目包括观察类、访谈类、问卷调查类、设计类、实验类、综合类。每类项目涵盖两种以上科学探究方法。观察类项目主要包括观察法、文献综述法、科技写作；访谈类项目包括访谈法、文献综述法、科技写作；问卷调查类项目主要包括问卷调查法、文献综述法、科技写作；设计类项目主要包括系统科学法、科技写作；实验类项目主要包括实验法、数学法、科技写作；综合类项目综合应用多种科学探究方法。

六大类项目的难易有别，年段STEM项目资源包应按照由易到难、螺旋上升的规律构建。观察类和访谈类难度最低，适合作为各年段的起始项目；实验类、设计类、问卷类项目常常融合观察法和访谈法，难度居中，适合作为提高项目；综合类项目综合性最强、难度最大，适合作为终极项目。

4. 项目开发的基础文档

在项目开发环节，课题组选择了群体研发的模式。群体研发模式有利于STEM教育基层人才培养，有利于聚焦科学探究方法的STEM项目资源包落地实践，有利于构建STEM教育研究活动的整体氛围，提升区域内STEM研究人才群体认知。因此课题组在成都市内吸纳了58个子课题学校，定期学习、抱团研发，从而凝聚成都市STEM教育学校的力量，实现区域内研究主体的联合，促进STEM教育参与各方的共同发展。

在群体开发过程中，课题组确立了既坚持以科学探究方法为总方向又尊重子课题学校研究特色的原则。在研究过程中，坚持课题组方向引领与学校自主研发双线并进，改造旧项目，开发新项目，提升子课题学校的STEM项目的品质。在研究过程中，课题组开发了支持群体开发的基础文档，提供给子课题学校学习运用。项目开发的基础文档包括《科学探究方法资料汇编》、五类项目模板、典型案例。

《科学探究方法资料汇编》（以下简称《汇编》）由课题组主研人员集体合作完成，参考几十本中外科学探究方法著作，历时一年编撰而成。《汇编》共九个章节，十万余字，包括科学方法概述和八类科学探究方法。《汇编》从科学探究方法的分类和发展历程开始，详细讲述了八种一般科学方法的定义、分类、实施过程、优缺点，提供了丰富的研究案例。

各章内容简介如下：

第一章科学方法概述。简述科学方法的界定、分类、发展历程、特性。

第二章观察法。介绍观察法的含义、分类，观察类项目的实施过程、优缺点。

第三章访谈法。介绍访谈法的含义、原则、适用范围、分类，访谈类项目的实施过程、案例、优缺点。

第四章问卷调查法。介绍问卷调查法的含义、特点、分类，问卷类项目的实施过程、优缺点。重点讲述了如何设计问卷，如何选择调查对象，如何分析问卷数据。

第五章文献综述法。介绍文献综述法的含义、分类、作用、实施过程、优缺点。重点讲述了问题如何聚焦，如何进行文献搜索与选择、文献阅读与整理、文献分析与写作。

第六章实验法。介绍实验法的含义、类型，实验类项目的实施过程、优缺点。重点讲述了从研究方向到研究问题，从研究主题到研究方案的过程，如何提出假设，如何记录实验数据，如何写论文与交流等。

第七章系统科学方法。介绍系统与系统分类、系统科学与系统科学方法、系统科学方法的原则、常用的系统分析方法、设计类项目的实施过程。

第八章数学方法。介绍数学方法与数学方法应用的三个层次，数学方法的优缺点。重点讲述了用统计学方法分析数据。

第九章科技写作。介绍科技论文的分类、特点、写作过程、格式标准、发表。

《汇编》为项目开发人员提供了科学探究方法的入门知识，形成了研发团队内的群体共识，为聚焦科学探究方法的 STEM 项目资源包开发奠定了知识基础。

五类项目模板，包括观察类模板、访谈类模板、设计类模板、问卷调查类模板、实验类模板。五类模板的基本结构总体相似，差异在方法实施过程。

模板特点有四：第一，项目目标凸显科学探究方法目标；第二，以项目知识地图体现跨学科知识融通；第三，学生学业评价标准前置，评价活动贯穿项目学习过程；第四，项目学习过程注重时间管理和质量控制。项目过程中，设置项目进度表。在两个关键节点（选题关键节点和方案设计关键节点），教师应审定全部项目的阶段成果，把控全部项目的研究质量，促使全体学生项目保质保量地推进。

以下为模板的基本结构说明。

以科学探究方法为主线的 STEM 项目资源包的基本模板包含：

（1）项目概述。包括项目名称、项目类别、适用年级、参考课时、基础条件、项目简介。

（2）项目目标。项目总目标包括知识性目标、过程性目标、科学探究方法目标三个方面。

（3）项目知识地图。以项目为核心，分科学、技术、工程、数学领域绘制知识地图。知识地图的作用是呈现知识体系，为项目内的跨学科知识建立可见的连接，并提供具体知识的获取途径。

（4）项目内容与课时安排。包括课时、阶段、主要内容。

（5）学生学业评价。可分为过程评价和作品评价两部分，两种评价均应有评价标准，评价活动贯穿学习过程。

(6) 项目学习过程与建议。包括问题与聚焦、设计方案与论证方案、制作测试与优化、展示与评价、拓展与应用五个阶段。由于项目实施过程中变数很大，为了督促尽可能多的学生完成项目，教师要特别关注五个阶段中的两个项目控制关键节点。第一个关键节点在问题与聚焦中的项目目标设计。如果是封闭式选题（即全体学生有相同的项目目标），应确保学生能理解项目目标设定；如果是开放式选题（即全班学生可围绕项目提出不同的目标），教师应对每一个项目目标进行审核，经过教师审核批准后，学生才能进入下一个阶段学习。第二个关键节点在设计方案与论证方案。在这个节点，学生的项目方案要经过教师批准。教师要设置时间节点，督促学生在时间节点前完成方案。

(7) 项目评价。包括学生对项目的评价，教师对项目的评价。

(8) 参考文献。项目开发中借鉴使用的文献资料，按现行的《信息与文献参考文献著录规则（GB/T 7714—2015）》编写。

5. 项目开发情况

经过近一年的项目开发，子课题学校研发出各类项目60多个，覆盖6类项目资源包。其中17个项目比较成熟，能直接进入实践环节，还有30多个项目有进一步孵化的价值，需要修改完善。同时也有10多个项目离课题组要求比较远，还需要继续学习研究。目前，子课题学校还在持续开发，优质校本课程不断涌现，聚焦一般科学方法的STEM研究氛围日渐浓郁。表4—1—2展现的是部分较成熟项目的基本情况。

表4—1—2　聚焦科学探究方法的STEM项目资源包（部分）

编号	学段	类型	项目名	开发学校
1	小学	观察类	大地的沃土	成都棠湖外国语学校附属小学
2	小学	观察类	我与种子共成长	电子科技大学实验中学附属小学
3	小学	观察类	优秀学生课堂笔记观察	成都市龙泉驿区大面小学
4	小学	设计类	纸上云霄	成都市新都区三河小学
5	小学	设计类	制作夜间安全行进灯	成都市金建小学
6	小学	实验类	种子变形记	成都市龙泉驿区第五小学校
7	小学	综合类	驿马河动植物研究	成都市龙泉驿区第一小学校
8	初中	访谈类	校园周边小卖部零食售卖情况调查	成都市龙泉驿区洪河小学
9	初中	观察类	调查校园中的植物	成都市七中万达学校
10	初中	问卷调查类	学生校本课程参与情况调查	成都市七中八一学校
11	初中	设计类	超市采购助手	四川大学附属中学新城分校
12	初中	设计类	智能升国旗	成都市七中八一学校
13	初中	综合类	未来大源学校校园规划设计	成都市大源学校

续表

编号	学段	类型	项目名	开发学校
14	高中	访谈类	高一新生的学习困惑及应对策略研究	成都市七中八一学校
15	高中	设计类	纸桌子	成都市第十八中学
16	高中	实验类	制作泡菜与亚硝酸盐含量的测定	成都市玉林中学
17	高中	综合类	关爱老人　智能陪伴	成都市玉林中学

（二）反思与展望

经过三年多的研究与思考，课题组对STEM教育的认识得到了整体提升。反思过去的研究，展望未来的发展，我们认为有以下几点值得探讨：

（1）以科学探究方法为中心的STEM项目具有长期研究价值，适合各级各类中小学校开发项目，长期实践，有助于提升学校校本课程质量，建设高品质学校。

（2）在STEM项目开发与实践中，学校应建设跨学科团队，定期开展交流与分享，促进教师团队的跨学科合作。教师有跨学科合作与交流的意识与经验，他们才能把这些观念带到项目中去。

（3）全程性评价是开展STEM教育的关键要素。STEM教育是师生共同研究的过程，全程性的评价能够为学生的研究过程提供支撑，引导学生反思学习过程，调整学习状态、学习方法，让学生学有所得，成果丰硕。评价环节在本课题的研究中有所涉及，但还研究得不够深入，在后续研究中应该进一步地深化。

【案例】

调查校园中的植物

一、项目概述

<table>
<tr><td>项目名称</td><td colspan="3">调查校园中的植物</td></tr>
<tr><td>所属类别</td><td colspan="3">综合类</td></tr>
<tr><td>适用年级</td><td>初一、初二</td><td>参考课时</td><td>8课时</td></tr>
<tr><td>项目简介</td><td colspan="3">校园植物是校园绿化的主角，师生工作、学习和生活的点滴都融进了它们的身影。随着大数据平台的发展，如专业识别植物的APP“形色”和“花伴侣”的开发，以往植物辨识的困难迎刃而解，在初中开展校园植物的调查变得更具可行性。
本项目来源于人教版《生物学》七年级上册第一章第二节的内容“调查周边环境中的生物”，基于STEM课程理念设计。项目活动包括校园植物的辨识（如观察叶的形态特征），调查校园植物的种类和分布，设计制作校园植物“身份证”和导览图等。
本项目涉及生物、工程、地理、美术、数学、计算机等跨学科知识，主要使用了观察法、调查法、数学方法、文献研究法、科技写作等方法。</td></tr>
</table>

续表

基础条件	活动场所：学校 硬件配置：调查表、笔、移动终端（主流智能手机或平板）、放大镜、直尺、校园平面简图、宣纸、颜料、照相机（视情况配置）、植物图鉴等 教学软件：用移动终端提前下载“形色”或“花伴侣”APP
基础学情	学生在生活中经常接触校园植物，对于极少数的植物知道其名称，对于绝大多数植物不知道其名称，很想去认识，但不知从何入手。学生对于 APP 的使用学习能力强，有一定的绘画功底；对于调查的一般方法不清楚，对于数据的分析，调查报告的撰写能力不强

二、教学目标

（1）了解植物常见的形态学术语，学会使用“形色”“花伴侣”等 APP 识别校园植物。

（2）熟练运用观察法观察叶的形态特征；运用调查法调查校园植物的种类、数量和分布，进行数学统计分析，初步学会撰写调查报告。

（3）设计校园植物导览图和校园植物“身份证”，并不断优化；提出适宜的校园植物引种建议。

（4）通过各种形式进行展示和汇报，培养小组合作、交流及表达的能力。

（5）体验植物与人类的关系，尝试开发校园植物资源，增强保护和利用植物资源的意识。

三、项目知识地图

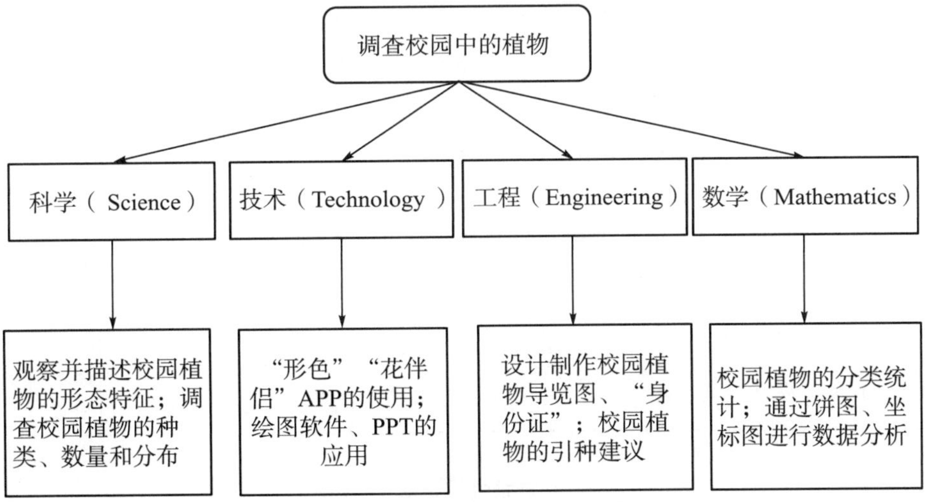

图 4　STEM 课程设计结构图

四、项目内容与课时安排

阶段	主要内容	课时
（一）问题与聚焦	创设问题情境，聚焦核心问题：如何辨识校园中的植物？怎样去调查校园中的植物（0.5课时）	4课时
（二）调查与研究	“形色”“花伴侣”APP使用学习（0.5课时）；观察法观察叶的形态特征（1课时）；调查法调查校园中的植物（2课时）	
（三）设计与制作	设计、制作校园植物导览图及“身份证”	1课时
（四）展示与评价	调查结果汇报；校园植物导览图及“身份证”展示；项目作品评价及过程性评价	1.5课时
（五）拓展与应用	反思活动过程，提出新研究问题	0.5课时

五、学生学业评价

关于本项目的学生评价，建议从两方面入手。

第一，过程性评价，包括出勤情况、对小组贡献、参与班级讨论的情况、过程资料完备性；第二，作品评价，包括观察记录表、调查报告、校园植物导览图作品、校园植物“身份证”作品等。

阶段	产出	作品评价	过程性评价
阶段一：问题与聚焦	核心问题	无	运用过程性评价表
阶段二：调查与研究	观察记录表及调查报告	要点：叶的形态特征的表述准确、绘图的准确；调查路线及调查表设计合理、调查表记录详细准确、调查报告撰写格式及内容	运用过程性评价表
阶段三：设计与制作	校园植物导览设计图及校园植物“身份证”设计图	要点：小组及时交流、讨论深入、优化合理	运用过程性评价表
阶段四：展示和评价	校园植物导览图及校园植物“身份证”成品	要点：设计理念具有创新点，与学校环境及文化融合度高，信息呈现合理、科学；成品美观，实用性强，材质环保耐用，成本合理；充分利用各种技术等	运用过程性评价表
阶段五：拓展与应用	新问题	新问题有研究价值	运用过程性评价表

过程性评价表

小组研究主题是什么？	
小组成员有哪些？	
我负责的工作是什么？	

续表

我的主要贡献是什么？	
我的出勤情况如何？	
我是否积极参与小组讨论？	
我的付出是否得到同伴的肯定？	
……	

六、学习过程与建议

（一）问题与聚焦

本段是项目的起始阶段，从5种常见校园植物的辨认引入，聚焦核心问题“如何辨识校园中的植物？”“怎样去调查校园中的植物？”创设问题情境，激发学生开展项目研究的积极性。

活动1：创设问题情境

核心问题1：如何辨识校园中的植物？

校园中的花花草草一直相伴我们左右，看到特别的花草，你会不会好奇它的“身世”？它叫什么？展示5种校园常见植物的图片：银杏（市树）、木芙蓉（市花）、垂丝海棠、贴梗海棠、黄葛树。提出问题：

这些校园植物你都认识吗？植物学家发现不认识的植物的时候，会用什么方法去辨别？

引出通过观察植物根、茎、叶、花、果、种子等方面的形态特征来辨识植物（展示植物学家总结的银杏信息），对于很难辨别的植物则可采用分子生物学的技术手段，如染色体分析、基因测序等。对于我们而言，专业知识有所缺乏，我们能不能借助工具，快速识别一种植物呢？

叶的形态特征是我们进行植物辨识需要重点观察的，“世界上没有两片相同的树叶”，具体从叶的哪些特征去观察呢？

核心问题2：怎样去调查校园中的植物？

你还知道哪些校园植物？我们学校总共有多少种植物呢？

怎样去调查？调查什么？

（二）调查与研究

本段是项目的关键阶段，学生通过学习“形色”“花伴侣”APP的使用，掌握快速识别植物的方法；通过观察叶的形态特征学会如何去观察、描述和记录植物的形态特征。在前两个活动的基础上开展“调查校园中的植物”项目研究，分组讨论设计调查路线和记录表，分区域实施调查后，汇总整理数据。

活动 2：“形色”“花伴侣”APP 使用学习

学生提出使用 APP 快速识别一种植物后，指导学生尝试使用“形色”或“花伴侣”APP 识别刚刚展示的 5 种植物，提醒学生关注使用技巧、识别的准确度，这些植物的名称、形态特征、生活环境、分布、资源价值、相关诗词等信息。

活动 3：观察叶的形态特征

在进行植物鉴定时，需要观察植物的根、茎、叶、花、果、种子等部位的形态特征。由于叶的材料易获得，形态特征易观察和描述，所以本项目以“观察叶的形态特征”为切入点，教会学生如何去观察、描述和记录植物的形态特征。

课前发放参考纸质资料“被子植物的主要形态术语”（马炜梁《植物学》）或分享微信链接“最全植物形态图解”，学生重点阅读“叶的形态部分”；提前在校园采集具有代表性的叶片（柳、银杏、朴树、牵牛、红花酢浆草、秋海棠、樟树、天竺桂、八角金盘、海桐、南天竹、柑橘、复羽叶栾树等），均分 4 组。课堂上针对叶形、叶尖、叶基、叶脉及脉序、单叶/复叶、叶序中的形态术语进行解读（重点区分“单叶”和“复叶”）。学生阅读资料卡片 1、2，明确观察活动的要求和步骤。

资料卡片 1：观察法

观察是科学探究的一种基本方法。科学观察可以直接用肉眼，也可以借助放大镜、显微镜、望远镜等仪器，或利用照相机、摄像机、录音机等工具，有时还需要测量。科学观察不同于一般的观察，要有明确的目的；观察要全面、细致和实事求是，并及时记录下来；对于需要较长时间的观察，要有计划和耐心；观察时要积极思考，多问几个“为什么”。在观察的基础之上，还需要同别人交流看法，进行讨论。

资料卡片 2：观察叶的形态特征

目的要求：

1. 从叶形、叶尖、叶基、叶脉及脉序、单叶/复叶、叶序等方面观察和描述叶的形态特征。

2. 画出每种叶的简图，学会做观察记录。

材料用具：

教师事先准备好常见的5种叶片材料并编号（单叶、复叶均要有），还要准备直尺、放大镜、记录表等。

方法步骤：

（1）每个同学对照参考资料图示，观察叶形（可用直尺测量叶的长阔比）、叶尖、叶基、叶脉及脉序（用放大镜观察）、叶序。

（2）记录。在观察的基础上，在记录表上依次记录。

（3）画图。在画图本上画出观察到的叶片的简图。

（4）小组讨论。小组各同学分享讨论观察结果，进行修正。

（5）上交观察记录表，教师评阅。

注意事项：

（1）观察中不确定的特征如实记录，可写作“待确认”。

（2）观察中不损坏叶片。

叶片编号	叶形	叶尖	叶基	叶脉及脉序	单叶/复叶	叶序

活动4：调查校园中的植物

确立项目“调查校园中的植物”后，教师给出资料卡片3和4，引导学生阅读参考。教师接着给出校园平面简图（百度地图平面图或学校航拍图），各组结合此图讨论将校园进行分区调查，每个小组调查一个区域（不重叠）。小组长组织组员进行分工，设计调查路线和调查表。教师实时对各小组的方案进行点评，重点以垂丝海棠和贴梗海棠为例，示范实地观察和记录植物的调查信息，提醒同学们在调查过程中注意在平面图上做好调查植物的种类及数量标识。

资料卡片3：调查法

调查是科学探究常用的方法之一。我国的森林资源每5年清查一次，这就是调查。人口普查也是调查。调查时首先要明确调查目的和调查对象，并制订合理的调查方案。有时因为调查的范围很大，不可能逐一调查，就要选取一部分调查对象作为样本。调查过程中要如实记录。对调查的结果要进行整理和分析，有时还要用数学方法进行统计。

资料卡片4：调查校园中的植物

目的要求：

（1）学会使用“形色”“花伴侣”等APP识别校园植物。

（2）初步学会做调查记录，尝试描述校园植物的形态特征、生活环境、数量和分布。

（3）对你所调查的校园植物进行归类。

（4）初步认识生物的多样性，以及生物与环境的关系。

材料用具：

调查表、笔、移动终端（智能手机或安卓平板，提前下载“形色”或“花伴侣”APP）、放大镜等。

方法步骤：

（1）选择调查范围。

（2）分组。4～6人为一个调查小组，确定1人为组长，明确分工。

（3）设计调查路线。根据选定区域，拟定调查路线。

（4）调查。沿着事先设计好的路线进行调查，注意边调查边将观察到的各种植物的名称、数量以及生活环境的特点一一记录在事先设计好的调查表中，并从多个角度进行拍照。

（5）归类。将全组调查到的生物按照科属归类。

（6）整理。将归好类的生物的资料进行整理，写在记录本上。

（7）小组完成一篇调查报告，制作汇报PPT。

注意事项：

（1）参考下面的调查表，讨论并设计一个你们小组认为比较合适的调查表。

（2）认真记录你所观察到的每一种生物。

（3）调查是一项科学工作。对你所看到的生物，不管你是否喜欢它，都要认真观察，如实记录，不能仅凭个人好恶取舍。

（4）不要损伤植物，不要破坏生物的生活环境。

（5）注意安全。全组同学要集体行动，不要一个人走到偏僻的地方，不要攀爬高处，不要下水，防止被动物咬伤等。

准备工作就绪以后，各小组沿着事先设计好的路线进行调查，边调查边将观察到的各种植物的名称、数量以及生活环境的特点一一记录在事先设计好的调查表中，并从多个角度进行拍照。然后将全组调查到的生物按照科属进行归类，再将归好类的生物的资料进行整理。最后小组完成一篇调查报告，制作汇报PPT。

（三）设计与制作

本段基于各组的调查数据，通过手绘或图像处理软件设计和制作校园植物导览图、校园植物的“身份证”，多途径开发校园植物资源，强化师生对校园植物的辨识以及充分挖掘校园植物背后的教育价值。

活动5：设计校园植物导览图

汇总各小组调查结果，给每小组印制一份。小组通过手绘或绘图软件设计一张简单的校园植物导览图初稿。教师引导学生从以下几个问题思考，给出一些参考图示，如广州市第二中学植物、鸟类分布图。

问题设计：

在现有条件下，通过什么样的方式去绘制？

导览图中需要体现哪些植物（如常见植物）？需要呈现植物的哪些信息（如名称、类型）？如何体现植物的类型和数量分布（如通过不同颜色）？

活动6：设计校园植物的“身份证”

小组通过手绘或绘图软件设计校园植物的“身份证”初稿，教师给出一些参考案例，如成都植物园植物挂牌，引导学生从以下几个问题思考，然后小组讨论优化方案设计。

问题设计：

你们去公园或植物园游玩的时候，有没有看到过相应的植物“身份证”挂牌？

这些挂牌上呈现了哪些内容（中文名、拉丁学名、形态简介、二维码）？你们想呈现哪些内容？

这些挂牌的材质、颜色、形状如何？你准备选用的挂牌的材质、颜色和形状是怎样的？理由是什么？

挂牌信息有限，如果师生想了解更多植物的信息，如详细介绍、花的样子等，可以利用哪些技术手段解决？

挂牌如何和学校的文化有机融合？

（四）展示与评价

本段对活动的成果以及作品进行展示评价，采用自我评价、组间互评、教师评价等方式，引导学生进一步完善方案，优化作品的设计和制作。在学生完成本项目后，学生和教师对整个项目进行评价。

（1）观察叶的形态特征

在观察完叶的形态特征后，同学上交观察记录表，教师从叶的形态特征的表述、绘图的准确性进行评分。

（2）校园植物调查报告会

实地调查后教师组织小组汇报展示，学生结合评价表完成小组自我评价、组间互评，然后教师进行评价，各小组整合调查数据。主要评价点包括调查路线设计是否合理，调查表的设计是否科学，调查信息的记录是否详实，调查报告撰写格式是否规范，是否提出了有价值的改进措施及建议等。

（3）校园植物导览图、植物“身份证”设计展评会

教师组织小组展示设计制作的校园植物导览图和“身份证”作品，学生结合评价表引导进行小组自评、互评，然后教师进行评价，各小组优化方案。植物导览图的主要评价点包括植物的种类、数量、分布标识是否准确，导览图是否美观简洁，创新点是否具备，呈现方式是否多样等；植物“身份证”的主要评价点包括植物信息的呈现是否准确、多元，挂牌是否与学校环境和学校文化有机融合，挂牌是否美观、简洁，挂牌的成本是否合理，挂牌的材质是否环保耐用，是否提出了有价值的改进措施及建议等。

图 5　校园植物“身份证”成品

（五）拓展与应用

本段是项目的最后部分，在教师的引领下，师生共同对本项目进行反思，生成新研究问题。

教师引导学生反思整个活动过程，提出新研究问题。比如说：

（1）防破坏、防盗刷植物二维码“身份证”的设计

（2）比较“花伴侣”和“形色”APP在植物识别中的优势和劣势

（3）园艺师体验——校园植物景观配置方案设计

（4）校园植物导览语音讲解系统的初步设计

（5）校园植物图鉴的编写

（六）项目评价

在学生完成本项目后，学生和教师对整个项目进行评价，如下表。

项目评价表（学生）

项目名称	
通过该项目，我掌握了哪些知识？学会了哪些技能？懂得了哪些科学研究方法？	
该项目对我未来的学习有什么意义？	
我对本项目的评价	□优秀　□良好　□合格　□不合格
我对本项目的建议或意见	

项目评价表（教师）

项目名称	
通过该项目，学生掌握了哪些知识？学会了哪些技能？懂得了哪些科学研究方法？	

续表

项目名称	
该项目与常规教学相比有什么优势？ 项目过程中是否体现了这些优势？	
我对本项目的评价	□优秀　□良好　□合格　□不合格
我对本项目的建议或意见	

（供稿：艾奉平、李瑾、周群、张馨月、刘东）

专家点评

“成都市基础教育阶段 STEM 课程资源研究与开发”项目组以课题引领区域推进 STEM 项目的方式开展研究，从成都市的中小学遴选了包含小、初、高的 17 所学校，开展 STEM 教育的研究与实践。主要开展了以下项目：一是确定了核心概念和基础模块，二是构建了课程资源总体结构，三是编写了项目开发的基础文档。通过实践，项目目前取得了一定的阶段成果：明晰了一般科学方法为课题组 STEM 项目资源包的核心概念；确定了聚焦科学探究方法的 STEM 项目资源包的八个基础模块，即观察法、访谈法、问卷调查法、文献综述法、实验法、系统科学方法、数学方法、科技写作；探究形成了观察类、访谈类、问卷调查类、设计类、实验类、综合类六种项目。目前已经开发出部分项目。

项目组在区域推进 STEM 教育中进行了有益的尝试，尽管还没有取得非常显著的成绩，但已经形成了初步的框架，优秀的校本课程雏形已备，希望项目组的研究方法和策略能为区域推进 STEM 教育提供参考。

——郭斌，四川省教育科学研究院信息中心主任

融创博纳育种子，本地整合创特色

德阳市岷山路小学

“没想到她能获奖，非常惊喜！特别感谢学校设立的STEM科创课程，在科创老师的精心指导下，孩子的创新思维得到了提升，这将受益终生。”获奖学生郭佳怡的妈妈易女士向前来采访的《四川日报》的记者介绍道。10岁的郭佳怡同学因发明了“爱儿宝车内高温自动报警系统”，获得了众多荣誉。这项发明源自她在科创课堂上获得的灵感。在老师的指导下，她利用课余时间制作模型，经过不断改进，设计了一套在车主离车之后对车内是否有滞留人员和温度进行监测，并采取措施降低车内温度的报警系统。她的成长历程仅仅是德阳市岷山路小学（以下简称岷小）依托长期致力于小学STEM课程构建与实施的一个缩影。

岷小前身是央企中国二重（全称“中国第二重型机械集团公司”）的子弟校。作为一所伴随着新中国现代重工业和德阳现代工业城市同步成长起来的学校，植根于中国二重厚重的“工业基因”，岷小提出了“融创博纳，幸福一生”的课程理念，学校STEM课程建设注重将本地的工业文化、现代信息技术以及科学创新思维深度融合，形成了家、校、社三位一体的“2＋X”STEM创新教学模式。

一、目标引领，夯实基础

2014年，学校组织各学科对学生学科素养进行了综合自评，发现语文、数学、英语等学科的研究得到了学校较多的关注，而由于课程设置、教师配置等种种原因致使学生科学素养未受重视，相对缺失。

怎样发扬“三线精神”，怎样传承“创新精神”？如何发挥教育的作用，为科学创新启蒙阶段的孩子们铺设成长之路？受人民教育家叶圣陶先生的“儿童种子观”启示，学校以“幸福种子教育”为办学核心理念，把每一个学生都视作“幸福小种子”，先后从东北师范大学、华中师范大学、西南大学等国内一流师范院校中引进了物理、生物、化学、计算机等专业的公费师范生、研究生，组建了 STEM 教育教师团队。

2015 年，学校率先在德阳市开展学生 STEM 教育探索，成立了乐思科创社团、青苗机器人社团、“小工匠”社团等多个学生 STEM 活动组织，满足学生多样化的学习需求。

在进一步的学习与探索中，我们发现，学校早期 STEM 教育虽然成绩突出，但是覆盖面较小。为此岷小 STEM 教育团队多次研讨并结合相关专家意见，形成了 STEM 培育目标的校本化表达，即培养身心健康、主动求知、善于动手、勇于创新的新时代好少年。

学校将 STEM 课程分解到各年级各学科，把学生按低、中、高段分成“感知 • 想象—思维 • 体验—创新 • 智造”三个层次，以培养学生的创新思维能力和迁移能力等为具体目标。

年级	一年级	二年级	三年级	四年级	五年级	六年级
	感知 · 想象		思维 · 认知		创新 · 智造	
目标描述	在学生兴趣发展的萌芽期，通过故事情境与“五感”探索活动，激发学生内驱力和科学想象力，种下科学的种子，唤醒科创热情		在学生思维发展的关键期，通过科学思维与科学认知的学习，利用科学故事、科学实验、科学知识等丰富的资源，转变学生的思维方式，培养跨学科思维意识		在学生特色发展的重要时期，通过真实问题的解决、跨学科综合运用、发现问题、分析问题、解决问题的能力，形成创新精神，提升创新素养	
	培养身心健康、主动求知、善于动手、勇于创新的新时代好少年。					

图 1　基于“幸福种子教育”的岷小 STEM 课程育人目标

2017 年开始，学校着手构建“幸福种子”5 大课程体系：“健课程”“美课程”“善课程”“慧课程”“新课程”。其中“新课程”是以 STEM 课程为主，逐步形成了感知体验、基础探究、工业美术、智造发明共 4 大类 16 项子课程组成的“新课程”体系。其中，“小工匠·大匠心”艺术工作坊、创新实验室和机器人工作室已经成为区域特色品牌。

2019 年，学校综合学生需求和教师特长，对原有的科学课程进行了诊断及梳理，充分挖掘并整合校内外课程资源，进一步丰富与完善学校 STEM 课程内涵。一是打造“科创学习体验中心”，其中包括基础科学实验室、5G 混合现实教室、机器人工作室等功能教室，为 STEM 课程的有效实施提供了有力的空间保障。二是确保 STEM 课程时间，学校在三年级开展每周两节的科创课试点，2020 年扩展到四年级，2021 年在一二年级进行科创特色班级建设，积极探索 STEM 课程的“双全”教育形式，为 STEM 课程的有效实施提供了有效的时间保障。

二、深耕课程，融合育人

通过 7 年的探索，我们开发了以四个融合为内容的 STEM 课程体系，并形成了“2＋X”的科创教育模式。

（一）STEM 科技活动周，激发师生参与兴趣

1.“科技活动周”引领学生成长

每年为期一周的“科技活动周”成为学校亮丽的名片。活动周的核心活动是 STEM 小种子创新论坛，论坛以德阳本地大国工匠为导师，以“与大国工匠共话创新”为主题，分享自己在科技创新实践中的动人经历。论坛结束后，进行青少年科技创新成果发布秀。各年级推选的“科创小明星”通过发布秀向公众展示自己的作品，借助学校公众号平台，增强公众参与度，最终通过公众投票选出最受欢迎作品。

2.“科普小讲坛”开阔学生眼界

学校利用国旗下的展演活动，通过基于 STEM 教育的评价量表，选出优秀学生代表，开展科学知识普及宣传，并面向全体师生举办科普知识讲座，如《神奇的莫比乌斯环》《趣话病毒》《衣食住行也科技》等。

（二）点线面延展，打造“无边界学习”空间

1. 以科创中心为点，不断拓宽 STEM 教育活动空间

岷小将整个校园作为科创教育的活动空间，成立科创教育工作领导小组和学校科技创新发展中心，制定三年规划，绘制发展蓝图，积极推进服务全体学生的科创中心项目落实落地。目前，学校总面积达 2000 平方米的科创中心建设项目已经立项，预计

内置科创发明中心、AI 数字体验中心、博物探究中心、创新体验中心、学术分享大厅等场馆。

2. 以 STEM 教育机制为线，不断完善 STEM 教育体制机制

构建"'指导+实施'两轮驱动"的 STEM 教育活动机制，即：

（1）以"学科专业教师+班主任+X（家长志愿者等）"为轮，以专业教师作为科技辅导员主要负责学生的科创特色发展培养，班主任作为班级辅导员主要负责学生的组织、推荐和常规培养，X 主要包括优秀校友、优秀家长、专家学者进校园活动，以丰富的科技微课堂、科普短课堂、专家大课堂等形式让科创教育在广度上不断延伸。

（2）以"高段学生智造发明+中段学生基础探究+低段学生感知体验"为轮，分阶段逐步实施各项 STEM 教育活动，通汇学科内外，融通各个学段，尊重成长的规律和教育的规律，稳步有序实施科技创新教育教学活动。

表 4−2−1　德阳市岷山路小学 STEM 课程安排表

课程类型	年级分布	融合方向	课时	主要课程
感知体验类课程	一、二年级	畅想未来工业 2035	16 课时/学期	五感观察课程 科幻绘画课程 未来城市课程 科普探秘课程
基础探究类课程	三、四年级	科学实验基础铺垫	16 课时/学期	微观世界课程 神奇化学课程 物理奥妙课程 生态探秘课程
工业美术类课程	三、四年级	本地工业历史文化	16 课时/学期	三线故事课程 工厂研学课程 工业版画课程 陶艺创意课程
智造发明类课程	五、六年级	生活中的工业体验	16 课时/学期	AI 机器人课程 清洁能源体验课程 自动化生产设计课程 创客发明课程

以五、六年级的清洁能源课程为例。课程的背景是为了传承德阳市作为"联合国清洁能源技术与再生资源装备制造业示范城市"的先进经验。课程内容以生存环境为主题，结合全球能源危机之类热门话题，向孩子科普清洁能源知识，他们了解德阳清洁能源产业的现状。通过简易风力发电装置的设计与制作、应用，学校中心花园的微环境得到了有效治理、优化，节水型工作也受到了水利部长江水利委员会专家的一致好评，并建议作为优秀经验面向全省推广。

3. 以家校社合作为面，不断延伸 STEM 教育边界

家、校、社三位一体的“2+X”（“2”为学校、家庭二元，“X”为德阳本地参与工业院企）STEM 创新教学模式，突破了传统教育的藩篱，从狭义的教室走向了广阔的天地。学生们走入生活，走进工厂，近距离地接触、观察工业设备，不断创生新的学识。课堂面向外部开源，展开家校合作、校企合作、校院合作，为“五有种子”的健康成长奠基，促进面向未来的素养形成。

【案例】线上 STEM 环保课堂

2020 年线上教学期间，学校推出了一系列线上“环保课堂”。疫情防控期间，污水处理厂采取了哪些“非常措施”处理医疗污水，保证水环境的安全呢？带着孩子们的疑问，张老师走进柳梢堰城市生活污水处理厂，向全校师生直播了污水处理的过程。通过这场直播，张老师不仅“带”屏幕前的全体师生参观了污水处理的全过程，还将污水处理中涉及的物理、化学、环保知识融会贯通，进行了深入浅出的讲解。

（三）“四个融合”，建设人人能参与的 STEM 课程

学校创新教育方法，建立学科互融，基于 STEM 教育，实现了科学与语文、数学、美术等多学科融合，以科技的发展、生活的资源、本地的文化以及未来的展望，建立四类融合课程。

1. 与科学实验融合的基础探究类课程

基础探究类课程是基于真实问题解决项目式学习课程，着力于从学生“由形象思维过渡到抽象思维”的认知发展规律入手，培养学生的科学精神，提高学生的实践创新能力。课程强调学生在基于社会热点问题的学习情境中发展设计能力与问题解决能力。小学生在解决真实问题的时候往往容易受自身生活经验的影响主观臆断，走弯路。此类 STEM 课程注重课堂引入环节中学生最近发展区认知的矛盾设计，然后一步一步引导学生发现在问题解决过程中可能疏忽的地方，发现问题背后的原因，并重新提出解决问题的正确方法，最后更新和完善学生的认知体系。

在三年级的一堂寻找淀粉的基础实验课堂上，学生谢梦汐小组发现肥肉滴上碘酒后也变成了蓝色。在分享交流环节，他们发现他们的结果和大家大相径庭，但是他们坚持自己的探究结果：肥肉中也有淀粉。这可怎么办？不可能啊！于是科创中心张麦月老师请他们到讲台前，再做了一次实验，结果还真的变蓝了。到底怎么回事呢？肥肉里怎么会有淀粉呢？经过一番思考后，张老师将肥肉拿到水槽冲洗了一阵，再次检验，连续几次，都没有再变蓝色。原来是切肥肉的刀子之前切了土豆，沾上了一些淀

粉。这堂课上张老师坚持了实事求是的原则，尊重孩子们的实验结果，并和孩子们一起探索问题背后的原因，保护了孩子们的科学兴趣，培养了孩子们实事求是的科学探究精神，更让孩子们认识到了实验中严谨规范的重要性，给孩子们上了生动的一课。

2. 与生活体验融合的智造发明课程

用创意解决生活问题，用创新点亮生活乐趣，智造发明直指学生创新动力的培养。

以清洁能源体验课程“风光发电的应用与创新”一课为例，课程首先从矗立在学校中心花园的风光互补发电站为导入，向孩子普及清洁能源知识，使其了解清洁能源产业的历史与现状；然后通过简易风力发电装置项目的设计与制作，让学生在“做”中学。学生不仅需要了解科技产品的设计原理、制作流程以及其蕴含的工程技术，还要能够创生出新颖的作品，在项目学习中逐步形成跨学科思维能力。

3. 与本地文化融合的工业美术类课程

厂矿子弟校拥有厚重的工业文化基因，学校积极拓展校外课程资源。

以“三线故事”体验活动为例，与中国二重、东方电气（全称“中国东方电气集团有限公司”）、东方电机合作，组织学生走进工厂，观看车间展示的三大厂的经典工业科技场景照片，让学生能够近距离地接触、观察这些经典工业设备，让孩子们对工人劳作有更直观、感性的认识和了解；同时也邀请工程师家长来到学校举办讲座，激发起学生的自豪感和创作灵感。课程鼓励学生利用生活中的材料，用艺术的方式来表达车间场景，将工业文化内涵创造性地融入美术创作中，将作品展示分享作为重要环节，让孩子们从材料选取、创作背景、创作过程、创作体会等方面进行个人作品展示交流。

图 2 “三线故事”体验活动与工业美术

4. 与未来畅想融合的感知体验类课程

感知体验类课程以未来世界为思考主题，让孩子们的畅想插上思维的翅膀。如取材于生活中的未来城市设计、以未来世界为主题的科幻画创作，以及优秀科幻作品的读后感等，以感知体验活动激发孩子的创造力，并在创造中体验科学的乐趣，以浸润式教学普及专业知识，揭开世界的奥秘，让孩子的畅想以模型、画作或科幻写作等形式展现在大家眼前。

图 3　学生作品：工业风与三星堆相结合的科幻画《防疫面罩》

三、聚焦课堂，赋能生长

课堂是实施科创课程、培养学生创新能力的主阵地。岷小以“融创博纳，幸福一生”为课堂核心理念，念好“三”字经，打造“三创三保护”的科创课堂，努力营造利于培养学生创新能力的课堂氛围。

（一）“三创科学”课堂，培养创新思维

学校以“引学展疑、自学存疑、合学探疑、展学解疑、固学升疑”为课堂教学基本流程，各学科结合自身特点形成了“学科变式”，特别是以真实情境创疑，以问题解决创生，以项目孵化创造，形成“三创”STEM 课堂模式。培养学生的优秀思维品质，帮助学生养成良好的思维习惯，打破自我中心、教师中心的局限，从而以一种开放、整体、关系、转化、质疑、反思的心态走进课程，学生的思维过程能够实现从隐性抽象向显性具象转变。

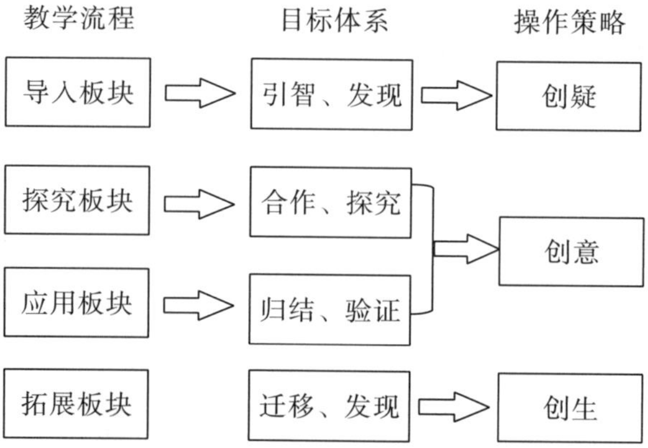

图 4　学校 STEM 课堂教学板块流程表

（二）课堂“三保护”，激发创新潜能

课堂注重对学生好奇心、创新意识以及知识结构的解构重构等三个方面的保护。鼓励学生学习方式的创意、学习方法的创意以及表达方式的创意。在课堂教学过程中，教师特别注意以下几个方面：一是关注学生辩证思维的形成，逐步增强学生的思辨意识以及解决实际问题的能力；二是加强课程内容与社会生活实际横向拓展，以生活中的小困难或者社会热点等真实问题，整合生成课程任务线索，开展课堂探究；三是加强教学任务设定与学生生活经验的纵向联系，特别是前后认知矛盾的设计，使学生产生深入思考、理解、应用以及探究的兴趣和行为；四是注重学生团队分工协作能力、问题发现与解决能力以及成果分享能力的培养。

图 5　STEM 课程实施中的“三保护”

（三）项目式学习，强调生成体验

（1）生成。学生在项目式学习中不断地生成知识，教师在项目的设计和推进中也生成对项目式学习设计的认识，在具体零散经验的基础上，重组和有序加工对项目式学习的认识，最终生成对项目式学习课程设计与教学实践方式的高阶理解。

2020 年，在对于高速公路上的安全问题讨论中，陈浩明同学提出，高速公路上发生汽车故障以后，按交通规则要求应在距离汽车 150 米处安置预警提示架，但是放置过程存在非常大的安全隐患。怎么办？围绕着高速公路交通事故的原因分析、解决思路和解决方案设计等话题，同学们进行了深入探讨。于是，“基于北斗的智能移动警示架”的创意就产生了，目前正在改进与完善，并积极申请国家发明专利。

（2）体验。从真实社会问题的提出开始，强调学生生活体验的重要性；从真实的体验中归纳出亟待解决的问题，进而设计解决这一问题的产品，在未来更好地指导学生在现实世界中的生活。

在秋季浓雾天上学时，康灵益与一辆小汽车的一次有惊无险的擦肩而过的经历，引起了科创中心郑老师的注意。围绕着雨雾天气交通事故的原因分析、解决思路的话题，郑老师与同学们进行了深入探讨。于是，“示警照明伞”的创意设计就产生了，接下来同学们又进行了改进与完善。最终，这项作品成功获得了国家发明专利。

四、评价驱动，激发内力

充分发挥评价诊断、导向、激励作用。我们积极探索岷小 STEM 教育的“四结合”评价方法，将过程性评价与终结性评价相结合，行为表现评价与作业作品评价相结合，自我评价与他人评价相结合，质性评价与量化评价相结合，研发了《“幸福种子”科创课程评价指南》和《“幸福种子”STEM 作品评价表（基本式）》等评价工具。评价关注学生的发展，以评价激发内驱力，调动学生做“五有”幸福种子，成为最好的自己。

一是 STEM 作品展示评价，评选“科创小明星”。各年级在班级评选的基础上，推选“科创小明星”通过发布秀向公众展示自己的作品，借助学校公众号平台，增强公众参与度，最终通过公众投票选出最受欢迎作品。

二是平台展示评价，评选“STEM 达人”。学校在“幸福广场”“鱼花共生”小花园设展台，展示孩子们的优秀科创作品。由全校师生评选的“STEM 达人”入选《岷小优秀学生创新风采录》。

三是构建 STEM 育人成长评价指标。通过对全体学生的工程笔记、交流分享等多种方式进行评价，力争提升全体学生的科学素养。

表 4-2-2 岷小 STEM 科创课程评价指南

维度	指标	1~2 年级	3~4 年级	5~6 年级
团队合作	团队分工	在教师的帮助下，明白自己在小组中的分工	在教师的指导下，找准自己在小组中的分工	自主形成学习小组并完成小组分工
	责任担当	在教师的帮助下，明白自己需要完成的主要任务	在教师的指导下，发现自己在小组中的主要任务	能自主讨论形成小组的主要任务
	互助合作	在教师的帮助下，理解自己与小组成员的任务	在教师的指导下，发现其他小组成员的努力，并提供自己的帮助	认可小组成员的努力，并主动提供帮助
	沟通分享	在教师的帮助下，表达自己的想法并善于倾听他人意见	能表达自己的想法，并倾听他人的意见，思考后进行反馈	能采用多种方式表达自己的想法，并能对不同意见进行讨论、点评、形成共识
问题解决	分析问题	在教师的帮助下，分析情境中的问题	能分析情境中有价值的问题	自主分析情境中有价值的问题
	主动求知	在教师的帮助下，获取知识信息	能选择合适的方法获取知识信息	能自主选择合适的方法获取知识信息
	善于动手	在教师的帮助下，动手完成观察、制作等活动	能选择合适的材料和工具，动手完成观察、制作等活动	能自主选择合适的材料和工具，动手完成观察、制作等活动
	解决问题	在教师的帮助下，解决问题	能解决问题并对情境进行迁移	能解决问题并对情境进行迁移，提出新的有价值的问题
反思提高	反馈调整	在教师的帮助下，对问题解决情况总结反馈，调整解决方案	能对问题解决情况总结反馈，调整解决方案	自主对问题解决情况总结反馈，调整解决方案
	科学表达	在教师的帮助下，用简单的图画或文字表达成果	能用图画或文字表达成果	能熟练运用图画、文字或报告等形式表达成果
	工程笔记	在教师的帮助下，完成工程笔记	能合作完成工程笔记	能独立完成工程笔记
	收获提升	在教师的帮助下，表达自己的提升效果	能通过感悟体会等表达记录自己的提升效果	能通过多种方式表达和记录自己的提升效果，并总结相关经验
	备注：根据学生成长的规律和教育规律分不同年龄段逐步提高评价标准			

STEM 教学活动过程的复杂性决定了并非所有教学因素都能被量化。根据育人目标，课程的主要评价对象是学生，评价方式以过程性评价为主，结果性评价为辅。

教师通过作品展示、工程笔记、交流分享等多种方式进行学生评价。以 STEM 科创作品评价为例。

表 4—2—3　岷小 STEM 科创作品评价表

作品名称：						
班级：		姓名：			评价者：	
评审内容		评价情况				
		等级	优	良	合格	待合格
		分值	不小于 90%	不小于 80%	不小于 60%	60%以下
项目可行性	作品展示整体综合效果	5				
	外观造型	5				
	设计、制作是否科学合理	10				
	自主创新是否明显	10				
	实用性	10				
项目成员能力	对作品原理的阐述与理解	5				
	对作品的陈述程度	15				
	分享交流、综合能力（问答情况、应变能力等）	20				
	工程笔记翔实程度（成员分工，制作过程，迭代过程等）	20				
总分		100				

根据评价反馈，教师及时对课程内容、教学策略、学习方法、材料工具进行调整。根据不同的授课内容，根据学生的情况，不断优化评价方法。

五、幸福种子，声名远扬

STEM 课程链接起了不同学科的端口，让孩子们的思维不断碰撞，创生了一大批“五有”科创小种子。“跳起来摸得到”，学生的学习潜力得到了充分释放，各自进入自我的“最近发展区”，孩子们不但快速地掌握了知识和技能，而且通过活动和实践反哺，对概念的理解更深入了；学科整合，学生的探究欲望增强，从被动地接受答案到敢于质疑，敢于批判，敢于创新，不但让孩子们认识了自己以及他人不同的技能与能力，更让他们学会了如何扮演好团队中的角色，如何解决冲突和促成对话，学生搜集、处理信息的能力得到提升，独立阅读能力、口语交际能力、合作探究能力明显增强，树立了群体认同感和自豪感。每一颗“小种子”都找到了幸福的方向，课堂参与度、竞争能力、创新能力等得到较大程度的提高，在校园生活以及国家、省、市级各类活动评比中取得了优异的成绩，学校 STEM 教育成果突出，产生了广泛的社会影响，国家、省、市各级专家纷纷点赞。

六、反思与展望

岷小的工业 STEM 课程探究经过了 7 年的探索与完善，其成果是一个开放的系统，研究还未终结，成果也未穷尽，“三创三保护”的 STEM 课堂还在持续进行中，实践过程中我们也在不断地反思和提升。

（一）对于高品质教育与 STEM 教育的思考

1. STEM 教育是高品质教育不可缺少的组成部分

STEM 教育在提升学生的实践素养、技术、工程能力方面具有独特的优势。STEM 教育注重学生知识体系的前后贯通，更注重知识的横向迁移与拓展，是高品质教育不可缺少的组成部分。

一是突出整合性原则。突破“课堂教学就是在教室里上课”的传统藩篱，让学生到大自然、实验室、工厂现场，去学习、去探索、去思考、去实践、去创造。STEM 课程的学习只是学生大学习生态中的一个子系统，与校园学习系统、社会学习系统、网络学习系统共同构成学生的学习生态。

二是凸显创新性原则。打破传统的灌输、讲问教学模式，以真实的问题为切口，层层推进为过程，解决问题为目标，把培养学生的创新意识和创新能力放在重要位置。重视培养学生对自己能力的自信、行动上的独立性，最大限度地为学生提供发挥潜力、表现个性的空间。

三是强化独特性原则。问题的开放性和解决问题的方法多元性决定了 STEM 教育课堂生成的独特性。独特性原则还体现在教学设计的多样性上，解决“教什么”的问题是教师的一度创造，教师依据课标备课、完成教学设计的原创是二度创造，在课堂上师生合作实施教学设计的过程就是三度创造，是师生智慧、才情、底蕴的集中展示。

2. 高品质教育的课堂模式为 STEM 教育提供了实施保障

学校以“融创博纳，幸福一生”为课堂核心理念，是对传统教学的扬弃，是对教育本质和规律的尊重与继承。它有别于传统线性教学思路，是在整合思想的牵动下融合的综合性学习。为此学校积极打造有温度的学习环境，积极营造温馨舒适的学习氛围。目前，学校已完成与四川工程职业技术学院的合作，与国机集团（全称“中国机械工业集团有限公司”）、东方电气集团等驻地工厂的共育交流，并先后筹措资金建设了 1 个空中农场、1 个创客空间，利用现有校园林木营造了 1 个小型植物生态园，改造 3 间科学基础实验室等基础设施，为学校 STEM 教育提供有力的组织保障、技术保障、后勤保障、科研保障。

（二）下一步工作方向

随着学校 STEM 教育的进一步深入，我们发现学校 STEM 课程评价体系还需要进一步充实和完善。

下阶段我们将细化 STEM 课程的评价体系研究，以促使学生发展为目的，既要关注学生的学习结果，还要对学生学习兴趣、态度、过程、行为、能力等方面给予精准量化分析和质性评价，引导学生学的改进，促进学生全面发展；积极探索“先学后教、骨干引领、团队共研”的 STEM 教师培养模式，积极协调各方力量，以“全人、全纳、共生、共赢”的高品质要求继续深化学校 STEM 教育实践工作，为学校“十四五”高质量发展持续做出贡献。

（供稿：郭恒霞、高鹏、郑丁元、魏东儒）

专家点评

德阳市岷山路小学结合自身的工业城市重工业企业子弟校身份，运用厚重的“工业基因”，提出了“融创博纳，幸福一生”的课程理念。学校以 STEM 理念为指导，构建了全新的校本课程，注重将本地的工业文化、现代信息技术以及科学创新思维深度融合，形成了家、校、社三位一体的“2＋X”STEM 创新教学模式。

课程根据学生的认知规律分“感知・想象—思维・体验—创新・智造”三个层次，按一二、三四、五六年级分别实施，以培养学生的创新思维能力和迁移能力等为具体目标。

学校着手构建“幸福种子”五大课程体系：“健课程”“美课程”“善课程”“慧课

程”“新课程”。其中“新课程”是以STEM课程为主，逐步形成了感知体验、基础探究、工业美术、智造发明共四大类十六项子课程组成的“新课程”体系，其中，“小工匠·大匠心”艺术工作坊、创新实验室和机器人工作室已经成为区域特色品牌。

课程实施过程中逐步形成的“三创（创疑、创意、创生）”STEM课堂模式，值得借鉴。

在评价方面，学校构建了“四结合”评价方法，将过程性评价与终结性评价相结合，行为表现评价与作业作品评价相结合，自我评价与他人评价相结合，质性评价与量化评价相结合，形成了三种评价方式：一是STEM作品展示评价，评选“科创小明星”；二是平台展示评价，评选“STEM达人”；三是构建STEM育人成长指标评价。评价方法比较科学，建议对作品评价、平台展示评价和育人成长指标评价三者的评价关系进行梳理，使评价指标更科学，评价操作更有效，评价结果更精准。

——郭斌，四川省教育科学研究院信息中心主任

基于 STEM 理念的都江堰水利工程品质课程的建设与实践

都江堰市灌州小学校

在“高品质学校建设”理念的引领下，都江堰市灌州小学校不仅对顶层设计进行了重构，还将“高品质学校”成果运用于课程建设，自 2018 年提出“都江堰水利工程品质课程建设”任务以来，经过三年多的实践，从课程理念、课程目标，到课程内容及实施，再到课程评价，形成了灌州小学课程建构的机制；都江堰水利工程品质课程从一年级的研制与使用，推广到了二至六年级，对突出充满学校特色的课程体系具有重要意义。这些实践成果不仅大大促进了学校教育教学水平的提升，还得到了都江堰市和江苏省同类型学校的认可与推广，在全国形成了一定的影响力，助力了学校的高品质发展。

一、都江堰水利工程品质课程实践的三个主要问题

我国经过长期的基础教育课程改革，已经积累了一定的小学教育教学成果和经验，但是学生学习被动、重视知识学习的结果、以教师为主等问题仍旧未能得到较好的解决。灌州小学虽然是一所年轻的民办学校，但是十分重视科研工作，一直朝着建设高品质民办学校的目标努力奋进，高标准、严要求，不断学习，尝试建设符合世界教育前沿、符合本地本校实际需求和特色、促进学校发展的高品质特色课程，并希望能将研究成果与全国同类学校共享，以期更好地落实《关于深化教育教学改革全面提高义务教育质量的意见》精神。

纵观我国小学课程实践，主要存在以下几个方面的问题，这些问题也在灌州小学课程之中有所表现。

（一）过于看重知识，将学生与丰富的经验相割裂

大部分的小学课程设计十分看重逻辑顺序，尤其是知识点与知识点的串联顺序，导致课程与学生的经验割裂。都江堰水利工程品质课程以学生的生活与实践经验的联系和延续为基本线索，以学生主动学习为基本形式，让学生在课程学习中建构自己多样化的、相互联系的经验。

（二）受限于课堂，将学生与多样化的生活相隔绝

小学的主要课程大都来自国家课程，而国家课程无法观照到本地区本学校学生的实际情况。为此，有不少学校推出了校本课程，但也大都局限于课堂，导致课程与学生的生活隔绝，在课程实施过程中有时也会违背学生的意愿，成为教师将外在的知识强加给学生的过程。都江堰水利工程品质课程突出强调课程应贴近学生的生活，打开教室和学校的大门，将幼儿园、家庭、社会生活有机结合，创设真实开放的生活和学习情境。

（三）过于依赖教师，将学生与能动自主的发展相隔离

小学课程的实施过于依赖教师的传授，学生探究性学习的机会并不多，导致有些知识的获得比较肤浅，学生解决问题的能力、创新能力等无法很好地培养。都江堰水利工程品质课程通过多种活动方式让学生在行动实践中学习，让学生在一件件事情中进行有意义的学习，真正成为自己学习的主人。

二、都江堰水利工程品质课程建设的过程与方法

基于 STEM 理念的都江堰水利工程品质课程三年多的研究历程，分为三个阶段：侧重于探索构思的课程学习阶段、初步建构都江堰水利工程品质课程阶段、基于 STEM 理念的都江堰水利工程品质课程实践优化阶段。实践表明，基于 STEM 理念的都江堰水利工程品质课程不仅是必要的，而且是可行的。

（一）课程建设的过程

1. 探索构思阶段（2018 年 1 月—2018 年 7 月）

伴随着都江堰市建设“国际生态旅游名城”和荣获 2017 年度中国十大品质休闲县市，都江堰市教育局在《2018 年工作要点》中明确提出了“优教成都”的总体工作思

路，要求加快构建“大成都区域性教育高地”，办人民满意的教育。

为了符合世界教育前沿和本地本校实际需求与特色，促进学校高质量发展，都江堰市灌州小学开始致力于将都江堰市著名旅游文化资源与课程资源相结合，并最终选定了最具有代表性的世界历史文化遗址——都江堰水利工程。

由于都江堰水利工程品质课程在全国属于首创，没有先例可循，因此，课题组首先进行了充分的调研。2018 年 2 月，课题组面向全校师生分别进行了“都江堰水利工程品质课程的期待”问卷调查，调查收到 229 份教师和 1651 份学生的问卷，在最后的开放性问答题中，不少师生都表达了他们对这个课程的期待和向往。之后，我们还通过各种方式与学生、家长、同行、专家进行过上百次的对话，不断学习相关教育理论知识，完善课程方案。

2. 初步建构阶段（2018 年 8 月—2019 年 9 月）

在充分研究“STEM 理念”“都江堰水利工程”“品质课程”“课程建设”相关文献资料的基础上，基于学校“尽责至善，和谐向美”的文化，积极分析学校已有的课程体系，初步确定将都江堰水利工程品质课程置于学校的拓展型课程（学校课程体系包括基础型课程、拓展型课程和探究型课程）中。

与此同时，我们借助特级教师张赛琴到我校指导培训的契机，成立研究小组，广泛吸收上海市小学课程建设的优秀经验，深入研究课程建设中的真问题，最终确定了都江堰水利工程品质课程的课程理念、课程目标、课程内容、课程实施、课程评价等内容。

学校还充分调动全校师生的力量，广泛吸收家长的意见，群策群力，形成了灌州小学课程建构的机制，并积极向主管单位申报课题。2019 年秋，研究小组申请立项获批准为都江堰市 2019 年度重大课题。这给了学校继续进行课程建设与实践研究极大信心。

3. 实践优化阶段（2019 年 10 月—2021 年 2 月）

为了让都江堰水利工程品质课程能够更好地进入教学活动中，我们找来了 STEM 课程老师、研学旅行教师、班主任、家委会代表，就课程活动进行了充分讨论，论证了课程活动方案的可行性，并开始在 2019 年秋季课程活动中增加都江堰水利工程品质课程。

2020 年初，新冠肺炎疫情暴发，学生不能到学校上课。灌州小学在此期间更新都江堰水利工程品质课程的内容，将其纳入学生在家学习主题活动课程的一部分，课程内容与教学形式发生了很大的变化。

课程实践一年以后，为了把脉都江堰水利工程品质课程对学生的作用，课题组让学生参加了由东南大学儿童发展与教育研究所（百研工坊）组织的“STEAM 教育教学改革项目学生学业评测”。测评报告显示，灌州小学学生的综合能力平均水平较高，大部分学生基本掌握了此次测试所考察的知识，整体科学学习动机较强，具备相应的科学认知和科学态度，能够在实际生活情境中较好地运用它们解决问题，但是关于科学知识维度上的能力普遍有待提高，使用证据形成完善解释和准确结论的能力还有提升空间。这一结论表明灌州小学学生综合能力处于全市前列、全国中上水平。

2020 年 8 月，课题组在全国新时代高品质学校建设线上线下研讨会介绍推广相关经验，得到了全国教育同行的广泛关注与好评。

（二）课程建设的方法

1. 文献研究，形成理念

我们十分关注知识论、学习论、课程论的相关研究。深入学习杜威的儿童观、佐藤学的学习共同体、怀特海的教育的目的、陶行知的教育思想、韩雪屏的课程知识论，在吸纳、比较、反思中进行思想的融合，整合研究方法，形成新的课程理念。

2. 专家引领，聚焦问题

自 2018 年开始，我们不断向北京、江苏、成都等地的专家请教，不少专家来校指导。灌州小学每一个月专门针对都江堰水利工程品质课程开展一次课程研讨、一次教学研讨，聚焦现场、提出问题，并针对问题与专家互动，逐步提升教研质量。

3. 研学一体，实践深化

灌州小学始终坚持理论联系实际，研究、学习、实践一体推进，努力做到研究推动、学习跟进、实践深化，将全校教师纳入课题研究学习共同体，使教师的课程建设与课程实施能力也逐渐提高。

4. 课程审议，反复协商

都江堰水利工程品质课程的实施者永远是教师，所以学校将课程的决策权下放给教师。为了保证课程开发的质量，灌州小学形成了从班级到年级组再到校级层面的三级课程审议制度，层层审议，反复协商，严格把关。

三、都江堰水利工程品质课程的建设与实践成果

（一）都江堰水利工程品质课程的课程理念

课程理念是课程开发与实施的顶层设计，是核心内核，是指导教师教育行为与规范学生主动健康发展的行动指南。不同的理念会引发不一样的教育行为，但即便是相同的理念，执行教育的教师对理念的理解程度、认可度不一样，理念的执行程度也会不一致。因此，好的理念还需要志同道合的教师来执行，才能真正实现理念的价值。

灌州小学基于“STEM理念”实施都江堰水利工程品质课程。“STEM”指的是与科学（Science）、技术（Technology）、工程（Engineering）、数学（Mathematics）学科相关的教育。与传统的分科教学不同，STEM教育将相关的课程进行有机交叉融合，相互协调作用，形成一个知识体系，并将其应用于实际的问题解决之中。主要体现在两个重要特征上：一是强调跨学科、跨领域的多学科融合；二是强调学习与现实生活紧密相连。STEM理念将现实生活中的问题分为科学、技术、工程、数学等领域，让学习者回到现实生活，从探索的视角展开学习，并在综合学科视角下发现问题并解决问题。在STEM理念引领下学生的学习不是为了名次、评比和优异的成绩单，而是为了实现学习者自身的内在价值。

2015年，教育部首次正式提出要发展STEM教育和创客教育。2017年国务院发布的《新一代人工智能规划》中明确提出，我国中小学要开设人工智能、编程等STEM教育课程。因此，STEM理念作为一种培养未来综合性人才的教育方式，十分注重数学、科学、工程、艺术、技术等知识密集型学科所需的基本技能与综合能力的培养。

基于“STEM理念”，针对都江堰水利工程品质课程的设计与实践，灌州小学制订出了适合小学生主动健康成长的课程目标，将“国家课程资源”与“都江堰水利工程品质课程资源”通过学科渗透、专题教育、主题活动三个板块来实践探索，引导全体师生在人文底蕴、科学创新、民族精神三个方面获得主动提升，助力培养“发展多元智能，实现差异成功，共享幸福成长”的新时代优秀的社会主义建设者和接班人。

（二）都江堰水利工程品质课程的课程目标

狭义的课程目标主要指“教育目标”，也指“培养目标”“课程教学目标”“教学目标”。它是由课程理念为指导，基于理念的育人目标。目标定位是否准确，取决于对理念的解读是否深刻，是否到位，是否呈现出课程理念的内涵。

都江堰水利工程品质课程的课程目标是以人文底蕴、科学创新、民族精神为抓手，培养“发展多元智能，实现差异成功，共享幸福成长”的新时代优秀的社会主义建设者和接班人。

1. 人文底蕴

人文的核心是“人”，以人为本，关心人，爱护人，尊重人。这就是我们常常说的人类关怀、生命关怀。人文是一种思想，一种观念，也是一种制度，一种法律。底蕴即学识、道德等方面的修养。合起来，人文底蕴即是在以人为本、关心人、爱护人、尊重人方面的个人修养。

公元前256年，秦蜀郡守李冰主持创建了都江堰，使成都平原“水旱从人，不知饥馑，时无荒年，天下谓之‘天府’也”。都江堰至今生机无限，创造了古代无坝水利工程史上的几项世界之最：历时最久、灌区面积最大、综合效益最高、生态环境保护最优。李冰开凿都江堰的伟大创举，到今天依然有重要的启示。都江堰水利工程是世界文化遗产、世界水利工程史上的丰碑，作为都江堰本土的学校，我们有责任提升学生的人文底蕴，着力于将孩子培养成都江堰文化的推广者、践行者、传承者和创新者。

2. 科学创新

2017年9月国务院发布的《深化教育体制机制改革的意见》明确指出：“要注重培养支撑终身发展、适应时代要求的关键能力。在培养学生基础知识和基本技能的过程中，强化学生关键能力的培养。”我们认为，科学创新能力就是学生发展的关键能力，是国家持续发展的核心能力，更是全球一体化时代的核心能力。面向未来的教育，在发展关键上，必须以创新为要。我校通过本课题研究和实施，旨在使我校教师成为科学创新思维的领路人，引领学生成为独立个体，能够善于发现、认知有意义的新知识、新事物、新思想、新方法，掌握其中蕴涵的基本规律，并具备相应的能力，为将来成为科学创新型人才奠定全面的素质基础。

3. 民族精神

党的十八大以来，习近平总书记多次强调要传承和弘扬中华优秀传统文化。他指出：“中华文明源远流长，蕴育了中华民族的宝贵精神品格，培育了中国人民的崇高价值追求。自强不息、厚德载物的思想，支撑着中华民族生生不息、薪火相传。”都江堰水利工程为世界水利工程史上的丰碑，有助于学生感受中华优秀传统文化，培养民族精神和文化自信。

（三）都江堰水利工程品质课程的课程内容

都江堰水利工程对我们的启示主要有五个方面：第一，科学严谨、巧夺天工的勘测设计；第二，无坝引水、费省效优的生态工程模式；第三，价廉饶给、就地取用的建筑材料和简便易行的工程技术；第四，天道酬勤、因地制宜的岁修制度；第五，道法自然、天人合一的水利理念。经历 2200 多年的历史变迁，都江堰水利系统仍然发挥着神奇的作用，是世界上迄今为止最完美、最科学、最先进、独一无二的无坝引水式引水枢纽，其中包含的工程、建筑、物理、数学等学科知识，完全符合 STEM 的理念。

基于此，课程从都江堰的山、水、人、城、堰出发，在 STEM 理念的引领下，划分为三个学段，每个学段的上下期都有一个围绕着基于 STEM 理念的“我爱都江堰”为主题的课程。

表 4－3－1　“我爱都江堰”主题课程表

学段	建设维度	主题
小学低段	初步感知	我爱都江堰：山之形、水之色、人之美、城之美
小学中段	实践体验	我爱都江堰：堰之名、堰之谜、堰之美、堰之妙
小学高段	思辨领悟	我爱都江堰：堰之利、堰之魂、未来的都江堰、我与李冰精神

（四）都江堰水利工程品质课程的实施策略

1. 小学低段的实施策略主要是初步感知

表 4－3－2　“我爱都江堰：水之色”主题课程教学流程表

驱动问题	教学目标	教学流程
都江堰市的周围有什么江或河？这些江河的颜色和形状是什么样子的	探索城市附近和穿过城市的江河，对都江堰的水建立初步的感性认识	A 计划阶段 A1 明确目标： A2 教师分组布置任务： A2.1 任务 1：准备自己要带的野外考察用具 策略支架：提前准备，清单的用法 A2.2 任务 2：准备问题：关于我们要考察的岷江和内河
		B 实施阶段 任务 1：观察岷江或内河的形状和颜色，把它画下来 任务 2：解决问题 任务 3：记录新问题
		C 总结汇报 C1 整理改进你的作品 C2 在班级内展示画作

低段孩子通过学习，团队合作，分工讨论，实地观察山和水的形状和颜色，提出与所观察的山与水有关的问题，制作一个沙盘模型和用画一画的方式，聚焦问题的提出与解决。通过都江堰水利工程品质课程的学习，低段的孩子们对都江堰周围的山、水、城建立初步的感性认识，直观感受山、水、人、城与都江堰水利工程的联系。

2. 小学中段的实施策略主要是实践体验

表 4－3－3 “我爱都江堰：堰之谜”主题课程教学流程表

驱动问题	教学目标	教学流程
都江堰人治理江水用什么工具呢？这些工具有什么巧妙之处	目标：学习实验设计的基本原则，通过实验设计理解并表达出江水的性质和治水的工具	A 计划阶段 A1 分组任务：观察其工作原理，写出制作模型使用的材料 A2 策略支架：用处、性质与结构
		B 实施阶段 B1 考察杩槎和竹笼 B2 画出图纸 B3 制作、改进、优化模型 B4 在班级内展示
		C 评选与总结 C1 评选和授奖 C2 说说自己的心得体会。巧妙之处在哪里

中段的孩子们通过项目式学习的方式，团队合作，分工讨论，了解和收集都江堰的杩槎和竹笼等，以及拍摄和考察都江堰的水系，从工程技术的角度来学习都江堰水利工程，学习内容包括江水的基本性质、治水的基本原则、治水的基本工具。这个活动以实验设计为主。学生对都江堰水利工程的工作过程进行充分和深入实验，通过实验获得亲身体验，从而理解都江堰水利工程的组成和每部分的功能、工作原理，体现出科学的严谨精神、设计思维和创造力。

图 1 学生学习制作杩槎

通过都江堰水利工程品质课程学习，一是总结前面所学的知识，二是发现自身的魅力，三是提升自我觉察能力，四是学会表达和提炼，五是学会现代技术工具，让中段的孩子们发现、认识都江堰市的美丽，体验这些美丽背后的人所具有的智慧，增强自信与责任感。

3. 小学高段的实施策略主要是思辨领悟

表 4－3－4　“我爱都江堰：未来的都江堰”主题课程教学流程表

驱动问题	教学目标	教学过程
随着 5G 的普及，现在有一种 VR 技术，让它服务和支持都江堰市的旅游业发展	1. 了解 VR 技术 2. 了解旅游业对都江堰市的贡献，以及旅游业的盈利模式 3. 了解旅游者的想法和心态	A 计划阶段 A1 教师布置任务，学生分组讨论 针对这个问题，你有什么问题？把它们都写出来。 要解决（回答）这个问题，你需要知道什么信息？ 你想怎样（行动）去搜集和得到这些信息 A2 以组为单位制订计划 策略支架：论文写作的方法
		B 实施阶段 B1 以组为单位搜集与调研信息 B2 整理与分析信息

对于高段学生，都江堰水利工程品质课程从都江堰的水利灌溉和旅游业对都江堰市的贡献出发，引发学生对真实问题的思考，通过团队合作，任务分工，采用 VR 虚拟技术及数学建模等方式，让学生了解都江堰水利工程所带来的灌溉效益以及给旅游业带来的商业效益，最后让高段学生将自己参与的 STEM 活动形成小论文并开展交流与讨论。要提炼总结出都江堰工程精妙的设计思想和方法，并尝试用这样的思想和方法解决现实中的问题，得出高于实践的思维方式和方法，之后再举一反三迁移到生活和学习中，这样才能充分地培养和提升各种能力。

学生通过基于 STEM 理念的都江堰水利工程品质课程的系列化学习，除了培养 STEM 理念及 STEM 素养，还培养了“道生万物”的整体环境观，即在建设初期，整个系统就考虑了内外江和上下游人类需求的平衡，也考虑了整个成都灌区人类与自然需求的平衡。“天府之国”人与自然持久的和谐关系，主要归因于“李冰建立的整体性原则，指引了都江堰水利系统从规划、设计，到系统建设、运行、维护和管理这一系列的实践过程”。都江堰采用“鱼嘴式”和“堤堰式”的引水技术，完全不依赖外力作用，自动实现引水调节功能。这些生态意义上的无坝水利工程，更像自然设施而非人工设施。这种朴素的生态实践法则，解决了现代水利工程的泥沙淤积这个巨大难题。

通过对都江堰的山、水、人、城、堰的系统认知，学习并再现李冰的治水经验，总结李冰在都江堰遇到的问题，从而激发学生的创新思维，培养学生在实践中不断发现问题、解决问题的能力，有利于学生形成实践创新素养。

（五）都江堰水利工程品质课程的评价

1. 评价的关键点

一是注重过程方法评价并兼顾科学知识。一个合理科学的评价体系应注重过程中的评价，过程评价的重点在于评价学生解决问题和创造新产品的能力。除了过程评价，方法的评价也是极具意义的。在评价的过程中，基础性的组成部分也是不能忽略的。

二是注重对设计的多次优化。如果要对学生的分析、比较、创新等能力进行综合评价，那么对实验一次次优化的过程是不可错过的评价点。

三是注重科学素养的提升。除了对单个学生的技能、知识、分析与解决问题的能力等进行评价，科学评价体系还应包含评价团队精神在内的团体科学素养的评价，以实现技术设计类课程承担起培养高素质、创新型复合人才这一重要角色。

四是在技术支持下具有可优化性和发展性。技术带来的不应该只是便利，更应该带来一种理念的更迭。在评价体系设计时，应让体系更具有开放性，评价的项目和规则是动态的，学习者也可以参与评价体系的优化，打破以往评价标准一成不变的状态，让评价与时俱进地指引学习者一路前行。

2. 评价维度

一是探索学习能力。探索学习能力主要包含以下两个方面：①通过教师提供的学习资源进行学习，并掌握制作所需要的相关原理，熟悉制作材料和工具；②能简单设计探究实验，对比材料性能。探索学习能力的评价方法主要有两点：①利用 IRS 实时反馈系统进行选择练习，了解得失分情况，当堂进行反馈和答疑；②利用学习平台，呈现学生探究实验的设计方案与对比照片，学生相互点评，完善实验，交流共享实验结果。

二是创意革新能力。该项能力是决定一个设计作品是否成功的核心能力，最集中体现在学生的设计上，要求敢于打破传统，将天马行空的想象化为脚踏实地的设计图，一次次修改完善设计。在这一阶段中，创意革新能力的评价参考标准主要有：①设计是否具有可操作性；②设计是否存在安全、环保隐患；③设计是否经过多次完善和修改；④设计是否体现学生的创新思维、是否有独到的见解。这些过程性评价需要学生做好电子版的“作品成长记录袋”，其中应包括：头脑风暴思维导图、设计流程图和多次修改的设计草图的初稿、作品模型和成品照片等。

三是科技实践能力。作为一种与制作相关的关键技能，不能只把其狭隘地定义成实际动手操作的技能，而是应该在掌握足够科学知识的前提下正确使用工具进行制作，能够正确表达设计意图，制作出和设计图相符的作品。科技实践能力从三个方面进行综合判定：①能否按设计方案制作成品；②能否安全、规范地使用实践工具；③能否及时修正处理作品的不足，进一步优化作品。

四是思考与解决问题能力。在实际制作中，由于制作把控的原因，常出现实际结果与设计图存在明显差异的情况。通过生活经验和已掌握的相关知识，学生对原方案进行合理调整或设计出新的方案，是一种综合能力的体现。在实际评价过程中，可以从三个方面进行评价：①能否优化设计图达到预期效果；②能否改进材料达到预期效果；③能否通过制作技艺的改进达到预期效果。

五是沟通合作能力。沟通合作能力可能是较抽象的一个评价方向。教学价值重建应该顺应现代学习者社会性发展的需要。当今社会对团队合作精神、沟通合作能力的培养相当重视。在技术设计课中采用分组形式，但每个学生要独立完成自己负责的部分，并独立写出自己的制作心得。这样不但可以发挥团队的协作精神，还有利于加强个人科学能力的提升。

六是积极人格与价值观。这个评价标准在以往的评价中常常被视为可有可无，似乎评价与不评价都差不多。随着云技术的发展，客观评价情感态度价值观变得可能。在该项评价中，自评和同学评价结合，由云端单独形成，只能反馈报告给学生。评价结果不是最终目的，这项评价完善了整个评价体系，并起到了引领的作用，让学生在课程中实现“一设计一进步、一作品一成长”。

（供稿：马长俊、向荣丽、任红、李坤）

专家点评

有好的资源不一定有好课程。怎么用好资源构建好的课程，灌州小学利用优质资源打造精品课程的做法值得借鉴，也是优秀地域文化传承的重要举措。

灌州小学利用紧靠举世闻名的都江堰水利工程这一便利条件，打造了基于 STEM 理念的“都江堰水利工程品质课程”。学校课程具有以下特点：

一是体现了优质资源的有效利用。课程不是将水利工程的资源简单地迁移到课堂，不是进行表象学习，而是基于学生过于看重知识，与丰富的经验相割裂，局限于课堂，与多样化的生活相隔绝，过于依赖教师，与能动自主地发展相隔离的具体问题，重新构建了课程内容。二是丰富了课程的内涵。课程从都江堰的山、水、人、城、堰出发，在 STEM 理念的引领下，划分为三个学段，每个学段的上下期都有一个围绕着基于 STEM 理念的以“我爱都江堰”为主题的课程。三是提供了课程实践方法。由于都江堰水利工程品质课程在全国属于首创，没有先例可循，因此学校以课题研究引领，通过调研、初构、论证、实践、优化等方法，形成了初具规模和富有特色的课程。四是构建了课程评价体系，课程评价注重四个方面，即注重过程方法评价并兼顾科学知识，注重对设计的多次优化，注重科学素养的提升，注重在技术支持下具有可优化性和发展性。课程的评价维度有六个：探索学习能力、创意革新能力、科技实践能力、思考与解决问题能力、沟通合作能力、积极人格与价值观。

——郭斌，四川省教育科学研究院信息中心主任

让 STEAM 教育理念给学校插上腾飞的翅膀

内江市第三小学校

一、STEAM 教育思想落地生根，积极探索破围之路

内江市第三小学校（以下简称“内江三小”）位于内江市老城区甜城湖畔，由于一些历史原因，在相当长一段时期，学校发展缓慢，办学规模日益缩减，缺乏与时俱进的思想和作为。学校领导层深感现有的硬件设施与“教师主讲，学生被动听”的授课模式不符合国家对基础教育改革的要求，难以培养学生适应终身发展和社会发展需要的必备品格和关键能力。若不思进取，长此以往，学校将沦为“边缘学校”，不符合上级主管部门对学校的要求，也辜负家长对学校的期望。为求改进，内江三小开展了一系列轰轰烈烈的教育改革探索，奋进求索，锐意进取，最终成为内江市的优质小学校之一。

2016 年，教育部在《教育信息化“十三五”规划》中明确提出：“有条件的地区要积极探索信息技术在众创空间、跨学科学习（STEAM 教育）、创客教育等新的教育模式中的应用。”2017 年，教育部又印发了《义务教育小学科学课程标准》，倡导跨学科学习方式，建议教师可以在教学实践中尝试 STEAM 教育。STEAM 教育不仅打破了学科的边界，也打破了学校的边界，让学生从小通过对实际生活中具体事物的探索，学会想象、质疑、探究和创新。在此时代背景下，内江三小人结合本校特色文化和区域资源优势，顺势而为，引入 STEAM 教育思想，整合学科教育，开发基于 STEAM 教育理念的校本课程作为学校特色课程，并在综合活动课程中落地生根。

二、STEAM 教育思想芽苞初放，积极构建校本课程体系

经过两年多的时间，内江三小不仅探索出符合小学生成长需求的小学 STEAM 课

程建设的基本方法及途径，更开发了具有内江三小特色的 STEAM 校本活动课程，受到多方一致好评。基于 STEAM 教育理念，内江三小探究的问题都来自学科教育和生活中发现的真实问题，学生在此过程中发现问题、探究并解决问题。可以说，这种课程的设置建立起了学科知识与实践生活的桥梁。

（一）致力 STEAM 教师团队建设，奠定基础

一所面积仅为 2665 平方米、运动场地面积仅为 1735 平方米的学校如何通过 STEAM 教育构建学科教育与实践生活的桥梁？内江三小另辟蹊径，立足基础，基于学科知识，组建交叉互助的 STEAM 教师团队，确定 STEAM 教育的目标和课程开发载体，立足经典案例研发 STEAM 教育教学流程，以多途径促进学生、教师以及学校的成长。

学校充分利用区位优势，聘请了内江师范学院教育科学学院院长、内江市青少年科技创新研究会会长陈理宣，内江师范学院教育科学学院卓进副教授作为 STEAM 教师团队的专家，引领指导教师开展课程的研究开发。

STEAM 教师团队不断加强学习，通过自学或者沙龙活动系统学习了《STEAM 课程的五大教学策略》《小学 STEM 课程的设计》《STEM 教育背景下课程整合模式初探》《江苏省 STEM 教育试点项目案例分析——STEM 课程开发》等文章，提升理论水平。

2018 年 11 月、2019 年 4 月、2019 年 10 月，STEAM 教师团队成员先后参加了中国教育科学院第三届中国 STEM 发展大会和四川省教育科学院 STEM 教育发展研究共同体研讨会，到成都高新区实验小学、成都市第七中学、成都市双流区棠湖小学参观，并学习如何在 STEAM 教育背景下实施学科融合，进行校本课程的开发，全面提升学生的科学素养。

2019 年 4 月，学校加入了四川省 STEM 教育教学改革研究共同体和内江市青少年科技创新研究会，由四川省教科院的专家和内江师院的专家给予理论指导。

2019 年 11 月，STEM 教师团队成员许自君参加了中国教育科学研究院 STEM 教育研究中心主办的“中国 STEM 教育 2029 行动计划种子及骨干教师培训”，圆满完成培训课程，为 STEM 教育在学校的实施做好了准备。

（二）STEAM 教育思想与学科渗透整合

1. STEAM 教育理念在主题探究活动中的应用

在实施 STEAM 课程时，通常围绕一个科学主题进行探究。在每个主题探究活动开始之前，学生可以制作 KWL 表。K（Known）代表自己对本主题已经了解的知识，也就是学前评估；W（Want to know）代表自己想要学习的知识，也就是提出好奇的

问题，确定探究方向；L（Learned）代表自己在本次主题探究活动中的收获，伴随着主题探究活动的开展不断得到完善。下面列举教学中的几个案例进行说明。

（1）探究“生命周期”主题。在探究“生命周期”主题时，实践课教师带领学生在全安镇蚕桑基地参观，熟悉养蚕过程。科学教师把蚕宝宝带进班级，学生在教师的带领下精心养殖，像小科学家一样观察并记录蚕宝宝的每一个成长变化，加深对生命周期的理解并对生命科学产生浓厚的兴趣。同时，音乐教师利用课堂让学生欣赏和学习有关歌颂生命的歌曲，让学生能够边唱边学。课后的实践课小调查更是必不可少，每个学生可以选择自己喜欢的一种生物，完成该生物生命周期的海报，并与同伴分享，彼此学习，拓宽知识面。有的学生把鸡蛋放在孵化器里，孵出了小鸡；有的学生养起了小蚂蚁，观察记录小蚂蚁的成长；有的学生养起了小蝌蚪，观察蝌蚪变成青蛙的全过程。在照料小动物的过程中，学生更有爱心和责任心了。通过照顾小动物，他们学会了细心与关爱，更能够体会父母抚养自己成长的不易，懂得了感恩。

（2）探究“身体构造”主题。在探究“身体构造”主题时，科学教师让学生通过拆卸并组装身体模型，了解各器官的名称以及位置。英语教师为了让学生记住身体各系统的英文名称，用学生耳熟能详的旋律创编了一首歌曲，帮助学生记忆。为了探究身体各系统的运动原理，体育教师通过动作演示和讲解，让学生通过观察、动手体验等，找寻答案并做好记录，进行交流和分享。在美术课上，美术教师指导学生利用材料制作各大身体系统。有的学生用塑料袋和吸管制作呼吸系统，有的学生用橡皮泥制作消化系统，有的学生用毛线制作循环系统。学生充分发挥想象力和创造力，制作成果丰富多样。在体育课上，学生学习使用听诊器、秒表和血压计，测量运动前后身体的相关数值，并对两次数值进行比较，分析各大系统是如何协调工作的。学生能够总结出：跑跳时，肌肉和骨骼系统起主要作用，同时呼吸加快，心跳变快，说明呼吸系统和循环系统也在工作；神经系统控制大脑，指导身体应该如何操作等。在主题探究活动的最后，学生在校园里设置“身体知识知多少”竞赛活动，为其他班级学生量血压、听心跳、测身高、量体重等。他们还能利用计算器，通过健康指数公式评测体重和身高是否协调。学生在学习与分享中收获成长，并享受成长的过程。

（3）探究“植物”主题。学习“植物”主题时，教师组织学生走出教室，观察植物。学生以绘画的形式展示自己喜欢的植物，标注好根、茎、叶、花等名称，同时记录植物生长的过程。为了解植物生长的必要因素，学生各自表达想法，有的说需要水，有的说需要阳光，有的说需要土壤，有的说需要空气等。为此，我们在班级里做了一个小实验，将学生分为五组：一组的学生正常种植一粒南瓜种子，但是不浇水；二组的学生将植物用塑料袋封住，确保不让植物接触空气，但保证充足的阳光、土壤和水分；三组的学生将种子种在水里，不施土壤，但保证阳光和空气；四组的学生正常种植，保证水分、空气和土壤，但将植物放到无光的柜子中；五组的学生将种子正常种植，保证空气、土壤、水分和阳光，作为对照组。学生每周做记录，记录种子的生长过程，最终得出结论。学生在小组合作中完成了任务，培养了团队意识。实验结束后，学生纷纷在家里种植植物并精心照料，确保为植物提供生长的必要条件，并定期以图片的形式在微信群中分享植物的生长过程，学生对植物的喜爱程度和责任心大大增强。

图 1　提取土壤实验样本

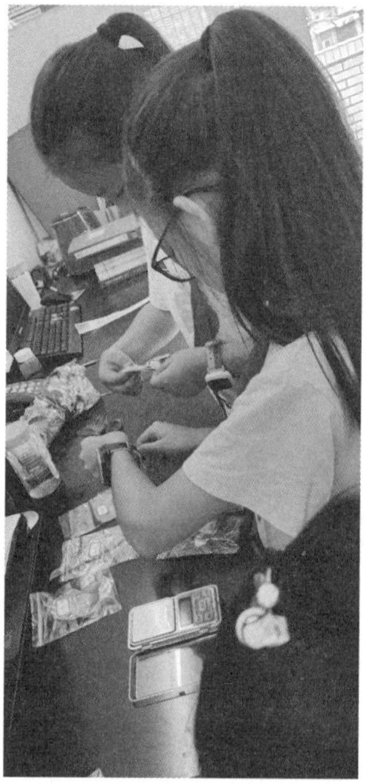

图 2　测量树叶质量

图 3　土壤 pH 值测定

2. STEAM教育理念在节日探究活动中的应用

对节日的探究也可以运用STEAM教育的跨学科教学理念。在感恩节到来之际，学生通过观看动画片了解感恩节的来历，通过听英文歌曲学习感恩节的相关词汇，通过Bingo游戏巩固词汇，通过制作感恩贺卡学习书信格式。中秋节时，学生制作PPT介绍中秋节文化，制作月饼与大家一起品尝。学生还以短剧形式展示嫦娥奔月的故事，并以一首《水调歌头》诵读结束中秋节活动。这些与节日文化相关的活动都可以作为载体，拓宽学生的知识视野。

3. STEAM教育理念在班级常规活动中的应用

在常规班级管理中也可以运用STEAM教育理念。如在班级黑板的一角，制作一个当月的日历，每月初教师与学生一起将本月的大事件记录在上面，让学生提前做好计划。每天安排一位临时班长，更新当天的日期。学生按照数位对应记录当天是开学后的第几天，为以后“个位、十位、百位”的学习奠定基础。学生运用加减法，记录当天的出席人数和缺席人数。最后，在天气图表中用计数法统计晴天、阴天、雨天以及雪天的数目，月末时在数学课上制作成条形统计图。看似简单的一项活动，却能使学生收获满满。在课后，让学生设想自己101岁时候的样子，并让学生用碎纸、棉花和蜡笔制作101岁自画像。还有一项活动是分享21颗糖果，意在引导学生健康饮食、注意卫生、运动健身。班级一共有20名学生，如何分享这21颗糖果呢？学生提出了要公平、公正，一人分一颗。就这样分到最后剩下一颗，该怎么处理？学生一致建议送给老师，因为老师很辛苦。

4. STEAM教育理念在学生课余活动中的应用

在学生课余活动中，融入STEAM教育理念也是十分必要的。如一年级学生庆祝入学101天时，部分学生制作了小头饰。戴着自己设计的小头饰，学生走进各班教室，收集同学们喜欢校园的101条理由，以此回忆校园生活难忘时刻。这不仅提高了学生与人沟通的能力，还培养了他们的自信心。他们像小主持人一样，为各班学生讲解这项活动的具体要求，并很有礼貌地分发纸条，收集每个人的观点。大课间时，学生挑战101秒跳绳次数，他们学会了用秒表，简单地知道了时间的概念。在101秒的时间里，学生背诵从A到Z的字母，看看可以循环说几次，在练习英文数数的同时又锻炼了身体。在入学的第101天，学生正在学习认识钱币时，教师为学生设计了这样一个小问题：“如果有101元钱，你最想买什么？”学生纷纷回答：“给需要帮助的小朋友买需要的东西。”“要送给姐姐。”“要给爸爸妈妈买个礼物。”未来社会需要掌握跨学科知识、具备创新思维和动手实践等能力的综合型人才，教育工作者和家长应关注学生的动手能力，尤其要培养他们将知识应用于日常生活等现实领域的能力。将 STEAM 教育理念融入本土教育实践，教育工作者责无旁贷。

5. STEAM 教育理念在学科竞赛中的应用

STEAM 教育以科技实践活动、全国青少年科学调查体验活动、全国青少年科技影像节为平台，给学生提供展示的机会，让学生参与各级竞赛活动，获得奖励，丰富了学生的学习生活，拓宽了学生的视野，激发了学生的创新精神，培养了实践能力及团队合作意识。尤其对个别在其他学科的学习中很少获奖的学生来说，学生在 STEAM 教育中体验到的愉悦，在获得学习成果后的兴奋和满足，以及班级、学校、家庭和社会对学生学习成果的肯定与赞赏，将会极大地鼓舞他们，激发他们的自信心和求知的欲望。学生参加 STEAM 教育活动的积极性更高了，学生的科学素养、综合能力也会有显著提升。

三、STEAM 教育理念枝繁叶茂，教学科研硕果累累

学校在基于 STEAM 教育理念的课程开发和利用过程中极大地调动了 STEAM 教师团队成员参与研究的积极性。经过研究探索实践，学校、教师和学生也在逐渐发生变化，收获颇丰。

（一）学校方面

学校成功申报中国教育科学研究院“中国 STEM 教育 2029 行动计划”课题“基于 STEM 教育理念下小学课程资源的开发和利用研究”，并于 2019 年 11 月 2 日在西安高新国际学校开题，省级课题“基于 STEAM 教育背景下小学生科学素养培养的研究”中期报告获得到会专家的表扬，阶段成果获省三等奖。

2021 年 4 月，出版专著《STEAM 教育的校本化研究》，汇集学校 STEAM 教育教师和学生论文、案例、课程设计等成果。

学校特色亮点工作顺利开展，学校获得 2019 年青少年科学体验活动示范校称号、第三十四届四川省青少年科技创新大赛基层优秀组织奖、第三十四届内江市青少年科技创新大赛优秀组织奖。

（二）学生方面

基于 STEAM 教育理念的校本课程开发和利用工作的推进，激发了学生合作探究学习的兴趣，提高了学生的科学素养，也同步提升了其他能力。

在 STEAM 教育背景下，各课程活动的实施都需要和他人合作完成，个人单独完成活动比较困难。开始的时候学生只能处于被动接受状态，他们不习惯也不会主动思考，不知从何想，更不知从何说，难以用语言表达。教师耐心教导，除了教给他们一步一步思考的方法，还努力创设便于学生思考的情境，激发学生的动脑欲望，逐步形成动脑、动口的习惯，使学生在小组合作中敢想、敢做、敢说，尝试成功的喜悦，享受学习的乐趣。

学生科学素养得以提升，在省、市、区青少年科技创新大赛中获得若干奖项。在第九届、第十届全国青少年科学影像节中，13 个科学实践活动影像获三等奖；3 个科学影像获省级三等奖、市级一等奖；参加全国 2018 年青少年体验活动获国家级奖项 3 个；科幻画 6 幅获省级二等奖，19 幅获市级一等奖、7 幅获二等奖；小制作获区级奖 6 个。科技实践活动“那条河哪儿去了”获青少年科技创新活动省级一等奖和市级一等奖，“让快递盒再一次旅行”获市级一等奖。

（三）教师方面

教师在课程利用和研究的过程中，提出自己在实验中发现的问题，让大家集思广益，共同探索解决方法，形成了良好的研讨氛围，能及时总结教学实践中的经验及存在的问题，主动撰写教学反思、案例、论文等，辅导学生参加各级各类比赛。

胡秋莲老师的科技创意“智能遥感仪”获省级二等奖、市级一等奖，“变废为宝”科技实践活动报告在 2018 年青少年科学调查体验活动中被评为优秀教师作品，实践活动案例“当语文遇上 STEM——探究落叶的秘密”获内江市中小学综合实践活动优秀成果二等奖。许自君老师的“落叶的归宿”和胡秋莲老师的“绿色生活环保相伴”课程案例在 2019 年内江市市中区综合实践案例评选中获得一等奖。

刘强老师撰写的论文《浅谈 STEM 教育理念下小学数学与综合实践的有效融合》和许自君老师撰写的论文《STEAM 理念下小学语文整合性教学模式研究》分别在《内江科技》和《教育学文摘》上发表。

侯亚老师对内江市教体系统进行了“全国第十届科技影像节”培训，胡秋莲老师对内江市教体系统进行了“基于 STEM 教育理念的科创作品”专题培训。

四、学校 STEAM 教育理念下课程资源开发与利用研究存在的问题

关于未来如何推进 STEAM 教育课题的实践与探究，我们有一些长远的认识和思考。

（一）完善配套

力推 STEAM 教育本土化。对于 STEAM 教育，学校“硬件投入”与“师资建

设”双管齐下，着力打造“三个配套”，以促进项目落地。

配套教具套件：完善 STEAM 中心相关教室教学套件，包括 3D 创意设计、木工教学套件和创客空间。

配套软硬件：建立网络学习平台。在网络平台上，学生可获得持续更新的课程。通过网络平台，学生进行项目学习过程的实时记录和反馈。学生利用学习内容进行自我学习。评价内容实时更新、实时互动。

配套环境文化：构建 STEAM 校园环境文化，为教师、学生提供学习环境的同时，也提供了“共享、交叉式”的空间理念，为 STEAM 教育教学提供足够的展示空间，充分展示学生的学习过程、学习成果以及思考、讨论问题的学习环境。

（二）教师成长

在任何教育活动中，教师都发挥着重要的作用，STEAM 教育更是如此。在一定意义上，STEAM 教师的专业素质直接决定着 STEAM 教育的品质和成效。因此，培养 STEAM 教师的专业能力是顺利推动 STEAM 教育的关键环节。学校将根据自身情况创造多种途径让教师接触、学习 STEAM 教育。经费允许的情况下可以通过向权威机构购买课程的形式，让本校更多教师能尽快接触、实施 STEAM 教育。学校还将创造各种机会让教师外出学习或邀请相关专家到校培训，以促进教师 STEAM 教育能力的提升。还可以采取组织教师读专著、进行网络学习等形式鼓励教师进行 STEAM 教育的研习。学校尽可能提供平台让教师进行 STEAM 课堂教学展示。教师专业能力提升了，才能更好地推动学校 STEAM 教育的开展。

（三）以课程促发展

基于教育活动开发 STEAM 校本课程，是推动学校 STEAM 教育可持续发展的重要举措。围绕如何构建 STEAM 课程，有以下两点思考：一是因地制宜，利用特色资源构建 STEAM 课程。每个学校情况不一样，如果能结合有特色的社会资源进行 STEAM 课程的开发，必将能推动学校 STEM 教育的发展。二是把握核心，构建有内涵的 STEAM 课程。根据 STEAM 教育的特点，教师在开发 STEAM 课程案例时，要注意解决问题的真实性，重视 STEAM 教育与学科素养的深度融合，科学地评价学生的学习效果等。

（四）构建 STEAM 教育生态

学校是开展 STEAM 教育的主阵地，要营造 STEAM 教育生态。在推进 STEAM 教育时要考虑以下几点：一是建立制度，基于激励先进的原则建立相关的 STEAM 教育制度，解决 STEAM 教师的后顾之忧。二是建设空间，结合校园文化与办学特色，创建创客空间、科创中心、STEAM 实验室等创新实验室，以便学生有专门的探究场所。三是拓宽资源，学校可结合家庭、图书馆及优质的社会机构共同开展 STEAM 教育。

（五）打造体系

树立 STEAM 教育特色范本。在 STEAM 特色项目的推进上，学校将着力打造四个体系。

教学课程体系：将 STEAM 的教学模式运用到教学课程体系当中，充分结合核心素养基本要求实施开展。对于不同年级的课程进行分段设计，从国家课程、拓展课程以及社团、活动课程着手，借助校外实践集体优势分设不同项目。建立低、中、高三阶层次。课程体系建设完成教师用书、学生手册以及教师培训手册。课程设计做好国家课程校本化、STEAM 校本课程体系化。

教学评价体系：建立健全学校教师的教学工作评价体系，针对教师的多学科融合和学科整合能力构建工作评价体系。

学生评价体系：学校设立评价量规的样本，并通过教师示范，让学生使用评价量规，以帮助他们发展自我评价和同伴评价的技能，让学生参与评价量规的开发、通过学会自我评价进行反思、接受同伴的批判性评语等。学校还设立问题来帮助学生进行思考。例如，我怎样才知道自己正确？怎么才能学得足够好？学习是否满足我目前的需要？以此帮助学生进行自我评价和学习的促进，提高 STEAM 素养。

教师培训体系：在师资建设方面，学校向先行、先进学校取经，首先引进适合本校校情的课程，并着力实现本土化。在师资培训方面，基于 STEAM 教育的跨学科性，主张“全员培训”，力求使每个学科的教师对 STEAM 课程都有所了解。目前，学校已和内江师范学院合作，寻求其指导和帮助，以提升教师的教学能力和科研能力。

科技关心明天的事，教育关心后天的事，科教兴国是眼下正在全力推进的事。我校 STEAM 教育起步虽晚，但学校和教师实施 STEAM 教育的热情很高，推进力量比较大，局部发展比较快，优秀成果不断涌现。在面向未来的探索中，我们要进一步把准努力方向，抓住主要问题，聚焦关键环节，加强理论攻关，加大实践探索，切实解决 STEAM 教育发展面临的困难与问题，推动 STEAM 教育的持续健康发展。

风起扬帆正当时，我校对于 STEAM 教育的探索和推进远从未停止。在未来，学校将继续积极参与国内系列相关活动，进行理论储备和实践探索，以此培育学生科学素养，推进素质教育，树立 STEAM 教育品牌，为学生的终身发展打下扎实的基础，让学生的学习更具主动性，教师的教学更加快乐，让更多的教师在不同的场合展示 STEAM 教育的魅力，让内江三小的声誉日益提高。内江三小虽然“小”，但我们深信通过对 STEAM 教育的深度研究与践行，三小必将插上腾飞的翅膀，明天将会变得更“精”更“美”！

（供稿：许自君、李才伟、胡秋莲）

专家点评

内江市第三小学校为谋求发展，以 STEAM 教育的理念为指引，以学科教育和生活中发现的真实问题为课程资源，建立起了学科知识与实践生活的桥梁。经过两年多的实践，内江三小逐步探索出符合小学生成长需求的小学 STEAM 课程建设的基本方法及途径，开发了具有内江三小特色的 STEAM 校本活动课程。

学校推进 STEAM 教育的途径主要有以下两方面：一方面是致力 STEAM 教师团队建设，奠定基础；另一方面是探究 STEAM 教育思想与学科的渗透整合，设计制作的 KWL 表——K（Known）、W（Want to know）、L（Learned）较有特色。学校探究了 STEAM 教育理念在主题探究活动、节日探究活动、班级常规活动、课余活动、学科竞赛中的应用，取得了一些经验。从学生的成长历程和教师的发展成果中可以看到，STEAM 教育给学校带来了可喜的变化。

当然，学校的 STEAM 推进还存在一些问题，比如我们没有看到完整、清晰的课程体系，没有看到科学的评价体系，没有看到教师培养计划和机制。这些实实在在的 STEAM 推进策略还需学校在后续的研究过程中着重深化，进一步深入研究，形成真正适合学校的 STEAM 发展策略。

——郭斌，四川省教育科学研究院信息中心主任

传承“两弹”精神，建设高品质学校

——STEM 军事科技教育的实践与反思

四川省科学城春蕾学校第三校区

四川省科学城春蕾学校第三校区（以下简称“三校区”）是中国工程物理研究院（以下简称“中物院”）的一所子弟学校，是全国教研先进单位、四川省现代教育技术示范校、绵阳市信息技术应用研究先进学校。身在中物院，学校始终将传承“两弹”精神、争做民族脊梁作为中物院子弟的重要教育内容，在一代代教育人的努力下，取得了可喜成绩。

一、建设高品质学校的背景

近年，随着国家立德树人、“五育”并举教育理念的提出，中物院职工家长对教育质量有了更高的期盼，院里提出了要办国内一流教育的奋斗目标。作为基础教育的小学阶段，在去往一流教育的路上，目标、路径、过程等都是需要我们思考的问题。恰逢四川省提出要打造高品质学校，高品质学校是高品位和高质量的学校，是坚持党的教育方针，遵循教育规律，营造最适合师生教育情境和发展的需要，实现学生全面发展的学校。因此，建设一所高品质学校，对三校区来说，就显得极为迫切与重要。学校为了突破从标准化、规范化教学向品质化教学转变的困境，2019 年加入了四川省首届 STEM 教育教学共同体。

二、践行 STEM 教育的现状分析

（一）学校环境资源

中国工程物理研究院是中国唯一的核武器研制单位，这里有丰富的科学资源，“两弹元勋”“院士聚集”“大国重器”“高科技人才”“重点实验室”“中物院遗址”“科学技术馆”……这为高品质学校的建设提供了丰富的资源和有力的支撑。

（二）学生的发展

三校区学生作为子弟校的学生，从小就耳濡目染老一辈用生命和热血铸就的“爱国奉献、艰苦奋斗、协同攻关、求实创新、勇攀高峰”的“两弹”精神。中物院的子弟学校里的学生要传承“两弹”精神，争做民族脊梁，要有爱国情怀，要有担当大任的理想。

（三）学校的核心文化

中物院教育人在 50 多年的办学过程中，也为建设高品质学校留下了宝贵的财富。一是树立了明确的管理理念，如：办学宗旨是办教育精品，服务院事业发展。教育理想是办对学生一生有重要影响的教育。价值追求是坚守教育理想，追求理想教育，使自己的人生在服务中物院事业中增值。二是教育实践成果突出，常年实施的“两建设两推进”（队伍建设、文化建设，课堂教学改革推进、特色发展推进）等实践卓有成效。

三、对 STEM 教育的内涵理解

高品质学校要为每一个学生的全面可持续发展、拥有出彩人生奠定坚实的基础。

STEM 教育倡导多学科融合，注重创新精神和实践能力培养，与高品质学校建设的需求高度契合，加强 STEM 教育能为下一阶段社会主义现代化强国建设提供强有力的科技人才支撑。

因此，三校区从“两弹”精神的内涵出发，培养学生传承“两弹”精神，鼓励学生真学、真做，帮助学生真成长，为学生的未来发展创造空间。

四、积极构建 STEM 教育特色课程

学校要实现品质化教育的目标，就必须使课程结构由单一化走向多样化。我校将

课程体系的建构作为最重要的抓手。作为中物院子弟学校建设的一流课程，作为我校的招牌和名片，课程首先得特色鲜明，体现教学理念先进、内容与时俱进、突出学生中心地位等特质。在专家的指导下，我校最终确定构建的 STEM 课程，以军事科技教育为主打，在此主题下各学科融合教学，协同发展。

（一）教育主题

结合学校优势，确定以“军事科技”为主题。其中包括“DECIA”五大核心理念。D 即 Devotion 奉献，E 即 Endeavour 努力，C 即 Cooperation 合作，I 即 Innovation 创新，A 即 Aspiration 理想，五大理念分别代表着爱国奉献、艰苦奋斗、协同攻关、求实创新和永攀高峰。我校 STEM 教育则以“DECIA”为宗旨开设系列化课程及相关活动。

（二）课程架构

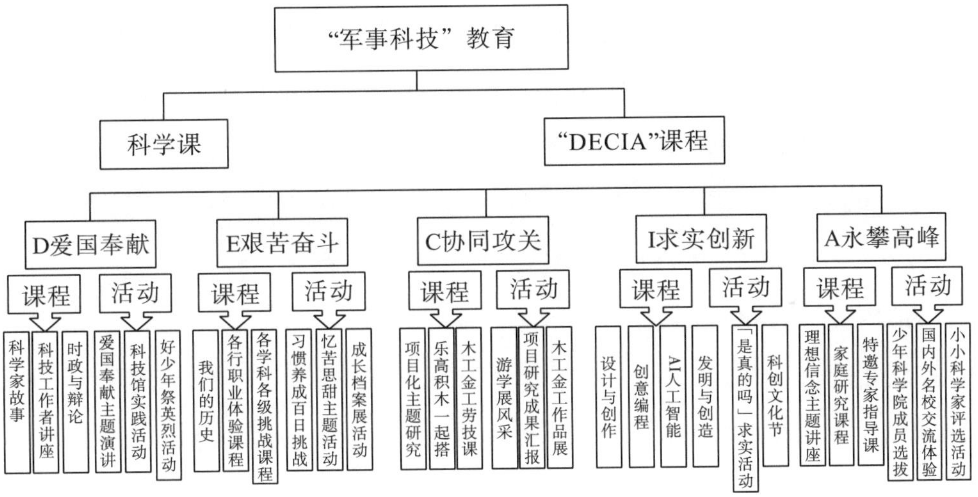

图 1　STEM 军事科技教育课程体系

结合中物院子弟校的特点，学校确立了以“军事科技”为主题的科学教育，以传承和发扬“两弹”精神为依托，构建了学校“DECIA”五大系列课程及主题活动。各课程由易到难，实现了知识与能力的进阶。

Devotion 爱国奉献类，融语文与德育为一体，课程分为历史和时事两个系列。低段主要涉及历史部分，开设以讲科学家故事和科技影片欣赏等为主题的课程。中高段则加入时事部分，学生就某一科学家的先进事例写感想，就当前热点话题分析形势进行辩论等。学生在讲、写、辩的过程中，感受科学家们的爱国奉献精神，增强自身的责任感与使命感。课程注重对学生思想品德的教育，还关注学生思维的发展，体现了知识与能力的进阶。

Endeavour 艰苦奋斗类，注重培养学生敢于面对困难、迎接挑战、不断努力的科学精神。各学科均可根据实际情况及学生年龄特点开设相应课程。如，语文诗词比拼、数学速算挑战、科学探索与发现、体育竞技等让学生在比拼中不断积累知识，在挑战中训练思维，在探索中养成良好的观察、记录的习惯……课程更多地关注学生在学习过程中的成长。

Cooperation 协同攻关类，主要培养学生的团队合作能力。开设以工程搭建、劳技和项目化研究等为主题的课程。课程根据学生学段的不同设置难易程度不同的课程及研究项目。学生以小组的形式进行合作探索，设计、制作，迭代更新。

Innovation 求实创新类，着重培养学生的创新意识，提高学生的创造力。开设的创造课程，可以是为生活而设计，包括吃穿住行各方面的小发明、小制作，也可以是为未来而设计的科幻电脑绘画等，涉及科学、美术、信息等学科。每年开展“两弹”科技文化艺术节，给学生提供展示的平台，激发学生的创作欲望。

Aspiration 永攀高峰类，则通过学校和家庭两个途径实施。学校定期开展理想信念主题讲座，对学生进行正确的引导，设立少年科学院，培养优秀少年科技人才。借助家长的力量，开设家庭实验课，让家长在亲子研究中言传身教，形成家校合力，逐步让学生形成崇尚科学的意识，树立投身科学的人生理想。

（三）课程安排

学校在统一的“两弹”精神课程教育下，利用学校教师的特长开设各种走班选修课程，为学生的个性化发展提供各种可能。

1. 时间保障

在开齐开足国家课程的基础上，将现行的周一至周五最后一节的语数英辅导课取消，进行“DECIA”军事科技教育，时长一小时。

2. 课程设置

表 4—5—1 “DECIA”课程设置表

项目	D 爱国奉献	E 艰苦奋斗	C 协同攻关	I 求实创新	A 永攀高峰
形式	固定班级教学（学校根据各年段学生特点统一制订教学内容）	走班选修（教师根据自己特长开设课程，学生自主选修）	固定班级教学（开设各年级工程、项目研究课程）	发明创造课程＋科技节活动	讲座、社团活动等
课时	1 节/周	1 节/周	1 节/周	1 节/周 （活动 1 次/学年）	1 节/期 （活动 2 次/1 月）

（四）课程实施

1. 传承“两弹”精神，完成爱国奉献类课程的实施

全校参观科技馆、“两弹”城，清明节祭英烈扫墓，开展讲座、“科学家进校园”“家长进课堂”等活动，开设红领巾广播站军事科技专栏。

低段：1～3年级开展爱国奉献讲故事比赛，参观科技馆后谈感受。

高段：4～6年级举行爱国奉献演讲比赛；开展优秀科技馆讲解员活动。

爱国奉献是“两弹”精神的首要内容，也是社会主义核心价值体系的基本内容之一，更是个人应具有的公民道德之一。习近平总书记在全国组织工作会议上强调，千秋基业，人才为本。要加快实施人才强国战略，确立人才引领发展的战略地位，努力建设一支矢志爱国奉献、勇于创新创造的优秀人才队伍。万层大厦平地起，小学正是筑基的关键阶段，加强对小学生的爱国奉献教育，既是时代的呼唤，也是教师的使命。为提升全校师生的爱国奉献情怀，我校利用背靠中国物理研究院、拥有众多科研工作者的家长优势，面对全校师生开设了科学讲座。

老一辈科学家给学生讲“两弹一星”的故事，讲“两弹”元勋的传奇人生。当年，带头突破“两弹”的老一辈科学家深知中华民族经历过的屈辱和灾难，一定要振兴中华，一定要让祖国强大。这个精神支柱，凝结成了“铸国防基石，做民族脊梁”的使命，使他们克服物质条件的困难和人为的干扰，努力追求目标。邓稼先从美国回来，领导找他做核武器研发，他毫无异议，并说：“这件事很重要，就是为它死了也值得！”王淦昌当时已经在国际上取得一流成果，回国后，领导说你搞原子弹吧，他毅然说：“我愿以身许国！”并为研发原子弹、氢弹隐姓埋名17年。彭桓武回国前，有人问：“国外条件这么好，你为什么要回国？”彭桓武回答：“我是中国人，我要是不回国，你再问我为什么！”科学家崇高的人文素养和家国情怀化作爱国奉献的“两弹”精神感染着学生。科研工作者们给学生普及核物理知识、生活中的科学知识，从“新时代、新使命、新征程”等方面，阐述了中华人民共和国自1949年成立以来经历的大变局、大变化和大变革，解读了中物院核心价值观及国防科技事业内涵，为中物院青少年该如何报效祖国，该“站在哪、往哪去、怎么走”指明了方向。

课程提升学生对爱国奉献的认知，实践课程让学生在实践中传承爱国奉献精神。在2019年爱国演讲比赛中，我校陈爱妮同学获国家级特等奖。在绵阳市素质测评中，我校学生爱国意识测评得分名列前茅。

2. 传承“两弹”精神，完成协同攻关类课程的实施

任务开设：课程根据学生学段的不同设置难易程度不同的内容研究项目。

全校性课程：以工程搭建、劳技和项目化研究等为主题的课程。

以飞行器的项目化研究为例：低段探索纸飞机飞得高远的奥秘；中段研究热气球升空原理，制作并改进热气球模型；高段探秘火箭，设计、制作模型等。

20 世纪 50 年代，美国悍然发动侵朝战争，并公开叫嚣要用原子弹封锁中国。面对美国的核讹诈和核威胁，为保障国家安全，维护世界和平大局，营造良好的发展环境，党中央和毛主席审时度势、高瞻远瞩，做出了依靠自身力量，独立自主研制原子弹、氢弹等战略性武器的决策。广大科研工作者发扬团结协作精神，克服各种艰难险阻，攻克一个个技术难关，最终取得了原子弹、氢弹爆炸成功的辉煌科研成果。协同攻关精神是“两弹”精神的重要内容之一。在新时期，协同攻关精神依然是凝聚人民群众创新动力、贯彻创新发展理念、实现科技创新的有效方式。《新课程标准》也明确指出要积极倡导自主、合作、探究的学习方式。毋庸讳言，当前对学生进行团结合作意识的教育已成为学校教育的重要内容，这是传承我院“协同攻关”的“两弹”精神之使然，更是培养学生科学素养之必然。

为增强学生的团队合作意识，培养团队合作的能力，我校 STEM 教育研发了一系列课程，现以“空气动力小火箭”STEM 科学实验课为例。在教学内容安排上，科学教师以学生完成小火箭这项工程贯穿整个项目教学，把学生分成 4 人一组，在学生明确制作小火箭的要求和材料后，引导学生了解压缩空气具有反弹的力量；小组成员合理分配具体任务，按照设计的基本原理，最终将简单的创意转化为模型或实物；对自己或他人设计的想法、草图提出改进建议并说明理由，并能接受别人的批评意见，反思、调整自己的方案。在设计过程中，学生通过小组合作与组间交流等方式对设计方案进行不断完善与修正。教师通过引导学生团队合作制作“空气动力小火箭”，让学生像工程师一样经历完整的工程设计过程，培养学生团队合作的科学素养以及 STEM 工程思维、解决问题的能力。

两年来，由示范到普及，我校各学科教师在教学设计中结合自己学科的特色、特点，想方设法设计符合孩子们身心特点的合作学习活动，给他们合作的机会。不仅如此，教师们还在 STEM 教育的探索中，拓宽了合作的思路，形成了学科与学科之间教学的合作，学生与学生课下的合作，让合作实现跨学科、跨课堂的华丽变身，合作意识深植于师生心中。

2020 年 5 月 29 日，陕西省富平县教育局各级领导观摩团成员来到我校，观摩了“找规律”“大自然的声音”两堂学科融合 STEM 教学课例。“找规律”一课由数学教师和美术教师共同设计并执教。两位不同学科的教师课前多次合作探讨教学思路、合作途径、落脚点，最终在数学与美术教研组的共同商讨下，决定前半节课由数学教师引导学生学习找规律的数学知识，后半节课由美术教师带领学生将找规律的数学知识运用在美术和生活中，学生依据所学找规律的知识，用小毛球现场制作一把有规律排列的扇子。学科间的合作拓宽了学习路径，学生在课堂中发现规律，认识规律，展现规律。这个过程，学生其实已经悄无声息地像科学家一样在思考并解决问题，科学素养也得到了提升。“大自然的声音”一课，由语文教师和音乐教师共同设计，语文教师一人执教。这堂课以语文为主导，融合音乐知识落实教学目标。课堂上，学生在语言文字美、音乐韵律美和大自然天籁之音的熏陶下，诵读文字，同时感受音乐的魅力。在教师灵动的引领下，学生沉浸其中，在课堂上实现了与大自然的完美邂逅，巧妙地完成了教学目标，突破了教学重难点。

走出课堂，我们还特别注重在生活中培养学生的团队合作意识。每年的研学旅行活动，都是提升学生团队合作能力的练兵场。

1～2年级开展“声波指挥员”活动。教师把学生平均分成若干小组，小组按照规定距离排成一竖列，通过“土电话”传递指令。排在第一位的同学负责接受指令（如：把拼音“o”放在第二个四线格等），然后依次传令，最后一名同学负责完成任务。在规定时间内完成数量最多并且正确者胜出。学生在游戏中既巩固了所学知识，训练了语言表达能力，也增强了团结协作意识。

3～4年级开展“运球接力”活动。老师提前准备好球、球筐等道具，再把学生按2人一组分成若干组。起点至终点的距离为5米。在一分钟内2名队员用除了手之外身体的其他任何部位把球从起点运到终点放下球，接着跑回起点运第二次（每次只能运一个球）。如在半路掉了，需把球捡回，从掉的地方继续比赛。四组为一个单位进行比赛，看哪组运的球多，多的小组为胜。学生在有趣的运球活动中，提升了团队合作能力。

5～6年级开展“我来描述你来猜”活动。老师提前准备好成语卡片，学生2人一组，自由组成团队，1人看完成语卡片，用语言向队友描述成语内容或意思，但不能出现成语所包含的字。队友根据提示，猜出成语即得分，得分最多那组获胜。这个过程训练了学生口头表达能力，增强了学生团结协作能力。

此外，“引路”“护蛋”“无敌风火轮”“奔驰的乒乓球”以及运动会接力赛等都是培养学生团队合作能力的试金石。我校在今后的教学中，也会创造更多的团队合作机会，增强学生团队合作意识，提升学生团队合作能力，让中物院子弟校的学生学习“两弹”精神，紧跟先辈的步伐，协同攻关，做团队合作的践行者。

3. 传承“两弹”精神，完成求实创新类课程的实施

全校性课程：“头脑风暴”“科学探索”、实践课程“DIY 手作”。

低段：机器人创客、乐高搭建。

高段：机器人编程、3D 打印。

创新是一个民族进步的灵魂，是国家兴旺发达的不竭动力。当今世界是一个竞争的世界，而国家间的竞争很大程度上反映在个体创新性的竞争上。《中国教育现代化 2035》指出：提高人才培养质量，转变教育发展方式，必须坚持立德树人的根本任务，深化教育教学改革，创新人才培养方式，推行启发式、探究式、参与式、合作式等教学方式以及走班制、选课制等教学组织模式，培养学生创新精神与实践能力。因此，培养学生的创新能力是社会发展的需要，也是实施现代化教育的需要。

“创新”是现在社会各界频繁使用的一个词。但在 20 世纪 50 年代的中物院，却很少用这个词，大家都在以实际行动去创新。核武器研发有所突破后，该研发团队获得国家自然科学一等奖，排名第一的彭桓武先生却不愿领这个奖，他以一副对联作解释：“集体集体集集体；日新日新日日新。”依靠集体实现重大创新，凝聚成了“求实创新”的“两弹”精神。

“乐高搭建”课以乐高拼搭为基础，学生首先要学的是熟悉乐高组件及其作用，以及一些基本的拼搭规则。在熟练掌握后，可以鼓励孩子们在搭建过程中发挥想象，融入个人创造的元素，而不拘泥于图纸或是现有的范例。这一过程锻炼的是孩子的动手能力和创新能力。如果说乐高组件构成了机器人的骨架形态，那么各个传感器则为机器人的重要器官。在学会了如何构建机器人的形以后，学生需要进行对传感器的种类、作用以及安装、连接方式的学习。这一步的完成，使机器人有了可以行动的可能。这一学习过程涉及跨学科知识的学习与融会贯通。最后的编程是赋予机器人大脑的过程，通过编程，原本不会动的机器人才能鲜活起来，能走、能转向、能完成指定的任务。编程会锻炼孩子逐步形成缜密的逻辑思维，形成理性思考的习惯。乐高搭建课能充分激发孩子的想象力，提升创新天赋，全面提升孩子的逻辑思维、沟通合作、解决问题、创新等能力。

“科学探索”课程贯彻 STEM 教育理念，以项目化的学习方式，让学生在真实情境中学习、探索、创造。以探索“风的奥秘”为例，课程以风为主题，研究风的成因，制作模型，设计制作小风旗和风向标，了解风能与能量，探索风力发电机的奥秘，设计制作“我们的风力发电机”，让学生接触工程思维，像工程师一样研究、设计、制

作，提高学生的科学素养，锻炼学生综合运用各科知识解决实际问题的能力。这样的主题课程还有“桥的研究与设计”“冰激凌与火箭科学”和“飞行器的探索”等。

3D 打印一方面可以让学生体验更为直观、更为感性的认知学习方式，在增加学习乐趣的同时提升教学效果；另一方面，学生在参与到打印的过程中对动手实践能力也有提升。在“3D 打印”课程开始时，学生首先构思自己想要打印什么产品，为什么打印，利用电脑绘好图。然后，教师教给孩子打印方法，将平面的东西立体化、虚拟的东西现实化，集创新教育、体验教育、项目学习等为一体，融合了科学、数学、物理、化学、艺术等学科知识，培养了学生的 STEM 素养。

实践课程“DIY 手作”是我校的校本课程，包括手工发饰和毛线编织两门课。以手工发饰课为例，教师教给学生做发饰的方法和原理，学生自由创作发饰样式，学生完成发饰的设计与创造过程，就是一个 STEM 教育过程，学生的创新能力也在此过程中得到了提升。

教育家陶行知先生说：“人生两个宝，双手和大脑。”动手动脑是培养学生创新能力的有效方法。有了课程的铺垫，我们还为学生创造了多种提升创新能力的机会，学生在参与活动的过程中掌握方法，促进创新思维发展，创新能力提升。2019 年在绵阳市电脑制作活动中，我校学生的电脑动画类作品在省市上斩获大奖。在 2020 年四川省科技创新类创意编程儿童组中，我校 15 人分获一、二、三等奖，我校 4 名教师荣获优秀教师指导奖，我校被评为优秀组织单位。

五、从再认识出发，拓宽 STEM 教育实践路径

（一）传承“两弹”精神有抓手，课程内容有特色

我校结合中国工程物理研究院子弟校的环境优势建构了以“两弹”精神为主题的 STEM 军事科技教育体系。围绕“爱国奉献”“团队合作”“求实创新”等“两弹”精神分别设置了“科学讲座”“爱国奉献班队会”等“爱国奉献”课程，“体育团队竞技”“科学小组实验”“学科小组合作”等“团队合作”课程，“头脑风暴”“科学探索”“3D 打印”“信息技术”“DIY 手作”等“求实创新”课程，以及与之相关的各种活动。

我校 STEM 军事科技教育体系既有与国家基础课程的融合，又有别具特色的校本课程，还有课外主题实践研究活动。“爱国奉献”和“团队合作”课程的实施途径主要是与国家基础课程融合，涉及的学科有科学、语文、数学、音乐、美术、体育等，涉及学科多、知识面广，课程内容丰富，以此提升学生的爱国奉献意识和团队合作能力。

“求实创新”课程则主要以校本课程为实施途径。学生根据自己的喜好自主选择校本课程，周周参与，在教师的带领下自主设计、研究，完成各种创造活动。三类课程都有与之相关的课外主题实践活动，如科技馆实践活动、科研基地体验活动等，让学生在真实情景中实验探究、设计项目，并在此过程中有所思、有所研、有所获，在快乐的活动中学习各科知识，在项目化学习中培养 STEM 素养，传承和发扬“两弹精神”。

（二）课程实施有成效 注重家校共育与课程评价

经过这一年多时间对 STEM 教育的探索和实施，我校不仅形成了自己的 STEM 教育特色，育人工作也颇有成效。

在“爱国奉献”教育方面，我校在绵阳市素质教育抽样调查中，“爱国主义”指标排名全市前三，“传统文化”“行为习惯”“法治意识”和“心理健康”等各项指标排名第一，全卷综合排名全市第一。2019 年 4 月，我校六十余名师生参加“文轩教育杯——我为祖国点赞”演讲诵读展评活动。陈爱妮同学的《大国与小家》获个人演讲类县级第一名、市级特等奖、国家级特等奖。六年级二班的《少年中国说》获诵读类县级第一名，并在绵阳电视台录制、展播。由这一系列的成果可以看出，我们的学生在长期的爱国主义教育的熏陶下，已经拥有浓浓的爱国情、报国欲。

在“团队合作”和“求实创新”教育方面，我们不仅把家长“引进来”，开设家长课堂，还借助家长的力量把学生“带出去”，开展科研基地体验活动，带领学生进行相关方面的探索、研究。每一次课程的探索与实施，我们都特别重视家长的评价和学生的反馈。每学年开展的家长听课、评教活动，均有百余人次的家长参与，课堂评分 9.5 分左右，获得家长们的高度评价。在每年的满意度调查中，93%以上的家长表示对学校的教育非常满意。学校的教育家长参与、学校的活动家长出力，大大加强了家长和学校、教师的常态化互动交流，让学校和家庭教育无缝衔接，形成教育合力，共同促进学生的健康成长。

对于学生的 STEM 学习部分，我们也有相应的评价，包括形成性评价和总结性评价两个部分。形成性评价主要对学生在项目研究学习实践中的参与、表现等方面进行评分。总结性评价则依托测试和成果展示等途径进行。评价时将形成性评价和总结性评价结合，使用学生自评和组内互评等多种评价方式，按照量表评分，综合学生在不同方面的表现，以多样的评价方式判断他们的知识和能力水平。最后，教师根据对学生学习情况进行的持续性监控中所反映出的问题，及时调整自己的教学内容，以满足学生的需求。每学期 STEM 课程实施情况学生调查问卷结果显示，学生在学习兴趣、学习习惯、学习知识、学习成效等各方面反馈良好。在最近一次的调查问卷中，99%的同学表示愿意合作，合作能提高研究效率，100%的同学表示非常喜欢 STEM 课程，愿意继续深入进行研究、创造，由此反映出学生在 STEM 学习中已逐步形成强烈的合作愿望、探索欲望。

（三）存在的不足与改进的对策

在将 STEM 教育作为抓手建设高品质学校的探索与实施中，我们积攒了一些成功的经验，但也发现了其中存在的不足，如："两弹"精神下的 STEM 课程特色不够凸显；课程融合广泛，但还不够深入；课程还不够丰富；等等。

对于课程特色不够凸显及不够丰富等问题，我们的对策是充分利用资源对现有课程进行调整，适当增减。"爱国主义"课程系列，我们较多地关注历史，而对时政关注较少。因此，我们计划将此课程分为"历史"和"时政"两个系列。这样在系统化的基础上，再将课程系列化，让学生在"历史"系列中研究老一辈科学家的科研成果，学习他们的无私奉献精神；在"时政"系列中了解国家处境及科技发展前沿，从而让学生将所学知识与生活实际接轨，并在一次次的项目化实践研究中，逐步形成崇尚科学的意识，树立投身科学的人生理想。在"团队合作"中，适当减少体育竞技课程，增加工程合作研究课程，例如工程搭建。而在"求实创新"课程中，我们计划在继续上好现有课程的基础上，引导学生关注生活中的问题，开设发明创造类课程。而对于融合不够深入等问题，我们计划加大教研师培，让师师皆是 STEM 教育的实施者，生生都是 STEM 学习的研究者，从而加大融合深度，提升 STEM 教育质量。

在传承"两弹"精神、建设高品质学校的过程中，我们做了一些努力和尝试，结合环境优势，通过 STEM 教育与国家课程、实践课程、校本课程的融合，建构了 STEM 军事科技教育课程体系。课程的设置有亮点、有特色，也有不足。课程的建设是一个长期的过程，需要我们不断地探索。我们将在探索的路上继续努力，不断前行。

（供稿：杨华、胡道艳、李杨、李晓雪）

专家点评

科学城春蕾学校第三校区拥有丰富的科学资源，“两弹元勋”“院士聚集”“大国重器”“高科技人才”“重点实验室”“中物院遗址”“科学技术馆”……它们为学校高品质学校的建设提供了丰富的资源和有力的支撑。学校凭借得天独厚的环境优势，确定以“军事科技”为主题，构建了以“DECIA”五大理念为宗旨的系列化 STEM 教育课程及相关活动。D 即 Devotion 奉献，E 即 Endeavour 努力，C 即 Cooperation 合作，I 即 Innovation 创新，A 即 Aspiration 理想，五大理念分别代表着爱国奉献、艰苦奋斗、协同攻关、求实创新和永攀高峰，共同组成了“两弹”精神的核心要求。

我们看到学校开展了丰富的“科学家进校园”系列活动，定期举办科普讲座，重在培养学生的科学精神和素养。学校紧紧围绕“军事科技”的教育主题，课程框架比较完整，课程内容也非常丰富，不仅仅包含科技教育，还融入了爱国主义教育、集体主义教育、劳动教育、艺术教育等。

当然，学校还需要在课程实施的深度和评价等方面下功夫。案例中我们发现课程实施的深度还不够，课程的特色还不够鲜明。建议从以下几个方面下功夫：一是进一步挖掘课程的内涵和深度，培养学生的科学精神，还要转化到刻苦钻研的科学行动上来，要注重培养科学的方法，课程才能深入下去，才能形成特色课程；二是要构建科学的评价体系，以评价为导向，引导学生实现科学精神、科学思维和科学行为的有效统一；三是要注重师资队伍的培养，校外优质资源和本校师资的融合方面还需进一步加强，这也是大多数学校推进 STEM 教育的难点问题。

——郭斌，四川省教育科学研究院信息中心主任

营造小学 STEM 教育空间，助力高品质学校建设

达州市通川区第一小学校

达州市通川区第一小学校自 2018 年 7 月被遴选为“中国 STEM 教育 2029 创新行动计划”首批种子学校以来，一直把思考重点放在如何升华学校“知类通达，以修大成”的教育理念，将 STEM 教育课程纳入建设 3.0 版未来现代化小学 2025 规划。经过近两年的探索，我们果断提出了营造小学 STEM 教育空间这一行动路径，助推 STEM 教育在学校落地，助力高品质学校的建设。

在开展 STEM 教育的过程中，我们强烈地意识到，要想使 STEM 教育理念真正落到实处，就必须营造一个让 STEM 教育自由生长的良好空间，就要打破教学时空的限制，促进教与学的双重革命，为学生提供更加优质、多样、个性化的学习空间，就必须给老师们来一场心灵革命、观念革命、技术革命、行为革命，这样才能更好地培养新时代学生的实践能力和创新能力。营造良好的 STEM 教育空间是学校实施 STEM 教育的必要条件，也是开展 STEM 教育的有力支撑与服务。

一、营造小学 STEM 教育空间的核心概念

STEM 教育空间的营造，要在学校文化引领下，与课程内容相结合，动态地实现空间的创设。我们将 STEM 教育的空间营造归结为三个维度：意识空间，指广大师生对 STEM 教育实施的认识、接纳、转变；物质空间，指学校开展 STEM 教育活动中，

营造全新的开放式平台，提供创新创意分享的空间，配备生产制造物件所需设备和资源；行动空间，指我们在开展 STEM 教学活动中，与教与学相关的一切行动策略之总和。我们用三维视角营造了小学 STEM 教育空间系统：

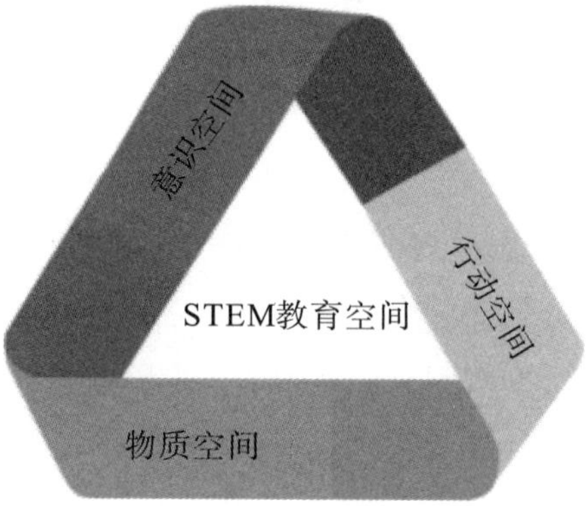

图 1　STEM 教育空间系统

意识空间释放 STEM 教育的生命力，物质空间保障 STEM 教育活动的实施，行动空间助力 STEM 教育活动的拓展。三者相互联系，相互作用，相互影响。

二、营造小学 STEM 教育意识空间

思想意识空间涉及 STEM 教育“生命力”问题，与教师转变教育观念、接纳新的教育理念价值、变革常态的教学方式有关。

（一）办学理念引领，物化传递 STEM 教育意识环境

理念是行动的先导。在接触 STEM 教育的初期，学校行政人员和全校教师一道，认真学习 STEM 教育理论，认真研究“大成智慧教育”思想，用新的教育理念引领我们的教学行动。工作中，学校以落实国家《中国教育现代化 2035》规划为奋斗目标，根据实施 STEM 教育的要求，提出了“塑造高品位教师、培养高素质学生、创建高品牌学校、办成高质量教育”的学校工作发展思路。

一年来，我们根据实施 STEM 教育的要求，升级学校校园文化，注入 STEM 教育元素，发挥校园文化的浸润和唤醒功能；创建完善 STEM 教育活动平台（即物化平台和网络信息平台），发挥平台的体验感知和意识传递功能；加强教师 STEM 教育对话交流，形成 STEM 教育共识；创“大成教育”特色 STEM 课程体系，点燃 STEM 教育活力。这些措施为推行 STEM 教育创造了良好的意识空间。同时，也助推了学校建设 3.0 版未来现代化小学的前进步伐。让 STEM 教育的文化理念从学校发展顶层设计

开始，创施“三适”教育，助力学生特长发展，从而促进学生“集大成、得智慧”。

（二）专家解读指导，内化传递 STEM 教育先进理念

学校聘请 STEM 教育的相关专家定期开展教师培训讲座，更新 STEM 教育理念，解答 STEM 课程实施过程中的疑问，对 STEM 教师进行专业知识的培训，帮助提升专业能力。家庭教育方面，学校召开家长会，向家长宣传 STEM 教育的理念和模式，帮助家长了解 STEM 教育，给 STEM 教育意识传递营造了良好的空间。

（三）创设文化氛围，充分形成 STEM 教育共识

课题组定期将 STEM 教育空间的打造、STEM 课程建设、STEM 师资培训方面的成效，利用媒体，通过视频和文本进行广泛的宣传，旨在让学生、家长、教师乃至整个社会都认同 STEM 教育的理念，参与到 STEM 教育建设中来。目前学习强国、《人民日报》、今日头条、四川观察、新华社、达州电视台等媒体或平台都对我校 STEM 教育研究活动做了专题报道，其活动得到了社会、家长的认可，为学校推行 STEM 教育活动创造了良好的运行空间。

三、营造小学 STEM 教育物质空间

国外有关机构研究表明，学校构筑空间对学生学业成就的贡献率达到 25%。构建一个人文、开放、活力、合作、包容的生态系统，能更好地实现教育效果。教育物质空间涉及 STEM 教育物质基础的条件问题，与活动所需物资设备、技术保障、时空支撑等问题相关联。在学校文化引领下，学校 STEM 创新空间打造与课程内容相结合，动态地实现空间的创设。我们从以下四个方面去营造开展 STEM 教育所需的物质空间。

（一）设计以人为本的 STEM 教育活动空间

物质空间建设要以人为中心。在学校的环境建设中，要以人为中心，突出人的价值和重要性，科学化、艺术化地进行设计；物质空间建设要服务于课程，要为教育和教学服务，为师生的生活和发展服务，结合学校 2025 规划与发展来进行设计和建设，并在课程的实施过程中不断地优化。学校根据信息技术与生命科学间的整合，以及跨学科学习的教学需求，开辟了微型生态园、创客空间、STEM 创新研究中心、VEX 机器人实验室、乐高机器人实验室、电子制作教室等特色功能教室，室内布置充满学科特色。丰富的校园文化设施，为开展各类主题活动提供了良好的环境和场地支持，也让学生从中体验到了快乐。

例如，在“阳光下的空间之微型生态园”，学校开设与生物科学、生命科学、环境科学等相关的课程培养孩子们对真实世界的认知，了解真实世界不同生物、植物的客观存在规律。微型生态园将为课程的实施提供真实的情景，并规划了具有代表性的热带雨林、生态农业、水自循环系统区域。学生在这里与环境积动互动，体现出了融合、包容和智慧，充分阐释了“融园”和“慧园”的文化内涵，彰显了环境的育人功能。

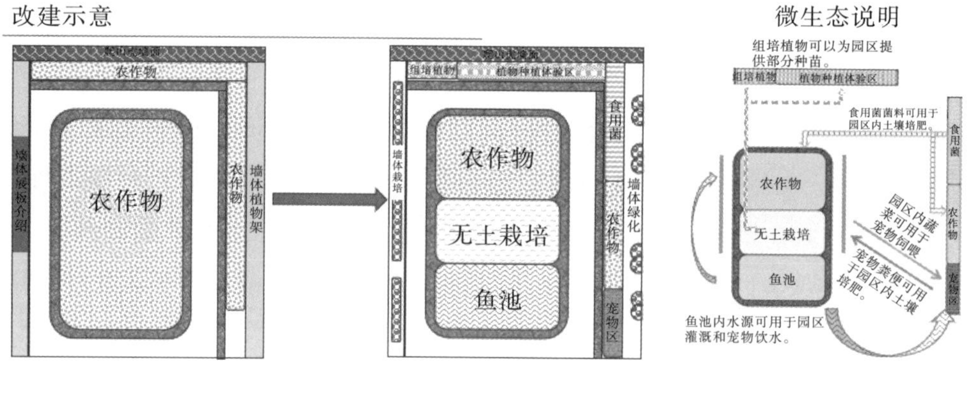

图 2 “阳光下的空间之微型生态园”改建示意图

（二）设计专用于 STEM 教育的积极场域空间

STEM 教育场域积极的空间，被定义为能满足人的意图和需要、有计划性的空间。“积极空间”建设要坚持学生的立场，要尊重学生的需要和感受，考虑他们活动内容的需要，将活动的组织与学校环境的建设联动起来，使一个个空间里面的组织适合学生，同时尽可能将空间多样化，满足学生多方面活动要求和选择的需要。

重视场所建设，倡导场景式学习。不同场所服务于不同的教育活动和目标，对学生发展的不同方面起着不同程度的促进作用。我们学校 STEM 教育的主场所是“启智楼”顶层的 STEM 创新实验室。整个空间专门配置了近 300 平方米的 STEM 创新空间，分为两大板块，即 100 平方米 STEM 展示空间的和 200 平方米 STEM 创客空间的，主要针对 STEM 课堂开展、项目研究、素养测评、创新技术体验、科技作品制作、教师培训教研、讲座开展、项目开题结项答辩、项目辅导等多种应用场景进行梳理，保障 STEM 教育的整体解决方案在学校全面落地。STEM 创新实验室以开阔自由的空间、随手可得的工具、免费提供的材料、专职的教师指导，全方位激发学生的学习动力，让学生在创造中体验 STEM 精神。

（三）设计蕴含 STEM 教育文化氛围的场域空间

对校园物质文化进行整体设计，以充分发挥校园文化环境对学生的影响。学校每年定期更新楼层间墙壁上的科技教育成果，介绍科技创新突出人物；定期更新至善主题活动以及感动校园十大人物教师系列和学生系列介绍，介绍优秀校友事迹，力争做到每面墙壁都会说话。

（四）设计 STEM 教育校外活动物质空间

为营造热爱科学、崇尚科学的良好氛围，培养学生积极探索、勇于创新的精神，增强其动脑动手的创新实践能力，可以充分利用社会优质资源提供 STEM 实践基地，充分拓展学生的知识视野，从而培养学生的知识迁移能力，不拘于课堂、学校，衍生出更多的自主研究主题，例如：走进自来水厂、污水处理厂、垃圾焚烧发电厂、煤矿煤井参观调查，实地考察洲河大桥、金南大桥等桥梁建设工程和无菌生产车间，参观科技馆、博物馆、图书馆、大棚种植蔬菜、水果等。

家庭作为现实生活的重要场所，更需要孩子们的探究与学习。孩子们可以探究学习智能锁、自动洗碗机、扫地机器人的工作机制与原理，家里植物的生长变化规律，肥皂与洗衣粉的区别，食用油的鉴别，测量家的地面面积、体积等，从而营造舒适智能便捷的居家空间，为家庭成员营造更适宜生活的空间。

四、营造小学 STEM 教育行动空间

各国教育都在为提高学生科学素养、培养学生创新素质改革行动，这些行动也需要空间来支撑。STEM 教育通过为学生提供接近真实、富有现实意义的教学情境，引导学生运用 STEM 知识解决真实世界的问题，帮助学生发展高阶思维，从而获得 21 世纪公民所应具备的核心素养。我们从以下五个方面进行营造：

（一）搭建“六个一”小学 STEM 教育整体框架

结合学校“知类通达，以修大成”的教育理念，我们充分分析 STEM 教育的校本实施及发展路径，确定学校 STEM 教育建设目标，制订了完整的 STEM 教育顶层设计，最终推行基于“六个一”模式的 STEM 教育整体实施框架。

图 3　“六个一”STEM 教育整体实施框架

“一个理念”：践行“知类通达，以修大成”的教育理念，以孩子为中心，以综合跨学科思维方式、项目式学习为主要学习方式，培养学生创新精神和解决真实世界问题的能力。

“一个组织”：成立学校“STEM 创新研究中心”。研究中心还包含了学校“少年科学院”“STEM 创新孵化中心”等一些项目式学习组织。“STEM 创新研究中心”作为学校开展 STEM 创新教育的实施实体，首先构建出实施团队的组织架构，包括学校的分管领导和有意愿参与并经过选拔的各学科专家及教师。

“一个空间”：日光灯下的空间之 STEM 创新实验室、阳光下的空间之微型生态园、社会空间之 STEM 实践、家庭空间之现实生活的探索。

“一套课程”：以学科教学为主的渗透性课程；以 STEM 种子教师、专家团队为主的项目式课程；以社会资源为主的实践性拓展课程。

“一种文化”：物质文化（涵盖空间打造的所有可视化元素）、制度文化（制度建设、组织机构建设和队伍建设）和精神文化（STEM 元素、里面的隐形渗透）共同组成学校的 STEM 教育文化。

“一次展示”：建立国内外竞赛孵化机制和 STEM 教育实践活动规划，搭建平台，让师生有更多的展示 STEM 教育成果的机会，促使 STEM 教育的纵深推进。

（二）建构“三三三”小学 STEM 教育课程体系

根据学校实际，搭建“三＋三＋三”三级课程体系。

第一个“三”指三种班型，即常规教学班、STEM 社团班及 STEM 种子班。其中常规教学班开设渗透性课程，我校的 STEM 教育活动面向全体学生，主要利用科学课、技术课（信息技术课、劳动技术课）、综合实践课的课时和教师资源来开展 STEM 教育活动；STEM 社团班开设主题活动课程，由真实的情境出发解决真实世界的问题，培养学生的创新精神与实践能力；STEM 种子班开设以 STEM 种子教师、专家团队为主的项目式课程，孵化国内外的竞赛活动。

第二个“三”指三个年级段，即低段学生、中段学生、高段学生。对于 STEM 社团班的三段学生来说，渗透性课程、活动性课程和专题性课程均可以开展。对于常规教学班来说，三段学生可以参加渗透性课程。

第三个“三”指三类课程，即渗透性课程、主题活动课程和项目式课程。其中渗透性课程是指以学科教师为主体，在常规学科教学中渗透 STEM 教育理念或策略的课程。主题活动课程是指以班主任、社团教师为主体，以学生 STEM 体验活动、社团活动为载体，以学生STEM成果展示为目标的实践性STEM指导课程。项目式课程是指以STEM种子教师、专家团队为主体实施的STEM教育课程。从学生的活动性、体验性和成果固化角度来说，项目式课程的专业性水平最高，其次是主题活动课程，最后是渗透性课程。

为了更好地开展好STEM教育各类课程，特制订学校三类课程实施流程及项目制实施方案。即按照学校教师能力提升体系，教师分别接受各类STEM教育专题培训；教师根据自身所承担的STEM课程类型分别挖掘可以进行的STEM教育主题；随后，以课程类型或教研组为单位分别分析教学内容；继而开发各自的STEM课程；课程实施过程中，加强校内公开课的展示力度；课后STEM教育团队开展辅导与反思；最后完成成果的固化。

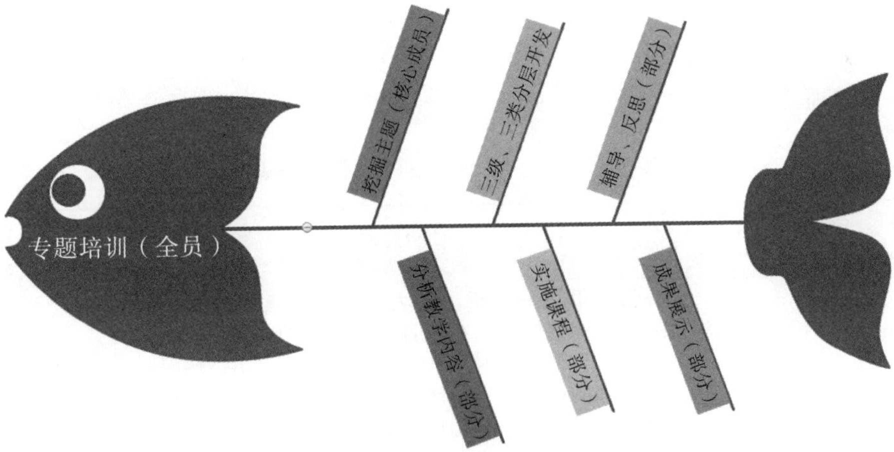

图4　课程开发实施流程图

表4－6－1　项目制实施方案

项目名称	课程类型	相关学科	涉及STEM主题	具体内容	备注

以小学高段5～6年级的课程设计为例，STEM教育框架以因果关系、创新与过程、建模、可持续系统和改善人类生活与体验五个跨STEM学科的核心领域为基本主题，以螺旋上升的顺序设计STEM课程路线图（如表4－6－2）。

表 4—6—2　5～6 年级 STEM 课程开发核心内容

主题	主题简介	项目内容
因果关系	由各种现象之间的动态关系构成的真实世界的 STEM 主题	糖果包的设计与制作
创新与过程	深化人类对世界的理解和推动社会进步的各种里程碑式的创新发展	慢船的设计与制作
建模	涉及人类为理解周围世界而建构出的各种模型	风向标、风力计的制作
可持续系统	涉及人类实现可持续发展所面临的各种挑战	人口数量下降对环境的影响
改善人类生活与体验	关注提高人类生活质量的创新	制作智能垃圾桶，调查自然灾害、转基因生物和太阳在地球生命中的作用

每个主题都为学生提供真实、基于问题和项目的 STEM 课程沉浸式学习机会，跨越传统的学科内容界限，在开发潜在的新的原型过程中，将工程和技术设计、科学探究和数学推理带到生活中。

表 4—6—3　5～6 年级 STEM 课程路线图

STEM 核心内容	学习主题	问题与挑战	主要学科领域
因果关系	糖果包的设计与制作	分析糖果包的承重、受力，影响承重力的因素，通过三维物体与二维平面图的相互转化、比例尺的运用、成本计算，利用绘图、粘合、测力等技术知识制作一款功能强大、坚固、美观的糖果包	科学、技术、数学
创新与过程	慢船的设计与制作	学生通过了解船的构造，船运行的相关科学知识，使用合适技术完成相关阻力实验，设计合适大小的“障碍物”使船在运行中受力更均匀	科学、技术、工数学
建模	走进风的足迹	学生能科学描述风的特征，理解风向、风力，知道风分等级，从而完成风向标、风力计的建模制作，应用测量并改进	科学、数学、工程、技术
可持续性系统	人口密度	设计一个计算地球上某一特定物种种群数量的模型，并制作该模型的正式汇报方案，供专家小组论证	科学、数学
改善人类生活与体验	智能垃圾桶	设计并实施项目方案：分析问题，确定问题，提出解决方法，设计智能垃圾桶草图，制作智能垃圾桶	科学、技术、工程、数学

（三）设计“六阶段”小学 STEM 教育课堂教学模式

为指导 STEM 路线图的实施，课题组基于 STEM 教育的核心理念，依据 PBL 项目式学习理论，结合教学实践，设计了 STEM 教育理念下的项目活动模式。项目设计活动分为确立项目主题、分析项目问题、建立评价标准、设计解决方案、实施解决方案和展示评价总结六个阶段开展。

1. 确立项目主题

教师引导学生从生活实际出发选定项目主题，发现生活中存在的问题，提出解决方案并实施，以求解决问题。项目主题应是跨学科的，融合科学、工程、技术和数学等多方面的知识内容，具有趣味性、探究性、实践性、创造性和综合性，并且契合 STEM 理念和核心素养发展要求。

2. 分析项目问题

学生明确项目主题之后，并不能马上制订具体的解决方案，还需对项目背景进行分析，明白到底需要解决哪些问题，并通过绘制思维导图梳理问题，整合并利用已有的、跨学科的知识或经验去探索。教师引导学生分析问题，可以发散学生的思维，促进学生分析问题能力的提升。

3. 建立评价标准

建立评价标准是项目活动设计过程中不可或缺的环节。师生根据任务要求，共同建立具体的评价标准。教师指导学生参考尼尔森“逆向思维”模型，明确哪些是“需要”的，哪些是“不需要”的，最终作品的呈现应该具备怎样的特征，以此搭建“脚手架”，为学生制订项目解决方案提供有意义、有价值的指导。

4. 设计解决方案

项目活动实施之前，按照“同组异质”“组间同质”的原则对学生分组，确保每个小组各方面能力水平相当。在设计项目解决方案的过程中，各小组针对要解决的问题，依据标准，相互协作、共同探究，结合已掌握的知识经验并辅以教师的指导，自主收集相关资料，展开讨论，绘制草图，设计解决方案草案。各小组设计完成方案以后，面向全体学生进行方案可行性分析与汇报，并根据教师及其他小组的意见修改，最终确定具体可行的解决方案。

5. 实施解决方案

各小组分别将解决方案付诸实施，其间需要各小组分工协作探究，辅以教师的适度指导完成作品，并且根据实际情况对作品进行修改与优化，从而迭代与完善项目解决方案。

6. 展示评价总结

教师组织各小组学生进行成果交流与展示，并参照师生共同建立的评价标准，结合制作过程对各小组成果的创新性、实用性等方面进行评价，提出改进建议。学生根据评价意见进行修改与完善。最后，教师进行归纳总结，指导各小组完成项目反思报告，梳理并回顾项目学习活动的收获与不足，促进学生问题解决能力与协作能力的发展。

（四）打造“三三”STEM 教育教师提升体系

1. 建立三阶发展序列

结合专业发展年限及取得的成果和个人影响力，建立学校教师 STEM 教育三阶发展序列，即渗透型学科教师、专业型种子教师、专家型引领教师。渗透型学科教师只需具备常规的 STEM 教育相关知识与理念，在教育教学中能零散性地对学生的生涯发展提供指导即可。专业型种子教师除了熟练掌握 STEM 教育相关知识与理念，还基本能够应用 STEM 教育技术与策略，能自主开展学生的 STEM 教育相关工作。专家型引领教师除了熟练掌握 STEM 知识，灵活应用 STEM 教育技术指导学生发展，还能够在区域 STEM 教育产生一定的影响与引领作用。

2. 搭建三级培训体系

参照中国教育科学研究院组织相关专家制定的《STEM 教师能力等级标准（试行）》办法，结合我校 STEM 教育现状及 STEM 教育三阶发展序列，学校通过“请进来”“走出去”“请出去”的培训成长体系，建立了学校教师 STEM 教育三级能力水平梯度培训序列，针对不同能力水平的教师组织不同性质的培训。渗透型学科教师培训，注重全员参与，从 STEM 教育价值理解、STEM 学科基础两个维度进行，旨在点燃 STEM 意识空间生命力；专业型种子教师培训，以教师成长需求为导向，主要通过 STEM 跨学科理解与实践、STEM 课程开发与整合、STEM 教学实施与评价三个维度进行；专家型引领教师，以 STEM 教育能力提升为突破口，通过较高水准的专题培训及合作交流，一方面让教师从宏观上了解当前 STEM 教育的新进展，开阔视野，提高专业知识与水平，一方面通过帮助教师解决 STEM 教育教学过程中存在的问题，激发其参与培训的内在动力，从行动上助推 STEM 教育真正落地。

（五）开设“四大类”小学 STEM 教育活动

小学 STEM 特色教育活动主要由 STEM 项目探究活动、创客实践活动、社会实践拓展活动、STEM 教育成果展示活动构成，全面提升师生 STEM 素养。

1. STEM 项目探究活动

项目化学习是一种由项目驱动的“自主、探究、合作”的学习模式，我校在开展

STEM 项目探究活动的进程中，不断优化和完善，提炼出“126”STEM 项目化学习模式。“1”即由真实的问题情境产生的一个问题导向。“2”即完成项目所要达成的两个目标——项目总目标和项目子目标（科学、技术、工程、数学和其他学科所要达成的目标）。“6”即项目化学习的六个实施步骤：①选定项目，激活旧知；②制订规划，探究新知；③活动探究，挖掘新知；④作品制作，应用新知；⑤成果交流，展示新知；⑥总结提升，完善新知。近两年，学校创造性地开展了许多 STEM 项目探究活动，如“一座通向未来的桥”“创意花窗”“自制礼品盒”“DIY 防护手册”“制作防护口罩”等，锻炼和培养了学生的跨学科思维、批判性思维和问题解决能力。

2. *创客实践活动*

创客实践活动通过鼓励学生进行创造，在创作过程中有效地使用数字化工具，培养学生动手实践的能力，让学生在发现问题、探索问题、解决问题中将自己的想法作品化，并具有独立的创造思维和解决问题的综合能力。

以 3～4 年级“少儿编程师”实践活动为例，此项创客实践活动旨在让学生了解基本的程序结构，知道程序是有趣的，知道各种编程环境，以简易的积木式、可视化编程软件为载体锻炼程序思维，培养编程兴趣。“少儿编程师”的主要载体是 Scratch，结合《义务教育小学科学课程标准》中对于程序设计的要求与小学中段学生的特点，将此实践活动主题定义为基础模块与挑战项目。

表 4－6－4　少儿编程师（Scratch 与生活）

主题名称	分解主题	活动目标
基础模块	初识 Scratch	系统主界面，新建角色与背景的方法、脚本、造型、声音的基本概念，了解已经编写好的程序
	动作模块	移动、旋转、面向，X、Y 坐标
	外观模块	显示、隐藏、造型切换、背景切换、特效
	声音模块	播放、停止、弹奏音符、音量设定、乐器设定、节奏
	画笔模块	清空、图章、落笔、抬笔、改变画笔颜色、色度、大小
	数据模块	变量、链表
	事件模块	当按下……键时，广播……并等待
	控制模块	等待、重复执行、停止、如果、克隆
	侦测模块	碰到……、鼠标的坐标、计时器
	数字和逻辑运算	+、－、*、/、<、>、且、或

续表

主题名称	分解主题	活动目标
挑战项目	神奇魔术	要求设计魔术场景，当点击绿旗的时候，魔术师开始变魔术，使得水杯的水不断变颜色
	数字游戏	设计一个猜数字游戏场景，这是一个互动场景，要求使用者输入数字，当数字大了的时候，主持人会说“大了”，当数字小了的时候，主持人会说“小了”，直到输入正确数字为止
	交通信号	设计一个交通信号灯场景，能够根据设置自动调节红绿灯时间，使得马路上交通良好
	智能水闸	设计一个水闸场景，要求点击绿旗的时候，水闸能够根据输入的水量自动调节关闭还是打开
	旋转木马	设计一个儿童游乐场场景，要求点击绿旗的时候能够实现旋转木马的旋转
	蜘蛛大战壁虎	编辑游戏，蜘蛛需要抓住小虫子，但是不能被壁虎抓住

3. 社会实践拓展活动

利用社会优质资源提供STEM实践基地，充分拓展学生的知识视野，从而培养学生的知识迁移能力，不局限于课堂、学校，衍生出更多的自主研究主题。

以走进自来水厂的社会实践活动为例，同学们在工作人员的带领下，探寻自来水厂的历史、水源采集地、供水区域及生产流程。通过此次实践活动，孩子们知道了自来水的由来，还懂得了生活用水的来之不易，有助于培养孩子节约用水的美德。

4. STEM教育成果展示活动

（1）赛事参与及展会观摩：组织STEM科学院学员参与国际、全国、省、市、县各级别的科技赛事，观摩各级别的科技展会（信息科技展、机器人大赛、物联网科技展、智能科技展等）。

（2）优秀项目作品发布会：STEM科学院学员有优秀的新项目、作品产生时举行“项目作品发布会”，创作者、研究员进行历程回顾和技术交流；同时将项目和作品相关资料在校园官网和官方微信等平台上予以展示。

总之，营造小学STEM教育空间涉及层次性和系统性、自然性和社会性、潜在性与可控性、限定性与教育性等方面，需要分析教育空间对教学活动的深层意义和影响，需要对教育空间的内涵、特点和意义全面认识，需要探讨教育空间营造的原则，提出教育空间营造的方法策略。经过两年的探索与实践，学校在STEM教育空间打造、STEM课程建设、STEM师资培训方面取得了卓越成效。空间打造案例《打造STEM教育特色空间，助推“大成教育”特色课程》在第三届全国STEM教育发展大会上获“最佳 STEM 学习空间奖”，学校被评为中国 STEM 教育第二批领航学校。

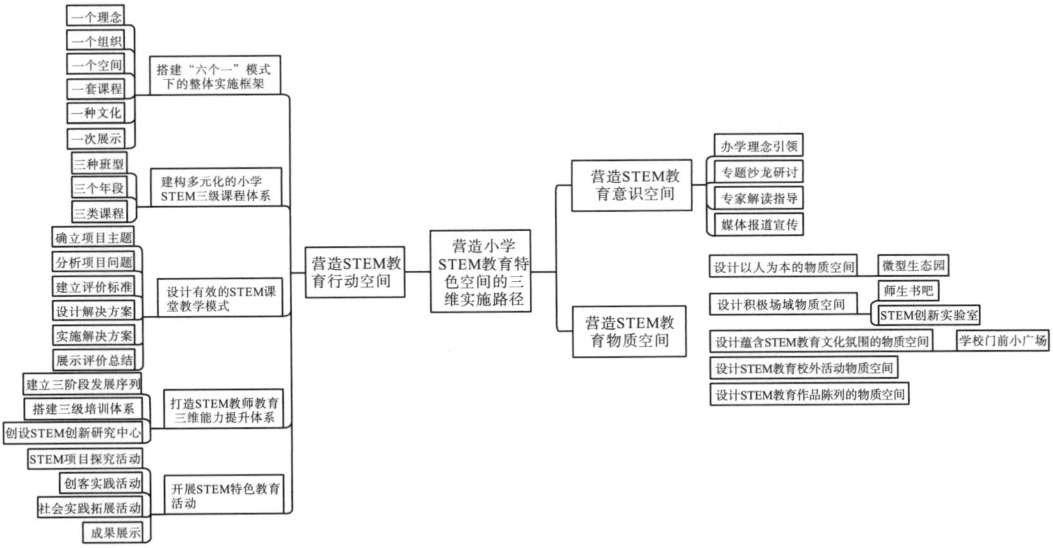

图 5　营造 STEM 教育空间的基本内容模型图

（供稿：冯正东、何玲、罗静、郝莉莉）

专家点评

当前在 STEM 教育的推进过程中，许多学校对于 STEM 教育的理念如何落地感到困扰，不能理解 STEM 教育的内涵，无法将现有的课程和 STEM 教育结合起来，片面地认为 STEM 教育就是机器人教育、创客教育、3D 打印等课程。

达州市通川区第一小学校在推进 STEM 教育的过程中进行了充分论证，将办学理念与 STEM 教育进行融合，提出了“塑造高品位教师、培养高素质学生、创建高品牌学校、办成高质量教育”的“四高”目标。实践过程中将空间的概念由狭义向广义延展，提出了“意识空间、物质空间和行动空间”的 STEM 教育推进模型，还搭建了“六个一”的 STEM 教育框架，以及“三三三”小学 STEM 教育课程体系，并打造了“三三”STEM 教育教师提升体系。通川一小的 STEM 教育推进行动经过两年的探索与实践，在

STEM 教育空间打造、STEM 课程建设、STEM 师资培训方面取得了卓越成效。

通川一小的推进案例对于学校开展 STEM 教育有一定的借鉴作用：一是要思考 STEM 教育与办学理念的有机融合；二是要创生适合本校学生的校本课程，课程一定要符合学生发展规律并能让学生乐于参与，在此基础上才能最终形成特色课程；三是关注教师的成长，一支理念新、勇于创新的教师队伍是 STEM 教育高质量发展的关键。当然，学校还需在 STEM 教育评价如课程评价、学生评价、教师评价等方面构建科学的评价体系，并注重用数据的方式研究 STEM 教育对学生发展的积极作用，遴选学生成长案例，及时总结和调整推进策略，让 STEM 教育为学校实现“四高”的发展目标助力。

——郭斌，四川省教育科学研究院信息中心主任

第五章

学习中心的
STEM 教育方法创新

以学习为中心，可以从以下三方面进行理解。一是从学习角色上看，以学习者为中心，突出以人为本，学习者不但包括学生还包括教师。二是从学习内容上看，学校教育以课程为中心，突出课程的育人本质，包括保质保量地实施国家课程，开发与实施得当、丰富的特色校本课程资源。三是从学习行为上看，以高效的教学、学习方法研究为中心，突出“减负增质”“全面发展”的新时代教育思想与理念，包括新教法、学法的研究与应用以及与传统教学优势和现代教学策略的融合创新。四川教育倡导的高品质学校建设，其中一大内容就是研究、建设以学习为中心的高质量课程资源、高效率学习方法，以此培养高品位的能担负时代使命的学生与教师。“着眼高品质学校全面而个性化的育人导向，着力探索应用 STEM 促进师生深度学习发生”是 STEM 教育落地于学校教育的初衷之一。本章节抽取了能代表四川不同地区、不同学段的 5 所具有典型示范性的学校，从不同角度出发，从理念创新、方法创新、路径创新、技术创新等方面向读者全方位展现以学习为中心的 STEM 教育的四川探索与创新经验。其内容包括：高品质学校 STEM 教育的实践与探索；基于“科工”整合思路，在小学科学课程中整合 STEM 教育理念；多方协作；工程设计与项目式融合；分层创生、三合 STEM 课程（适合、整合、融合）等。

三“四”二“一”落细 STEM 教育的学校实践

四川师范大学附属上东学校

STEM 教育究竟应该怎么做？对于高品质学校来说，这是一个需要认真思索和深入探究的重要课题。作为全国 STEM 教育领航学校的四川师范大学附属上东学校（以下简称“上东学校”），基于“让每一个孩子向阳而生”的育人目标，根据阳光学生关键能力、核心素养和综合素质的发展要求，学校通过“四抓”（课程、课堂、课题、师培）、“四化”（课程学段化、序列化、校本化、特色化）、“四环”（教学环节—目标确定、策略引导、过程检测、反思提升）、“一建”（多维空间建设）、“一志”（创新应用工程日志）等创造性方法，落实、落小、落细了 STEM 教育在学校的实践。下面着重从学校 STEM 教育的理性认知、课程实施、特色工具、空间打造、师资培养及其内涵发展等六个层面具体介绍其探索过程。

一、理性认知是高品质学校 STEM 教育实践的基本前提

（一）STEM 教育是高品质学校发展的应然选择

进入 21 世纪以来，以美国、英国、德国为代表的发达国家主动将 STEM 人才培养纳入国家战略层面，用以保持国家竞争力。2017 年，中国教育科学研究院正式发布《中国 STEM 教育白皮书》并于 2018 年 5 月在全国正式启动“中国 STEM 教育 2029 创新行动计划”。STEM 教育不是将重点放在某个学科上，而是放在引导学生采用学科融合的学习方式，运用跨学科思维解决现实问题。STEM 教育改变着教师的“教”，

也同时改变着学生的"学"。在互联网、物联网、人工智能高速发展的今天，高品质学校就要全面落实立德树人的根本任务，努力培养德智体美劳全面发展的社会主义建设者和接班人，努力培养既有优秀传统文化底蕴又有创新意识、创新精神和创新能力的现代公民。STEM教育是高品质学校实现课程改革、教学改革、教育改革的需要。

（二）高品质学校应深度把握STEM教育

STEM教育的核心是培养学生能力，课堂应该围绕学生能力的提升来展开。STEM教育就是让学生迁移与整合跨学科知识，选择最优的办法，有创造性地解决真实情境中的问题。

开展STEM教育一定要基于学校的办学目标和办学特色，紧扣学校的育人目标，不断整合各种资源，基于实际学情来开发教学案例，注重经验积累，在有效的评价方式下反思、总结、提升，不断优化STEM课程方案，实现迭代整合。

基于互联网＋教育时代背景，师生之间、家校之间甚至学校、家庭、社会（社区）"三位一体"，通过人机交互、时空拓展、学科整合、信息共享、课程实施等有效途径，深入推进现代教育教学方式的变革与发展。

二、课程开发与实施是高品质学校STEM教育实践的核心内容

（一）课程设置：深度整合STEM教育的学科课程资源

在STEM教育的跨学科课程理念指引下，近年来学校首先对学科课程资源进行充分挖掘、系统梳理和深度整合，进而在课程实施过程中形成了一个学段化、序列化、校本化、特色化的STEM教育课程资源链，并将其划分成STEM教育的基础型课程、拓展型课程和研究型课程三个主要类型，如表5—1—1所示。

表5—1—1　上东学校STEM课程类型

课程类型	STEM教育课程设置
基础型课程	科学、信息技术、数学、美术课程等
拓展型课程	数棋、手工皂、手工香包课程等
研究型课程	图形化编程、电子百拼、发明创造、机器人（乐高、VEX）课程等

在STEM课程建设过程中，学校就将学生教育、人文思想置于核心位置。构建课程体系的关键是从课程的系列和结构出发，对STEM教育的课程资源进行多元整合，设计符合学生学情的多元化课程。例如，上东小学设置的STEM基础型课程以每学期

的科学课为主阵地，确保每一位同学都参与到 STEM 课堂中。STEM 拓展型课程是不同年级的学生在教师指导下完成根据课程标准和教材开发的 STEM 课程。根据学生自身的能力需求，选择适合自身综合素养发展的 STEM 拓展课程。STEM 研究型课程是教师选择具有跨学科性质的 STEM 课程进行研究、整合与开发。

（二）课堂教学：精准聚焦 STEM 教育的课堂教学现场

探索高品质学校 STEM 教育的实践策略，其关键点和主阵地还是在课堂教学现场。所以，上东学校在 STEM 教育实践过程中始终立足课堂、聚焦课堂、深耕课堂、成就课堂。学校主要围绕以下“四环节”开展 STEM 课程的课堂教学，如图 1 所示：

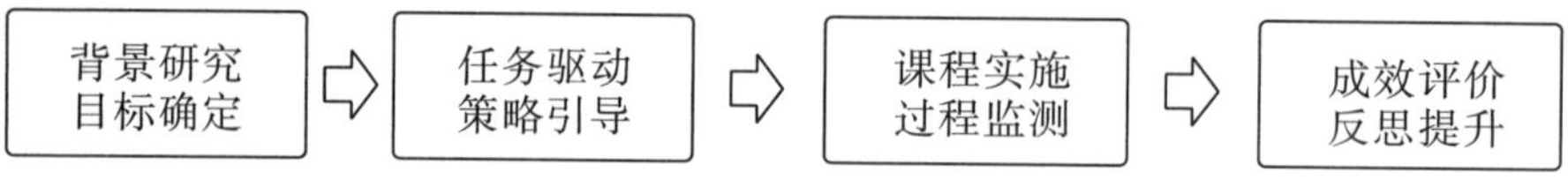

图 1　实施 STEM 课程的课堂教学“四环节”

在深入实施 STEM 课程的课堂教学“四环节”过程中，学校着重以案例分析为抓手，逐步探索出高品质学校 STEM 教育的课堂教学“四大”实践路径。学校 STEM 课程的开发从小学课程标准出发，创设真实的情境，以学生完成任务需要运用的知识和技能为基础，制订符合各学段学情的课程目标，确定具有引导性策略的课程设计方案，在其实施中进行过程监测，在课程实施后进行反思与评价，进而促进 STEM 课程的课堂教学水平不断得到有效提升。

1. 背景研究，目标确定

STEM 课程的开发需要进行一定的背景研究。教师需要提前进行多方面的背景分析与调查，在现实中，任务活动需要有社会背景、参与人员、角色分析、经济调查、时间空间资源分析、实施难度调查等研究。之后确定项目实施的课程总目标，围绕总目标梳理出可以实施的流程图或框架，以此进行课程设计。

基于小学课程标准，可以从基础教材中选取适合的内容进行再设计，开发出更符合相应学段学生能力发展需求的 STEM 课程。小学六年级科学教材中有“用‘纸’造一座桥”一课，这一课在课时安排和环节设置上存在一定的局限性，在有限时间内，学生课堂的探究性与生成性等维度不能得到有效培养。基于此，我校开设了“我是造桥工程师”的 STEM 课程。该课程确定后需要制订课程目标，目标是确立学生参与课程学习后应达到的标准，更是教师在完成课程设计的过程中需要注意的编写准则。针对不同的学段，可以有一个学段目标，低段学生注重体验学习，中段学生注重研究学习，高段学生注重创造学习。学生在实现目标的过程中，将遇到的问题记录下来，不断解决问题，完成不同阶段需要达成的小目标，最终完成学习STEM课程的总目标。“我是造桥工程师”创设了解决山区孩子上学过河的真实情境，把“用特定有限的材料完成建造一座可以承重200克的桥”作为课程的总目标。造一座桥需要考虑多方面的因素，而解决这些因素就成了学生需要完成的分目标。STEM课程同样注重职能的体现，因此，课程设计了学生需要从多方面考虑、分析不同社会角色的人员（工程师、政府人员、警察、投资商）对于造桥的要求这一探讨环节，以此完成课程第一环节的设计。

2. 任务驱动，策略引导

知道了课程背景，明确目标之后，学生需要有一个内驱力，而任务就是内驱力生成的本源，任务完成的有效性需要教师运用适当的策略进行引导。这在“小鸟餐厅”这一课中有很好的体现。本课需要二年级学生完成给小鸟建造一个小鸟餐厅的任务。

教师在策略引导时，可以思考怎样激发二年级学生的研究兴趣。趣味语言也是策略引导的一部分，比如教师可以说：“冬天到了，树木凋零，北雁南飞，但是有些小鸟却不能长途跋涉南迁过冬，难免会忍饥挨饿。”趣味性语言的描述不仅促进学生参与，还能使学生的成果意识更加强烈，课堂的参与度与成就感更加明显，小组合作也更具可操作性。

策略引导同样体现在教师的有效提问和及时追问。“餐厅给什么鸟儿用?”“大小有要求吗?”“鸟儿进去了从哪儿出来?”“建个什么样式的最适合小鸟?”“在哪里放食物呢?”“餐厅建好后放在哪里?”“要选择什么材料?”……学生制作完成后，需要介绍自己的作品，了解别人的作品，教师及时引导学生思考：“作品的优缺点是什么?”“他们又是怎么想到的?”“把小鸟餐厅挂到室外试验，为什么有些作品小鸟不喜欢?”“小鸟到底喜欢什么样子的作品?”“我的作品还可以继续修改吗?”以此完成课程第二环节的设计。

3. 课程实施，过程监测

实践探究、解决问题是STEM教学中又一重要环节，给予学生充分的时间进行尝试探索，小组项目式合作提高完成任务的效率，教师在开始时及时对学生进行指导，帮助小组开展探究与协作，避免学生“瞎尝试、乱探究”，随着学生实践的深入减少教师干预，给学生更多独立探究的空间。在STEM课程开展过程中需要对学生进行过程监测。过程监测就是指在教学过程中教师为了能够及时掌握学生学习的情况，监测、控制教学环节的过程，对其中一些可控因素进行定性检查和定量检测。

“智慧交通信号灯”重在让孩子通过设计智慧交通信号灯、连接Arduino智能传感器（RGB－LED灯、蜂鸣器、红外传感器、超声波传感器）、编程实现智慧交通信号灯等过程，掌握 Arduino 开源硬件和 Scratch 编程知识和技能，并且学会联系生活实际灵活应用这些知识和技能。本课中，学生实现“智慧交通信号灯”功能时，教师带领学生分析学习任务，“智慧交通信号灯”的智慧怎么体现？要用到的传感器有哪些？如何用编程去实现相应的功能？通过对以上问题的一一分析，学生以思维导图的方式对课程进行学习，教师对应思维导图中每一部分进行及时分析，在分发 Arduino 主板、数据线、相关传感器（每个小组用到的传感器不一定完全一样）至每个小组的过程中，对项目设计开展实物连接、确保连接准确、软件编程、上传程序、观察实验效果、修改完善程序、实现最终效果等过程进行过程监测，在所有的教学环节中，教师对照相应的目标与量表对整个学习过程进行监测并进行针对性指导，以此完成课程第三环节的设计。

4. 成效评价，反思提升

在 STEM 课程中，评价机制多种，包括了具有一定创新的评价机制量表，学生可从中得知各个细节影响程度，教师需要对学生成果进行多维度评价，评价拓展要注意评价的多元性，主要分为过程性评价和总结性评价两个部分。过程性评价包括基础知识的应用、基本技能的展现等，可使用量表、行为观察等方法实施；总结性评价包括发言分享的表现、作品成果等，同样可使用量表、展评投票等方案进行评价。表 5—1—2 是我校开展的一项 STEM 教育“3D 打印创建未来校园沙盘”的项目评价表。

表 5—1—2 “3D 打印创建未来校园沙盘”项目评价表

<table>
<tr><th rowspan="2">评价项目</th><th rowspan="2">评价活动</th><th colspan="3">等级描述</th></tr>
<tr><th>A</th><th>B</th><th>C</th></tr>
<tr><td rowspan="3">过程性评价（50%）</td><td>3D 软件学习情况</td><td>能快速确定需要的工具，熟练使用 3D 软件中的常用命令</td><td>能基本判定出需要的工具，对有些命令不熟练</td><td>无法确定工具，大部分命令使用不熟练</td></tr>
<tr><td>建模能力</td><td>能熟练使用 3D 软件制作出想要的模型</td><td>能制作出简易模型，但不太熟练</td><td>无法制作出模型</td></tr>
<tr><td>合作评价</td><td>能参与小组任务，且能帮助小组其他成员解决问题</td><td>能参与小组任务，且在小组成员帮助下完成自己的任务</td><td>在小组中起不到作用，在小组成员帮助下，也无法完成自己的任务</td></tr>
<tr><td rowspan="2">总结性评价（50%）</td><td>发言与分享评价</td><td>表述清晰、有条理，能提出很好的创新问题和创新设计</td><td>表述较清晰，提出的问题和作品设计创新性一般</td><td>无法清晰表述，提出的问题和作品设计无法体现创新性</td></tr>
<tr><td>作品成果展示</td><td>作品符合草图设计，具有美观性和一定的复杂性</td><td>作品基本符合草图设计，作品较为美观但相对较简单</td><td>作品没有达到设计要求，作品缺乏美观且非常简单</td></tr>
</table>

反思提升是在对任务进行评价之后，对各个实践探究环节进行适时的总结和优化。根据评价反馈的情况，教师对课堂情境的创设、内容的选择、跨学科知识的整合等教学环节进行优化，学生对设计思考、实践探究、知识技能综合应用的过程进行总结改进。

（三）课时安排：充分保障STEM教育的课程实施时间

上东学校的STEM课程首先从平时的常态课入手，鼓励教师在日常教学中将具有STEM特点的内容梳理出来，开发初步的STEM课例，并邀请专家对课例进行专业指导，修改完善的课例才能得以在课堂中进行教学实践。常态课时也称作学校的固定课时，每个班每周至少一节（40分钟）STEM课。

其次，长短课交替进行也是上东学校开展STEM课程教学的一种方式。学校坚持在不影响日常教学进度的前提下，鼓励教师把STEM课例按照时长进行划分，开设50～90分钟的特色课程。

最后，围绕学校“科创见长，艺体并进”的发展思路，在基础课的基础上增设满足学生个性化发展需求的拓展型课程和研究型课程。除周一外，学生可以根据自己的兴趣爱好选择自己喜欢的科创和艺术课程，学生可在课程中学习一学期以上，每节课程至少50分钟，STEM课程也在选择之中。

（四）课题研究：有效探索STEM教育的课程实施路径

结合国家对科技创新人才的培养要求，学校对STEM课程进行开发、实施与建设，以问题为导向，以课程为抓手，以课堂为主阵地，在实践中深入探索，在研究中自觉反思，初步搭建了具有学校STEM特色的课程结构。

三、工程日志是高品质学校STEM教育工程思维培育的特色工具

工程日志是用于记录项目设计及实施过程，培养工程思维及掌握相关技能（如项目管理、时间管理、团队合作等）的一种手段。

（一）灵感来源

工程日志的灵感来源于工程施工日志。工程施工日志也叫工程施工日记，是在建筑工程整个施工阶段的施工组织管理、施工技术等有关施工活动和现场情况变化的真实的综合性记录，也是处理施工问题的备忘录和总结施工管理经验的基本素材，是工程竣工验收资料的重要组成部分。

模仿工程施工日志设计“工程日志”，与STEM课程培养学生的工程师思维不谋

而合。学生可以准确地将问题的解决过程进行清晰地梳理。记录问题的解决正处于哪一阶段，所要用到的技术与人员分配情况，方案实施的进展，遇到了哪些问题，是怎样处理解决的，详尽的记录可以为方案与作品不断修改与革新提供重要资料。在完成整个工程项目后，根据工程日志对整个过程进行各方面的总结与评价，并且在进行成果研发时，提供宝贵的过程性资料，有据可依。

那么，工程日志具体有哪些作用呢？

（二）优势

（1）思维模板为学生解决问题提供一套科学严谨的工程师思维模板。以“道路出行安全提醒”为例。在完成了一系列的项目活动后，学生对于工程师思维的流程有了初步的理解，当以后进行工程设计时，可以进行借鉴与参考。思维流程：列举现象—对现象背后的问题进行归因与归类—选择要解决的问题—思考解决问题的角度—商讨初步设想—梳理设想思路—进行初步设想的展示与评价—梳理展示后获得的建议与收获—为调整设想进行资料的收集—调整初步设想—多次打磨初步设想—进行方案设计—进行方案的展示与评价—梳理展示后获得的建议与收获—进行方案的修改—选出最优方案—聚焦解决问题所需的知识点（技术）—需要用到的材料与工具—进行人员分工—对方案进行反思与小结—多次打磨方案—实施方案—记录遇到的问题与解决措施—进行成品的展示与评价—梳理展示后获得的建议与收获—调整方案—再次实施方案—记录遇到的问题与解决措施—多次打磨作品—进行项目的总结与评价。

（2）图文并茂的形式。囿于专业词汇的限制和文字表达能力，学生很难将设想与方案进行详尽的文字描述。根据学生的认知发展规律，让学生使用图文并茂的形式可以降低设计与记录的难度，易于接受与操作，并且增添了交流时的趣味性。学生喜欢画，也通过画的形式将自身的想法表达得更为清晰。

（3）多角度的思维模式。在确定问题之后，思考可以从哪些方面解决问题。问题的答案不止一个，学生切入的角度不同，解决方案也不同，全班在相同的问题上进行思维的碰撞，获得全新的思路。学生将不同思路进行梳理与评价，记录活跃的、杂乱无章的想法，便于进行选择与比较。

（4）拆解问题，降低难度。从现象到原因，从原因归类到聚焦问题，再将问题进行拆解，思考不同的方面，查阅资料，分析需要运用的知识与工具，根据成员特点进行合理分工等一系列流程，将思考过程可视化，思路更加清晰，为后续调整设想提供便利。

（5）提升团队协作力。工程日志中有明确的分工，落实责任到个人，每个学生都有自己的任务，参与感很强。在项目实施过程中，团队协作力得到了提升，大家目标统一，根据每个人的优势来确定任务，发挥所长，获得自我成就感，培养集体荣誉感。

（6）培养迭代思维。任何优质的成果都不是一蹴而就的，初步设想、方案与作品进行多次展示与评价，整理建议与收获，进行资料的收集，再次进行改进。在不断改进与革新中迭代升级，逐渐达到尽善尽美的效果。

（7）反思与总结。及时而全面的反思会使我们做得更好。在工程日志的最后，进行整个项目的梳理与全方位的评价，可以使我们发现不足，改正缺点，发挥优势，在下一次的项目实施中实现完成得更高效、成果更加丰硕、问题解决的针对性更强、人员分工更加合理等目标。

（8）成果转换。以科技小论文或发明专利的形式实现成果的转化与展示，使整个项目实施工作得以延续。如参与科创比赛，工程日志可作为过程性资料，提供成果的创造过程记录。

（三）使用注意事项

（1）工程日志是一个反复的过程。参与者在这个过程中认识和确定问题，测试他们的设计，不断改进设计，并继续这个过程直到解决问题，形成成果。

（2）工程日志用于记录经历。内容覆盖参与者在项目设计过程以及整个制作阶段，包括问题分析、方案设计、细节设计以及制作、测试与修改等，记录时应细致，不遗漏每个步骤与细节调整。

（3）鼓励团队通过会议讨论解决问题。工程日志在记录会议内容时应包括任务和反思两项：任务包括队员们在做什么，发现了什么；反思包括对所发生事件和待解决问题的看法。

（4）工程日志的内容不单一。团队会议笔记、设计概念和草图、图片、制作中的笔记、队员的意见和想法、团队组织以及对团队有用的任何其他文件，都可以记录在工程日志中。

（5）工程日志是对项目解决过程的完整记录。它应该包括制作中的设计草图、团队会议、讨论、设计变化、过程、遇到的挫折以及每个队员的想法等。

（6）工程日志可以分为三个部分：工程部分包括方案的设计与实施；团队部分包括队伍和拓展活动的信息；发展规划是策略计划或持续发展的规划。

（四）案例参考

图 2 “道路出行安全提醒”教学设计流程图

学生利用工程日志记录下小组讨论、初步设想、梳理思路等事项的讨论情况，如图 3 所示：

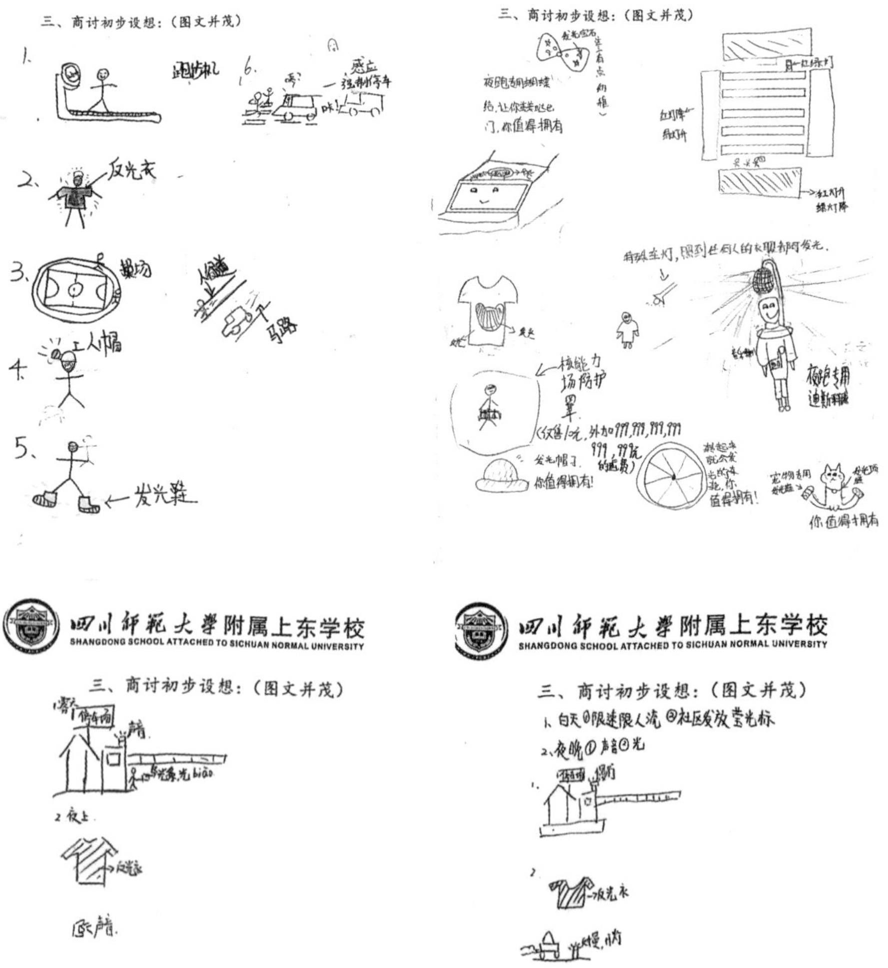

图 3 工程日志初步设想记录

四、空间打造是高品质学校 STEM 教育实践的关键环节

（一）文化生态空间打造

在学校 STEM 教育的文化生态空间建设方面，我们主要采取以下三个策略：一是顶层设计蕴涵 STEM 教育的文化理念。“播撒阳光，让生命更精彩”是上东学校办学的基本理念，这一“阳光教育”理念既符合小学年段孩子的身心特点和成长要求，又遵循基础教育的教育规律和 STEM 教育的实施原则。学校紧紧围绕“科创见长，艺体并进”的发展思路，在办学理念的实践探索中积极打造开放、多元、协同、创新的 STEM 教育文化生态空间。二是学校育人目标引领 STEM 教育的发展方向。上东学校的育人目标是“让每一个孩子向阳而生”，其中“向阳而生”就指通过 STEM 教育让我们的学生都能彰显自然的生命活力，掌握自主的生存技能，养成自觉的生活习惯和拥有自由的生长状态。三是学科核心素养渗透 STEM 教育的整合思维。在阳光教育课程体系的构建中，我们除了需要大力发展学生身心健康、责任担当的成长品格，还要在 STEM 教育的整合思维中积极培养他们基础厚实、特长鲜明的学科核心素养。

（二）课堂教学空间打造

基于学生关键能力、核心素养和综合素质的发展要求，作为一门以科学、技术、工程、数学等学科为主要载体的综合性、系统性、整合式的基础课程，STEM 教育实践的主阵地已经由之前的单一学科课堂到逐渐打造出线上和线下同步进行的“双线混融”的课堂教学空间。在线下课堂教学空间里，老师带领学生走进 STEM 功能室，在功能室中运用相关设施设备在固定或者弹性的课程中通过编程或者软硬件结合的方式来完成发明制作、3D 打印、开源造物、激光雕刻等任务，此外还鼓励学生将自己的作品装饰在学校走廊以及功能室中。另外，积极鼓励部分有条件的学生在家中创建 STEM 工作室，将线下课堂中没有完成的任务带回家中，通过视频及视频分享平台软件完成教学任务，从而有效拓展小学 STEM 教育的课堂教学空间，同时通过启发式、探究式、参与式、合作式等教学方式以及走班选课等教学组织模式，积极引导学生通过线下和线上这种“双线混融”的课堂教学空间进行灵活拓展并予以充分利用。

（三）环境资源空间打造

在信息化教育背景下，为了深入推进 STEM 教育和教学改革与实践，近年来学校还聚力打造出与之相匹配的环境资源空间。例如，我们凭借四川师范大学基础教育集团和市区教育局“双管齐下”的现代学校治理机制以及“师范大学附属学校”这一得

天独厚的STEM教育资源优势，根据信息技术、生命科学等学科整合的教学需求开辟了养殖场地、创客空间、STEM功能室、VEX机器人实验室、乐高机器人实验室、电子制作教室等。

五、师资培养是高品质学校STEM教育实践的基本保障

教师是STEM课程实施的关键因素，师资水平的高低直接影响着STEM教育的进展情况，打造一支高素质的STEM教育师资队伍是学校开展STEM教育需要解决的首要问题。STEM这一全新的教育模式对教师提出了很高的要求，教师不仅要学习新知识和新理念，还要熟悉课程实施的意义，最终制订教学计划、开发课程。STEM教育需要优秀的跨学科整合教学的专业人员或者能够进行跨学科合作教学的师资。教师必须具备相关学科基础，并具备进行科学探究和指导学生的科学探究的能力，具备整合跨学科教育资源的能力，具备跨领域解决现实问题的素养等。根据高品质学校STEM教育实践发展要求，上东学校主要通过以下几个方面着力培养适岗型、发展型、骨干型乃至卓越型的STEM教师梯队。

（一）制订STEM教育教师发展标准

学校根据中国教育科学研究院发布的《中国STEM教师能力等级标准（试行）》，结合《中国STEM教育白皮书》，再按照学校实际情况，制订了STEM教育教师系列发展标准，要求STEM教师具备良好的职业道德，掌握多学科的专业知识及技能。建立STEM教育教师评价体系，定期对教师STEM能力的发展进行评价，如运用基于教育技术等现代化手段的教学评价标准，在实践过程中规范标准、完善标准。同时健全STEM教师考核评价制度，对我校STEM教师的素养、教育理念、知识技能等方面进行综合考评，教师个人结合标准制订未来发展计划，从而推进对STEM教师的专业培养。

（二）组建STEM教育教学研究团队

STEM教育的跨学科性决定了具体的教学开展需要依托团队进行，为有效推动STEM教育工作，结合我校教师结构的具体情况，学校打破常规的以学科为单位的教学研讨，建立多学科结合的STEM教育研究团队，其中以科学和信息技术学科教师为主。这样的团队组建方式保证了我校在STEM教育实践之路上找到突破点，多个学科组合，研究的内容就有所交叉，实现了跨学科思维的碰撞，教师在各科探讨中深入理解STEM教育的含义，汲取众人、众学科之长，有效地激发出教师在教学中更多的想法和实践的积极性。

（三）启动STEM教育师资培养项目

STEM教育与学科教学密切相关，STEM教育指向创新却也需要立足传统的学科课程，针对这一特点，学校基于学科教学建立以STEM教学为重点的教师培养项目。

设计项目的方式包括教师个人基于学科特点自主开发STEM课堂项目，以“一人开发、多人研讨”方式进行，主要以一位教师融合多学科知识进行STEM教学项目开发和课堂实施，比如我校教师开发的“我是造桥工程师”项目由一位教师综合多学科知识设计并在课堂中进行实施；还包括跨学科研讨设计项目，以“多人参与、多人实践”方式进行，由多学科教师共同设计一个STEM项目，可以由两位以上教师在不同学科的课堂上进行实施，比如在设计“点亮小灯泡”课例时，由美术老师结合美学知识、科学老师结合电学知识、信息技术老师结合编程知识共同进行项目开发和实施。教师通过完成STEM项目，可以在项目的设计与实施过程中获得迅速成长。

另外，学校教师除了常规的学科教学，还需学习STEM教育相关教学模式。近年来，上东学校借鉴多校经验，着重采用理论＋实践、线上＋线下等方式对STEM教师进行了多元化培训。学校多次组织教师线下外出培训，到STEM教育开展优秀的学校进行观摩学习，同时在线上利用网络平台对优秀STEM课例进行教研，从课例中吸取学习经验。引进专家团队，对教师STEM教学进行指导，助力教师专业成长，同时提供聆听STEM专题讲座、专业学术沙龙的机会，拓宽教师的知识广度。建立了上东STEM教育讨论群，教师内部进行学习，不定期推送STEM相关内容，通过网络进行资源共享，教师针对内容开展集体研讨等，教师随时随地进行学习；建立了专门的STEM工作坊供教师使用，提供更易激发兴趣的场景和设施；采取师徒结队、经验交流等进行一课一研，将STEM教师培训常态化。

六、内涵发展是高品质学校STEM教育实践的价值追求

STEM教育的高品质发展是上东学校一直追求的目标。在发展STEM教育过程中，学生创新思维和科学素养的提升、教师专业成长和学校内涵发展等方面都取得了良好的实践成效。

（一）促进学生素养发展

STEM教育实践的价值体现不是一蹴而就的，而是一种潜移默化的过程。STEM教育关注学生的长远发展，重点培养学生跨学科运用知识来解决实际问题的能力。上东学校STEM教育的目标是：培养将知识融合运用，进行感知设计与技术创新的现代

人；培养实践探索，成果物化，并能清晰表达自己观点的社会人；培养尊重科学、有责任、有担当的和谐人；培养具有职业准则、认同文化价值的具有 STEM 素养的人。上东学学怀揣着将学生全面综合素质发展与教师教育教学方式变革相结合的理念，在 STEM 教育中关注师生共同成长。

虽然 STEM 这个词中只包括了科学、技术、工程实践和数学的跨学科综合能力，但它的外延其实是非常广泛的。以科学、技术、工程实践和数学为线索，加强实际生活和课堂的连接、内容和学生年级的结构连接。多元化课程的开设，可促进学生明白终身学习的必要，掌握应对社会调整必备的基本知识与方法，形成基本的科学观念。如“手工皂”项目，该类型的课例课时长，以校本课的形式开展，时间充足，能够让学生在学习的过程中经历调查研究、方案研发、实践整合、成果展示、职业体验等过程，实现对科学、技术、工程、数学等学科知识的综合运用。

STEM 教育实施以来，主要通过项目式学习开展。项目式学习是一种让学生围绕复杂真实问题，经过一段时间的探究，从而掌握不同学科知识和操作技能的学习方法。学生通过不同的项目式学习，创新素养、科学素养、合作素养得到进一步提高。我校“以赛促学，以学促赛”的教学方式，有效地培养了学生的自主意识、科学思维、创新精神和实践能力。融合中国文化、四川本土文化及特色课程的开发，从多元角度出发，学生审辨思维提升，创新精神和科学素养得到发展，文化理解与传承素养加强，这些都是开设 STEM 教育给上东学子带来的惊喜。

（二）促进教师专业发展

开展 STEM 教育需要具有跨学科整合教学能力的专业人员或者能够进行跨学科合作教学的师资，成熟的教师团队是 STEM 教育开展的基石。基于以上要求，上东学校对教师的培训、培养没有局限于单一学科，而是将师培目标定位于培养具备指导综合学习的能力和综合素养的 STEM 教师。学校在实现 STEM 教师专业化的基础上，朝着 STEM 教师专职化迈进，建设了一个满足多元化项目式学习需求的多学科背景的教师团队。

学校大力支持 STEM 教育发展的各种举措，对教师的专业成长具有关键作用。教师真正理解了 STEM 的含义，即 STEM 是科学、技术、工程、数学之间相互支撑、相互补充、共同发展的关系枢纽，其中任何一个部分不能独立，只有在交互中和融合中，才能实现深层次的学习、理解性学习，真正培养儿童各个方面的技能和认识。

理论认识指导行动实践，教师通过对 STEM 教育的不断探索，调整教学方式，以便更好地开展 STEM 教育。如信息技术教师在设计 STEM 课例的时候，与数学、科学、工程等专业教师进行沟通，加深不同学科专业知识上的认识和理解，与本学科的实际教学情况进行有机整合，从而形成既具有学科特色，又能体现 STEM 教育特征的特色课例。

上东学校的 STEM 教师主要从图形化编程、Arduino 开源硬件案例开发与实践，以及结合典型科学案例等方面开展 STEM 教育，在 STEM 教学实践中，不断反思和总结，逐渐形成具有学科特色的 STEM 成果。

（三）促进学校品质发展

STEM 教育理念下的学校特色课程包含有以下特点：一是课程体系及内容科学合理，能充分体现跨学科的理念和特点，培养学生主动发现问题、会合作，并能综合运用所学的科学知识和技术，创新性地解决实际问题的能力；二是课程项目要专注于某个领域，深入下去，生成高品质的成果，能产生一定的示范反应；三是能体现某种特有的精神或理念，形成独特的校园文化，融入学校的办学思想。

近年来我校特色 STEM 课程的开发，结合了国家对科技创新人才培养的要求，充分体现了 STEM 教育跨学科的理念和特点。STEM 教育实践培养了学生综合运用各学科知识解决问题的能力，对学校的发展起到了十分显著的作用，并取得了卓越的成绩。

学校在发展 STEM 教育过程中还借助公司、社会团体、机构等社会力量开展相关活动，加强落地实施，形成了一系列具有学校特色的课程，在智能化环境资源的有效开发和深度整合中逐步构建出教育信息化“2.0 时代”的智慧校园。

当然，在 STEM 教育实践与探索中，我们还很多亟待解决的问题。比如当前学校有关 STEM 教育的评估标准不够完善、课程内容不够系统等。下一步，我们将建立符合学校实际的 STEM 教育推进保障机制，有序开展教师技能培训，提升教师 STEM 素养，通过以项目和问题作为主线的 STEM 课程实践与探索，强化 STEM 课程实施要素的研究，帮助师生突破现有分科教学的局限性，提升他们跨学科解决问题的能力，以培养学生解决真实问题的能力、创新思维和科学素养。

回顾过去，立足当下，展望未来，我校会继续践行 STEM 教育，加大课程建设空间打造、教师培养等方面的投入力度，努力成为 STEM 教育优质学校，向高品质学校不断迈进。

（供稿：曾小钢、周洋、张周、何容、陶春梅、高涵、李桐）

专家点评

STEM 教育因其鲜明的前沿性、综合性与创新性，在日常的办学实践中，总是展现出高大上的一面。让高大上的 STEM 教育在每一所具体的学校、每一个具体的课堂、每一名师生的心底真正落到实处，则是实施 STEM 教育的当务之急与重中之重。换言之，如果没有真正可行的接地气的实践，再高大上的 STEM 教育也终将落空。

上东学校作为四川省最早系统开展 STEM 教育实验的先行者，近年来在突出“四抓”、展现“四化”、落实“四环”的基础上，强化“多维空间建设”与“工程日志改革”等创新，走出了一条接地气的 STEM 教育之路。

一是强化三类课程开发，让 STEM 教育充满泥土气。学校始终将科学、信息技术、数学、美术课程等作为开展 STEM 教育的先头部队，做实、做好基础型课程，实际上是建立了校本化 STEM 教育的根据地。在此基础上，又结合学生兴趣与校本资源，着力开发了以数棋、手工香包等为主体的拓展型课程，和以电子百拼、机器人等为主体的研究型课程，这些课程，或者是学生喜闻乐见，或者使学生充满好奇想象，实际上是找准了学生 STEM 素养培育的最近发展区，让听起来高大上的 STEM 课程离学生更近，离生活更近，让师生更可感，让学习更可行。

二是探索课堂教学“四环节”，让 STEM 学习更通心气。全新的 STEM 学习，只有融入现实的学校课堂教学主阵地，只有融入每一个学生学习成长的现实生活圈，才会展现其真正的生命力。为此，上东学校始终立足课堂、聚焦课堂、深耕课堂，研发出了以“背景研究、目标确定—任务驱动、策略引导—课程实施、过程监测—成效评价、反思提升”为主要内容的课堂教学“四环节”，以其为引领，推动全体师生思维更聚焦、心气更集中，更加聚精会神地投入到 STEM 学习与自我成长之中。

三是创新工程日志管理，让 STEM 实践更显神气。为了让 STEM 学习更好地内化到学生创新思维训练与综合素养提升的过程，上东学校借鉴工程施工日志的灵感，创造性地实施了工程日志管理，力求“与 STEM 课程培养学生的工程师思维不谋而合”，切实帮助学生“准确地将问题的解决过程进行清晰梳理”，努力让思维学习模块化、流程化、多元化，让问题解决拆解化、协同化、迭代化。小小的工程日志，不仅成为学校实施 STEM 教育的特色亮点，更成为每一名学生成长过程中的个性档案与美好记忆。

——徐明，江苏省镇江市教师发展中心主任

借“科工”融合，落地STEM教育

四川省威州民族师范学校附属小学校

四川省威州民族师范学校附属小学校（以下简称“汶川二小”）坐落于阿坝藏族羌族自治州汶川县境内，是阿坝州教育局直属学校之一。学校办学历史悠久，取得了不少成绩。“5·12”大地震后，经过灾后重建，学校在硬件建设上得到了跨越式发展，如何在此基础上进一步提升学校办学软实力，实现学校的高品质发展，成了学校思考的问题。

2017年《中国STEM教育白皮书》的发布正式启动了“中国STEM教育2029创新行动计划”，“协同、合作、开放、包容、创新”是计划的推进主旨，“探索与推广STEM教育的成功模式”是计划的主要内容。基层学校的成功推进案例、区域有效的推广办法，是“中国STEM教育2029创新行动计划”落到实处的重要体现。我校非常重视学生的跨学科学习与多元能力的发展，对项目式学习方式与问题式的学习方法也有一定的研究基础。当STEM教育进入学校视野后，学校更清醒地认识到国家的发展需要创新型人才，同时也需要创造性劳动者。要在学校教育中落实因材施教、实现个性化的学习，STEM教育是非常重要的途径。STEM教育能综合培养学生的科学探究能力、科技实践能力、知识迁移能力和跨学科整合能力等，能促进学生高阶思维、高阶认知水平的发展。因此，学校正式启动了STEM教育的推进工作。

一、STEM教育与推进学校高品质发展的关系

高品质学校是高品位和高质量的学校，是指坚持党的教育方针，遵循教育规律，

营造最适合师生教育情境和发展需要，实现学生全面而有个性发展的学校。高品质学校提倡四个基本主张，即“全人、全纳、共生、共赢”。我校地处少数民族地区山区，从建校到现在已有 78 年的光辉历史，面对新时代的高品质办学的要求，学校提出“强教先强师、强教必强师”的思路。这就需要通过有效的途径与方法进一步拓宽教师的教育视野，坚定教师的教改信念，要强化教师从学科本位走向“两全”教育的意识，同时还应积极创设平台、创设路径去丰富教师的教学方法与手段，指导教师加强对学科融合、跨学科教学的理解，并在自己的教学中引入项目式、问题式、PBL 等学习方式，弥补传统教学方法中的不足，以实现“两共”目标。

STEM 教育及其理念为我们提供了解决这一问题的思路与途径，其倡导的项目式、问题式课程组织方式符合现代教育思想，有利于营造适合师生共同发展的教育情境，能弥补传统教学手段中的一些缺陷；其“跨”的理念与主张有助于指导学校在提升高品位进程中实现共生、共赢的价值目标，有助于学校谋求特色发展与学生全面而有个性发展有机结合的办法。

二、学校开展 STEM 教育的切入点

小学科学是一门探究性、实践性、综合性较强的学科，这些特点是整合 STEM 教育的重要条件。小学科学又是唯一被写入国家课程标准的 STEM 学科，与 STEM 教育理念的融合具有知识结构、能力整合、师资素养和国家教育政策导向等方面的优势等。基于此，学校决定以科学学科为突破口进行有针对性的 STEM 推进实践研究。研究以科学教师为主导，其他学科教师共同参与，期待能同时解决当前许多学校科学教育教学亟待解决的问题，如：学生年级越高对科学学习越缺乏兴趣；相当一部分科学教师现有的教学行为未能有效促进学生高阶思维与能力发展；现有科学校本课程背后存在着危机等。

三、学校落实 STEM 教育的重要途径——“科工整合”

学校组织教师首先进行了相关的文献研究，对这些文献进行了分类、整理与分析，并将可借鉴的理论研究成果进行了梳理。

关于未来科学教育发展趋势，有学者提出，在后现代科学时代，“纯”科学教育必然要让位于科学与技术相结合的科技教育。关 STEM 与科学教育整合的途径，有学者提出，“科（学）数（学）”整合教育无须“引进”，“科（学）技（术）”整合教育有将科学教育带上培养“能工巧匠”歧途的风险，“科（学）工（程）”整合才是最符合我

国基础科学教育发展需要的 STEM 整合类型。关于国内外“科工”整合案例的对比研究，有学者分析，我国已有“科工”整合多尝试借鉴工程框架思路，与国外同类案例相比，能达成“熟悉工程设计思路”的目标，但冷落了建构解释的探究目标。关于我国“科工”整合的方向与途径，有学者提出，“科工”整合的思路可归为应用延伸、工程框架、设计即探究三种，我国基础科学教育借鉴“科工”整合的重点应以已有科学课程为载体，开发整合与不同学科内容相关的工程设计任务；帮助教师把握整合教育目的，注重教学实施中科学探究与工程设计的有机结合；组成研究团队，针对特定科学内容开发设计即探究型整合课程。关于工程框架之于科学探究的意义与工程框架介入科学探究的时机，有学者提出，工程框架可赋予科学探究以意义，且越低龄的学习者越能从这样的整合中受益。关于我国科学教师的现状，有学者提出，许多教师对跨学科内容理解与应用不足，缺乏系统的学科知识体系，更缺乏对跨学科内容的理解与应用能力。

基于以上认识，针对学校科学教育发展中的问题，学校决定整合 STEM 理念，沿着“科工”整合的思路，通过创新师培方式来培养合格的 STEM 教师；基于教材内容开发 STEM 校本课程，丰富学校科学教育资源；将 STEM 理念整合于课堂教学，促进学生高阶思维发展，展开对 STME 理念与科学课程深度融合的研究。

1. 将工程框架与教师培训整合，培养合格的 STEM 师资队伍

对照现行科学教师师培办法，寻找出影响培训实效的关键因素，针对教师成长过程中的学习过程缺失，整合 STEM 教育带来的新思想、新理念、新做法，将工程框架引入教师培训策略，探索优化师培效能的路径与办法。

2. 基于“科工”整合思路，开发 STEM 校本课程

参照科学课程目标，借用教材的内容体系，以现有的教材为载体，以“科工”整合倡导的“应用延伸、工程框架”为方向，寻找符合整合要求的科学课程内容，并将这些课程内容进行拓展或项目化重构，通过二次加工与科学编排，让 STEM 课程体现工程框架与科学探究的无缝融合，使二者优势互补、相互促进，初步形成切实可行的基于科学教材内容开发 STEM 校本课程的模式，并以课例、教学设计或教学案例等形式呈现相关研究成果。

3. 将 STEM 理念与科学课堂教学整合，研究有效的策略与办法

根据核心素养、课程标准的要求，学生高阶思维与能力发展的要求，立足教材使用地——课堂教学，将 STEM 理念倡导的设计思维、工程思维、跨学科学习以及创新方法等与课堂教学进行有机融合，做到学生的建构解释与设计能力双螺旋发展，形成

内容具体、难易有度、先后有序、切实可行的具体教学策略，并以教学设计、教学案例等形式呈现研究成果。

四、在科学教育中整合STEM的研究思路

（一）指导思想：对标、对本、对接

对标指对照课程标准，对本指对应科学课本，对接指对接实施时间与空间。如图1所示：

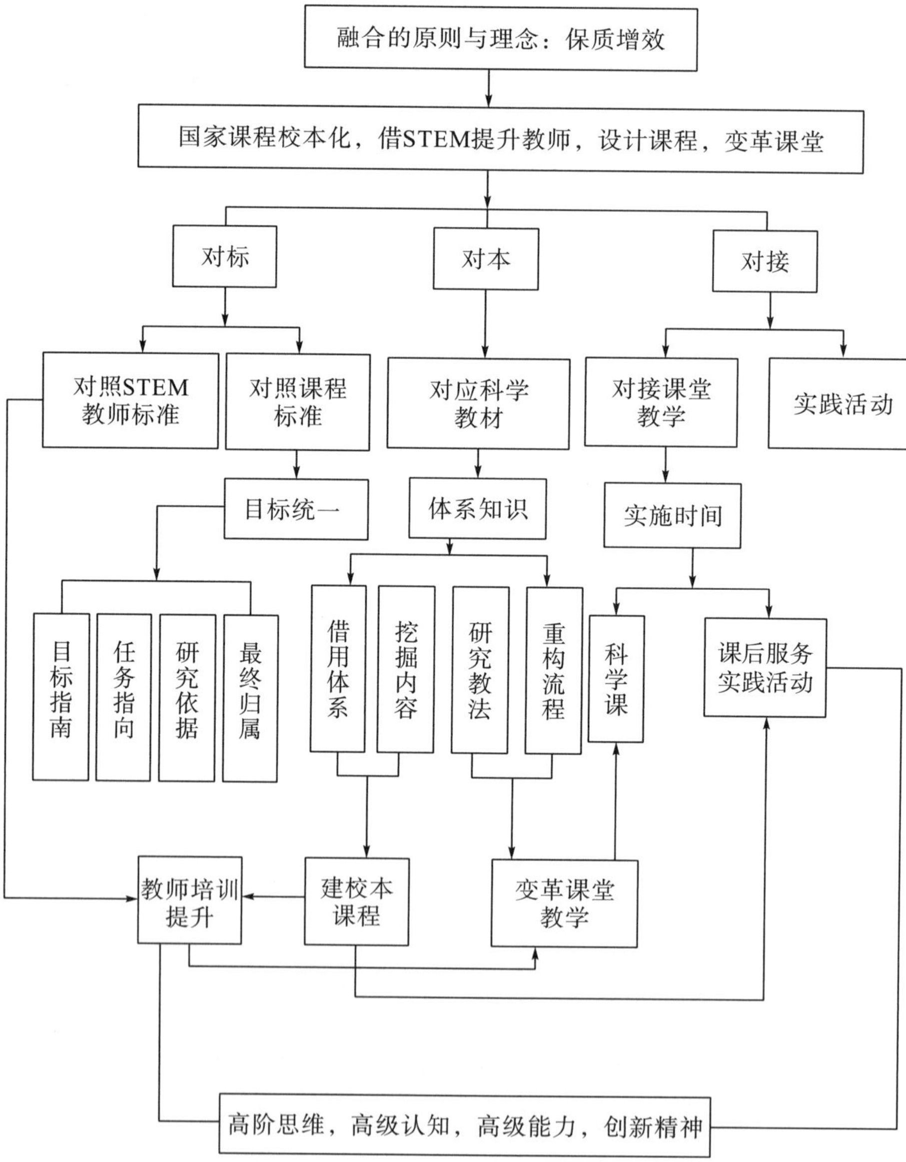

图1 “对标、对本、对接”的框架结构

1. 对标

对照课程标准，以科学课程标准为指南，以现有知识体系为框架，以课标中STEM相关建议为指引去设计STEM校本课程，融合STEM理念进行对课堂教学的优化与变革。对标的意义在于：首先，课程标准是国家对学科发展与基于学科如何实施教育教学的指导性文件，包含着国家的育人导向、课程意志，具有强制性。其次，课程标准中的目标设定、体系框架设计、具体内容选取、知识结构关联是大量科学学者与课程专家悉心研发、精心设置的，具有极强的指导意义。最后，课程标准中提出的要求，是国家要求小学科学教育应该达到的底线目标，在实践研究中研究者要以此为底线开展研究，只能高，不能低。一线教师在研究中，如果脱离课程标准另搞一套，由于自身素养、学识等不足的原因，有可能出现育人目标偏离、内容选取杂乱、体系结构缺失等问题，达不到高质量的育人效果。因此，STEM教育在科学教育中开展本土化的研究，一定要以科学课程标准作为研究准则。

2. 对本

对应科学课本，从科学教材出发，以学生已有知识经验为基础，在已有知识体系和学习内容上进行STEM校本课程的开发，进行知识、能力的内化、延伸与拓展，进行科学课堂教学的优化与变革，以达到培养学生全面而有个性的发展的育人目标。这样的做法，符合学生的认识规律，满足学生的发展需求，且不加重学生的学业负担，在力求发展、提升学生知识与能力的同时，还能很好地保护学生对科学学习持续性的好奇心与求知欲。

3. 对接

对接实施时间、空间，与课堂教学对接，与学校活动、社会实践对接，与地域科学资源、本土科技文化对接。对接的理念，在于为STEM教育的推进谋取更为充分的时间，更为广阔的空间，取得更多的社会效益，力求做到不加负也能提质、不增时也能增效的效果。通过研究，切实把STEM理念中的教育精髓渗透到科学教育的每一个角落，让其有充分的时间、空间与环境，使其发挥最大的育人价值。

（二）路径设计：以教材为中心，三线同步推进

教材是国家课程意志的具体体现，以国家课程与教材为基础的研究，符合国家的课程要求，有利于推进小学科学素质教育的改革与深化。STEM理念与小学科学教材整合，包括三方面：与教材内容整合，开发校本课程；与教材实施者（教师）培训整合，提升教师STEM素养与专业能力；与教材教法融合，改革课堂教学（教材使用地）。三者的关系是以具有完备课程体系，具有严密逻辑结构，具有思想性、科学性、人文性相统一的教材为基础、出发点和纽带的，三者相互关联、作用互相、相互促进，最终指向教师的成长与学生生长，力求将 STEM 带来的新教法与传统教学方法融合统一，通过保质增效促成应试需求与素质发展的统一，知识学习与高阶思维发展相统一，并能兼顾不加重学生的学业负担和满足教师将工作、研究、考评相结合的愿景。如图 2 所示：

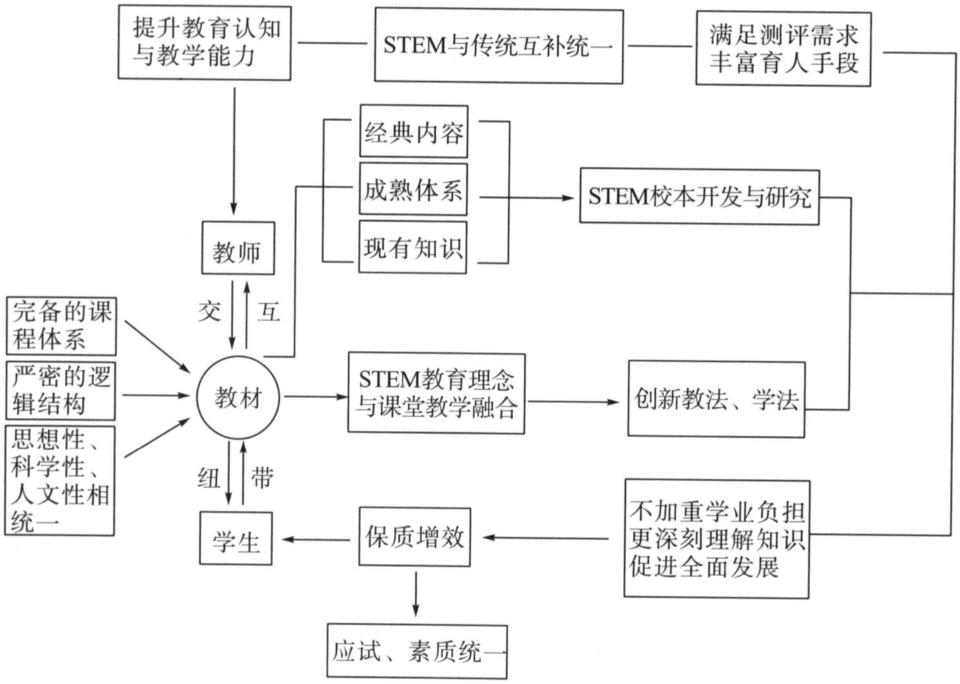

图 2　STEM 理念与小学科学教材整合的基本含义

（三）实施牵引：设计与应用量规量表

研究成果的有效性需要对照相关指标进行检测，本研究引入了 STEM 工程框架中工程协议式的量规量表，用不同的量规量表去牵引、指导、监督课程建设、师资培训、课堂变革等过程。校本课程建设是整合的基础保障，提高教师专业水平是整合的最关键要素，变革课堂教学是整合成果的最终归属，在三者推进过程中，用有预设的目标与要求的量规量表作为牵引，可在研究前予以指导，在研究中进行监督，在研究完成时加以检测。在量规量表的牵引下，首先同步完成 STEM 师培课程与校本课程建设，在教师 STEM 素养得到有效提升后再进行 STEM 理念与课堂教学的整合研究。

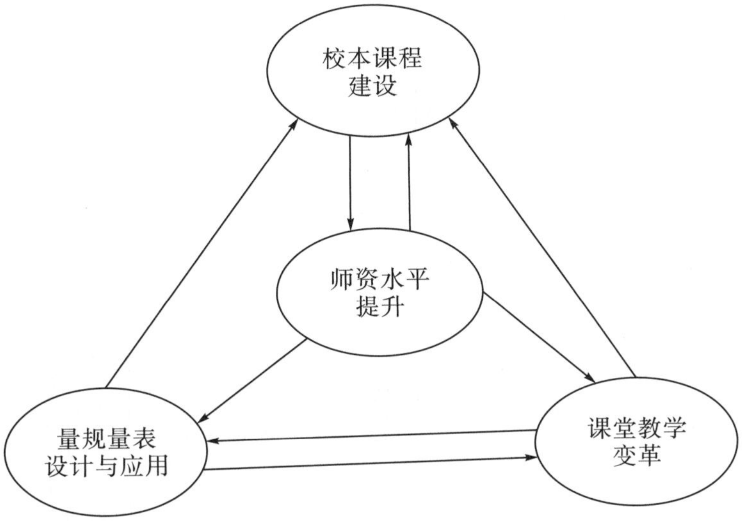

图3　校本课程建设、师资水平提升、量规量表设计与应用、课堂教学变革关系图

五、具体的实施策略与步骤

（一）开发STEM校本课程与提升教师STEM能力的策略与步骤

教师STEM能力的提升与STEM校本课程的开发既相互制约，又相互促进，相辅相成。一方面，开发高质量的STEM校本课程需要高水平的教师；另一方面，普通教师需要通过“STEM校本课程建设”项目锻炼才能成长为高水平的STEM教师。如何设计有效的策略将二者协调统一？我们的做法是用STEM校本课程建设项目作为驱动，用量规量表设定的目标作为任务，在项目驱动与任务牵引下，教师对照目标任务（量规量表）有针对性地开展学习、研究与实践，最终达成提升教师专业能力与校本课程建设相统一的目的。在STEM校本课程建好之时，教师的STEM能力也同步得到了提升，同时形成融合了讲授式、答疑式与项目式学习方式的混合式师培课程。

1. 提升教师STEM能力的策略

以STEM校本课程开发为项目驱动，用量规量表为项目牵引，以展示评测为监测手段，以任务完成为研修实绩，来驱动教师自主学习，在研修过程中经历积极谋划、主动思考、求助合作、迭代提升与自我检测、评价完善的完整过程。在课程开发这一项目完成的同时，经历了课程开发的教师的STEM能力将会有大幅度提升。这其实就是一次包含完整学习过程的经历与体验，就是一次基于项目或任务的有完整学习过程的项目式学习，即“用STEM的学习方式来学习STEM”。STEM校本课程开发的流程，也是教师专业能力提高的过程。

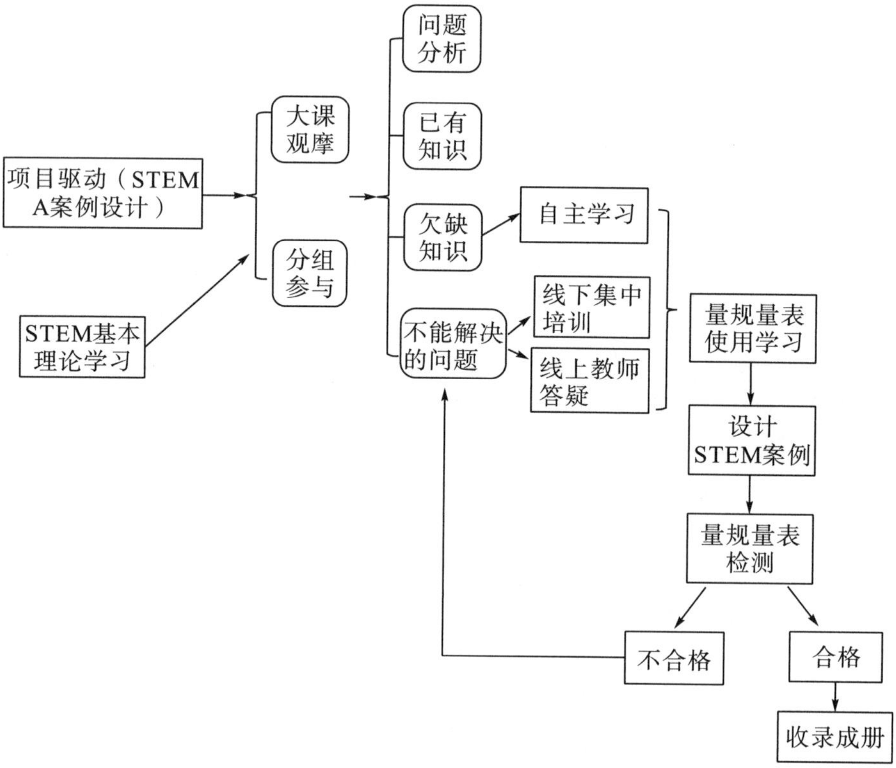

图 4　与 STEM 课程开发整合的混合式师培策略模型

2. 开发 STEM 校本课程的策略

基于建构主义、认知分类学、学习过程结构、高阶思维等知识与理念，结合 STEM 十大特征与 STEM PBL 教学五阶段的现有研究成果，学校制订了 STEM 课程设计的基本流程。STEM 课程设计基本流程主要包括确定主题、界定目标、设计项目、选择素材、设计活动、多元评价六个环节。在此基础上进行进一步的细化，结合本研究倡导的量规量表牵引、监测与驱动，制订出“量规量表牵引、监测、驱动下的 STEM 校本课程开发模式的流程图”。

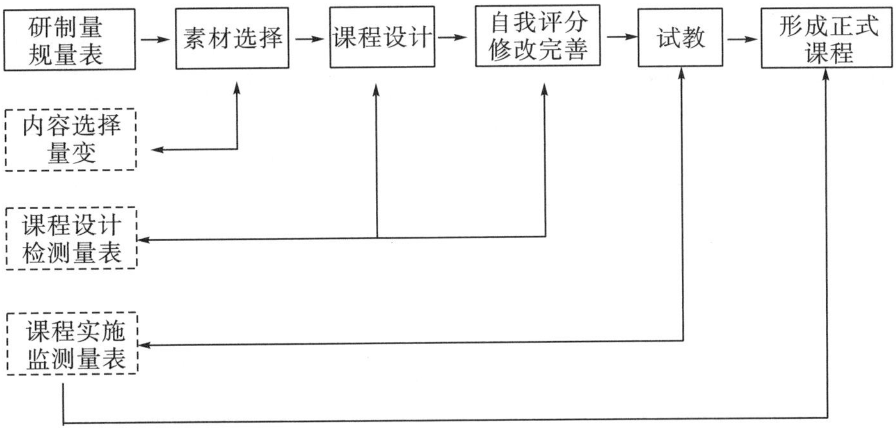

图 5　量规量表牵引、监测、驱动下的 STEM 校本课程开发模式流程图

（1）研制量规量表

学校研制了用于指导、牵引、检测 STEM 校本课程开发、整合 STEM 理念的课堂教学设计的量规量表。如表 5—2—1 所示：

表 5—2—1　指导、牵引、检测量规量表一览表

量表类型	量表名称	使用阶段	自主研制/引进
课程开发、教学设计	STEM 课程开发素材、内容选择评测表	校本课程开发准备阶段	自主研制
	STEM 课程开发、课程设计评测表	校本课程开发阶段、完成验收阶段	自主研制
	科学课堂教学中融入 STEM 理念教学设计评测表	教学设计前：指导；中：牵引；后：检测	自主研制
课程实施效果	工程过程的形成性评测量表	STEM 校本课程实施阶段	自主研制
	工程过程评级单	STEM 校本课程实施阶段	引进
	口头语言汇报评分准则	STEM 校本课程实施阶段	引进
	STEM 课堂教师教学行为评价量表	STEM 校本课程实施阶段	自主研制
示例、参考、借鉴	STEM 任务评价量表	初中生物学“制作染色体模型”基于小组合作探究模式研制 STEM 课堂教学评价量表	引进
	STEM 自我评价量表		
	性能测试得分表	“我的飞行梦（一）之纸飞机”课例部分量表	自主研制
	工程报告得分表		

续表

量表类型	量表名称	使用阶段	自主研制/引进
示例、参考、借鉴	STEM 活动中涉及的 S、T、E、M 的概念和内涵表	在基于碳化钙（CaC2）蒸汽船的 STEM 案例中，学生需要了解蒸汽船的工作原理，并知道碳化钙的相关知识，自行选材，设计并制作自己的蒸汽船	引进
	基于项目的学习观察记录	PLB 教学结构、PBL 教学的简易化、学生参与、资源、评估、教室学习环境	引进

（2）课程项目驱动

项目就是开发 STEM 校本课程，任务与目标的具体要求在具体的量规量表中。要求每位教师基于科学教材内容开发出两个 STEM 课程设计，并要经过量表检测，分值在 80 分（百分制）及以上才算合格。

（3）学习量表使用

将相关量规量表发放至每一位教师手中，教师自主学习量表，分小组解读研讨，有疑问记录下来；教师带着问题参与集中学习（基本知识、案例讲解、课例观摩、参与式学习、量表解读等）后，专家有针对性地帮助与答疑。

（4）进行内容选取

对照量表中课程内容的选择要求，对素材进行挖掘与整理，并最终选择出符合量表要求的素材进行设计。

（5）量表牵引设计

在校本课程的设计中，按照“课程设计量表”中的细则要求进行设计。课程设计完毕后，对照“课程设计量表”完成自我评分，找出不足，进行完善。

（6）组织展示检测

组织参研人员将设计出来的 STEM 课程进行展示并完成互评，每个教师根据量表要求为每一位展示教师进行评分，并要求明确给出扣（加）分的依据与理由。

（7）迭代完善晋级。得分在 80 分以下的教师进入循环、迭代，得分在 80 分以上的教师开始作课程实施的准备工作。

（8）实施课程量表跟随。得分在 80 分以上的课程设计可进入实施，实施过程使用课程实施监测量表进行监测。

（二）整合 STEM 理念改革小学科学课堂教学的策略

STEM 理念与科学教材深度融合研究的目的是提升科学教师的专业水平，丰富学校科学教育的课程资源，在此基础上优化与变革课堂教学。教师通过 STEM 校本课程的建设对教材的编写体系、内容选择与设计思想有了更深刻的理解，自己的教学手段与方法得到了一定的丰富，有意或无意地多次经历与体验了具有完整学习过程的学习，教学水平得到了切实的提升，在此基础上提炼 STEM 教育理念精髓，优化科学课堂教学设计，变革课堂教学方法，将 STEM 教育理念与科学教材教法进行整合，应用于学校教育主阵地——课堂教学之中，落小科学学科育人，落细学生全面发展。

图 6　过山车设计

1. STEM 与课堂教学深度融合的框架设计

与传统的科学课堂教学相比，深度融合 STEM 理念后的课堂表现出了知识内容更丰富、课堂结构更灵动、学习方法更多元、教学手段更丰富、学生发展更全面等特点。见表 5—2—2：

表 5—2—2　传统课堂与融合后课堂对比表

	知识内容	课堂结构	学习方法	教学手段	学生发展	描述
传统课堂	科学知识	教师主导学生主体	探究式学习	演绎式教学	学科知识 探究能力 情感态度 解释自然	像科学家一样思考

续表

	知识内容	课堂结构	学习方法	教学手段	学生发展	描述
融合后课堂	科学知识 数学知识 工程知识 技术知识 语文知识 艺术知识 ……	一个框架结构下的师生互导；学生（想象、智慧），教师（经验、知识）	将探究式作为一种实践手段，让实践成为探究的延续；注重设计的程序与创新，注重工程的系统性	演绎式教学，归纳式教学	跨学科知识 探究能力 情感态度 高阶思维 高阶认知 创新能力 解释自然 改造自然	像科学家一样思考，像工程师一样创造

将 STEM 理念融入科学课堂教学，通过“跨的理念”丰富教学内容，通过“项目驱动”“问题引领”优化课堂结构，变革教学方法，通过以上途径实现“科工”整合。在课堂教学中具体路径为强化实验设计、增强创新培养、优化教学设计、增进知识理解、注重跨学科联系等，以达到科学探究与工程素养同步发展的目的，二者整合的框架结构如图 7 所示：

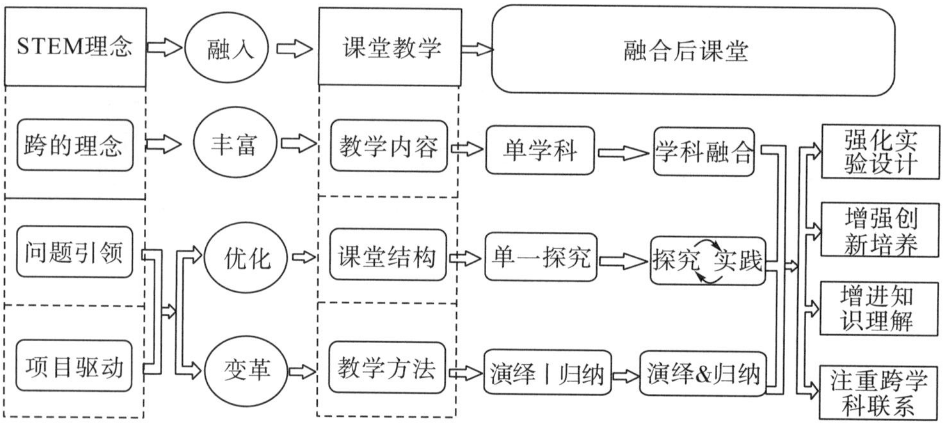

图 7　STEM 理念与课堂教学深度融合框架结构

2. 具体步骤

（1）学习、解读分析认知分类、高阶思维、4C 能力等相关教育理论，分析“科工”整合的要义，找出与教材内容整合的节点。

（2）对照《义务教育小学科学课程标准》中的 STEM 实施建议，结合现有课堂教学，寻求 STEM 与小学科学课堂教学的整合途径。

（3）研发相关的量规量表，用于指导教学设计，检测面向高阶思维与能力培养的课堂教学效果。

（4）确定融合方向，设计融合策略。

（5）进行范例教学设计，并进行试水实施，应用量表检测。

（6）修改完善（设计与量表），初建整合模型。

（7）量表指引，分工设计，集体评议，课堂实践。

（8）迭代实践，完善模型，形成成果。

（9）推广转化，不断更新。

3. STEM 教育理念与课堂教学深度融合的策略

STEM 教育理念与课堂教学深度融合基于"科工"整合的思路，通过工程框架与实验教学整合，科学探究与工程设计整合，将设计及探究理念贯穿于像科学家一样思考、像工程师一样创造的科学活动之中。

（1）工程框架与实验教学的整合

实验是科学探究的重要组成部分，通过实验能检验探究者推论的正误，利用数据、证据作为科学新发现的支撑，实验的过程还要求参与者合作互助。但在现实教学中，实验的功能往往被窄化为"做"，而忽略了"思"，将工程框架引入教学将有效解决这一问题。

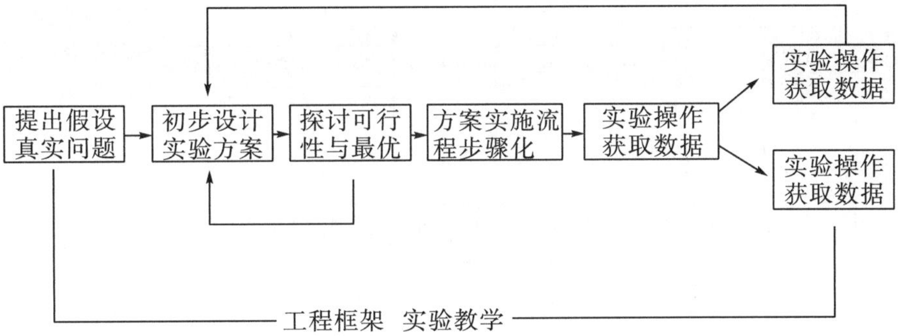

图 8　工程框架与教学的融合模式流程

将推论作为真实问题，将实验视为一项工程，将设计作为教学（工程）核心，将实验操作进行步骤化设计，适时引入迭代完善，以此实现将工程框架融入教学。

（2）科学探究与工程设计整合

"在实验教学中培养学生的 STEM 设计思维"是此类融合的主要目的，借 STEM 解决现有实验教学重"做"少"思"的现状，以此增强对学生全脑的开发，培养学生的高阶思维、高阶能力是工程框架与实验教学融合的主要目的。

设计思维应用在科学实验教学中可理解为：面对需要论证或探索的自然现象和科学规律，通过系统地观察和分析，将已有的经验与信息有效地联系起来，并结合实际情况找出富有创意的有效实证手段或创造性的解决办法。设计的过程是对已存在的真实现象和自然规律加以综合解决的过程，以“真实、综合”为主要元素，正好弥补科学以“分析、象征”为主要元素的不足。设计思维对小学生全脑思维的发展有着重要作用。

①基于设计思维确定实验教学目标制订。科学探究主要培养的是线型思维，项目设计训练的是发散思维。如果说科学探究是获取知识的过程，那么设计思维就是知识应用的基础。结合《义务教育小学科学课程标准》中的目标设定的有关内容，设计思维的目标定位应从以下四个维度进行考量，即“科学知识目标”“科学探究目标”“科学态度目标”“科学、技术、社会与环境目标”，在目标制订中还需要参考优秀设计者应该具备的同理心、原型迭代、团队合作、可视化能力、系统观、运用语言工具、创造力自信、乐观等品质。基于设计思维确定小学科学实验教学的定位框架。

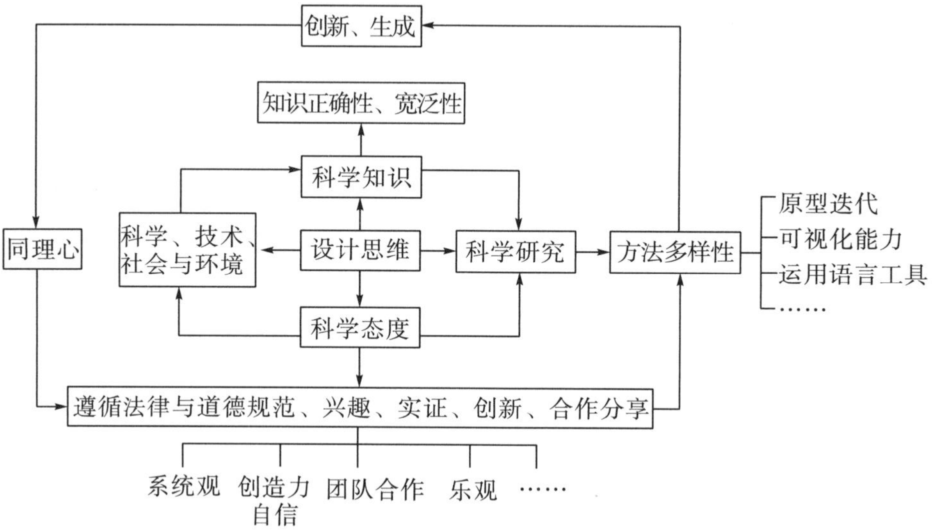

图 9　基于设计思维确定实验教学的定位框架

这样的定位与目标制订指向：通过基于 STEM 理念的设计思维培养，发展学生多元化的探究能力；通过基于 STEM 理念的设计思维培养，丰富科学态度标准的内涵；通过基于 STEM 理念设计思维的培养，“科学、技术、社会与环境”目标的设定更显人文；通过基于 STEM 理念设计思维的培养，促进学生新知识的生成和创新。

②基于设计思维的探究实验教学设计思路。培养学生设计思维的实验，要以现有的科学实验内容为基础，并在实施中融入基于 STEM 教育理念的设计思维元素。通过更加人文的设计思维培养过程，发展学生多元化的探究能力、丰富学生的科学态度，促进学生设计能力与创新、创造能力的发展。基于设计思维的探究实验教学设计框架

如图 10 所示：

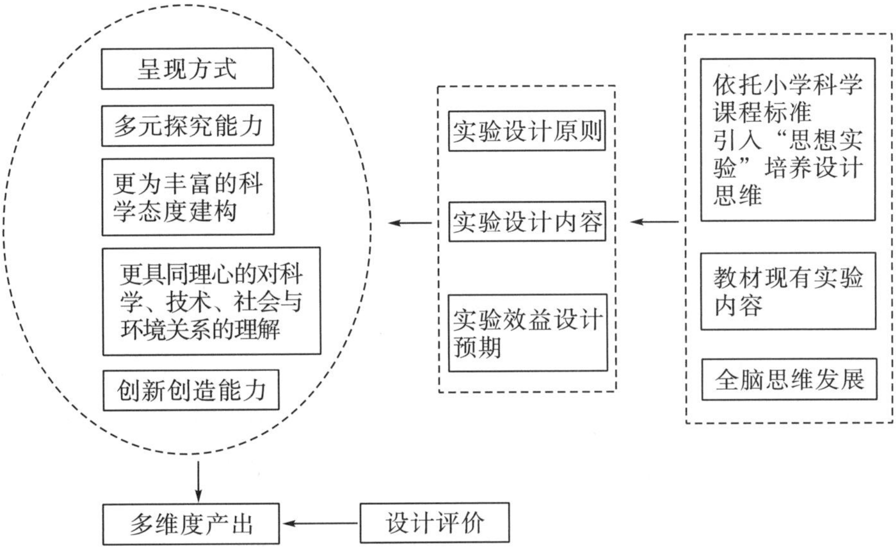

图 10　基于设计思维的探究实验教学设计框架

教学设计必须遵循一定的原则——以课程标准为指南，对接核心素养，突出“学科育人”的重要性，在遵循设计原则的基础上引入“思想实验”概念，对学生的设计思维进行培养；以教材现有科学实验为主要内容，构建新的实验教学设计，注重设计思维的发展；培养小学生的设计思维，要本着“以教材为本”的思想，在不加重学生学业负担的前提下，对教材现有科学实验内容进行实施方案的重构，达到多维产出的目标；在对现有科学实验实施方案重构前，教师要对取得的效益进行研判，不能只是实验操作形式改变而思维发展收益不足。

③基于设计思维的探究实验的教学重构办法。把按图索骥的简单验证，重构为自主设计，通过“思想实验”培养学生的创新构思，促进他们设计思维的发展；根据学生的具体学情与年龄特点，对教材中的实验次序进行重构，搭建好设计思维的培养平台；针对教材中实验的漏洞或问题进行二次设计，通过原型迭代与不断测试为学生提供经历设计思维的迭代过程的机会；在实验过程中通过独立思考与小组探索的相互促进，满足不同学生的学习需求；使用多元化的设计评价，促进多维度的效益产出。

（3）设计即探究理念与课堂教学的融合

STEM 理念与科学课堂教学融合，要求学生既要“像科学家一样思考”，还要“像工程师一样创造”，促使小学科学教育从相对单一的科学探究开始走向科技实践。这一改变也为 STEM 教育本土化于小学科学课程提供了改革的平台，有利于将 STEM

“科工”整合理念中“设计即探究”的实践探索目标贯穿于学生创新思维的培养的过程中。

①通过“找”“建”“制”开发实验教学的最大育人价值。找切入点。并不是所有的教材内容都适合培养学生的创新思维。根据创新思维形式的特点，结合科学教材编排的“大单元、双螺旋”体系，可以从以下几个方面挖掘适合的内容：具有纵向知识联系的；具有横向知识类比的；结合社会现实情况，可以多角度进行问题分析的；为了获取更好的实验效果，将现有的实验进行创新改进的。

建新设计。“用教材教，而不是教教材”，在 STEM 教育理念融入科学课后将得到更加充分的体现。既要保证科学探究的有效性，又要兼顾工程实践的创新性，这需要教师以更宽阔的视野、多维的视角和基于跨学科融合的 STEM 教育理念对教材进行深度剖析与深入挖掘，并在此基础上进行内容的筛选与设计的重构，以保障原教材应有的效益不减，创新的增值有效。

制评价量表。在筛选、设计前应有一定的理论、原则作为指导，在重组、重构后也应有一定的量化标准（量规量表）进行检测，检测合格后方能实施，以此保证选择内容和新设计的“保原有效益，增创新功能”。根据表 5—2—3，得分 8 分以上才有实施可能，10 分以上的“保值增效”才能得到保障。这种形式的检测在保证原有教学效益的前提下为创新思维的培养提供了有效的资源和效度的保障，规避了创新思维培养过程中内容选取和方法设计的盲目性。

表 5—2—3　科学课中“设计即探究”教学内容选择与教学设计效度评测表

	4—优秀	3—良好	2—合格	1—较差	得分
保障基础性	有基础知识的建构过程、有基本能力的指导过程。能习得相关的基础知识，掌握相关的基本能力	有基础知识的建构过程、有基本能力的指导过程。只能习得大部分相关的基础知识，掌握部分的基本能力	有基础知识的建构过程、无基本能力的指导过程。 知识与能力不能有效掌握	无基础知识的建构过程	
探究有效性	提出问题 做出假设 制订计划 实施计划 得出结论 5 个过程得到有效实施	5 个过程完整，但有 2 个或 2 个以上的过程效度不高	探究过程不完整，有 2 个以下的过程缺失	探究过程不完整，有 2 个以上的过程缺失	

续表

	4—优秀	3—良好	2—合格	1—较差	得分
融合 STEM 实践性体现增值性	结合习得知识（S），设置工程项目（E），借力数学工具（M），促进技术发展（T）	缺失 1 项元素	缺失 2 项元素	缺失 2 项元素以上	
增强创新性	发散、逆向、类比、想象、直觉等创新思维有 2 次以上的应用机会	发散、逆向、类比、想象、直觉等创新思维有 2 次的应用机会	发散、逆向、类比、想象、直觉等创新思维有 1 次的应用机会	发散、逆向、类比、想象、直觉等创新思维无应用机会	

注：8 分以下，不合格；8—10 分，合格；10—12 分，良好；12 分以上，优秀。

②创设情境、提升感知，寻求创新机会。科技包括科学发现与技术创新，不断的发现、迭代的实践与创新渐进地形成了科学文化，产生这种文化的路径具有相似性且有规律可循。其规律如下：发现问题—定性研究—定量探究—科学发现、找出规律—应用知识、创造发明—技术改造创新。

把这一规律应用到科学教学中，就能让学生亲历从感知到认知的进阶，完成从定性到定量的探究，体验从知识到创造的创新过程，并能在其中获得从移情到设计的初成、从原型到迭代的技术提升。学生在真实经历科学发现和充分体验创新的过程中，会不断产生出新的认知冲突并形成具有梯度的需求矛盾，这些矛盾与冲突就是整合与创新的原点，在课堂教学中表现为生成了丰富的培养学生创新思维的机会。

③挖掘问题原点、夯实底层建构，为整合与创新提供基础。问题原点，指问题发现的最初位置，解决问题的出发之处。给学生创设站在原点思考的机会，能帮助学生理解知识是如何产生的，从而完成知识的底层建构；同时，还为学生创造了重历问题发现、方法推导、实验验证与问题解决的过程，让学生有机会站在问题原点对创新进行深度思考，并将自己的思考结果与科学家、工程师的成果进行比对，在一思、一比中逐步提高自己的创新思维与创造能力。知识的底层建构是创新的基础，自己的思考与前人已有成果的对比是推动创新思维发展的加速器。

④拓宽“跨”的外延，促进学生创新思维发展。“跨”字可以概括 STEM 教育理念的重要精髓。对“跨”的理解，不能仅局限于跨学科知识的整合，还应包括跨学段知识的贯通、跨学科思维的联系、跨领域知识的应用等更为深层次的理念。在这种理念的指导下对教材进行挖掘会衍生出更多教学资源，教师在教学实施中应善于捕捉，创新设计并灵活运用这些资源，使课堂成为“拓学科之界、解思维之锁、触建构之底、攀思维之高”的创新思维训练主战场，具体策略如下：贯通跨学段知识，重视类比思

维的训练；融通跨学科思维，加强创新思维横向发展；打通跨领域知识间的壁垒，注重相关知识的创造性应用。

（供稿：徐江、吴逢高、蒲庶、张莉）

专家点评

现实中的学校，如何跟上 21 世纪教育发展的新趋势 STEM 教育？做虚、做假的形式主义固不可取，行政命令下的运动式推进同样得不偿失。一个比较可行的做法或许是，结合校本实际，吸纳 STEM 理念，找准落实、落细 STEM 教育的突破口。有的学校选择从特色场馆建设切入，有的学校则从特定项目入手，而地处偏远的汶川二小，则选择了一条更加务实的路径——他们力求首先在科学课里开出 STEM 之花。

他们的理由很朴实，却绝不敷衍。他们认为，小学科学是“唯一将 STEM 写入国家课程标准的学科”，他们甚至具体列出了小学科学与 STEM 教育理念有机融合的四大优势。

他们的操作很具体，但思考与设计却绝不简单。他们在研究“纯”科学教育问题的基础上，比较了“科数”整合、“科技”整合等各方面的利弊，最终选择了“科工”整合，作为让 STEM 落地、让科学课开花的重要路径：

一是学习目标上对一对、接一接，让教学设计“新”起来。学校首先坚持对照科学课标准，依据小学科学课本，在“对标”“对本”基础上，突出“对接时空”“对接学科”“对接活动”“对接资源与文化”，在科学课设计之始，就站在高阶认知、高阶思维的高度，努力做到“不加负也能提质，不增时也能增效”，从而把 STEM 教育的精髓渗透到“科学课的每一个角落”。

二是教学实践中跨一跨、引一引，让学习过程“活”起来。所谓“跨一跨”，就是在科学课教学中融合跨学科、跨学段思维，让学生的所有经验与知识存储在科学课中“活”起来；所谓“引一引”，就是在科学课学习中坚持项目驱动、问题引领，不断优化课堂结构，变革学习方法，让学生的所有思维与想象在科学课中“活”起来，真正使科学课成为“拓学科之界、解思维之锁、触建构之底、攀思维之高的创新思维训练主战场”。

三是实验学习中思一思、比一比，让实践力、创造力培养“亮”起来。实验教学是科学课的重中之重，也是STEM学习的题中应有之义。汶川二小不满足于当下实验教学中“做”大于“思”，甚至为“做”而“做”的尴尬现状，在将工程框架引入实验教学的基础上，着力创新实验教学设计，强化“思想实验”理念，引导学生在认真“做”的同时，站在问题原点进行更深一层、更宽一步的“思一思”，并将自己的思考结果与科学家、工程师的思维进行“比一比”，从而不断提高自己的实践力与创新力。站在教育学的视角，这“思一思”“比一比”，让原先仅仅停留在浅表层面的为做而做的实验学习，呈现出充满活力与挑战的亮色。它们，与其说是直接指向科学实验课的具体学习目标，毋宁说是指向学生思维习惯与学习习惯的养成。而这，恐怕更是我们深度推进STEM教育的真正立意所在。

——徐明，江苏省镇江市教师发展中心主任

创新融合模式：工程设计与项目式学习融合的探索

电子科技大学实验中学

STEM项目活动倡导以工程为主导，而工程则是以设计为中心。如何才能将“工程”“设计”“项目”“学习”等诸多STEM教育要素进行有机融合，开发出具有培育学生“三力”功能的优秀STEM课程？电子科技大学实验中学根据学校高品质发展的需要，提出了“工程设计与项目式学习融合的STEM课程”开发思路，现以优秀STEM课程“未来城市”为例，介绍电子科技大学实验中学的实践探索经验。

一、学校概况与课程开发背景

（一）学校简介

电子科技大学实验中学（以下简称科大实验、科中）是由电子科技大学与成都高新区联合创办的公立高完中（指既有初中学段，又有高中学段的中学）。学校地处成都平原西部、美丽的清水河畔，毗邻电子科技大学、西南交通大学等名校，以及Intel、西门子、飞利浦、华为等数十家世界五百强名企，具有良好的人文地理优势及科技创新教育资源。科大实验开放办学，依托丰富的资源助力学校高品质发展。依托电子科技大学及“一校一带”项目，融通了大学与中学，让孩子们不仅零距离亲近电子科技大学的科技大咖及优秀学子，更重要的是广泛的课程资源让孩子们能充分体验科学家思维，开阔视野、发展能力；除此之外，科大实验还依托清华大学附属中学、中国教育科学研究院、美国教育联合会、华东师范大学和周边世界五百强企业，建成四川省创新教育实验学校，开设琳琅满目的实践课程及体验课程，让孩子们不仅仅是激发兴趣，更多的是去了解世界、了解技术、了解未来。

（二）育人导向

科中自建校以来即树立了“培养具有独立思考力、终身学习力、卓越表现力的现代公民，为未来高素质人才奠基”的育人目标。“大中融合”“校企融合”是我校的办学特色之一。学校以“大气大为，追求卓越”为校训，一直致力于为学生提供各种开展科创研究、提升综合素质的机会和平台。学校认为教育不仅传授学科知识，更培育思想道德、品行修养，将学生培养成真正完整的人。随着科技的发展和时代的进步，学校清醒地认识到21世纪人才的核心能力将是问题解决能力、团队合作能力、项目管理能力、公众展示能力、探究能力、写作能力等，因此学校决定引入STEM教育，强化对上述能力的培养。

（三）课程起源

作为四川优质教育促进会的会员单位，2015年我校积极引进“未来城市”课程。“未来城市”课程充分体现STEM跨学科教育的特点和注重核心能力培养的功能，通过项目式学习的方式让学生创想、探究、设计和建造一座未来的城市。项目旨在帮助青少年通过项目式的学习方式对科学、技术、工程和数学等相关学科知识进行深层次的理解和综合运用，了解并掌握工程设计流程和项目管理方法，并考验学生的创新、写作、表达、动手能力，还要求学生像工程师一样界定问题、分析问题、解决问题，并且像在真实工作中那样去进行时间管理、项目分工、团队合作等。

学校借助专家团队的智力支持，不断选派教师参与课程研发培训，教师一次次以学生身份走进课堂，经历“未来城市”课程学习的全过程。这种“体验＋研讨”的培训方式帮助教师逐步领悟了“基于项目、学科融合、任务驱动、合作探究”的STEM教育的基本特征。随着学校进一步发展和“未来城市”课程深入实施，为更加适应学生的学习，结合社会实际情况，通过整合资源，学校逐渐进入“未来城市”课程的自主开发阶段。

二、工程设计与项目式学习融合的STEM课程开发

基于初中学生学情和“未来城市”课程的特点，我校在开发课程的过程中融合多

学科知识，注重课程趣味性、实践性与可操作性。课程开发分别以学科知识作为基础，结合现状分析问题；以工程设计流程辅助学生完成城市设计，提供城市问题解决方案；通过项目管理帮助学生完成对项目推进的时间安排、资源分配、人员分工等。

（一）课程目标和开发流程

STEM 概念的提出旨在打破学科界限，通过对学科素养的综合应用解决实际问题，培养综合性人才，所以课程的开发要依据课程标准，围绕核心素养展开。我校 STEM 教研团队拥有物理、化学、生物、数学、艺术、信息技术、英语、语文等多个学科背景，课程开发的第一个任务是学习、交流各学科课程标准。经过几轮的讨论，我们初步确立了本校 STEM 课程目标的制订方案：对涉及学科的现国家课程标准的分段目标进行整合与提炼，在此基础上制订 STEM 课程目标，开发适合学生知识及能力水平的项目，按照 STEM 最为核心的科学、技术、工程、数学四个维度制订课时教学目标，同时兼顾“+”，即艺术、英语、语文等其他学科的融合。

我校 STEM 课程开发流程如下：第一，组建项目教师团队，由物理、化学、生物、数学、艺术、信息技术、英语、语文等学科的教师组建跨学科讲师团队。第二，制订课程目标，按照科学、技术、工程、数学四个维度制订项目的学习目标。第三，收集课程资源，依据课程标准，收集学生感兴趣、学科综合性强、日常教学无法达成的内容作为 STEM 课程资源。第四，设计课程纲领，从课程目标、课程性质、授课时间、授课年级、课程内容、课程评价等方面设计课程指导纲要。第五，完善课程实施，让学生在一个聚焦真实生活的问题框架下，针对真实问题，借助多种资源开展探究活动，进行跨学科的自主探究学习。第六，形成课程评价，制订相对应的 STEM 课程评价体系，多维度地评价 STEM 课程的实施效果和目标达成。

（二）开发课程资源

未来城市 STEM 课程与“未来之城”大赛主题紧密结合，通过项目式学习方式，要求学生以团队为单位设计契合大赛挑战主题的未来城市。2019—2020 年度的“未来之城”挑战主题为“清洁水源，流向未来”。为此，我校学生团队提出“Superbug+Integrated”的课程主题。我校毗邻清水河，周边企业高楼林立。在课程开发之初，我们假定以清水河作为水源，将周边企业、建筑施工场所假定为影响水源的重要原因之一。以此，课程团队开发了相应的校本课程，为学生提供有针对性的学习指导。学生团队分工合作，弄清问题来源，明确解决问题目标，分配设计和制作任务，形成一个有秩序、有计划的强大团队。未来城市课程具有智能化与创新性的特点，在项目开发过程中，用到了 SimCity、Autocad、Raspberry Pi、Arduino 等软件。项目每个环节的学习任务对应设置如表 5—3—1 所示。

表 5—3—1　项目环节与学习任务对应设置

项目环节 \ 学习任务	数学	科学	艺术	探究	中、英写作	城市规划	公众展示	工程设计流程	问题解决	团队合作	项目管理
项目计划书：借助项目计划书管理整个项目，保证项目进度和质量					√			√	√	√	√
虚拟城市报告：通过 SimCity 软件学习城市设计策略	√			√	√	√		√	√	√	√
城市论文：描述城市设计和创新解决方案	√	√		√	√	√		√	√	√	√
城市模型：通过 Autocad 软件建立模型，用 Raspberry Pi、Arduino 制作城市模型	√	√	√	√		√		√	√	√	√
展示答辩：向评委和公众展示城市设计和模型作品			√	√	√	√	√	√	√	√	√

（三）研制课程纲要

我校设计的“未来城市”课程纲要如表 5—3—2 所示。

表 5—3—2　“未来城市”课程纲要

课程名称	未来城市
课程学习对象	对城市布局、城市建设感兴趣，愿意去探究社会知识，愿意用自己的知识与双手去改造我们的城市与生活的学生

续表

课程名称	未来城市
课程说明	它是一门基于 STEM 教育理念开发的教育实践课程，通过课程的实施，提升学生的知识迁移能力、实践能力与理论水平等 “未来之城”大赛是由美国周基金会（National Engineer Week Foundation）组织、面向青少年的一个教育课程和赛事活动，距今已有 20 多年历史。旨在帮助青少年通过项目式的学习方式，对科学、艺术、技术、工程学和数学等相关学科知识进行综合运用，设计一个 100 年后的未来城市，以此表达自身对美好未来的向往 我校未来城市课程的内容根据本年度的挑战主题来确定，课程体系以 PBL 项目式学习方式推进，无论主题如何变化，授课模式都相对稳定 设计思路如下：①根据挑战主题制订课程目标；②以目标设置问题，以问题带动思考，制订相应的项目计划书；③根据项目计划书上的时间节点，开展教学实践活动；④最后以演讲的形式对项目进行展示 本课程的评价机制包括对过程性的实践操作与成果式的展示活动进行双评价，目的是在学习过程中培养学生的沟通交流、合作协作、创新创造能力以及批判性思维，使我们的学生不仅能把握现在，也能驾驭未来
课程目标	我国的 STEM 课程目标必须既要符合国家和地方的课程内容目标，又要涵盖每一个涉及学科的目标。据此，我们将课程目标分为以下三个方面： （1）科学探究与项目工程：通过项目设计中的学习活动，学生能自主掌握设计城市布局图、城市规划图、城市模型等知识，然后把所学的知识运用到城市的规划和建设中 （2）多学科知识与技能：理解项目中涉及的科学、技术、工程和数学等领域的相关知识，学生在自主探索和实施过程中，锻炼时间把控、独立思考、探究学习、分析数据、解决问题等能力。尤其是在城市的搭建过程中，希望学生通过制订项目技术书、收集资料、整理数据、动手实践，真正成为一个城市设计者 （3）信息素养：培养学生搜索网络资料及运用计算机整理资料的能力，通过网络实时交流，感受远程协作的魅力
课程内容	（1）制订项目计划书：通过对挑战主题的剖析，完成对未来城市的愿景规划，根据规划提出需要解决的问题，并根据问题写出项目计划书 （2）虚拟城市搭建：使用虚拟城市设计软件 SimCity 5 来设计城市，并通过自学了解城市设计基本知识，依据项目计划书完成 SimCity 报告 （3）未来城市模型制作： 这个环节分为四个步骤：①理解项目主题②画出城市布局图③收集废弃材料，搭建城市模型④撰写城市模型说明论文 （4）项目报告展示：此环节需要学生通过演讲或者小品等形式，把“未来城市”作品向专家评委展示，并进行答辩
具体评价方式	过程性评价，项目成果汇报、现场答辩、城市模型的展示等

（四）构建课程框架

“未来城市”课程聚焦真实世界的问题，以智能技术为导向，让学生在整个过程中理解项目式学习，知道怎样去发现问题、提出问题，团队之间怎样交流合作，如何探究问题的本源，从而最终解决问题。该课程主要以项目式学习为主，课程安排如表 5—3—3 所示。

表 5—3—3　“未来城市”课程安排

课程安排	内容	目标
1	按要求完成“未来城市”的项目计划书	学习城市规划相关知识
2	虚拟城市软件解读	学习软件操作
3	虚拟城市模型讲解	掌握城市布局的要求
4	解读 SimCity 汇报 PPT 的制作要求	明确 PPT 制作要求要点
5	根据汇报要求梳理 PPT 内容	制作 PPT
6	制作汇报 PPT	准备汇报材料
7	展示虚拟模型并做汇报	模型功能介绍
8	重新解读上期的城市主题	复习上期城市主题
9	明确城市论文的要求	解读要点并收集资料
10	学生自主书写城市论文（一）	学习论文格式
11	学生自主书写城市论文（二）	准备答辩材料
12	城市论文展示	写作与演讲
13	解读实体模型制作要求	根据模型准备材料
14	制作实体模型（一）	动手操作
15	制作实体模型（二）	动手操作
16	制作实体模型（三）	准备展示材料
17	展示实体模型	进行答辩与展示

三、工程设计与项目式学习融合的 STEM 课程实施计划

在课程实施过程中，主要是通过短期项目学习让学生掌握基本的知识和技能，通过中长期项目让学生有主题、有目的地进行流程化、完整化项目式学习。“未来之城”是一个经典的 STEM 项目，在“Superbug＋Integrated”这个主题项目中，学生们组成团队，通过创想、探究、设计来建造一座具有清洁水源的未来城市。项目管理主要有四个阶段：定义、计划、实施和反思。而工程设计流程也包括了四个步骤：明确问题、进行头脑风暴、制作和不断改进模型、成果分享。在实施过程中，我们将二者进行了有机融合，以此提高项目实施的效率。

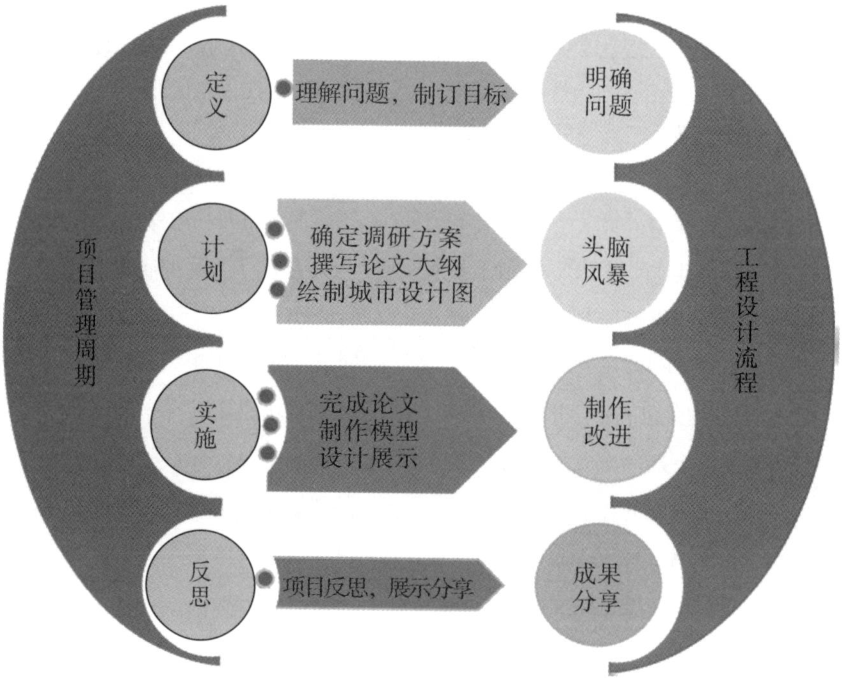

图1　项目管理实施的四个主要阶段

四、工程设计与项目式学习融合的STEM课程实施

下面以“未来城市”课程实施中的具体情况来阐述我校的STEM课程的内容、步骤与方法。我们在实施STEM课程时，每一个时间段都有相应的任务规定的步骤。

（一）制订团队目标

我们的团队将为我们的未来之城设计一个水源清洁、环境优美的旅游城市。我们的未来之城将与自然和谐共存，让每一位居民享受清洁的水源。我们的城市将有完善的水源清洁、净化体系，满足居民对水质的要求。

为了达到项目计划中的目标我们进行了头脑风暴，内容如表5—3—4所述：

表5—3—4　项目计划表

资源	(1) 学校提供工具和材料 (2) 教师指导学生的设计、可给学生提供相关的理论知识 (3) 可以找来废弃品用于搭建模型（绿色环保） (4) 利用网络收集相关知识

续表

限制条件	（1）学生学业压力比较大，难安排出来时间进行项目学习 （2）学生小组内观点较多，很难统一意见 （3）学生没有相关知识储备，会遇到很多难点 （4）模型尺寸较大，资金有限，不能采购大量物品；学生没有搭建模型的经验，在制作中会很吃力
假设条件	（1）学生愿意为这个项目去主动学习一些从未接触的知识 （2）学生能够得到学校的支持以及老师和家长的帮助 （3）学生大概需要工作80个小时，为了完成任务他们会放弃课余时间和部分休息时间 （4）学生愿意去学习制作手工艺品，完成模型设计 （5）学生能合理分工，合作完成作品

（二）制订日程

表5—3—5　项目日程表

任务	时间节点安排	用时
1. 明确目标 2. 制订项目计划书	第1周	4小时
分小组对不同问题进行调研： 1. 对城市建设布局的调查研究 2. 对水源的现状及受到灾害的问卷调查 3. 对清洁水源未来发展的调研	第2周	8小时
同学展示自己的调研结果	第3周	2小时
完成城市布局草图	第3周	3小时
1. 虚拟城市的搭建 2. 完成虚拟城市报告	第4周	搭建：20小时 报告：8小时
A小组 1. 收集搭建材料 2. 实物搭建	第5～7周	城市模型搭建：30个小时
B小组 1. 城市论文撰写 2. 城市展示准备 3. 虚拟城市展示	第5～7周	论文书写：8小时 展示准备：10小时 展示：15分钟

（三）项目

表 5-3-6 项目进度表

周次	应完成哪些工作	哪些工作未完成
第 1 周	明确设计目标 制订项目计划书 完成小组分工	
第 2 周	对城市布局进行调查 对城市水源净化进行调查	
第 3 周	调研结果汇报 完成城市布局草图 设计出水源清洁的未来城市 城市名称和口号的确立	
第 4 周	虚拟城市的搭建 完成虚拟城市 SimCity 报告	
第 5 周	A 小组：虚拟城市 SimCity 报告部分完成 完成城市论文 表演形式待定 B 小组： 城市模型的搭建完成 60%	
第 6 周	完成模型 完成节目的展示准备	

（四）学生自我反思

（1）在项目过程中，学生完成项目情况是否达到项目要求的目标？

我们在城市布局、居住环境配置、交通系统设计等方面都达到了预期的目标，但在能源系统设计与应对灾难系统设计这两个方面超过了用时预期。我们在固体垃圾处理方面的设计也过于简单。在公共空间的改造部分也遇到了些困难，可能是因为对概念理解不足和对整个格局的把控不够完整。总体上说，我们基本完成了未来城市项目的目标：

①设计一个水源清洁、环境优美型的旅游城市；

②建成完善的水源清洁、净化体系，以满足居民生活用水需求；

③设计一个拥有丰富资源的高度智能化的城市，构建一个拥有抗震抗灾保障系统的未来城市；

④构建完善的电网体系以满足居民生活中的各类需求；

⑤完成了 SimCity 的城市设计，但是城市模型未制作完成，需要加快速度。

（2）在项目进展中，后期具体实施过程是否改变了最初的设计？

改变的地方有很多。比如，后期在城市多个地方建设培养超级细菌的生物科技公司，在自然灾害来临之际可以轻松快速应对，减少水体污染带来的损失。最开始的设计思路是把垃圾处理厂分别建在三个岛屿，后来发现这样的设计不是很合理，所以我们选择了块状式布局，把垃圾处理厂建设在城市的外围。前期城市本来没有国外的特色居民区，但后来考虑到城市选址在国外，为适应居民的生活习惯和环境，我们便设计了一个特色居民区。最后为了设计内容更丰富，实施过程中对每个区域的形状作了调整，河道变得更宽敞，旅游地区范围扩大，这样能够促进旅游地区的经济更快发展。又比如前期将机场安排在居民区旁边，但后来考虑到机场周围可能有辐射、噪音等干扰，于是设计把机场移至远离市区又方便居民出行的地方。

（3）在完成项目过程中，学生面临了哪些挑战？又是怎样克服困难的？

在制作上我们遇到了很多问题，都不太会做手工，总感觉自己的作品不够美观，很多地方做得很简陋。目前只能通过不断修改来使我们的城市模型更加美丽。除此之外，由于字数限制，还有很多想法无法在城市论文中表达出来，只能通过图片的形式展示；再有就是知识有限，在设计城市灾难挑战方面觉得难度很大，有段时间甚至制约了整个项目的进程，最终在教师的带领和指导下，参考很多专业资料，也请教了其他专业教师，才一步步完成。

（4）在整个项目过程中，指导教师给学生最有用的建议是什么？

无线电受地形限制损耗比较严重，所以不适合用作主要的传输电流的装置，因此城市的主流输电方式还是用电缆。另外，应对自然灾害措施的思路是教师提醒了我们，一下子打开了我们对城市自然灾害处理的思路。在城市交通方面，在教师的启发下，我们把居民区和旅游区分开，不仅解决了城市的交通压力，也让城市更安全。

（5）团队如何一起合作的？现在知道如何能够更好地进行团队合作了吗？

未来城市是通过项目制学习的方式创想、探究、设计和建造一座未来的城市，因此在这个项目中，学生团队之间相互协作显得尤为重要。由于是初一和初二的同学一起合作，所以两群人从经验上和观点上都有很大的分歧。我们最开始合作不是很默契，大家的意见都很多，很不统一，经常争论。后来在教师的调解与建议下，经过多次沟通，教师把学生分为两个小组，每组内有了负责人，有了明确分工。每个组长提前把任务分给每个人，每个人各做一个模块，然后再综合起来。每个小组都分配相应的任务，并且小组间随时交换信息，进一步提高了城市设计和城市模型搭建效率。学生慢慢有了默契，交流也比较方便了。

（6）从未来城市项目中获得的最具价值的经验是什么？

我觉得最有价值的经验是这个项目让学生能更好地表达自己的想法。在这个团队里面学生必须把自己天马行空的想法表达出来，才会有更多的创造力。老师说一个思想交换另外一个思想，学生就有两个思想了。学生觉得团队合作也是非常重要的，在一个团队里，大家为一个共同目标努力奋斗，相互鼓励，彼此理解，同时大家又分工明确，各自完成分内的事，让每一个人都成长很多。通过“未来城市”项目的学习，学生对城市的规划、布局、能源以及垃圾处理等城市相关的问题有了更深入的了解，懂得保护环境、保证清洁水源对一个城市来说是非常重要的。

（五）展示

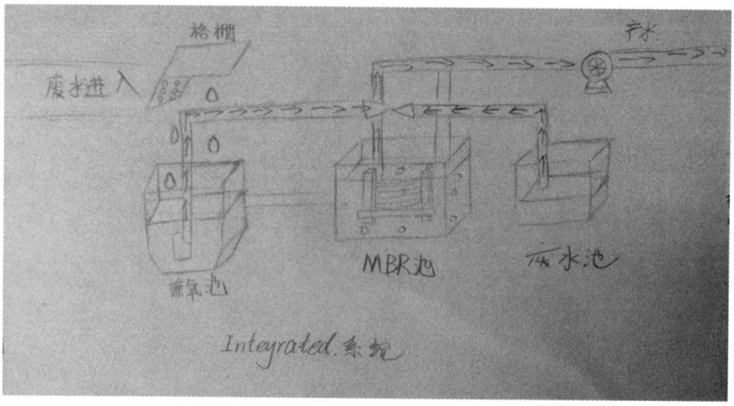

图 2　Integrated 设计初稿

图 3　“未来城市”作品——蓝色科技工业时代

五、工程设计与项目式学习融合的STEM课程评价设计

STEM课程评价重点由终结性评价转变为形成性评价，其对人际互动给予了更多的关注。STEM课程中的真实评价帮助学生从权威强制的调控转向自我学习的调控。基于以上考虑，“未来城市”STEM课程创新了结合多种评价方式的评价体系。

表现性评价：主要评价学生在设计、制作模型过程中的表达能力、思维能力、创造能力和实践能力。需要关注小组成员在课堂管理方面的表现，如小组对课堂纪律以及教师要求的配合程度；需要关注小组内合作氛围的表现，比如每一个组员的参与度、讨论自由度和相关度等，以教师点评为主。教师可用表5—3—7对每个团队进行评分，给出每个团队的表现性评价得分。

表5—3—7　教师评价表

教师评价内容	分数（满分为5分）	
	Superbug项目	Integrated项目
团队对问题的理解		
团队在设计上的创意		
团队在模型制作过程中的合作协同能力表现		
团队在成果展示过程中的表达能力		

过程性评价：注重项目实施的各个环节，由学生自己在设计、制作模型中的学习过程、合作情况、项目进度等方面做出评价，此部分可由学生用表5—3—8对本组和其他团队进行自评、互评。

表5—3—8　学生评价表

学生评价内容	分数（满分为5分）	
	Superbug项目	Integrated项目
你最喜欢哪个团队的设计功能？		
你认为哪个团队的模型最具创意？		
你认为哪个团队合作交流能力、展示答辩能力最强？		

成果评价：成果展示分为团队展示和个人展示。在各个团队进行展示时，教师作为评委利用表5—3—9从虚拟城市报告、城市论文、城市模型介绍、展示答辩等方面进行综合性评价。

表 5—3—9 评委评价表

评委评价内容	分数（满分为 5 分）	
	Superbug 项目	Integrated 项目
团队虚拟报告的规范性		
团队城市介绍和问题界定以及解决方案		
团队城市模型设计（质量、材料、比例）		
展示内容及呈现方式		

六、工程设计与项目式学习融合的 STEM 课程反思要点

STEM 课程是科学、技术、工程、数学等多门学科的有机融合。这首先体现在课程目标的设定上，它把基于真实情境的问题作为项目式学习的研究主题，让学生在解决问题的过程中提升综合能力，实现高阶能力的培养和迁移；学生通过探究主题串联起各学科的知识，真正实现学科融合。项目式学习是一个长期的过程，一节课乃至几节课绝不可能完成全部学习；STEM 课程是符合学生认知水平和年龄特点的，这包括相应的知识储备，也包括相关的操作能力，还包括其他多种综合能力……STEM 课程的结果是开放的，允许多个正确答案，这一点和我们习以为常的传统教学完全不同。

（一）激发学习兴趣——学与玩深度结合

STEM 教育以凸显学生在课堂中的主体性、帮助学生养成自主学习的能力为宗旨，这要求其教学内容本身具备吸引学生注意力的特质，所以 STEM 课程以激发学生的学习兴趣为首要功能。以虚拟城市项目为例，SimCity 软件是学生们理解复杂城市设计的一个非常好用的学习工具，借助这个学习软件，学生们不仅可以学到城市建设的相关的知识，还能培养对学习的兴趣。

（二）因材施教的功能——团队合作能力的培养

一个项目的完成，需要多种思想、多种能力形成合力。在 STEM 课程的实施中，团队协同的重要性被提升到了一个新的高度，在共同目标的牵引下，团队成员必须发挥各自的特长，各显所能，取长补短，相互鼓励，才能将项目进行有效推进。这是培养学生团队合作能力的重要途径之一。

（供稿：张平福、敬绍辉、向大兵、王虎、常鉴）

专家点评

从现实，向未来。

STEM学习作为一种全新的学习方式，其根本指向就是培养一大批具有未来视野、未来胸襟的新人。然而，尽管我们都说“未来已来”，但具体到某一所现实中的学校，落实到每一位具体的教师或学生，到底该如何思考未来，走向未来呢？电子科技大学实验中学的实践或许可以给我们很多启迪。

电子科技大学实验中学发挥自身依托的高校资源优势，以引领师生共同走向未来为目标，以参与“未来之城”大赛为契机，以“未来之城”课程建设为重心，走出了一条校本化STEM课程建设之路，也是一条师生们共同的“从现实，向未来”之路。

一是在想象未来中憧憬未来。通过师生共同制订项目计划书，结合多学科知识展开对城市发展的合理想象，激发更强烈的探究欲，从而让广大学生从小就“愿意用自己的知识和双手去改造我们的城市与生活”。

二是在立足现实中走向未来。学校围绕“清洁水源，流向未来”的项目主题，以清水河为课程资源与研究样本，探究影响因素，创新各种问题解决的路径，设计出了一个“水源清洁、环境优美的旅游城市”，一个“拥有丰富资源的高度智能化的……未来城市”，从而将未来意识牢牢植入每一个鲜活成长着的灵魂中。

三是在创造未来中遇见未来。未来城市的建设绝非停留在纸上的设计图与空想，而是对“虚拟城市”的精心搭建与创造。从宏观层面的城市空间布局的勾勒，到细节层面的搭建材料的选择与收集，从从容面对突发自然灾害，到机场迁址的现实考量，尽管想象是虚拟的，但是创造却是真实的。

正是在这样的创造未来的实践中，师生都会遇见一个既属于大家，又属于自己的未来。

——徐明，江苏省镇江市教师发展中心主任

“多方协同”推进中学STEM教育高质量发展

成都市玉林中学

STEM教育被公认为是培养创新型人才的重要途径。随着对STEM教育研究与实践的深入，越来越多的业界人士认识到，唯有真正加强政府、高校、基础教育学校、社会机构、科研院所等的多方协同合作，构建一种有机的、生态的、闭合的合作链，才是解决STEM教育高质量发展的瓶颈问题之道。

一、“多方协同”推进STEM教育的国际借鉴

国外STEM教育研究“中心度”（指成员在网络中分享资源的能力）排名前三的国家分别是美国、英国和德国。美国作为STEM教育的发源地，在政策保障、社会参与和资源整合等方面都制定了相应的政策措施，给予了STEM教育强有力的支持。例如，社会参与方面，美国成立PTC-MIT联合体（美国一个非常具有代表性的倡导和践行STEM教育的团体），成员包括高等学校、专业协会、公司和社区教育机构等80多个组织。该组织协助政府和学校进行方案制订、课程设计、投资规划、人才培养等，使美国构建了一个可靠的、有效的STEM人力资源库。除了各种民间团体，美国政府还鼓励学校和企业加强联系，以市场需求为导向进行STEM教育，以培养适应产业需求的人才。一直都重视数学和科学教育的英国采取了一系列的政策措施来支持和发展STEM教育。社会机构在英国中小学STEM教育实施过程中扮演了十分重要的角色。例如，1996年，英国成立STEMNET机构（科学、技术、工程、数学和网络），该机构推出“STEM大使”项目，向全英征集STEM志愿者（大使），这些志愿者是来自

各行各业的专家、学者和大学生，有生物学家、工程师、医学物理学家、能源分析师等，他们自愿奉献自己的时间和精力，为中小学生开展STEM职业讲座、课程培训、竞赛辅导、研讨活动、挑战活动等，提高了学生对STEM课程和职业的认识。德国在基础教育和职业教育领域开展并持续推进MINT教育（德国STEM教育），建立了包括政府机制、师资培养、学校教育、社会参与等环节的MINT教育系统。在社会参与方面，德国主要借助公司、协会等机构，例如，来自德国26个研究机构的科学家和欧洲粒子研究实验室共同组成了“粒子世界网络”，在科学家的引领之下，让儿童和教师了解天文、量子物理技术等领域，培养学生的科学兴趣、素养和能力。此外，澳大利亚、加拿大等国也通过各种措施促进科学家参与本国的STEM教育。

由此可见，世界各国都非常重视科学家在STEM教育中的引领、推动和智囊团作用。尽管各国促进科学家参与STEM教育的政策和方式不尽相同，但多方协同的参与模式却大致相同。

二、“多方协同”推进STEM教育的国内研究

国内对STEM的现有研究，从文献检索数据可以看出主题主要集中在STEM教育理念、STEM课程、教学设计、教学模式、教学评价、创客教育等方面，研究从对外国的政策研究、理论探索进入了实践探索阶段，但是鲜有文献对STEM教育领域的社会联动机制进行研究。

针对“缺乏顶层设计”的问题，国家层面和地方政府层面都在积极组织相关力量出台各种支持STEM教育的政策和指导性意见；针对“师资匮乏”的问题，从国家到地方层面正在大力加强STEM教师培训、举办STEM专业能力提升、STEM教师能力等级考试等；针对“社会联动机制不健全”的问题，社会各界已经行动起来，但大家的焦点基本都集中在参与模式、合作内容上，尚未形成一套各行各业的科学家参与STEM教育的整体机制。

三、“多方协同”推进STEM教育的玉林办法

（一）思考——构建具有玉林特色的联合育人网络

1. 寻求政策支持，奠定联合育人基础

STEM教育是一项涉及面广、影响力大的工程，需要全社会的共同参与。为了推动STEM教育在中国的发展，国家层面和地方层面都相继出台了相关的支持政策和文

件，例如，教育部办公厅印发的《2018 年教育信息化和网络安全工作要点》中指出，要积极探索信息技术在众创空间、跨学科学习（STEM 教育）、创客教育等教育新模式中的应用，逐步形成创新课程体系。四川省教育厅 2018 年发布的《关于进一步推进四川省中小学创客教育发展的通知》中指出，各级教育行政部门要创新用人机制，积极引进校外专业人员，借助社会力量来弥补师资不足的问题。成都市玉林中学利用这些政策，积极联动周边高校、企业、科研院所、科技协会等社会机构，构建联合育人的教育生态圈。

2. 整合多方资源，构建联合育人网络

成都市玉林中学作为地处成都市高新技术产业开发区的一所省级示范性普通高中，毗邻四川大学、四川省农业科学院、中国科学院成都分院、四川省科技馆、高新孵化园和大量高端科技企业，具有极大的地缘优势。成都市玉林中学作为“中国 STEM 教育 2029 行动计划”首批种子学校、四川省科技竞赛先进单位、成都市青少年科技教育示范学校、成都市拔尖创新人才早期培养基地学校、高新区科技创新教育十佳学校，玉林创客中心作为成都市普通高中学生基础创新中心、高新区青少年科学院创造发明与创新设计分院，有悠久的科创教育历史和优秀的创新教育成果，经过多年的积淀，摸索出了一条具有玉林特色的大科创教育之路。在崇尚人才、呼唤创新型人才的时代背景之下，玉林中学探索创新教育模式、推动新课程改革的愿望更加强烈，高校、科研院所和社会优质力量参与基础教育阶段早期拔尖创新人才培养的呼声也愈加强烈，中学、大学合作，院校合作，馆校合作，企校合作成了当下加强社会联动、培养创新人才的应然选择，以玉林为中心的“中学—大学—研究所—企业—科技馆—协会”的联合育人生态圈应运而生。

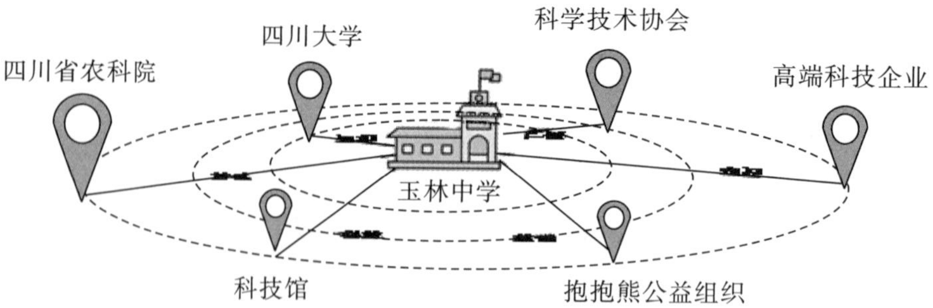

图 1　玉林中学联合育人生态圈

（二）探索——顶层架构、平台建设、优势参与

与大学、研究所、农业基地、科技企业等单位开展合作联合育人，这让玉林人兴

奋不已，我们不再是创新人才培养路上的独行军，不再是坐井观天的校园教育人，我们的素质教育梦想、创新人才培养目标变得更加清晰。可是，我们应该如何整体布局，搭建怎样的合作平台，建立怎样的合作关系，在哪些方面开展合作，如何实施联合育人？

1. 顶层架构——丰富“三类七型”课程体系

课程是教育的最基本载体，STEM教育理念要在中小学落地必须依赖STEM课程的开展。基于学校的育人目标（志向高远、素质全面、基础扎实、特长明显），结合学生发展核心素养，融入STEM教育理念，成都市玉林中学在学校“三类七型”多元发展课程体系上，基本建立起基于大科创教育的STEM教育课程群。

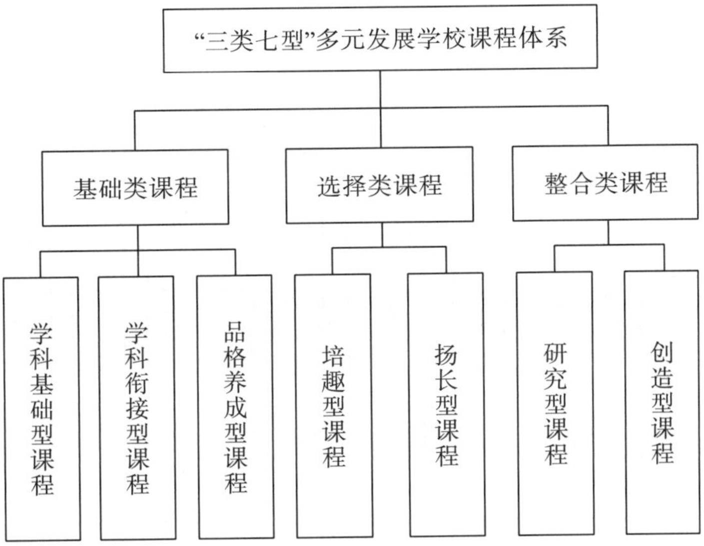

图2 玉林中学“三类七型”多元发展课程体系

成都市玉林中学按照四川省普通高中课程改革“先行入轨、引导方向、探索经验、稳步推进”的总体思路，依据四川省教育厅《关于普通高中课程改革的意见》《关于印发〈四川省普通高中课程设置方案（试行）〉的通知》中“努力构建重基础、多样化的课程体系，整体设置必修课，合理设置选修课，为每一位学生的发展奠定基础，同时满足不同学生个性发展需要”的要求，初步形成了玉林中学“三类”（学科类、德育类、活动类）、“七型”（学科衔接型、学科提高型、学科竞赛型、科创型、特长型、兴趣型、普及型）校本课程体系，后续在实践过程中又不断修正，最终形成了“三类”（基础类、选择类、整合类）、“七型”（学科基础型、学科衔接型、品格养成型、培趣型、扬长型、研究型、创造型）多元发展课程体系。

我们认为 STEM 教育不能只针对部分学生，而应当是一个普惠性的工程。在课程设置上，一是按照国家规定设置必修课，确保学生具备较为扎实的基础知识；二是增加选修课比重，以优化学生的知识结构，而利于其兴趣特长发展；三是开设拓展学生思维以及提高学生创新实践能力的课程，使学生有机会接触各学科发展前沿，了解科技发展的趋势。STEM 教育课程群在学校“三类七型”多元发展课程体系上生根，包括必选必修的基础类课程、自主选修的选择类课程、限制选修的整合类课程，门类涉及数理化生学科课程、信息技术通用技术课程、课题研究基本方法、创新思维基础、职业理想教育、学科拓展课程、工程探究课程、科学实践课程、创新思维与创新方法、项目实践课程、研学实践课程、微课题研究课程等。

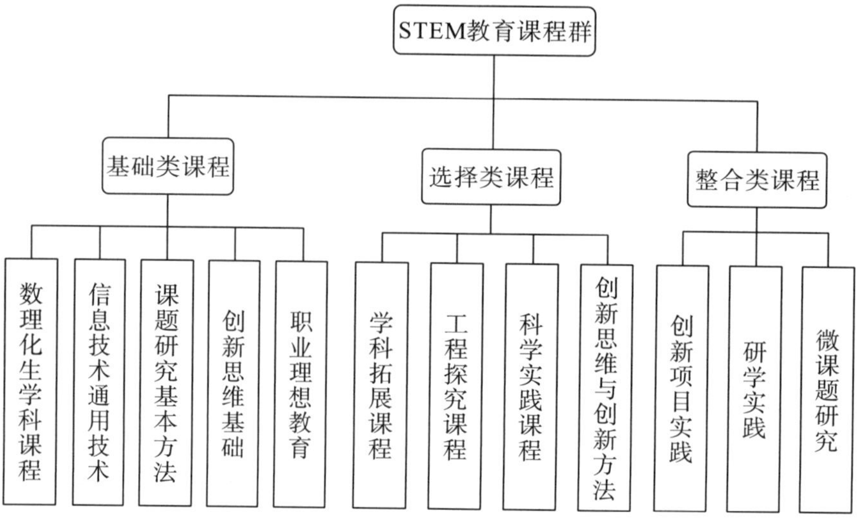

图 3　基于“三类七型”多元发展课程体系的 STEM 教育课程群

2. 平台建设——成立玉林中学“博士工作站”

(1)“博士工作站”科学家来源

本文所指的“科学家”既包括自然科学领域的专家，也包括科学技术、工程制造、计算机科学、教育等领域的人才。为了让更多领域的科学家参与到中小学 STEM 教育中来，形成“科学家智库”，拓展学校 STEM 教育师资范围，成都市玉林中学根据学校校情、区域资源、学生特点等成立“博士工作站”，吸纳研究所科研人员、高校教授、计算机领域领军人才、工程制造专家、教育专家等加入。

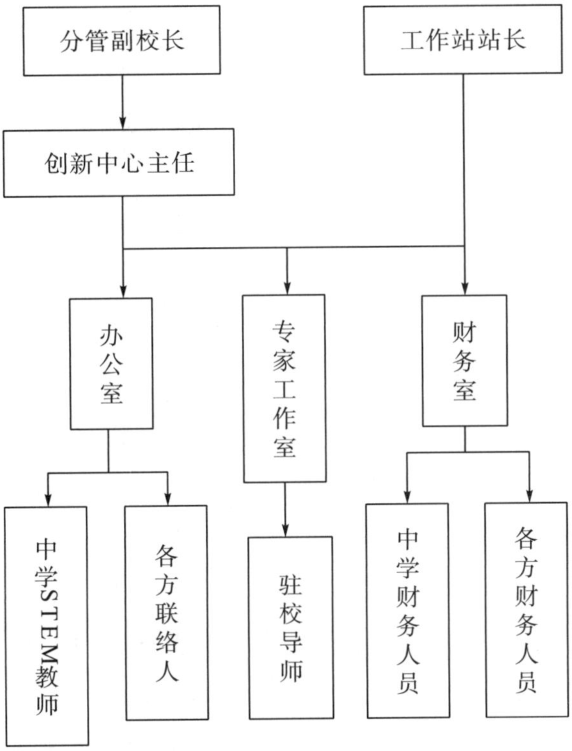

图4　玉林中学“博士工作站”组织管理构架

（2）“博士工作站”管理与运行机制

“博士工作站”由玉林中学创新中心协助管理，一名副校长直接分管，一名中层干部专门负责。“博士工作站”设站长室、办公室、财务室和专家工作室，站长由一名德高望重的科学家担任，站长的责任是整体谋划各方力量如何参与玉林中学STEM教育、决定聘请哪些专家进驻专家工作室；办公室成员由玉林中学一名STEM教育专职教师和各方机构各一名联络员组成，分别负责拟订学校STEM教育联合育人工作各项方案和与各方面力量进行联系；财务室成员包括中学和各方机构各一名教师，负责“博士工作站”的财务工作；专家工作室包括“博士工作站”聘请的各方面科学家、专业技术人员等“驻校导师”，按分工负责玉林中学STEM教育的课程设计、课程实施、教师培训、竞赛辅导、课题研究等方面的工作。“博士工作站”在玉林中学和各方协商下，建立组织构架、常规制度、管理机制、财务制度和评价机制等。

3. 优势参与——借助各方优势发展STEM教育

每家合作单位都有自己的优势和特长，玉林中学在认真分析学校需求和实际情况、科学评估社会机构实力的基础之上，确定在课程研发、师资培养、研学实践、课题研究、延伸讲堂、空间打造、职业理想教育、科技后援等方面与相关单位开展长效的合作计划。

（1）高校——课程研发、师资培养

从目前国内 STEM 课程的开发情况来看，小学、高校正如火如荼地开展形式多样的 STEM 课程，而中考、高考压力之下的中学正艰难跋涉，虽然也有第三方机构介入课程开发，但却困难重重、问题频出。例如，有些课程是商业推广性质的，与校情、学情不符合；有些课程无延续性，实用性不强；有些课程太昂贵，既超出了学校的预算，又偏离了 STEM 教育理念的初心。因此，最好的方法是由高校科学家团队直接参与中学 STEM 课程体系的研发，课程不一定要种类繁多，但课程要结合地方特色和资源，结合学科特点以及学校情况、学生特点，真正开发出具有前瞻性、合理性、有效性和持续性的 STEM 课程群。

高校科学家既可以作为中学 STEM 课程的首席讲师，也可以以“师徒结对”方式一对一培养中学教师，还可以作为培训专家“一对多”培养中学 STEM 教师。目前，高校参与中小学 STEM 教育师资培养大多采用第三种方式，但要实现中学 STEM 教育的真正落地和长远发展，必须培养一支校本化的 STEM 教师队伍，因此，我们建议采用“首席讲师”与“师徒结对”相结合的方式。例如，第一个周期，由高校“师父”执教某课程，中学“徒弟”全程跟踪学习；第二个周期，由“师父”上一半的课程，“徒弟”上一半的课程；第三个周期，完全由“徒弟”执教，“师父”旁听。这样，经过一到两年的时间，中学就能建立起一支学历高、能力强、观念新的 STEM 教师团队，更重要的是这些一线教师会将 STEM 教育的理念融入自己的学科教学中，引发学科 STEM 教育的真正变革。

（2）科研院所——研学实践、课题研究

STEM 教育理念倡导学生在“做中学、学中做”，提倡“生活在科学家身边”，中学周边的科研院所及其基地是很好的资源。我校先后与四川省农业科学院作物研究所、生物技术核技术研究所、四川省农业科学院现代农业科技创新示范园建立合作关系，挂牌“成都市玉林中学拔尖创新人才研学实践基地”，由浅入深地开展各种研学实践活动课程。比如，组织学生到科研院所进行参观访问，邀请研究所的研究员对研究所的研究课题、成果、实验室、各种设备器材等进行讲解；组织学生进入研究所的实验室开展中学微课题研究，邀请一些博士研究员给予指导；邀请课题组负责人就某个课题做兼顾科普性与专业性的讲座；开展成长分享，听听研究员谈自己的学习、成长历程与工作；利用寒暑假进入科研院所的实验室做小小研究员；进入研究所的基地做实地调查与微课题研究……这样的深度合作方式，真正促进了科研院所的科学家参与到中学 STEM 教育中来。

(3) 科技企业——延伸课堂、打造空间

知识只有转化成生产力，才能推动人类社会的发展。如果说中学与高校、科研院所合作，学生更多的是感受到了理论研究与课题研究的魅力，那么当这些理论和知识运用于生产实践时，就点燃了孩子们心中的“科学家梦想”。例如，学校和三峡集团合作，开展“走进三峡大坝”系列活动课程，学生既可以在参观时直观感受三峡大坝的宏伟，体会“科研魅力”与“大国实力”，又可以通过聆听工程师讲述三峡大坝的构建历史与过程去感知科研的艰辛，还可以通过访谈不同的“三峡人”——工人、技师、工程师、管理人员、集团高管、家属甚至外迁民众，去真实感受一个浩大工程的来之不易。同时，学校在校内开设了“三峡 STEM 系列微课程”，让学生从地理、历史、人文、数学、工程、生态等多角度去尝试与实践，这样也形成了具有地方特色和校本特色的 STEM 课程体系。

STEM 空间打造是学校 STEM 教育整体方案的重要一环。从内容上看，STEM 教育空间有课程教学空间、教师发展空间、学生资源空间等；从功能上看，STEM 教育空间有科学实验室、创客实验室、学科融合实验室等；从时空上看，STEM 教育空间有线下实体空间和线上虚拟空间；从资源上看，STEM 教育空间有家庭空间、学校空间、社会空间。我校与成都树懒信息技术有限公司等科技公司合作，在“重功能、轻装修，重融合、轻形式”的原则指导下，整合创客实验室和通用技术室资源，打造了简洁、实用、开放、共享、融通的玉林 STEM 创新中心。此外，我们积极拓展 STEM 教育线上空间，为学生提供更多的优质 STEM 课程资源，为学生提供更广的作品展示平台和更多的交流分享机会。

(4) 社会机构——生涯教育、科普教育

科学家本身就是一本内容丰富的教材，科学家的成长故事、学习之路、职业选择、科研经历、人生感悟等都是对中学生进行职业理想教育的生动而活泼的素材。我校与香港抱抱熊公益组织（该组织拥有非常丰富的科学家资源）长期合作，开办“科学家讲堂”，邀请行业大咖进行“iDream 职业理想教育”。每学年初始，我校和抱抱熊公益组织共同商讨制订年度计划、确定各学期分享主题、选定各学月分享嘉宾等，然后有计划、有组织地实施主题化、系列化、活动化的分享。此外，我校还积极邀请成都市科学技术协会的相关专家和老师，定期、不定期地到我校对教师进行政策巡讲，对学生进行科普教育、科技论文写作培训、项目辅导、竞赛指导等，这些专家都成了我校 STEM 教育的重要后援。

（三）实践——形成多角度、全方位联合育人教育新生态

近年来，玉林中学在STEM教育整体规划与顶层设计的基础之上，依托博士工作站，借力高校、科研院所、科技企业、社会机构等多方社会资源，开发了一系列具有跨学科特色、实践性强的STEM课程，组建了一支思想观念新、专业能力强的STEM教师团队，共建了多个校内外STEM教育实践基地，孵化出了一批优质的STEM研究微课题，培育了一批具有创新精神、实践能力和探究精神的学生。

1. 资源整合构建特色STEM教育课程

学校将STEM课程与科创教育相结合，在原有的科创课程体系之上，充分利用校外社会资源，开发了一系列特色校本课程。开设了以创新思维培养为主的“创新思维与创新方法”课程，以工程思维、创新实践能力培养为主的“创意3D打印”“Arduino程序设计基础”“Makeblock机器人编程”“现代木工DIY”等课程，以科学素养、实践探究精神培养为主的“科学家讲堂”“研学实践”等课程。这些课程就像兴趣导师，开阔了学生的眼界，激发了学生的潜能，唤醒了学生的创新思维，燃起了学生的科学梦想。

【案例】与科学家同行——整合STEM理念的研学实践课程

2018年，我校与四川大学、四川省农业科学院作物研究所、四川省农业科学院生物技术核技术研究所等建立合作关系，开发系列整合了STEM理念的研学实践课程。

表5—4—1　2019年“研学实践”系列课程

合作机构	课程内容	地点	课程形式
四川省农业科学院作物研究所	参观农业部西南地区小麦生物学与遗传育种重点实验室、分子遗传实验室和作物所科研成果展示厅；了解作物所科研成果，前沿技术；认识实验室的常用仪器的作用和原理；体验实验基础操作；撰写研学日记，开展微课题研究	四川省农业科学院作物研究所	参观、科普、体验、实践
四川省农业科学院作物研究所	参观科研成果厅、现代农业示范园、蔬菜种植园等；现场观摩科研工作者小麦杂交育种过程、油菜杂交育种过程等；讲解油菜杂交育种的程序与方法；体验油菜杂交育种过程；撰写研学日记，开展微课题研究	四川省农业科学院现代农业科技创新示范园	参观、科普、体验、实践
四川省农业科学院生物技术核技术研究所	参观辐照场，了解辐照在加工应用及诱变育种中的作用；参观分子实验室，了解真空冷冻干燥作用原理与用途；参观生物育种实验室，了解水稻航天育种技术、花药培养技术、分子标记辅助育种等技术；聆听转基因专题科普讲座	四川省农业科学院生物技术核技术研究所	参观、科普、体验、实践
四川省科技馆	参观航空航天展区，都江堰水利工程展区，数学、力学、声学等基础学科展区，机器人大世界，生命科学，交通科技，好奇科技等展区	四川省科技馆	参观、科普、体验
四川大学	参观四川大学自然博物馆、人文博物馆	四川大学	参观、体验

为了有效促使科研院所的科学家参与到中学 STEM 教育中来，充分利用科研院所在科学研究中的优势，发挥科学家榜样的力量，激励中学生践行科学家精神，我们建立了双导师制，开展由浅入深、层次递进的研学实践活动。科研院所的科学家与校内科技辅导员或 STEM 种子教师共同指导学生的研学实践，开展微课题研究等，为学生提供全方位的支持。STEM 理念在研学课程中的应用主要体现为：整合 STEM 问题式学习，研学并不是随意地走走看看，在研学前明确提出通过研学要解决的问题，用问题牵引研学；整合 STEM 项目式学习，在研学前针对性做一些与研学相关的工程类项目，在工程项目推进的过程中记录自主研究不能解决的问题，在研学中带着疑问，有目的地进行“研”和“学”，解决工程项目推进中通过一般性学习不能解决的问题，以此推进工程项目的顺利完成；实现 STME 倡导的跨学科知识的关联，利用研学中生成的教育资源，设置更高级的问题或创新型的项目，创设跨学科知识整合应用的平台，应用跨学科知识与方法去解决新问题，促进学生全面发展。

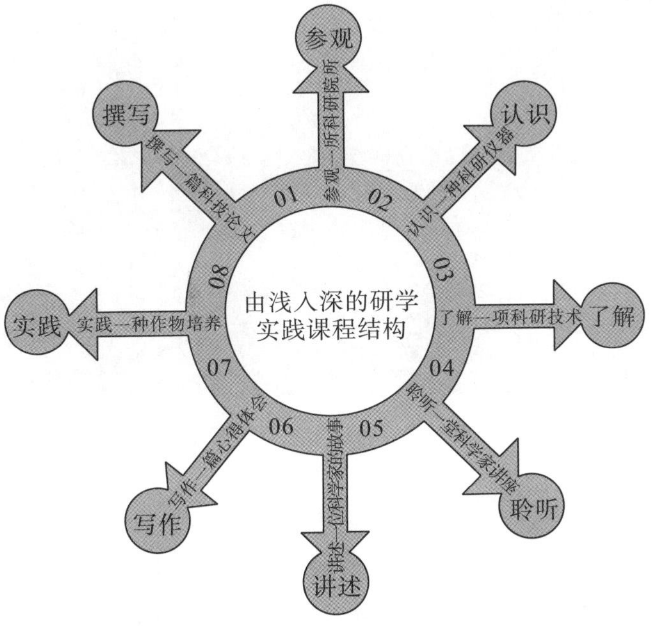

图 5　玉林中学整合 STEM 理念的研学实践课程结构

【学生感悟】

“2019 年 3 月 15 日，是我学习生涯中最值得铭记的日子。因为有太多的第一次啦！第一次进入科学研究所，第一次走进国家重点实验室，第一次使用移液枪，第一次观看大型离心机的工作原理，第一次进入组培室，第一次看到转基因幼苗，第一次见识雾培技术……我太兴奋了！原来科学研究的细节那么烦琐，科研人员的工作并不如我们想象的那么光鲜，他们既要穿梭于高端实验室，又要奔波于田间地头，他们日复一日的科学研究构筑了我国现代农业发展的强大根基。”

——高 2019 级创新实验班班长　王睿

“这次研学实践可真是让我大开眼界啊！各种各样的名贵花卉在智能温室中栽培着，这里有流动的水培墙，有精准的传感器，有栽种在树桩上的铁皮石斛，有各种形态的旱地仙人掌和仙人球……这简直就是一个 supermarket（超级市场），超级工厂……最吸引我的是研究员们培育的各种颜色的油菜花，此刻，我只想在彩色的油菜花田里徜徉……今天是在大自然中上课的一天，我们脱离了课本，在彩色的 nature 中活跃着，生命因为它们而精彩。我们的未来不是那条冗长的埋头苦读之路，我们的远方是彩色的油菜花路！”

——高 2019 级创新实验班　唐宇

图 6　现代农业科技创新示范园研学实践

2. 合作共享：拓宽 STEM 教育活动空间

2016 年，学校成立“成都市英才俱乐部培训基地”和“玉林创客空间”，积极推行 STEM 教育和创客教育，探索核心素养下科技创新人才的早期培养模式，同时学校与多个高科技产业机构结成联合体，为师生的创客教育及 STEM 教育活动提供了更高端的平台。现在芳草校区玉林创客空间与通用技术特色实验室毗邻而建，既实现了资源的共享，又为学生的创意实现带来了极大的便利。2018 年，肖家河校区创客实验室建立，满足了初中学生学习机器人编程、3D 打印、数字创作和工程制造的需求。2019 年，区域教育格局调整，玉林中学（玉林校区）搬迁至神仙树，建立玉林中学（紫荆校区），面对新的周边环境和资源，面对新的生源结构，玉林人正积极思考并筹建更适合玉林初中学生发展和成才的STEM创新中心。

除了校内STEM教育活动空间的建立，学校还积极拓展育人空间，与高校实验室、科研院所、科技企业合作，建立多个校外实践基地，为学生提供实验便利，开展课题研究活动。学校与四川大学合作，以川大理化生实验室作为长期实验基地，送学生前往参与实验过程；与四川省农业科学院作物研究所、生物技术核技术研究所等合作，成立“成都市玉林中学拔尖创新人才研学实践基地”，开展系列研学实践活动。校外实践基地的建立，让学生能够有机会走进真实的研究环境中，有利于激发学生的创造潜能，培养学生的实践能力。

3. 联合共建：培养跨学科的创新型教师队伍

2018年初，学校与四川大学签订战略合作协议，对青年教师进行每月一次的创新教育培训，主题涉及“课堂教学中融入创新能力培养”“创新思维与创新方法”“教师如何辅导学生参加青少年科技创新大赛”“研究性学习如何开展”“STEM教育这样做”等诸多课程。同时，学校聘请四川省农业科学院研究所、四川省科技馆、高新科技企业的专业技术人才做学校的兼职科技辅导员，与本校教师一起指导学生进行科学研究、科技创作、竞赛比赛等。青年教师在一次次的“请进来、走出去”的学习活动过程中，提升了科技创新意识，增强了创新实践能力和辅导能力，他们已经成为玉林创新教育品质提升的中坚力量。

4. 多方合力：助力学生研究性微课题的孵化

学校以实施综合实践活动课程为契机，以“关注学生生活中的科学技术问题”为切入口，将STEM理念与项目式学习相结合，以研究性学习课程为依托，在高一、高二年级和初一、初二年级开展“研究性微课题”研究。基于博士工作站的大平台，充分发挥高校、科研院所、科技企业、社会机构等校外资源的优势，对每一个有科学兴趣、有科研潜力、有创新志向的学生采用双导师制进行定制化培养，既有本校老师做学生导师，也有外聘的专家辅导，各有分工，满足不同潜质学生的发展需要。

基于Arduino平台的智能教室，让班主任的班级管理工作更加便利；眼镜防雾装置，让人们不用再为眼镜起雾而烦恼；马桶防溅水花装置，让生活更加贴心；防攀爬自动报警安全围栏，让公共场所更加井然有序；自动清洗狗爪装置，让爱狗人士省了不少事儿；一种可储水式推水器，让积水地带的除水工作变得简单易行；延时关闭水龙头的装置，让疫情下的人们可以不用二次接触水龙头细菌；基于Arduino平台的智能滑板车，让滑板一族出行更加安全便捷；一种引导人们使用荷式开门法的车门附加装置，让人们在停车开门时更加注意生命安全……

图 7　学生创造发明成果展示交流

近年来，学校 STEM 研究性学习的开展产生了大量的学生研究性微课题，其中部分创新性强、价值性高的课题在校内外教师的联合指导下，孵化出了一批优秀的课题成果。这些创新成果在全国省市级科创类比赛中得到了评委专家的广泛认可。在多方联合育人模式下，我校 STEM 教育在课程开发、师资培养、基地建设、课题研究、人才培养等方面都取得了明显成效。在不断的实践探索中，我校与社会各界初步形成了有效的、稳定的联合育人教育新生态。

四、多方协同推进 STEM 教育的高品质发展

承上启下的中学阶段是培养学生创新思维能力的黄金时期，因此，我们更要注重中学 STEM 教育的推行普及与真正落实，不能出现“两头重、中间轻”甚至“两头热火朝天、中间断层掉链”的局面。为此，我们中学一线教育工作者更要更新观念、与时俱进，不断探索 STEM 教育的新途径与新形式，只有我们的教育观念“更新”了，我们的教育方法“创新”了，我们的育人途径“革新”了，我们才能跳出“一考定终身”的框架，为祖国真正培养更多的创新人才。

（供稿：邓铭、谢发超、周群、陈秋薇）

▶专家点评

先教师，而后STEM。

STEM学习，作为一种全新的学习方式和学校课程实践，不仅对学生而言是一种新机遇与新挑战，对每一位教师而言同样是新尝试、新实践。某种意义上说，没有教师理念的更新与技能的升级，就没有STEM课程的真正落地与见效。换言之，在STEM课程的建设与实施上，我们始终应该坚持的一个理念就是——先教师，而后STEM。

站在教师优先的视角，玉林中学的实践能够给人耳目一新的感觉：

一是“借势发力”，展现教师发展理念的大视野。作为一所承担沉重育人使命的省级示范性高中，玉林中学清醒认识到自身在STEM课程建设方面较之于高校与小学的“劣势”，更意识到了教师队伍建设之于STEM课程落地的重要意义。他们首先思考的是，“要实现STEM教育的真正落地和长远发展，必须培养一支校本化的STEM教师团队”。于是，他们借助学校特有的“中学—大学—研究所—企业—科技馆—协会”的“联合育人生态圈”，聘请校外专家作为“首席讲师”，采取“一对一”“一对多”的师徒协同机制，一方面推动STEM课程建设有序深入，另一方面更确保“通过一到两年的努力”，建立起一支“学历高、能力强、观念新”的STEM教师团队。他们思考得更远的是，他们不只是在培养操作STEM课程的教师，而更是为了培养更多会将STEM教育理念融入到自己的学科教学中的一线教师，从而“引发学科STEM教育的真正变革”。

二是建立由身边的科学家组成的“博士工作站”，展现教师发展路径的大手笔。一所普通高中，为了发展STEM教育，更为了培养具有STEM素养的新型人才，不惜投入巨大资源，吸纳科研人员、高校教授、计算机领军人才、工程制造专家、教育专家等，组建了“真金白银”的“博士工作站”，并由这些身边的科学家和校内教师一起，分工负责学校STEM教育的课程设计、课程实施、教师培训、竞赛辅导、课题研究等方面的工作，这一方面让一线教师获得了“要想知道梨子的滋味就必须亲口去尝一尝”的实践机会，另一方面更使普通的、原来只是习惯于学科教学的高中教师，赢得了“站在巨人肩膀上”的发展机会，实际上是走向了教师发展，特别是自主发展的快车道。

三是构建“联合育人新生态”，展现教师发展追求的大目标。玉林中学主动顺应新时代育人方式与育人模式的新转型，实际上是将教师的发展目标定格为依次提升的三大追求——首先是“会操作”的STEM教师，确保将STEM课程“开”起来；其次是

“会融合”的新学科教师，确保使STEM课程“沉”下去；再次是“会创新”的新时代教师，确保让STEM教育“活”起来。他们在校内专题培训、“博士工作站”沉浸式培训的基础上，加强与四川大学的战略合作，聚焦青年教师发展，特别是聚焦多角度、全方位“联合育人新生态”的构建，以每月一次的频次，强化创新教育主题培训；他们还专门聘请研究院所与高新企业专家作为学校发展的科技辅导员，与本校教师一起“指导学生进行科学研究、科技制作、竞赛比赛”，青年教师们在一次次的“请进来、走出去”的学习活动中，增强了创新实践努力，逐步成长为玉林中学建设高品质学校的中坚力量。

——徐明，江苏省镇江市教师发展中心主任

“分层创生·三合 STEM”课程建设的探索

绵阳中学英才学校

绵阳中学英才学校自建校以来秉承绵阳中学的办学思想，始终站在学生终身发展的角度，提出了“让每一位学生享受适合自己的教育”这一以生为本的办学理念。我们遵循中小学生的身心发展规律，关注学生的人本化发展路径，致力于提供适合学生终身发展、适合现代社会所需的创新人才教育。在探寻生命和教育本质与本真的道路上，我们致力于厚植独具特色的校园文化，打造一所高品质的学校。在着力于构建让学生享受教育本身的课程体系的探索中，我们“偶遇”了 STEM。这给我们带来了更广阔的理念和更丰富的课程体系。高品质学校的 STEM 教育是对标学生全人教育和终身发展的，它与我校的办学理念高度契合。几年来我们一路探索，逐步形成了自己的 STEM 课程体系。

一、“分层创生·三合 STEM”课程的开发背景

绵阳中学英才学校在“让每一位学生享受适合自己的教育”的办学理念引领下，从学生发展需求的角度着眼，通过领导推动、骨干带动、教师行动，经历初创、融创、再创三个阶段，建立了包含有适合型课程、整合型课程、融合型课程的“三合 STEM”课程体系，让学生像科学家一样思考问题，像工程师一样解决问题，着力培养学生的 STEM 素养和创新能力。

我校“分层创生·三合 STEM 课程”构建及实施的整体课程框架如图 1 所示。

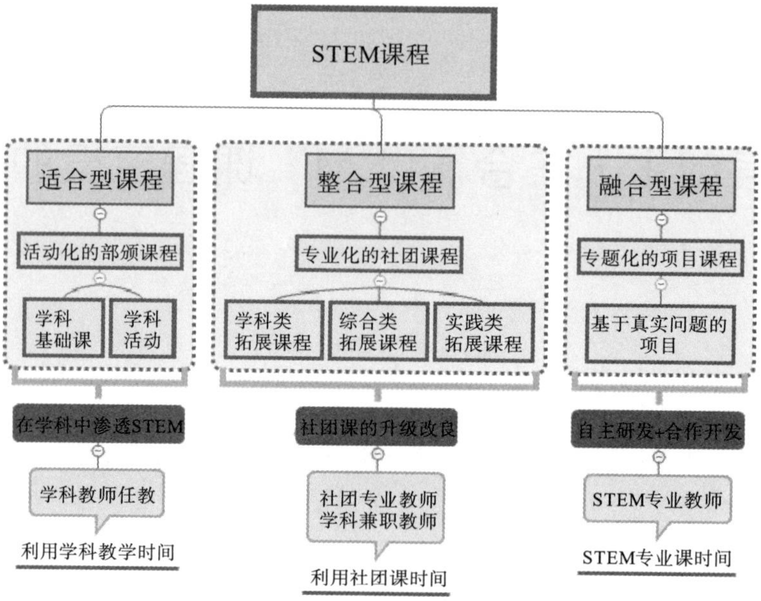

图 1　绵中英才 STEM 课程框架

二、“分层创生·三合 STEM”课程的开发过程

我校 STEM 课程开发流程如图 2 所示。

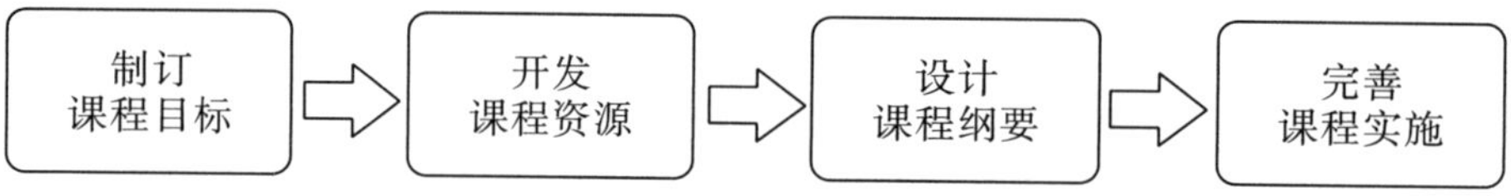

图 2　STEM 课程开发流程

课程开发充分发挥我校教学环境优势，设定了以问题为导向，以项目式学习为主要学习方式的原则，在对课例的实践中要求体现出学生亲历科学探究的过程：提出问题—作出假设—设计方案—实施方案—得出结论—评价反思。

开发的课程要具有跨学科性、情境性、实践性、协作性、实证性等特点，方能保障教育的真实发生，借此培养学生的探究能力、批判性思维和团队沟通能力，提升学生的科学精神和创新能力等。

（一）制订课程目标

在学校办学理念引领下，我校践行“基础扎实、素质全面、厚德博学、个性鲜明”的核心教育价值观，以全力培养“品德高尚、行为高雅、能力高强”的“三高”品位学子为目标。STEM 教育作为科技创新教育的有效形态，倡导多学科融合，注重创新精神和实践能力培养，这样的理念与我校的办学理念高度契合。因此，我校确定了我校 STEM 教育的目标：通过 STEM 化的数学、物理、化学、生物、信息、历史、地理等学科的升级改良和引进开发相结合，形成 STEM 课程目标体系，以学生核心素养的培养为抓手，逐步建立并完善能满足学生全面素质发展和创新人才培育所需要的可操作性的校本课程，更好地培养学生的创新精神和实践能力。

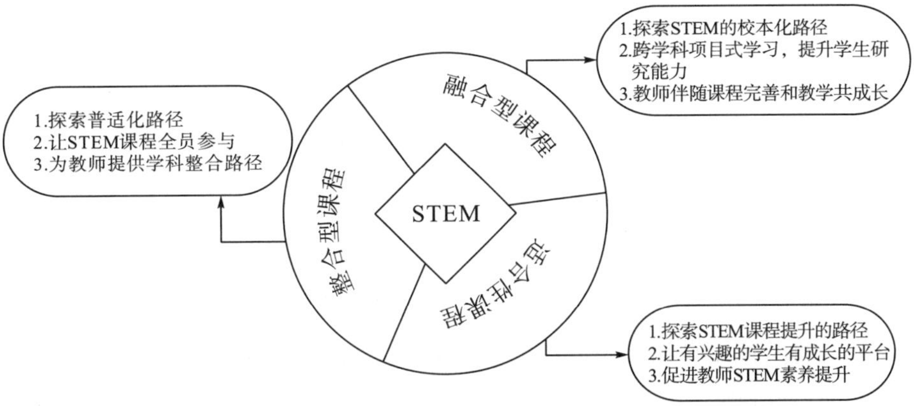

图 3　STEM **课程目标体系**

（二）开发课程资源

注重教师培养：为充分保证课程的落实与推进，学校建立有效的课程组织机构，明确有关人员的责任、权限和运行规则，利用组织的力量有序推进课程开发；积极参加全国种子教师培训，以及国家、四川省教科院组织的 STEM 教育研讨会，组建课程开发专家团队，形成常态化研究机制。

积累开发案例：学校购买有关 STEM 的专业书籍，采用集中学习讨论和围绕主题的自修学习相结合的方式，鼓励组内成员教师多阅读、多学习。各教研组在专业团队教师的指导下，开发出适合本组的 STEM 教学案例；我们还引进专业团队，开发系列 STEM 教材。在教学实践和竞技大赛中，STEM 课均获得一致的认可。

着力于空间建设：我校的空间建设是在学习、理解 STEM 教育理念的基础上，围绕“课程、活动、空间”三大着力点，基于多学科、跨专业的认识，以跨界融合、集成创新为设计理念逐步建设。学校先后共投入 300 多万元建设了科技馆，既包含多种 STEM 课程所需的空间，也给师生营造了一个激发创造力的环境，给我校 STEM 教育的开展提供了强有力的保障。

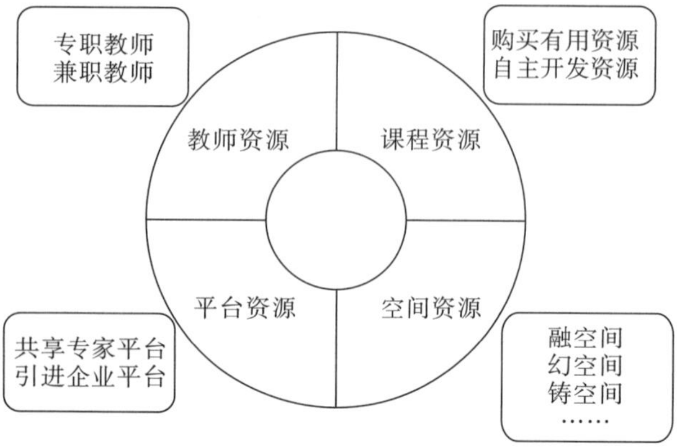

图 4 绵中英才 STEM 课程开发资源

（三）设计课程纲要

STEM 教育要融入学校教育生态，才能发挥更大的育人作用，要融入教育生态首先应融入学校已有课程体系之中。为实现将国家课程中的各学科知识跨学科建立联系的目的，并能将其使用在活动中的问题解决上，学校以现有的“人文”“科技”“文化”“健康”“艺术”“创新”六大活动板块为核心，开发应用各科学知识解决实践活动问题的 STEM 课程：STEM 适合性课程，此为“一合”；将 STEM 的教法、学法整合于学校已开设的机器人、航模、车模、编程、种植、陶艺、彩陶、书法、电脑美术、版画设计、漫画等 50 余门社团课程之中，将原有课程升级为 STEM 整合性课程，此为“二合”；引入课程研发的专家团队，基于真实问题创生，开发原汁原味的与学校发展目标相融合的本土化 STEM 融合性课程，此为“三合”。

我校 STEM 课程纲要如图 5 所示：

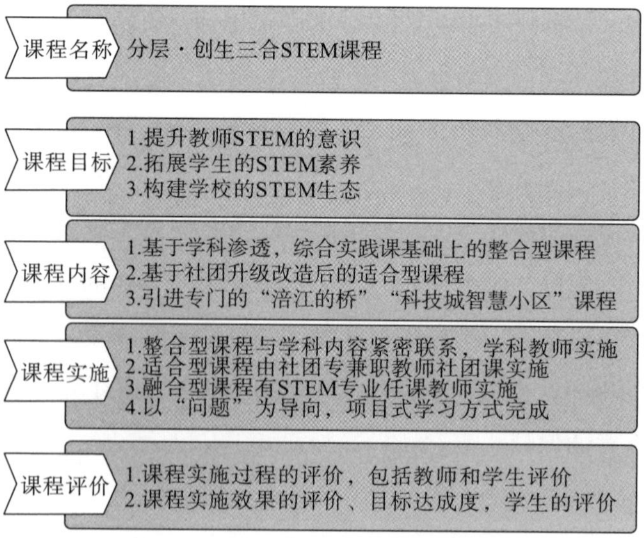

图 5 绵中英才 STEM 课程开发纲要

三、“分层创生·三合 STEM”课程的框架架构

适合型、整合型、融合型 STEM 课程是我校 STEM 教育的三驾马车，在课程开发和实践探索上齐头并进，又独具特色。

（一）启发学生“探”的适合型 STEM 课程

通过国家部颁课程，学生习得了基本知识和技能，支撑学生进一步探索真实世界的运行和规律。但这些学科课程不能独立于实际生活之外，否则就是为学习而学习，失去了学习的本质意义。我校教师践行“让每一位学生享受适合自己的教育”这一办学理念，从基础学科出发，精心设计跨学科活动，让学生在活动中尝到 STEM 味道，吸取 STEM 营养，形成我校 STEM 化的、适合学生年龄及心理特征的适合型 STEM 课程。主要内容框架如表 5—5—1 所示。

表 5—5—1　适合型 STEM 课程框架

课程名称	主要内容	主要涉及学科
科技节课程	科技专题讲座、科技表演和科技体验活动，在玩中感受，在做中学习	数学、物理、化学、地理、生物、信息技术
科博会研学课程	走进科博会，感受科技的无穷魅力	全学科
科技馆科工之旅课程	体验和感受现代科技的魅力	数学、物理、化学、信息技术
“两弹一星”城探秘课程	探寻“两弹”历程馆与“三防”教育馆，感受国防科技的魅力	数学、物理、化学
都江堰水利工程研学课程	都江堰主体工程：鱼嘴、宝瓶口等的研学；制作“竹笼”，解密古人的巧思	地理、数学、物理
自制音乐喷泉课程	选择不同的材料，利用音律与振动制作出不同的音乐喷泉，体会科学与生活融合带来的便利	物理、音乐
“高压锅版”马德堡半球课程	利用高压锅等材料复刻马德堡半球实验，团队分工协作	物理、数学
我为绵博代言课程	了解绵阳地区特色文化以及博物馆特色，进行代言项目选择并设计，最终通过各种方式、各种平台发布代言作品	美术、语文、地方课程
垃圾分类课程	学会主动将垃圾分类，合理利用分类垃圾桶，培养爱护环境的意识	地理、德育
校园景观植物设计课程	通过校园中景观植物重新构思设计，掌握基本的项目设计实施过程，亲历设计改变生活	生物、综合实践活动
体悟“印刷术”课程	让学生在实践中领悟雕版印刷与活字印刷的区别，小组合作，强调学生在复杂情境中发展解决问题的能力，促进学、做、研、悟、用一体，知行合一	历史、数学、语文

续表

课程名称	主要内容	主要涉及学科
自制风筝课程	小组合作经历风筝构思、设计、实施、评测、作品优化的过程，掌握基本的风筝制作技巧	数学、美术
包装袋上的化学课程	通过各种包装袋等识别，利用小实验区别不同成分、材料，掌握基本的物质识别技巧	化学、物理

（二）引导学生“究”的整合型 STEM 课程

学生面对真实问题时，对科学探究的热情是无限的。有的孩子在发现自己特别感兴趣的问题后，具有超强的好奇心和打破砂锅问到底的探究精神，我校的航模、车模、海模、机器人、创客、编程、3D 建模、科技览胜、建筑模型、摄影摄像等社团课程就为这些学生提供了更为宽阔的空间。过去，社团课基于学生的兴趣爱好，讲解和传授比学科课程更深的知识，开展专业味道更浓厚的活动；现在，在 STEM 大课程理念下，社团课的老师们将 STEM 的教法、学法融合于社团活动之中，基于学生的发现提取问题，引导学生首先通过头脑风暴形成项目，然后通过自主探究设计项目方案，再通过小组合作进行实践探索，使学生通过主动探究习得了更多学科知识，然后用整合后的跨学科知识去解决问题，从而形成了致力于学生追根究底的整合型 STEM 课程。以机器人、航模、创客为例，整合型 STEM 课程部分框架如下：

表 5-5-2 **整合型** STEM **课程框架——机器人课程**

课程名称	主要内容	相关知识	适用年段
机器人初级课程	搭建组建观察连接	认识鲸鱼机器人基本组件	初一
		几何图形	
		天平	
		陀螺发射器	
		脚踏式垃圾桶	
	传动结构	四驱车	
		八音盒	
		控制器介绍与操作	
		摇头风扇	
	电机的精确控制	雨刮器	
		小车	
	基本项目活动	小车 S 转弯	

续表

课程名称	主要内容	相关知识	适用年段
机器人中级课程	传感器	简易发报机	初一
		搭建倒车报警器	
		棒球接球器	
		指示牌	
		巡线小车	
	执行器	足球机器人	
		直升机	
		小小钢琴家	
		探索号	
	复杂的程序结构	调速赛车	
		枪战游戏	
		主战坦克	
机器人高级课程	巡线模块	初始化、黑白检测、巡线路口	初二
		巡线计时、转弯、启动电机、按钮	
	项目式探究	任务、规则详解	
		头脑风暴、场地搭建	
		五环展示	
		运动员入场	
		升会旗	
		放飞和平鸽	
		火炬传递	
		点燃主火炬	
		模拟竞赛	

表 5—5—3　整合型 STEM 课程框架——航空模型课程

课程名称	主要内容	相关知识	适用年段
航空模型（初级篇）	概述	无人机是什么	初一
		无人机的历史	
		无人机的飞行原理	
		无人机的分类	
		拓展阅读	

续表

课程名称	主要内容	相关知识	适用年段
航空模型（初级篇）	模拟遥控入门	模拟器的安装	初一
		模拟器的进入界面	
		模拟遥控器摇杆和按钮功能	
		模拟器的调试	
		拓展阅读	
	模拟遥控飞行练习	模拟遥控飞行的基础训练 1	
		模拟遥控飞行的基础训练 2	
		模拟遥控飞行的基础训练 3	
		tello 四位悬停	
		跟随视角飞行	
		FPV 第一视角飞行	
	飞行挑战	飞行挑战：隔空取物	
		无人机航拍	
航空模型（高级篇）	图形化编程入门	欢迎派对——认识图形化编程	初二
		凌波微步——坐标与运动积木学习	
		盲人走迷宫——无人机运动学习	
		精兵简政——循环学习	
		鱼跃龙门——条件判断语句学习	
		键盘飞手——事件学习	
		数字大脑——变量学习	
		高效飞行——编程挑战卡	
		点动成线——点与线飞行	
		面面俱到——图形面积	
	扩展模块	合二为一——扩展模块介绍	
		夜间巡航——LED 灯效	
		交通指挥——点阵屏显示	
		空中信使——LED 点阵屏结合运用	
		电子蝙蝠——单点 tof 测距	
		最终挑战——竞赛课程	

表 5－5－4　整合型 STEM 课程框架——创客课程

课程名称	主要内容	相关知识	适用年段
创客初级课程上册	认识英才创客 走进 Arduino 世界	认识创客、Arduino 的认识	初一上
		开发环境的介绍	
	智能 LED 灯	简单的电路、套件的认识	
		闪烁灯	
		按钮灯	
		呼吸灯	
		走廊灯	
		LED 综合项目	
	Arduino 程序	程序基础	
		程序结构	
		程序开发	
		程序综合项目	
	激光雕刻机的使用	激光雕刻机的构成及注意事项	
		Lasermaker 的安装及使用	
		激光雕刻机的作品呈现	
创客初级课程下册	智能风扇	电机驱动	初一下
		声控风扇	
		换挡风扇	
		摇头风扇	
		变速风扇	
		风扇综合项目	
	3D 打印	3D 打印机的构成及注意事项	
		3D 软件的安装及使用	
		3D 软件的作品呈现	
		走直线机器人	
	智能机器人	转弯机器人	
		避障小车	
		防跌落机器人	
		循迹机器人	
		机器人综合项目	

续表

课程名称	主要内容	相关知识	适用年段
创客进阶课程	认识面包板	电子电路入门	初二上
		紧急呼叫器	
		热敏报警器、自动小风扇的制作	
		简易噪声探测器	
		红外遥控器	
		视力保护提醒器	
		电场探测器	
		防盗报警器	
		变频小风扇	
		计时交通灯	
		数显温度计、LED 点阵屏的使用	
		数字秒表	
		定时提醒器	
		百变闪字棒	
		音乐编辑播放器	
		分级噪声显示器	
创客高阶课程	电容器的使用	电容器的充放电	初二下
		自动延时灯	
		手控彩灯	
		自动延时灯	
		综合项目	
	物联网	物联网的认识	
		App Inventor 的制作	
		手机控制智能小车	
		综合项目	

（三）激发学生“创”的融合型 STEM 课程

未来已来，创新型人才培养乃大势所趋，STEM 理念下的学习是基于真实问题、基于创造性的，或者说 STEM 就是要学生利用跨学科的知识、方法，创造性解决真实、复杂的科学技术问题，这也就催生了我校的基于真实问题而开发的融合型 STEM 课程“涪江的桥”和“科技城智慧小区”。

“涪江的桥”结合了绵阳城市历史和绵阳的地形特点，以及学校所处的特殊地理环境开发。绵阳市在汉高祖时为涪县，涪江穿城而过，小城位于四面环水的小岛之上，学生上学和放学都会经过涪江上的几个主要桥梁。课程开发以学生日常生活出行的所见所思为出发点，以培养跨学科的学习能力为主要目标。课程框架设置如下：

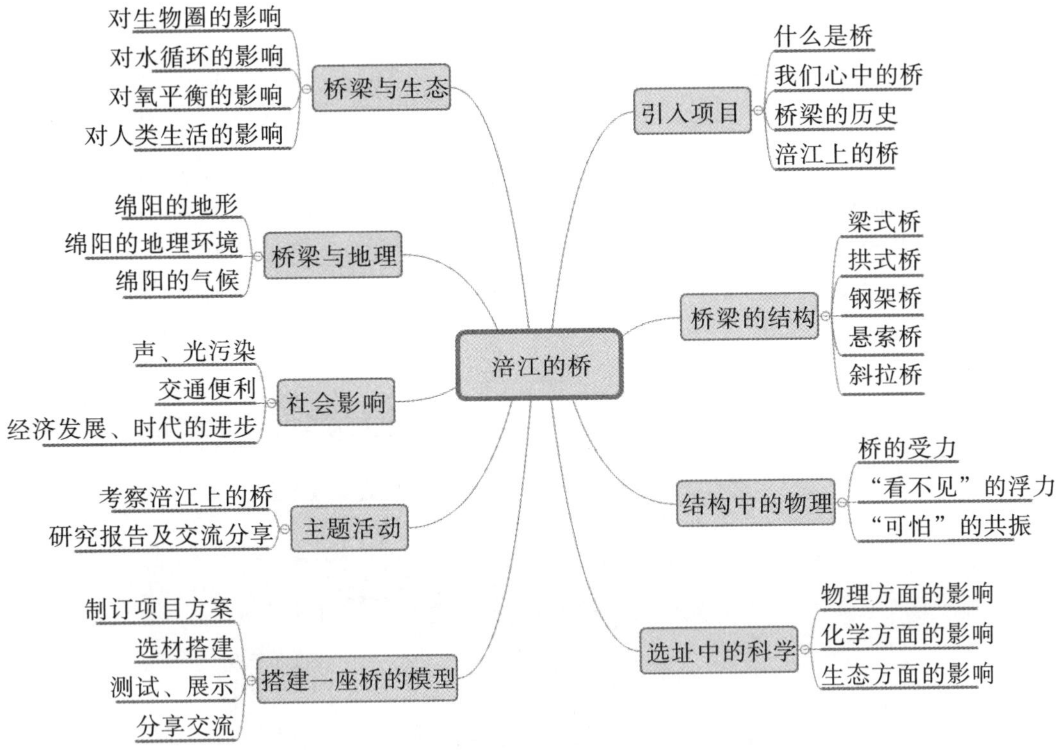

图 6　融合型 STEM 课程框架——“涪江的桥”

“科技城智慧小区”课程的开发是基于对绵阳当今的城市名片“中国科技城”的考察，将现代科技的主流方向，如物联网、云计算、大数据、人工智能技术等多种技术与建设更加和谐美好的生活环境等现实需求建立联系，让学生针对项目要求，通过探究实践等方法达到深度学习、提升多元能力的目的。具体设置如下：

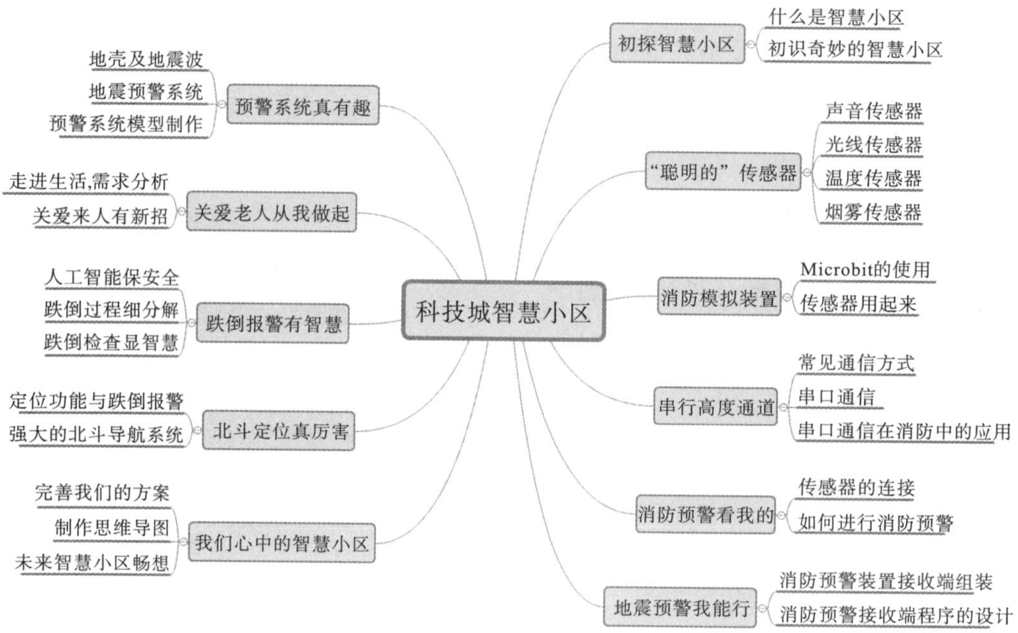

图 7　融合型 STEM 课程框架——"科技城智慧小区"

图 8　"科技城智慧小区"传感器设计小组讨论

四、“分层创生·三合STEM”课程的实施办法

（一）实施方法

根据“让每一位学生享受适合自己的教育”的学校发展理念，结合STEM课程目标和内容，我校的STEM课程采用了不同的实施方案。采用班级课堂教学的方式，实施融合型STEM课程“涪江的桥”“科技城智慧小区”；采用社团项目探究的方式，实施整合型STEM课程“智能导盲杖”“小岛红嘴鸥生态环境”；采用生活实践活动的方式，实施适合型STEM课程“我为绵博代言”“口述史实践”等。在课程学习中，学生综合运用各学科知识，认识、分析和解决现实问题，在各项目推进过程中提升综合素质。

（二）典型案例

1. 适合型STEM课程

课程名称：我为绵博代言

使用年级：初一

使用时间：10周（博物馆学习需要时间协调，每次场馆学习约3小时）

涉及的课程领域：艺术、数学、生物、化学、历史、工程

学习方式：STEM问题式学习

课程简介：结合博物馆的发展实际，在培养我校学生对传统文化的理解与情感认同的需求下，“我为绵博代言”项目诞生。为顺利完成代言任务，学生以小组为单位首先在绵阳博物馆内进行深度学习，了解绵阳地区特色文化以及博物馆特色，再通过学校特色课程学习，进行代言项目选择并设计，最终通过各种方式、各种平台发布代言作品。学生在课程项目中，深入了解中国传统文化、绵阳特色文化，运用创意创新，设计出各种宣传及代言方案，不仅提高了学生人文素养，也全面提升了科学素养。

表5—5—5　“我为绵博代言”学习流程表

学习流程	学习内容	学习目标
情景学习	1. 绵阳博物馆研学：场馆概况（位置、历史）、馆藏藏品相关知识学习（藏品的保存、文化价值、稀缺性等） 2. 专题讲座：由学校老师进行关于博物馆宣传的专题培训讲座，学生以小组为单位获得为绵阳博物馆代言的宣传项目任务	深度了解绵阳博物馆
提出问题	绵阳博物馆研学及专题讲座学习后，思考如何在学校、社区等场所向大众宣传绵阳博物馆	基于情景提出问题

续表

学习流程	学习内容	学习目标
方案计划	1. 设计宣传方案：以小组为单位，进行宣传方案设计，教师收集学生方案，并进行评估 2. 深度学习：根据学生上交的方案，教师进一步开展针对性培训（宣传品设计，如藏书券、参观券，导游培训，海报设计等）	资料收集、方案设计、多学科知识学习
方案实施	1. 宣传品设计：藏书券、参观券、馆藏精品制作——摇钱树、陶俑、画像砖制作 2. 我是小小讲解员：深度学习绵阳博物馆特色，设计导游路线、解说稿 3. 宣传海报设计：以小组为单位，进行绵阳博物馆宣传海报设计，在校园内向全校师生充分展示绵阳博物馆的特色	工程思维、创新思维、合作交流、项目统筹能力
反馈评价	以小组为单位撰写项目小结，复盘活动，总结得失	项目统筹、科学思维、合作交流

2. 整合型STEM课程

课程名称：智能导盲拐杖

使用年级：初二

使用时间：2课时（每课时1.5小时）

涉及的课程领域：工程、技术、数学、物理、艺术

学习方式：STEM项目式学习

课程简介：本课采用“项目引入—项目制定—项目实施—项目整改—项目完善—评价应用”的项目式学习流程，让学生通过自主学习、合作探究的项目式学习，经历造物过程，正确使用红外距离传感器和纽扣震动马达。学生通过课程学习，实现“做中学”，提高实践创新精神，培养合作、交流、分享的学习习惯。

表5-5-6 “智能导盲拐杖”课程学习流程表

学习流程	主要内容	学习目标
项目引入	播放《关爱盲人》视频 根据生活情境提出问题：怎样制作智能家居帮助这类特殊群体	通过情境，提出问题
项目制定	1. 引导学生进行头脑风暴，初步设计方案 2. 小组从以下方面再讨论、选择可行方案：材料的加工方面开源硬件的选择、美工、线路的连接、程序如何实现等 3. 设计智能导盲杖制作方案	培养学生全面思考问题、合理设计实施方案的能力
项目实施	1. 根据硬件导学单，自学硬件知识 2. 连接硬件（用面包板、杜邦线连接所用传感器） 3. 程序编写：利用Ardublock或Mixly编程软件进行程序编写 4. 制作并封装	培养学生自学能力，培养学生实践操作能力，培养学生程序思维

续表

学习流程	主要内容	学习目标
整改完善	引导学生根据自己的作品，考虑如下问题： 1. 程序中，红外测距传感器的模拟数值范围的设置是否合理 2. 作品是否可从外观美化等方面优化	培养学生精益求精的工匠精神
评价应用	1. 展示成品，师生共同评价 2. 红外距离传感器、纽扣震动马达还可以用来制作什么呢	享受创意物化的乐趣和成就感，合作交流，学以致用、知识迁移

3. 融合型STEM课程

课程名称：涪江的桥

使用年级：初一

使用时间：16～18课时（每课时40分钟，个别内容需要长课时80～90分钟）

涉及的课程领域：数学、科学（地理、生物、物理）、工程、技术、历史

学习方式：STEM项目式、问题式学习

课程简介：绵阳城区特殊的地理位置、文化特色，以及目前城市迅速发展的需要，决定了绵阳是一座多桥的城市，涪江上建起了一座又一座桥梁。桥梁的选址建造究竟有何考究？课程以此作为切入点，引导学生了解桥梁从古至今的作用、发展的历史，以及各种桥梁结构、建造原理等，从问题出发，以造桥这一项目驱动，学生以小组为单位完整经历发现问题—作出假设—制订计划—实施计划—得出结论—交流反思的学习过程，亲历桥梁的设计、建造过程，落实课程目标，培养科学、工程思维，发展创新意识。

图9 “涪江的桥”模型搭建

图10 “涪江的桥”小组桥梁展示

表 5—5—7 “涪江的桥”学习流程表

学习流程	主要内容	学习目标
展示情景 提出问题 （2 课时）	新闻：涪江上新建一种跨江大桥。提问：为什么建桥？涪江上有哪些桥？这些桥都一样吗	了解桥梁的发展历史、桥的价值、涪江上有哪些桥
分析问题 （7 课时）	1. 调研涪江上不同的桥：以学习小组为单位，组织实践调研 2. 分析不同的桥梁结构：悬索桥（九皇山）、梁式桥（绿岛大桥）、桁架桥（涪江桥）、斜拉桥（一号桥）、拱式桥（人民公园） 3. 学习影响建桥的环境因素：地理水文特点、生态环境差异、周边人居条件等 4. 学习桥梁建造的工程知识：材料、结构（受力、承重、模型等）	撰写调研报告、资料搜索、多学科知识学习
规划方案 （3 课时）	1. 设计建桥方案：桥梁选址论证、桥梁设计方案及论证 2. 模拟建桥：软件设计	绘图设计、软件设计、科学论述、创新意识
实施方案 （3～4 课时）	桥梁模型搭建：小组成员通过前期对于不用材料的学习，根据设计好的桥梁模型，选择合适的材料进行桥梁模型搭建	识别材料、工具使用、模型搭建、交流合作、工程思维、科学思维
反思交流 （1～2 课时）	桥梁模型发布：以小组为单位从桥梁选址、桥梁设计、模型搭建、创新点等方面阐述	自评、互评、交流合作

五、“分层创生 • 三合 STEM”课程的评价与反思

本课程评价内容设置包含科学精神、学会学习、健康生活、责任担当、实践创新几大方面，具体设计了项目学习评价、方案设计评价、团队合作评价、组内互评等量规量表。项目式学习评价，采用测试题、作品评价量规等，在课程开展过程中进行实时评价，掌握学生综合能力的发展，重视学科知识的掌握和技能的提升。方案设计评价，从方案确定、制订计划、小组合作、资料整理、方案修正等多方面进行评价，分层考评学生在课程中的表现。团队合作评价从小组成员的参与度、方案迭代贡献、任务分工达成、与其他成员的协调配合等方面进行评价，以此反映学生在课程中最真实的表现。

（一）对课程开发与实施过程的评价

以促进学生多元、个性化成长发展为导向，设计相应的能监测课程开发与课程实施的评价规则。评价规则主要以量表的形式进行呈现，其具有以下特点：

（1）主要对学生作品进行深入分析和研究，挖掘其背后蕴藏的思想、创意和体验。

（2）做好写实记录。课程开发客观记录参与活动的具体情况，包括活动主题、持续时间、任务分工及完成情况等，及时填写研究记录单，并收集相关事实材料，如活动现场照片、作品、研究报告、实验数据等。

(3) 建立开发过程档案袋。过程中，研究团队与参与教师要分类整理、遴选具有代表性的重要活动记录、典型事实材料以及其他有关资料，编排、汇总、归档，形成每阶段活动档案袋。档案袋是教师自我评价、同伴互评、专家评价的重要依据，也是课程实施的重要参考。

(4) 开展科学评价。原则上每个阶段探究团队都要依据课程目标和档案袋，结合平时对实践研究的情况观察，对实施的课程进行科学分析，写出相关评语与反思，明确努力方向。

（二）典型样例

课程的过程性评价中用到了多种评价，包括教师评价表、学生自评表、小组互评表和综合评价表等等。这些评价对学生参与以及学生作品提供多方位、科学的指导和评价，同时关注学生学习过程。

1. 教师评价

教师课程设置和实施评价量规见表5—5—8：

表5—5—8　教师课程设置和实施的评价量规

项目	评价要素	水平描述	评价等级
教师团队评价	课程目标	深刻理解课程目标，通过以技术为载体的创造实践活动学会洞察需求，发现问题，感受知识的价值，产生学习动力	
	协同教学	跨学科交流和准备，课程设置充分沟通协调，课程各个环节互相支持，完成教学目标	
	课堂指导	提出问题、制订方案、具体实施以及课堂的评价反馈等环节指导到位，学生在教师引导、指导下集中精力进入课程学习	
	总结反思	分析课前的设置、课程实施中的各个环节学生的参与和效果反馈。找出课程改进的具体措施，思考课堂评价对于学生的参与、创新、表达、思考的作用和如何调整等	
课程实施学生评价	问题理解	知道能从科学、技术、数学等方面理解问题，找到解决问题的方法	
	方案设计	能够展示完整的、详细的解决问题的设计方案或者设计图，或者有多种解决问题的方案	
	合作创新	合作默契地进行方案设计、制作，积极主动参与活动，并有创新点	
	成果分享	完整地阐述作品的设计、原理、作品的优势和特点，对作品有独特的见解和看法	

2. 学生评价

课程对学生评价主要是发展性评价：一看学生在学习过程中的表现，如情感态度、价值观、积极性、参与状况等，可分为“优秀、良好、合格、一般”等形式，或以 A、B、C、D 四个等级记录在案，作为“优秀学生”评比条件。二看学生学习的成果展现，学生成果可通过实践操作、作品、竞赛、汇报展示等形式展示，对成绩优秀者予以表彰并收入成长记录袋，记入学生成长手册及其他相关档案内。

表 5－5－9　学生参与课程的评价量规

项目	要素	水平描述	评价等级
小组合作	分工	分工明确或者配合分工	
	参与	积极参与，共同协作	
问题讨论	发现问题	理解思考、提出问题或者对伙伴提出的解决方案提出问题，并能思考解决办法	
	问题解决	层层推进，逐步解决每一个产生的小问题或者发现解决问题的方案	
作品设计制作	创新	有至少一个创新点	
	外形设计	符合实际，有一定的美学体现	
	完成度	根据设计的方案能够有较为完善的模型	
	设计图	设计思路清晰，设计的方案通过设计图反映明确	
作品汇报交流	汇报完整	能够完整地汇报发现问题、思考讨论问题和或者具体的问题解决方案的过程。	
	语言表达	语言简洁，表达准确，描述充分	
	倾听反馈	认真倾听，积极笔记，思考方案，提出疑惑或者建议	

（三）STEM 课程探索反思

（1）课程实施过程学生的参与程度受到课程时长的影响。学生通过体验、感受、实践等方式参与项目式学习，是实现 STEM 课程的重要形式。在常态化的课程落实中，1 课时常为 40 分钟，学生的参与度受到一定的影响。

（2）STEM 课程在资源的开发与整合方面存在困难。高融合度课程需要合理地整合资源，缺乏特殊技术人员、必备的硬件条件、优化的软件支撑等对于课程开发都构成了一定的困难。

（3）课程开发后，课程实施阶段对于授课方式、学生选拔、教师要求、评价的量标需要进一步探索研究。

（四）STEM教育实践探索后期计划

在STEM教育研究实施中我们将进一步从以下几个方面着手：

1. 落实项目学习，提高团队合作

在STEM课程的建设中，我们将进一步优化课程环节和实施方式，鼓励学生在项目式学习中，通过团队观察、团队实践、团队反思的方法，积极发现和解决问题。重视探讨、思考，让学生畅所欲言，逐步理清团队思路，从而获取有效解决问题的途径，提升项目团队合作力。

2. 加强实地考察，重视过程体验

STEM教育的核心是融合学科知识、重实践、解决实际问题。我们将进一步将教学实践化，加大实地考察，推行“行走课堂”，让学生在实践中发现问题，进而整合知识，探究解决方法，并在实践中不断验证、改进解决方案。

3. 鼓励大胆设想，培养创新能力

坚持以真实问题为导向，在项目推进中引导学生去思考分析和大胆设想，并鼓励学生从设想的角度去尝试，去设计方案并具体实施方案，在实践中验证设计方案，总结经验和教训，通过不断尝试寻求最佳解决途径。

4. 加强队伍建设，提升教研实效

加大对STEM课程专兼职教师的选拔和培训，确保教研阵地，不断更新思想意识，提升专业能力，从而强有力地推进我校STEM课程的持续发展。

STEM教育对标学生核心素养的教育，在培养适应未来的创新人才方面有巨大作用，为此，我校将继续秉承“让每一位孩子享受适合自己的教育”的发展理念，高度重视和落实STEM教育的研究与实践，在整合STEM课程现有资源的同时，从空间建设、师资培养、课程开发等层面全方位、多角度进一步探索，让STEM教育服务于高品质学校建设，为培养新一代具有创新精神的学子赋能。

（供稿：唐凯、赵艺、张海燕、许全、何乐飞）

专家点评

无思维，不 STEM。

STEM 课程，就其本质而言，乃是一种思维品质与思维方式的学习。无论是其强烈的实践指向性，抑或是鲜明的学科综合性，离开思维的学习与培养，一切的 STEM 学习，都不过是一种空洞的、苍白无力的形式主义“秀”。

绵阳中学英才学校作为一所地方名校，主动肩负“打造一所高品质学校”的历史使命，无论是在“偶遇”STEM 课程之初，还是在精心实施“分层创生·三合 STEM”课程的实践之中，始终将师生思维能力与思维品质的培养放在至关重要的位置。

其一，理念与目标上的“鹰眼思维”。一方面，在课程开发过程中，始终围绕“让每一位学生享受适合自己的教育”的办学理念，始终秉承“基础扎实、素质全面、厚德博学、个性鲜明”的核心教育价值观，始终指向“品德高尚、行为高雅、能力高强”的育人目标，努力实现课程理念与学校办学理念的高度契合；另一方面，又从师生已有的生活与学习经验中，去寻找 STEM 学习的可行的切入口，与可能的生长点，从 50 多个社团活动的组织实施，到三类课程框架的确立与实践，努力让 STEM 之花绽放在校园生活的方方面面。这，恰恰如自由飞翔的老鹰，既看得见远方的高山大川，又不放过草丛中的兔子。

其二，实施与活动中的“大树思维”。学生的个性与禀赋千差万别，参与 STEM 学习的动机与追求也是各有侧重，让学生在参与 STEM 学习中，有一种真活动、真学习，从而带来点点滴滴的真成长，这是英才学校实施 STEM 课程始终坚持的一个鲜明理念。从基础学科出发，以适合型课程启发学生“探”；从真实的问题情境出发，以整合型课程激发学生“究”；从现实生活的立体性、复杂性出发，以融合型课程鼓励学生“创”……一开始还貌似让人捉摸不透的 STEM 课程，在英才不仅扎实落地，而且还不断拔节生长，渐渐走向枝繁叶茂。这，恰恰就像一棵大树，种在了每一名师生的心田，让每一位生命主体看到了自己真实、可感、可见的生长。

其三，评价与管理中的“底线思维”。学校课程的实施，学习活动的开展，归根结底是为了每一名学生的可行的、可能的生长。英才学校的 STEM 课程建设不仅着眼于课程活动本身的“小”评价，更放眼师生生命成长的大“评价”。一方面，始终坚持学科学习与 STEM 课程同步融合；另一方面，更难能可贵的是，学校始终坚守了课堂学习的“主阵地”地位，着力于推行“行走课堂”改革，让学生在实际中发现问题，进而“整合知识，探究解决办法”……这，实际上恰恰是坚持了“万丈高楼平地起”的古训，恰恰是坚持了教育教学改革中的“底线思维”——离开真实学习、真实成长的底线，任何的课程活动都不过是一场浮华、浮夸的表演。

——徐明，江苏省镇江市教师发展中心主任

后　记

STEM 教育的概念是“舶来品”，是近年来快速进入教育改革视野，并写入国家教育政策文件的新热点；然而，STEM 教育的理念却决定了其实践必然是“土特产”，其探索必然是结合鲜活的本土资源与生动的师生经验而展开的。这种“由外而内”的改革往往受困于理解上的分歧，而在尝试和创新中突破，从而使外来的理念在本土化的进程中彰显出独特的活力。

四川是一个文化大省、资源大省，也是近年来改革行动非常活跃的教育大省。在深化教育改革、落实学生素养培育的过程中，STEM 教育以其跨学科、项目式、驱动性等典型特征契合了最新的教育改革要求，成为学校改革发展的重要抓手。近年来，在高品质学校建设的共同愿景下，四川学校 STEM 教育改革在广泛的实践和集中的研讨中形成了明晰的理念和丰富的经验，逐渐涌现出一大批优秀的案例。

高品质学校建设主张学校自主、自觉、自信地推进改革，既要顶天——根据国家方针政策和教育规律办学，又要立地——结合自身实际寻求有效的改革策略。在 STEM 教育这样一个新兴的领域，在把握方向和立足实际之间，学校从问题出发，以创新为导向，形成了异彩纷呈的生动图景。本书从各个角度集中呈现了四川省诸多学校的典型成果，对于参与研究和探索的学校来说，是一次反思和梳理，对于更多的同仁来说，也是一次分享与碰撞。

本书的编撰，经学校的总结、专家的提炼，有教师来自生动实践的娓娓道来，也有专家学者高屋建瓴的精准点评。这个过程是一场研究与实践相融共生的智慧之旅，也是一场思想与行动自我对话的反思之旅。在此，首先要特别感谢中国教育科学研究院 STEM 教育研究中心王素主任、四川省教育科学研究院董洪丹副院长、江苏省镇江市教师发展中心徐明主任、中国教育科学研究院助理研究员曹培杰博士、中国教育科学研究院 STEM 教育研究中心主任助理刘志刚先生、中国教育科学研究院国际与比较教育研究所袁野博士、四川师范大学周雄俊副教授、四川省 STEM 教育协同创新中心林家锐校长的指导与点评，感谢清华大学航空航天学院高云峰教授、教育部课程教材研究所副研究员李正福博士、清华大学工程教育研究中心副秘书长石邦宏博士、电子科技大学研究员兼四川省数字经济研究院执行院长曹晟先生、广东省教育研究院基础教育研究室黄志红副主任、中国发明协会李国昆理事的关心，感谢沈阳市雏鹰实验小学于麾校长、昆明市第十中学谢晓玲校长、重庆市人民小学杨浪浪校长、东莞市松山湖实验中学万飞校长的支持。

在专著编撰过程中，要特别感谢在理论研究、主题确定、提纲设计、内容完善、统稿定稿上提供指导的四川省教师发展中心刘涛主任（四川省教育科学研究院原院长）、四川省教育科学研究院信息中心郭斌主任、《教育科学论坛》崔勇主编，以及做出重要贡献的四川省教育科学研究院信息中心李金洲老师、张馨月老师，都江堰市灌州小学校马长俊校长，四川师范大学附属上东学校曾小钢校长、周洋老师，四川省威州民族师范学校附属小学校吴逢高老师等同志。

同时，也特别感谢深度参与编写工作的 28 个单位的参编校长及教师，他们是（见表 1）：

表 1 《走向高品质学校·STEM 教育卷》参编单位与成员名单

序号	学校	副主编	参编人员
1	四川省成都市龙泉中学校	杨 明	周力结，卢 琼，谢娟娟
2	成都市第八中学	王 宇	杨 晶，税 柯
3	四川省成都高新区实验小学	朱祥烈	胡文东，岳佳丽，陈龙明，蔡静禁
4	德阳市东电外国语小学	李 剑	戴发术，罗士儒，孙 玲，李 引
5	成都市棕北中学	丁世明	张家明，张 宏
6	乐山市外国语小学	周大林	汪 凌，徐 刚，李 丽
7	成都棠湖外国语学校附属小学	苏 萍	徐永祥，杨 谢，代乾中
8	成都市石笋街小学	张友红	张文祥，龙贤志，袁 野，尹寄蕖
9	成都市茶店子小学校	李 强	何 萍，胡 笳，陈 波，刘云怡
10	成都市龙泉驿区实验小学校	孙 超	曾正敏，王 盈，廖小华，刘 燕
11	四川博睿特外国语学校	曾秋声	古瑞兵，郑荔丹，夏 军
12	成都高新区中和小学	邹泽君	刘 勇，孟 丹，曾 静
13	成都市成华实验小学	张家明	荣新宇，岳 姗，曾成根
14	四川大学附属实验小学	刘 晏	潘海燕，王 宁，郭婉婕，雍 俊

续表

序号	学校	副主编	参编人员
15	四川省阆中中学校	廖茂荣	余绍平
16	成都市龙泉驿区第四小学校	吴天书	杨　晶，张　桃，范　静，曾　珊
17	成都市龙泉驿区第一小学校	陈　霞	李发忠，薛常成，阳晓艳
18	“成都市基础教育阶段 STEM 课程资源研究与开发”课题组	艾奉平	李　瑾，周　群，张馨月，刘　东
19	德阳市岷山路小学	郭恒霞	高　鹏，郑丁元，魏东儒
20	都江堰市灌州小学校	马长俊	向荣丽，任　红，李　坤
21	内江市第三小学校	许自君	李才伟，胡秋莲
22	四川省科学城春蕾学校第三校区	杨　华	胡道艳，李　杨，李晓雪
23	达州市通川区第一小学校	冯正东	何　玲，罗　静，郝莉莉
24	四川师范大学附属上东学校	曾小钢 周　洋	张　周，何　容，陶春梅，高　涵，李　桐
25	四川省威州民族师范学校附属小学校	徐　江 吴逢高	蒲　庶，张　莉
26	电子科技大学实验中学	张平福	敬绍辉，向大兵，王　虎，常　崟
27	成都市玉林中学	邓　铭	谢发超，周　群，陈秋薇
28	绵阳中学英才学校	唐　凯	赵　艺，张海燕，许　全，何乐飞

本书的编撰经历了新冠肺炎疫情，编写工作在克服重重困难中不断推进，力求保质保量。在研究中经过了反复的打磨，更是在工作上凝结了辛勤的劳动。在这个过程中，也要感谢《教育科学论坛》编辑部相关编辑全程的精心组织和细致编校，感谢四川教育出版社对课题研究和本书编辑出版的大力支持！

本书既是对学校 STEM 教育改革实践的回顾，也暗含对未来创新发展的展望。STEM 教育是一个内涵丰富的话题，是一个包罗万象的领域。走向高品质，STEM 教育是其中的应有之义，也是其中的重要一环。四川近年来的探索难免有所疏漏，本书在短时间内完成编写，也未能言尽其意。随着认识的不断深化和实践的不断丰富，我们也将继续学习和提升，希望能够在这个过程中得到大家的指正和帮助。让我们从专著中汲取养分，获取力量，共同为教育的蓬勃、学校的发展和孩子的成长继续开拓新的道路！